지방자치의 이해

박 응 격
최 유 진

신 조 사

머 리 말

우리나라는 21세기를 목전에 두고 지방자치를 전면적으로 실시할 수 있게 되었습니다. 1991년에 각급 지방의회가 구성되었으며, 1995년에는 지방자치단체의 장이 주민직접선거에 의하여 선출되었습니다. 우리의 지방자치는 이제 21세기의 문턱을 지나 성년을 맞이하게 되어 한창 성숙해 갈 수 있음에도 불구하고 오히려 적지 않은 시련을 겪고 있습니다. 민주성은 향상되고 있으나, 능률성은 위기에 가까울 정도로 저하되고 있는 것이 우리 지방자치의 현주소입니다.

지방자치는 지역실정에 부합한 지방행정을 민주적이고 능률적으로 펼쳐나갈 수 있어야 합니다. 즉, 지방자치는 시민의, 시민에 의한, 시민을 위한(of the citizen, by the citizen, for the citizen) 풀뿌리 민주주의 토양 위에 서야 합니다. 지방자치의 성숙은 무엇보다도 지역 이기주의를 극복하고자 하는 시민정신(citizenship)이 바로 서야 가능한 것입니다. 또한, 지방자치단체의 장과 지방의회 의원의 인기영합주의(populism) 극복과 지방공무원의 책임성(responsibility) 강화가 전제되어야 할 것입니다.

이번 새롭게 출간하게 된 「지방자치의 이해」는 다음과 같은 특징이 있습니다. 첫째, 현행 '지방자치법'의 이해에 중점을 두었습니다. 이는 최근 지방자치 관련 공무원시험 문항이 '지방자치법'에 큰 비중을 두고 있기 때문입니다. 따라서 최근에 바뀐 지방자치 관련 법률과 제도를 비교적 상세히 반영하였습니다. '지방자치법'뿐만 아니라 지방자치단체의 예산과 재정운용에 관한 규정을 담고 있는 '지방재정법'과 '지방세법' 등을 다루었습니다.

둘째, 지방재정의 건전성에 대한 자세한 설명을 하였습니다. 지방자치단체의 재정위기가 매우 심각한 수준에 이르렀기 때문에 제10장에서 개괄적인 지방재정의 구조에 대해 살펴보고, 이어서 제11장에서 재정건전성 문제를 다룸으로써 대학생을 비롯한 관심 있는 지식인들에게 이해의 폭을 넓힐 기회를 제공하려 하였습니다.

셋째, 지방자치에 법률 가운데 일본식 표현 및 한자 표기 등을 적절한 우리말로 바꾸었고, 이해가 어려운 표현이 없도록 쉽게 서술하였습니다. 지방자치제도는 상당 부분

법률로 규정되어 있으므로 법률 용어가 많고 일본식 혹은 한자 표기가 많습니다. 의미 전달에 문제가 없는 경우에는 과감히 우리말 표현으로 바꾸어 기술하였습니다.

마지막으로, 본 책은 시간에 쫓기는 대학생과 지방자치 관련 공무원 그리고 수험생들이 지방자치의 이론과 실제를 관련 법률의 토대 위에서 보다 쉽게 이해할 수 있도록 더욱 체계적이고 간결하게 집필하였습니다.

앞으로 미흡한 점은 선후배, 동료 교수님의 기탄없는 비판과 조언에 힘입어 수정·보완해 나갈 것입니다. 또한 대학생, 수험생 여러분의 의견에도 귀를 기울이겠습니다.

끝으로 어려운 출판 여건에도 불구하고 이 책을 출판할 수 있도록 기회를 주신 신조사 이명재 사장님과 출판의 기획에서부터 조언을 아끼지 않으신 이종은 부장님께 감사드립니다. 그리고 특별한 표지디자인을 해주신 윤선덕 선생님에게 깊이 감사드립니다.

2015년 8월

저 자

차 례

제1장 지방자치의 기초

제2장 지방분권의 이해

제3장 지방자치법과 지방자치의 전개

제4장 지방자치단체의 구조와 구역

제5장 지방자치단체와 주민의 역할

제6장 지방선거와 권력구조

제7장 지방자치단체의 권능과 사무

제8장 지방자치단체의 기관구성

제9장 지방자치단체의 인사행정

제12장 지방공기업과 지방경영

제13장 정부 간 관계와 광역행정

표 · 그림 차례

제1장 지방자치의 기초

제1절 지방자치의 의의와 가치

1. 지방자치의 의의

지방자치의 개념

모든 나라의 역사적 전통과 사회 · 문화적 환경이 각기 다르듯이 지방자치는 여러 가지 형태와 의미를 지니고 있다. 그러나 지방자치제도가 지방분권과 민주주의라는 두 가지 본질적 사상을 포함하고 있다는 데는 일치하고 있다. 즉 지방자치는 주민참여를 바탕으로 하는 민주주의 이상의 표현이며 분권화의 정신이라고 한다. 따라서 지방자치란 '일정한 지역의 주민들이 지방자치단체를 형성하여 그 지역의 공동문제를 자기 부담과 책임 하에 스스로 또는 대표기관을 통하여 처리하는 활동과정'으로 정의될 수 있다.

지방자치의 유형

지방자치는 중앙정부, 지방자치단체, 주민이라는 3자가 맺고 있는 기본적인 관계에 따라 단체자치와 주민자치의 두 가지 입장이 있다.

(1) 단체자치: 지방자치단체와 중앙정부와의 관계라는 측면에서 자치단체의 자치권을 중심으로 지방자치를 이해할 때 이를 단체자치라고 한다. 즉 지방자치단체가 국가로부터 상대적으로 독립된 지위와 권한을 인정받아 일정한 행정사무에 대하여 국가의 간섭을 적게 받고 처리하는 것을 의미한다.

(2) 주민자치: 지방자치단체와 주민의 관계라는 측면에서 지방행정의 주민참여에 중점을 두고 지방자치를 이해할 때 이를 주민자치라고 한다. 이는 정치적 의미의 지방자치로서 지방행정사무를 주민의 의사와 책임 하에 처리하는 것을 뜻한다.

2. 지방자치의 가치

지방자치는 민주주의의 뿌리로서 정치적 이데올로기 측면에서 그 가치를 역사적으로 인정받아 왔다. 최근에 와서는 경제적이고 능률적인 국가운영을 위해서도 정부기능의 분권화가 요청되고 있다.

정치적 가치

(1) **민주주의의 실천원리**: 일정한 지역 내의 공동문제를 그 지역주민들이 참여와 토론을 통하여 자주적으로 결정하고 집행한다.

(2) **민주주의의 훈련장**: 지역주민의 정치적 훈련과 자치역량의 배양 및 지도자 양성의 수단이 되는 민주주의의 훈련장이다.

(3) **독재 및 전제정치에 대한 방어기능**: 행정권의 강화에 따른 국정의 독재화 및 관료화의 위험에 대한 방파제의 역할을 담당하면서 주권재민의 이념을 구현한다.

(4) **정국 혼란의 방지**: 정권교체나 정치변혁에 따른 일시적인 정치 · 사회의 혼란과 마비를 극복하고 지방행정의 일관성과 안정성을 도모한다.

(5) **평화적 사회개혁**: 권력이 지방에 분산되어 있어서 쿠데타나 혁명을 미리 방지할 수 있을 뿐만 아니라 점진적 · 평화적인 사회개혁을 도모할 수 있다.

행정적 가치

(1) **행정통제와 민주화 촉진**: 지방행정에 대한 지역주민들의 참여기회를 제도적으로 보장하여 참여민주주의의 확대에 이바지하고 지방자치의 질적 · 양적 확대를 가져온다.

(2) **지역적 실험을 통한 다양한 정책 경험**: 각 지방자치단체가 다양하게 실시한 정책의 결과를 비교 · 분석 · 평가함으로써 새로운 정책의 적용에서 실패의 피해를 극소화하는 한편 문제점의 개선을 도모할 수 있다.

(3) **행정업무의 기능적 분화**: 행정기능 가운데 순수한 지방적 사무는 지방자치단체에 이양하고 중앙정부는 전국적 · 국가적 사항에만 전념함으로써 중앙정부의 과중한 업무부담을 완화하고 행정능률을 향상할 수 있다.

(4) **종합행정의 구현**: 일정한 지역 내에서 수행되는 모든 행정기능을 주민대표기관의 책임 아래 종합적으로 처리함으로써 지역에서의 종합행정을 구현할 수 있다.

(5) **지역 실정에 적합한 행정구현**: 수많은 지역의 다양한 지방적 특성에 부합하고 주민들의 개별적 · 집단적 요구에 부응하는 행정을 수행할 수 있다.

(6) **지방공무원의 사기진작과 능력발전**: 지역 실정에 적합한 인재를 스스로 채용 · 양성함으로써 지방행정의 전문가로 키울 수 있다. 또한, 자치단체의 특성에 맞는 독자적

인 시책을 수립 · 집행케 함으로써 지방공무원의 창의력과 사기를 높일 수 있다.

사회 · 경제적 가치

(1) **실질적인 경제 · 사회개발의 촉진**: 지방자치는 지역주민의 이익도모와 그 지역의 개발에 중점을 둔다. 그러므로 지역경제의 활성화에 이바지할 뿐만 아니라 지역주민들의 삶의 질을 향상한다.

(2) **지역주민의 주체의식 함양**: 지방자치는 주민의 애향심과 주체의식을 함양하고 지역주민에 대한 봉사 정신을 고취한다.

(3) **사회계층 간 갈등 해소**: 지방자치는 이해관계 당사자 간의 갈등을 해소하는 교량적 역할을 담당한다.

(4) **인적 · 물적 자원의 집중화 방지**: 지방자치는 모든 정책 결정이 중앙정부에 의해 독점 · 통제되고 각종 자원이 대도시를 중심으로 몇몇 지역에 편중되는 바람직하지 못한 상황을 개선할 수 있다.

(5) **지방문화의 육성 · 발전**: 지방자치는 지역사회의 가치나 규범에 기반을 두므로 지방의 고유한 생활양식을 발전시키고 문화생활의 질을 고양할 수 있다.

3. 지방행정 수단으로서의 지방자치

지방자치와 지방행정

지방자치와 지방행정 혹은 자치행정 등의 용어는 그 개념적 유사성으로 인해 혼용되어 사용되기도 한다. 일반적으로 지방자치는 국가가 채택한 제도로서의 의미를 강조하는 반면에 지방행정이란 지방자치제도를 근거로 집행되는 행정행위에 초점이 보다 맞추어져 있다고 보는 것이 타당하다. 다시 말해, 지방자치는 지방행정의 수단으로서 의의를 가진다.

지방행정의 구분

지방행정의 의미는 그 나라의 역사적 배경, 특수성 및 제반 환경여건의 영향을 받아 매우 다양하게 사용되고 있다. 일반적으로는 아래의 〈표 1-1〉과 같이 광의의 지방행정, 협의의 지방행정, 최협의의 지방행정 등으로 구분할 수 있다. 관할 구역을 지니는 특정 지방에서 행해지는 행정은 크게 국가가 직접 통치하는 관치행정, 국가의 위임을 받아 지방지 집행하는 위임행정 그리고 주민 스스로 처리하는 자치행정으로 나눌 수 있다. 연방제의 전통이 강한 영미계 국가에서는 지방에서 집행되는 행정 대부분은 자치행정이지만 영미계 국가를 제외한 국가에서는 지역 내에서 집행되는 행정은 자치행정과 위임행정을 포괄한다.

엄격한 의미에서 지방자치제도에 의한 행정은 자치행정만을 일컫는 것이 타당하겠으나 실제 위임 행정을 집행하는 과정에서 지방정부의 자치권이 활용된다는 점에서 지방자치제도에 의한 행정은 위임행정까지 포함한다고 볼 수 있다. 따라서 지방자치를 시행하고 있다는 의미는 지방정부에서 자치행정과 위임행정을 집행할 수 있다는 의미이다.

표 1-1 지방행정의 구분

구 분	광의의 지방행정	협의의 지방행정	최협의의 지방행정
의 미	행정주체를 불문하고 일정한 지역 내에서 주민복지의 증진을 위하여 행하는 일체의 행정	일정한 지역 내에서 행해지는 행정 가운데 지방자치단체에 의한 행정	지방자치단체가 주민들의 의사와 책임 하에 스스로 또는 대표자를 통하여 처리하는 행정
처리사무	여기에는 주민 스스로의 자치행정, 국가기관의 지방자치단체에 대한 위임 행정, 국가가 지방에서 직접 집행하는 관치행정이 모두 포함	지방자치단체가 처리하는 자치행정과 위임행정을 의미하며, 국가에 의한 관치행정은 제외	지방자치단체가 처리하는 행정 중에서 자치행정만을 의미하는 것으로 지방자치의 개념과 같게 사용
대표적 국가	아프리카, 중남미, 중동 일부 국가	한국, 프랑스, 독일, 이탈리아 등 유렵계	영국, 스위스, 미국, 캐나다, 호주 등 영미계

지방행정의 특성

지방행정의 개념을 어떻게 이해하느냐에 따라 그 특성도 다양하게 제시될 수 있으나 일반적으로 지방행정은 지방자치단체에 의하여 수행되고 있으므로 다음과 같은 특성을 가진다.

(1) **지역행정**: 지방행정은 국가 내의 일정한 지역을 단위로 하는 지역행정이다. 국가행정이 국민 전체의 이익을 위해 전국적 · 통일적 관점에서 획일적으로 수행되는 행정인 것에 비해, 지방행정은 지역주민의 이익을 우선으로 추구하여 그 지역의 특성 및 행정수요에 따라 개별적 · 다원적으로 수행되는 행정이다.

(2) **일선행정**: 지방행정은 지역주민들과 직접 접촉하면서 주민들의 의견을 수렴하고 이를 바탕으로 정책을 결정 · 집행해 나가는 일선 행정이다. 따라서 지방행정은 문서행정이 아니라 현장에서 주민들의 서비스요구에 대한 결과를 직접 구현하는 급부행정이다.

(3) **생활행정**: 지방행정은 지역주민들의 일상생활에 직결되는 행정수요를 그 대상으로 하는 생활행정이다. 따라서 주택, 상 · 하수도, 위생, 교통, 청소 등 일상적 서비스의 제공 그 자체가 바로 지방행정의 주 임무이다.

(4) **자치행정**: 지방행정은 특수한 경우를 제외하고는 원칙적으로 법인격을 가진 지방자치단체가 지역주민이나 그 대표자의 의사와 책임하에 지방의 사무를 자주적 · 자율적으로 처리하는 자치행정의 특성을 가진다.

(5) **종합행정**: 국가행정은 고도의 전문성을 특징으로 하는 부문 행정인 데 반해, 지방행정은 일정한 지역 내의 행정수요 전반에 대응하여 이를 포괄적으로 처리하는 종합행정이다. 따라서 지방자치단체는 각 중앙부처의 행정을 포괄적으로 수용하고 이를 지역실정에 맞게 종합적으로 조정하여 추진해 나간다.

지방행정의 이념

(1) **민주성**: 지방행정의 민주성은 주민참여를 통하여 책임 있는 자율행정을 확보하고, 주민의 편의와 복리증진을 위한 투명행정을 수행하는 것이다. 즉 지방행정이 주민의사를 수렴 · 반영하고, 주민에게 책임을 지며, 주민의 행정수요에 적절한 대응성을 가지는 것을 의미한다.

이러한 민주성을 실현하기 위해서는 ① 분권화, ② 주민참여의 보장, ③ 책임행정, ④ 공개행정, ⑤ 지방행정기구의 민주적 편성, ⑥ 행정윤리의 확립, ⑦ 행정구제제도의 확립, ⑧ 대표성의 확립, ⑨ 주민통제의 강화 등이 요구된다.

(2) **능률성**: 능률성이란 최소의 비용으로 최대의 효과를 거두는 것을 의미한다. 능률성은 그 목적을 기계적 합리성에 두느냐, 인간 가치의 사회적 실현에 두느냐에 따라 기계적 능률과 사회적 능률로 구분되는데, 최근에는 이 두 가지를 모두 포괄하는 종합적 능률의 관점에서 파악되고 있다. 즉 업무수행의 합리성뿐만 아니라 조직의 인간화를 도모함으로써 행정의 생산성을 높이고 주민에게 양질의 서비스를 제공하는 것으로 보고 있다.

이러한 능률성은 주민의 조세부담 최소화와 주민복지의 극대화라는 현대지방행정의 요청에 가장 부합하는 ① 조직 및 운영의 합리화, ② 규모의 적정화, ③ 감축관리, ④ 행정기능 및 사업계획의 우선순위 조정, ⑤ 서비스공급의 생산성 및 경쟁성의 제고 등을 통하여 달성될 수 있다.

(3) **형평성**: 지방행정은 민주적 · 능률적일 뿐만 아니라 지역 · 계층을 불문하고 공평하게 적용되어야 한다. 즉 지방행정의 형평성은 최저한의 주민생활보장, 분배의 정의

실현, 공공서비스의 평등성 확보 등 지방자치의 본질적인 목적가치에 관련된 이념이다. 형평성을 확보하기 위해서는 ① 삶의 질 향상, ② 참여의 제도화, ③ 시민운동의 활성화, ④ 공정한 정책집행 및 서비스제공, ⑤ 주민선택기회의 확충, ⑥ 서비스수혜와 비용부담의 적정성 등을 추구하여야 한다.

(4) **합법성과 합목적성**: 합법성은 행정에서 법 적합성을 도모하는 것이다. 이러한 합법성에는 행정집행의 합법성은 물론 정책 결정 과정의 합법성까지 요망된다. 즉 모든 행정행위는 법령과 조례의 범위 내에서 수행되고, 자의적인 권한행사도 배제되어야 한다. 이에 비해 합목적성은 행정에서 목표달성도, 즉 효과성의 제고를 위한 지역정책이나 계획수립이 지방행정의 최상위목표, 나아가 국가발전의 목표에 합치되어야 함을 의미한다.

(5) **종합성과 다원성**: 각 지방자치단체는 지역 내의 모든 부문을 포괄적으로 고려하여 지역 실정에 맞도록 체계성 있는 계획과 집행을 도모하여야 하는데, 이를 종합성이라고 한다. 한편 다원성이란 개개 지방자치단체가 지역적 특색에 따라 각각의 개별화 · 특성화를 도모하는 것을 말한다. 이러한 다원성은 국제개방의 시대에 지방자치단체의 상대적 경쟁력을 강화하기 위해서 특히 중요하다. 결국, 종합성은 같은 지역 · 기관 · 단체 내의 제요소를 융합하는 문제이고, 다원성은 다른 지역 · 기관 · 단체 간의 유형을 분화하는 문제라고 볼 수 있다.[1)]

제2절 지방자치 형성의 양대 계보

1. 지방자치의 형성과정

근대국가의 지방자치제도는 크게 두 가지 대립적인 계보를 모체로 하여 발전하였다. 영국을 중심으로 발전한 영국형과 프랑스 · 독일을 중심으로 하는 대륙형이 그것인바, 이들은 제도의 형성과정과 기본적인 사고방식에서 각기 다르다.

영국형

영국형은 자연 발생적 · 자율적 · 전통적이다. 영국에서는 근대적 통일국가의 성립 이전부터 주민총회가 널리 시행되어 왔으며, 이러한 전통적 주민자치가 근대적인 지방

1) 최창호(1995), 지방자치학, p.54.

자치제도로 정비된 것이었다. 즉 영국의 지방자치제도는 장기간에 걸친 자치전통과 경험의 축적을 통하여 점진적으로 발전했다. 따라서 영국의 지방행정은 자치권이 주민 고유의 당연한 권리라는 사상적 기반 아래 주민자치가 지방자치의 본질이라 생각하고 주민의 정치참여에 중점을 둔다.

대륙형

대륙형은 인위적 · 통제적 · 제도적이다. 절대군주의 전제적 전통이 강한 프랑스와 독일에서는 정치적 개혁을 통하여 계획적 · 조직적인 지방자치제도를 확립하고 중앙정부의 권력에 대항하는 의미의 단체자치를 발전시켰다. 따라서 대륙형에서는 지방자치를 통치수단의 하나로 간주하고, 단체자치의 개념에 기초하여 지방자치란 국가로부터 독립된 법인격 있는 지방단체가 수행하는 행정이라고 본다.

2. 양대 계보의 의의

단체자치와 주민자치의 의미

(1) **단체자치**: 일정한 구역을 기초로 하는 지방자치단체가 국가로부터 독립된 법인으로서의 지위와 자치권을 부여받아 될 수 있는 대로 국가의 감독과 관여를 받음이 없이 단체의 사무를 처리하는 제도로서 법적인 의미의 자치라고 한다. 이러한 단체자치는 지방분권사상에 기초하고 있지만, 국가가 자치단체가 갖는 자치권의 범위와 정도를 결정하고 있다.

(2) **주민자치**: 주민의 일상생활에 관련된 사무를 중앙의 간섭과 감독을 받지 아니하고 그 지역주민이 스스로 자기들의 의사와 책임 하에 처리하는 제도로서 정치적 의미의 자치라고 한다. 직업 관료에 의하지 않고 지방주민으로 구성된 명예직 공무원이 공공업무를 수행하며, 명예직 공무원은 원칙적으로 선거가 아닌 임명으로 공무에 가담되었다.

단체자치와 주민자치의 비교

(1) **자치의 의미**: 주민자치는 지방의 모든 행정사무를 주민 자신이 자주적으로 처리하는 정치적 의미의 자치로서 자기 결정성 · 자기 처리성 · 자기 책임성에 따라 민주주의 이념을 실현하려는 것이다. 한편 단체자치는 국가로부터 독립된 법인격을 부여받은 자치단체가 주체가 되어 행정을 처리하는 법률적 의미의 자치로서 지방분권사상에 기초를 둔다.

(2) **자치권의 인식과 범위**: 주민자치에서는 자치권을 자연법상의 천부적 권리로서 인식하는 데 비하여, 단체자치에서는 전래설의 입장에서 국가가 자치권을 인정한다. 따라서 자치권이 주민에게서 나오는 주민자치는 그 범위가 넓지만 국가로부터 권한이 주어지는 단체자치는 그 범위가 협소하다.

(3) **자치의 중점**: 주민자치는 자치단체와 주민 간의 관계에 중점을 두고 주민의 정치참여를 확대하려 하지만 단체자치는 자치단체의 국가로부터 독립성, 즉 국가와 자치단체 간의 관계에 중점을 두고 자치단체의 자치권을 신장하려고 한다.

(4) **중앙과 지방 간의 관계**: 주민자치에서는 자치단체와 중앙정부가 공동목적을 위하여 기능적 · 대등적 협력관계를 유지하는 데 비하여, 단체자치에서는 자치권이 국가에 의해 부여되어 권력적 감독관계에 놓여 있으며, 상호 대립적으로 관념되어 있다.

(5) **권한배분방식과 중앙통제방식**: 주민자치에서는 권능이 법률에 따라 개별적으로 부여되기 때문에 자치권이 특정적이어서 사무처리에 대한 중앙통제도 입법적 · 사법적 통제를 중심으로 한다. 그러나 단체자치에서는 포괄적 위임주의에 따라 자치권의 범위가 개괄적으로 규정되어 있으므로 엄격한 행정적 통제를 받고 있다.

(6) **지방정부형태**: 주민자치에서는 주민의 대표로 구성된 의회가 의결기관인 동시에 집행기관이 되는 기관통합형을 채택하고 있는 데 반해, 단체자치에서는 의결기관과 집행기관을 분리하여 대립시키는 기관대립형을 채택하고 있다. 주민자치의 경우에는 의결기관이 우월한 지위를 가지나 단체자치에서는 집행기관이 의결기관보다 상대적으로 우월한 지위를 가진다.

(7) **자치단체의 성격과 사무 구분**: 주민자치는 자치단체에 사무 종류의 개념이 없어 자치단체가 단일적 성격을 가진다. 이에 비하여 단체자치에서는 자치사무와 위임사무가 구별되어 있어서 자치단체는 이중적 성격을 지닌다. 즉 자치사무를 처리할 경우에는 자치단체의 지위를 가지며, 국가위임사무를 처리할 때에는 국가 하급기관의 지위에 놓이게 된다.

단체자치와 주민자치의 관계

단체자치와 주민자치는 모두 지방자치의 실현을 위하여 없어서는 안 될 필수불가결한 요소들이다. 주민자치를 아무리 잘 하여도 국가로부터 독립된 법인격을 갖는 자치단체가 인정되지 않는다면 자치를 실현할 수 있는 주체가 없게 된다. 또한, 자치단체에 상당한 정도의 자치권이 인정된다고 할지라도 그 자치권의 행사에서 주민참여가 보장되지 않는다면 참된 의미의 지방자치가 실현될 수 없다. 따라서 양자는 이상적인 지방자치의 실현을 위하여 불가분의 관계에 있다고 할 것이다. 결국, 주민자치가 주민의 정치적 행정참여를 보장하는 민주주의의 원리로서 지방자치의 본질적 요소라고 한다면 단체자치는 주민자치를 실현하기 위한 형식적 · 법제적 요소라고 할 수 있다.

표 1-2 주민자치와 단체자치의 비교

구 분	주민자치(영미계)	단체자치(대륙계)
자치의 의미	정치적 의미 (지역주민의 참여와 통치)	법률적 의미 (독립된 법인격 지닌 자치단체의 행정)
자치권의 본질	자연적 · 천부적 권리 (고유권설=지방권설)	국가로부터 전래된 권리 (전래설=국권설)
자치권 인정의 주체	주민	중앙정부(국가)
자치권의 범위	광범위	협소
이 념	민주주의	지방분권
자치의 중점	지방자치단체와 주민과의 관계 (주민에 의한 행정)	지방자치단체와 국가와의 관계 (자치단체에 의한 행정)
중시하는 권리	주민의 권리(주민참여)	자치단체의 권능(자치권)
권한부여의 방식	개별적 수권형(지정주의)	포괄적 수권형(위임주의)
중앙통제의 방식	약함(입법적 · 사법적 통제)	강함(행정적 통제)
중앙 · 지방 간 관계	기능적 협력관계	권력적 감독관계
사무구분	자치사무와 국가위임사무 비구분 (위임사무 부존재)	자치사무와 국가위임사무 구분
지방정부의 형태	기관통합형 (의회제: 의결기관 우월주의)	기관분리/대립형 (집행기관 우월주의)
자치단체의 성격	단일적 성격 (자치단체)	이중적 성격 (자치단체+지방행정기관)
민주주의와의 관계	상관관계 인정	상관관계 부정
지방세제	독립세주의 (국세와 지방세 엄격 구분, 자치단체가 독자적 부과 · 징수 →지방재정의 자주성 강조)	부가세주의 (중앙정부가 부과 · 징수하여 자치단체에 배분/환원시키는 부가세 · 교부세 존재 →지방정부의 자치권 제약
주요국가	영국, 미국 등	프랑스, 독일 등 대륙계 국가

3. 양대 계보의 접근

단체자치와 주민자치는 그 역사적 형성과정이나 발전지역이 다르고 자치의 이념도 다르지만, 오늘날 대부분 국가에서는 양 개념의 요소가 상호 접근하여 조화 있게 포괄되어 있다. 그 주요한 이유를 살펴보면 다음과 같다.

(1) 제2차 대전 이후 패전국인 독일, 이탈리아, 일본 등이 관료주의적 중앙집권체제를 청산하고 승전국인 영미계의 주민 자치적 요소를 대거 도입 · 가미하였으며, 단체 자치제의 대표적 국가라 할 수 있는 프랑스도 1982년에 대대적인 지방분권화 개혁을 단행하였다.

(2) 이와는 반대로 영국과 미국은 단체자치적 요소를 채택함은 물론 전쟁수행 과정 중에 신중앙집권화의 경향으로 나아가고 있었다.

(3) 제2차 대전 이후 독립한 대부분의 신생국은 대륙계의 단체 자치적 요소와 영미계의 주민 자치적 요소를 동시에 혼합적으로 도입하였다.

(4) 이론상으로도 주민자치적 요소와 단체자치적 요소가 조화롭게 결합할 때 완전한 지방자치가 실현될 수 있기 때문이다.

제3절 지방자치의 효용성

1. 지방자치와 민주주의

일반적으로 민주주의를 통치이념으로 하는 나라에서는 지방자치를 민주정치 구조의 핵심적 구성요소로 하고 있다. 현대국가에서는 정치적 · 사회적 · 경제적 제요인 등에 의한 지방자치의 위기가 지적되고 있으나, 분권화의 원리로서 지방자치는 지역주민의 부분의사를 국민의 전체의사 속에 반영시키는 민주주의의 보루인 것이다.

관계긍정설

(1) 의 의: 관계긍정설은 민주주의를 지방자치의 본질적 요소로 간주하면서 양자 간의 상호보완성을 주장하는 입장이다. 이 견해는 고유권설에 입각한 영미계의 자치에 근거를 두고 있으며, 대표적인 학자로는 A. Tocqueville, K. Panter-Brick, J. S. Mill,

J. Bryce, H. J. Laski 등이 있다.[2)]

(2) 근 거[3)]

(가) 국가권력의 제한원리: 중앙집권을 관료체제에 의한 자유권의 구속 또는 제한으로 이해하고, 이러한 독재적인 중앙권력을 견제할 수 있는 제어장치로서 지방자치를 강조한다.

(나) 민주주의의 학교 및 훈련장: 지방자치는 민주주의의 지속적인 발전을 위하여 출납가결한 민주시민의 양성소 내지는 민주주의 교육의 장이다.

(다) 민주주의의 실천원리: 지방자치는 지역주민들이 자기 책임 하에 스스로 또는 대표자를 통하여 자치사무를 처리하는 것이므로 민주주의의 기초이자 실천원리라는 것이다.

(라) 참정기회의 제공: 민주주의는 주권자인 시민에게 보다 더 많은 참정의 기회를 제공해주기 때문에 주민참여를 핵심적 바탕으로 하는 지방자치와 필연의 관계를 맺는다.

관계부정설

(1) 의 의: 관계부정설은 지역사회의 정치적 모순을 인지하고, 이의 타파를 위하여 민주적 중앙정부의 적극적 역할을 강조한다. 즉 민주화된 정치체제에서 지방자치란 무가치하며 오히려 능률을 저해한다고 주장한다. 주로 국권설에 입각한 대륙계의 자치에 근거하고 있으며, G. Langrod, Leo Moulin, G. C. S. Benson, K. Kelsen 등이 대표적인 학자들이다.

(2) 근 거[4)]

(가) 낮은 참여수준: 참여기회의 보장이 곧 참여를 의미하는 것은 아니므로 참여기회의 확대가 실질적 의미의 민주주의를 보장하지는 않는다. 따라서 지방자치와 민주주의는 전혀 별개의 문제라고 한다.

(나) 소수전제의 가능성: 분권화된 참여체제에 있어서 주민통제와 참여는 사실상 허구에 불과할 뿐이며 실질적으로는 지역사회가 소수의 지역엘리트에 의해 장악되어 소수전제를 가능하게 할 우려가 있다.

(다) 다수횡포에 따른 불평등: 동일한 이해관계로 결집된 다수집단이 소수의 기본권을 무시하고 자신들의 이익을 추구함으로써 불평등을 야기할 수 있다.

(라) 지역이기주의 및 배타주의의 학습: 지방자치는 전체적 이익보다는 지역적 이익을 지나치게 중시하여 자치단체간의 불필요한 경쟁과 극단적인 감정대립을 일으킴으로

2) 방성은(2010), 비타민 지방자치론, p.99.
3) 김병준(2009), 지방자치론, pp.18-21.
4) 김병준(2009), 지방자치론, pp.21-25.

써 오히려 지역이기주의와 배타주의를 배우게 한다.

2. 지방자치와 효율성

관계긍정설

(1) 의 의: 지방분권과 지방자치가 정치행정체제 전반의 효율성을 높일 것이란 주장이다.

(2) 근 거[5]

(가) 지방분권과 지방자치의 강화는 정부가 지역사회의 문제나 행정수요에 보다 민감하게 반응하게 한다. 지방정부의 장이 주민에 의해 선출이 되면 그 눈과 귀를 지역사회와 지역주민 쪽으로 더 크게 열 수밖에 없다. 이는 대 주민서비스를 더욱 민감하게 하는 긍정의 효과가 있는 것이다.

(나) 지방자치의 강화는 지역적 성격을 띤 정책문제와 행정문제를 보다 신속하게 처리하게 한다. 지방자치에 의한 행정의 집행은 일반적으로 간소화된 처리 절차를 지니고 있다.

(다) 지방자치는 중앙정부가 정책문제나 행정문제에 대해 더 정확히 대응할 수 있도록 한다. 조직이 경직되고 권위적일수록 하부의 의사가 왜곡되어 상부에 전달될 가능성이 커진다. 그 이유는 하부의 의사를 전달하는 중간매개자가 상부의 입맛에 맞게끔 하부의 의사를 왜곡하기 때문이다. 지방자치는 이러한 폐해를 최소화할 수 있다.

(라) 지방자치는 지역 차원에서의 종합계획이나 종합행정을 가능하게 한다. 지역 차원의 행정사무 하나하나가 중앙정부의 지시로 이루어지게 되면 중앙정부의 사무가 가중될 뿐만 아니라 자율적이고 창의적인 지역 행정이 발전할 수 없게 된다. 지방자치는 이를 완화하여 지역 차원에서 종합행정을 가능하게 한다.

(마) 지방자치는 지방정부의 운영과 지역 문제의 해결에 지역주민의 생산적 관여를 이끌어 낼 수 있다. 이는 곧 참여를 통해 행정에 대한 지역주민의 감시를 강화할 수 있고, 또 이를 통해 행정의 능률성과 대응성을 높일 수 있는 것을 의미한다.

(바) 지방자치는 다양한 정치 · 행정적 실험을 가능하게 한다. 지방자치제도가 제대로 시행될 경우 각 지방정부는 주어진 자치권을 바탕으로 독자적인 판단으로 여러 가지 다양한 정책을 시도해 볼 수 있다. 이러한 실험은 차후 국가의 정책 어젠다 형성에 큰 역할을 담당하게 된다.

(사) 지방자치는 지방정부 간의 경쟁을 유발함으로써 정치 · 행정 체제 전반의 효율성

5) 김병준(2009), 지방자치론, pp.25-30.

을 높이기도 한다. 지방정부는 더 많은 주민을 유치하기 위하여 경쟁하게 되는데 이러한 경쟁이 지방정부의 내부 효율화에 크게 이바지를 하게 된다는 것이다.

관계부정설

(1) 의 의: 관계부정설은 지방자치와 지방정부 효율성의 관계가 반드시 긍정적이지 않거나, 오히려 비효율을 초래한다고 주장하는 것이다.

(2) 근 거[6)]

(가) 지방자치가 강화된 체제 아래에서는 전체의 이익보다는 부분의 이익을 앞세우게 됨으로써 불필요한 마찰과 갈등을 일으킬 수 있음

(나) 또한 반드시 국가에 필요한 공공재임에도 불구하고 지방정부와의 갈등 때문에 건설을 못하는 경우도 발생하게 된다. 환경이나 빈민구제와 같은 공공재나 공공서비스에 대한 처리권이 지방정부로 이양되면서 중앙과 지방 간, 지방정부 간 갈등이 빈번하게 발생하게 되어 국가 전체의 이익이 저해될 수 있다.

(다) 혁신 채택의 비율은 조직의 다양성에 반비례할 수 있으므로 혁신을 채택하여 집행하는 것은 다양성을 갖춘 자치조직보다는 중앙집권적인 조직이 더욱 효율적일 수 있다.

6) 김병준(2009), 지방자치론, pp.30-32.

제2장 지방분권의 이해

제1절 중앙집권과 지방분권

1. 중앙집권과 지방분권의 의의

개 념

오늘날 대부분 국가에서는 통치권이나 행정권한을 중앙정부와 지방정부가 분담하여 처리하고 있다. 중앙집권이란 지방행정에 대한 통치권과 의사결정권이 중앙정부에 집중되어 지방자치단체의 자주성 · 독립성이 제약된 경우를 의미하며, 반대로 지방분권은 이들 권한이 지방자치단체에 분산되어 지방자치단체의 자주성 · 독립성이 보장되어 있는 경우를 말한다. 중앙집권은 행정운영의 구심화인 데 비하여, 지방분권은 행정운영의 원심화로서 하나의 연속 선상의 상대적 개념이라 할 수 있다.

중앙집권과 지방분권의 역사적 전개

(1) 18세기 절대군주 체제에서는 절대군주의 권력 강화와 중상주의 정책추진에 따라 강력한 중앙집권적 행정이 강조되었다.

(2) 19세기 입법국가가 성립되면서 자유방임주의 및 민주행정사상에 따라 지방분권적 행정이 강조되었다.

(3) 20세기에는 복잡한 사회문제를 해결하는 역할을 국가가 맡으면서 행정부의 기능이 강화된 행정국가가 대두함에 따라 중앙집권화가 다시 이루어지는 이른바 신중앙집권 시대가 되었다.

(4) 1980년대 영미계에서는 석유파동으로 인한 재정파탄과 세계화 및 시장화를 지향하는 신자유주의의 대두와 함께 비대해진 중앙정부의 기능을 민간이나 지방정부로 이전하면서 다시 지방분권이 나타나고 중앙집권적 전통이 강했던 독일, 프랑스 등 대륙계에서는 중앙집권의 문제점을 극복하는 방안으로 신지방분권 현상이 나타났다.

표 2-1 중앙집권과 지방분권의 역사적 전개[1)]

구 분	16~18C	19C	20C	1980~
국가 성격	절대군주국가	근대입법국가	행정국가	신행정국가
집권 · 분권	중앙집권	지방분권	신중앙집권	신지방분권
집권 · 분권 성격	정치적 집권	정치적 분권	행정적 집권	행정적 분권
지방자치	지방자치의 부정	지방자치의 발달 · 영미-주민자치 · 대륙-단체자치	지방자치의 위기	지방자치의 발달
이념배경	중상주의 (개입주의)	자유방임주의	케인즈 경제학	신자유주의
강조점	능률성	민주성	능률성 · 민주성의 조화	세계화와 지방화

중앙집권과 지방분권의 측정지표

중앙집권과 지방분권의 정도나 수준은 측정상의 문제, 빈약한 지표의 문제 등으로 인하여 그 실제를 파악하기가 상당히 어렵다. 그러나 대체로 ① 특별지방행정기관의 종류와 수, ② 지방자치단체의 중요 직위의 선임방식, ③ 국가공무원과 지방공무원 수의 대비, ④ 국가재정과 지방재정규모의 대비, ⑤ 국세와 지방세의 대비, ⑥ 중앙정부의 지방예산통제의 정도, ⑦ 지방자치단체의 사무구성비율, ⑧ 민원사무의 배분비율, ⑨ 감사 및 보고의 횟수 등의 측정지표들이 사용되고 있다.[2)]

2. 집권화 및 분권화의 촉진요인

집권화의 요인

(1) 조직의 규모가 작을수록 집권화가 쉬워진다.

(2) 역사가 짧거나 선례가 없는 창설기의 조직일수록 집권화의 필요성이 많아진다.

(3) 조직이 그의 환경에서 위기의식을 느끼면 집권화를 초래하기 쉽다.

(4) 조직이 동원 · 배분하는 재정자원의 팽창은 집권화를 유리하게 만든다.

(5) 통신 · 교통수단의 발달은 집권화를 촉진할 수 있게 한다.

(6) 특정한 활동에 대한 조직의 관심이 증가하면 집권화되기 쉽다.

1) 방성은(2011), 비타민 지방자치론.
2) 최창호(1995), 지방자치학, pp.39-40.

(7) 조직활동의 통일성이 강조되면 집권화의 필요성이 높아진다.

(8) 상위계층 혹은 지도자가 강한 권력욕을 지니거나 그 성향이 이권의 획득에 기울어져 있는 경우 집권화를 심화시킨다.

분권화의 요인

(1) 현대조직의 규모확대에 따른 최고관리층의 업무량 가중은 분권화의 필연적인 요인으로 지적된다.

(2) 신속하고 상황 적응적인 행정을 해야 한다는 시대적 요청에 부응하기 위해서도 분권화가 필요하다.

(3) 지방 또는 하위계층 구성원들의 자주적인 의사결정을 통해 책임감을 확보함은 물론 관리자가 지녀야 할 능력을 배양시킨다는 견지에서 분권화가 요청된다.

(4) 분권화를 통한 권한의 위임은 사기를 앙양하고 업무수행에서 창의력을 발휘하게 한다.

(5) 분권화는 민주주의적 정치이념을 정착시킨다는 점에서도 그 의미가 매우 크다.

3. 중앙집권과 지방분권의 장 · 단점

중앙집권과 지방분권은 상호 상대적 · 보완적 관계에 있으므로 그 장 · 단점도 각 국가의 역사적, 정치적, 사회 · 경제적 여건이나 운영 여하에 따라 다르게 나타난다. 일반적으로 중앙집권은 전국적인 통일성과 능률성을 도모하는 데 반해, 지방분권은 지역성과 민주성을 중시한다.

중앙집권의 장점

(1) 행정의 전국적인 통일성과 일관성 · 안정성을 확보할 수 있다.

(2) 강력한 행정추진으로 국가의 비상사태나 위기에 신속히 대처할 수 있다.

(3) 행정의 기능별 전문화를 기하여 고도의 행정능력을 발휘할 수 있다.

(4) 행정 기능상의 중복을 방지하고 경제적 능률성을 높일 수 있다.

(5) 모든 행정역량의 결집으로 전국적 · 광역적 사업의 추진이 쉽다.

(6) 지역 간 행 · 재정력의 격차를 조정하고 균형적인 지역발전을 도모할 수 있다.

(7) 부분적 이익을 전체이익에 귀속시킬 수 있다.

지방분권의 장점

(1) 지역의 실정에 적합하고 특수성을 고려하는 행정을 수행하여 주민의 편의를 도모할 수 있다.

(2) 행정에 대한 주민통제가 쉬워 행정의 민주화를 구현할 수 있다.

(3) 정치적 의사 형성 및 결정 과정에의 주민참여로 인하여 계층 간 · 지역 간 갈등을 해소하고 사회적 능률을 높일 수 있다.

(4) 지방공무원과 주민의 사기를 앙양하고 창의력을 높여 지역경제와 지역 문화의 활성화에 이바지할 수 있다.

(5) 자의적인 권력행사를 방지하고 행정의 책임성을 높일 수 있다.

(6) 지방공무원을 고도의 판단력과 식견을 갖춘 능력 있는 관리자로 훈련 · 양성할 수 있다.

4. 지방분권의 방법

지방분권은 분산되는 권한의 성격 여하에 따라 자치적 분권과 행정적 분권으로 구별될 수 있다. 지방분권을 넓은 의미로 이해할 때는 행정적 분권도 포함하지만 좁은 의미로는 자치적 분권만 포함한다.

행정적 분권(Deconcentration)

지역에서 처리하여야 할 행정사무에 대하여 중앙정부가 그 권한과 사무를 지방행정기관에 위임하고 그로 하여금 중앙정부의 지휘 · 감독하에 수행하도록 하는 분권 방법이다. 여기에는 중앙정부가 지방의 소관사무를 처리하기 위해 특별지방행정기관을 설치하고 그 권한과 사무를 위임하여 수행하는 방식과 별도의 기관을 설치하지 않고 지방자치단체 및 그 집행기관에 권한과 사무를 위임하여 수행하는 방식이 있다.

자치적 분권(Decentralization)

자치적 분권이란 중앙정부와 지방자치단체 간의 정치권력의 배분에 관한 것으로서 행정적인 것뿐만 아니라 입법까지도 포함하는 통치상의 분권 방법이다. 즉 지방적으로 처리해야 할 행정사무와 기능은 자치단체가 자기 사무로서 독자적 · 자주적으로 처리하는 것을 의미한다. 지방자치단체에 대한 분권 또는 지역적 분권이라고도 한다. 보통 우리가 중앙집권에 대하여 지방분권 또는 지방자치라는 말을 언급하는 경우 이를 의미하는 것이다.

(1) 포괄적 수권주의

(가) 개 념: 법률로 특별히 금지한 사항이나 중앙정부의 전속적 관할에 속하는 사항을 제외하고는 지방자치단체로 하여금 지역주민의 일반적 이익을 위하여 필요한 사무는 무엇이든지 처리할 수 있도록 헌법 또는 법률에 따라 일괄적으로 권한을 부여하는 방식이다. 대체로 단체자치에 중점을 두고 있는 대륙계 국가들이 채택하고 있다.

(나) 장 점: ① 권한부여방식이 간편하고, ② 사무처리에서 상당한 자유재량이 주어지며, ③ 각 지방자치단체의 특수한 행·재정수요 및 능력에 적합한 행정이 가능하도록 신축성을 부여한다.

(다) 단 점: ① 중앙정부와 자치단체 간의 사무구분이 불명확하고, ② 자치단체의 권한사항을 국가 사무화할 경우 자치단체의 권한이 유명무실해질 우려가 있다.

(2) 개별적 수권주의

(가) 개 념: 지방자치단체가 처리할 수 있는 권한사항을 사무 분야별·자치단체별로 필요할 때마다 개별적인 법률에 따라 구체적으로 명시해주는 방식이다. 이는 주로 주민자치제도를 채택하고 있는 국가에서 활용하고 있다.

(나) 장 점: ① 중앙정부와 자치단체 간 또는 광역자치단체와 기초자치단체 간의 사무배분과 그 한계가 명확하고, ② 운영의 묘를 잘 살릴 경우, 각 자치단체의 개별적 특성에 적합한 자치행정이 가능하다.

(다) 단 점: ① 자치단체의 사무범위에 대한 신축성의 결여로 행정수요에 대하여 적시에 탄력적으로 대처할 수 없으며, ② 일일이 수많은 개별법을 통해 자치단체에 행정권한을 부여하는 것은 법률이 제정될 때마다 중앙정부와 자치단체 간의 관계를 끊임없이 변동시키게 하고 행정상의 혼란을 일으킬 가능성이 크다.

(3) 절충주의

(가) 개 념: 지방자치단체가 처리할 수 있는 행정기능의 종류와 권한부여 기준을 미리 법률에 포괄적으로 열거하고, 그 권한과 기능을 수행할 수 있는 수준에 도달한 자치단체에 법규명령으로 개별적으로 권한을 부여하는 방식이다. 나이지리아를 비롯한 아프리카 제국 등 지방자치제도가 초보적인 단계에 있는 후진국과 일본에서 채택하고 있다.

(나) 장 점: ① 지방자치단체의 권한과 사무의 종류 및 내용을 명확하게 하고, ② 각 자치단체의 행·재정능력에 따라 그에 상응하는 권한을 부여할 수 있다.

(다) 단 점: 중앙정부가 그의 권한을 정치적으로 남용할 경우, 자치단체의 권한을 약화해 지방자치가 허구에 그칠 위험성이 있다.

(4) 계약주의

(가) 개 념: 중앙정부가 지방자치단체와의 계약으로 일정한 사무 처리를 위탁하고 재정적 원조를 제공하는 방식이다. 계약의 내용에는 위탁사무의 종류, 기준, 감독방식, 경비부담 등이 규정된다.

(나) 장 점: 중앙정부와 지방자치단체의 관계를 수평적 · 대등적 관계로 보기 때문에 자치단체의 자주성이나 개별적 특수성을 존중한다.

(다) 단 점: ① 권한부여의 절차가 복잡하고, ② 계약상 내용과 형식에 제약이 따르므로 제한된 형태로 수행되는 한계를 지닌다.

제2절 지방분권의 현대적 경향

1. 지방자치의 현대적 의의

20세기에 접어들어 자본주의가 고도로 발달하고 사회가 복잡화 · 이질화함에 따라 나타난 노사 간의 대립격화, 실업자의 격증, 구빈 · 보건위생행정의 증대 및 인구의 대도시 집중으로 인한 도시문제들은 자치단체만으로는 도저히 해결할 수 없는 상황에 놓이게 되었다. 따라서 경제 · 사회부문에 걸친 대부분의 중요한 문제들은 전국적 · 종합적 견지에서 통일적 · 능률적으로 처리하지 않을 수 없게 되었다. 한편 도 · 농 간의 재정적 차이, 자치단체에 대한 국고보조금의 증가 등으로 인하여 지방자치단체의 자치권의 범위가 축소되는 경향을 보이며, 자치단체의 대국가의존도도 계속 높아지게 되었다. 이에 독일과 프랑스에서는 지방자치의 위기론이 대두하였고, 영국과 미국에서는 지방자치의 개편론이 대두하기에 이르렀다.

이들의 특징은 과거에 과도한 지방분권체제를 유지해 온 영미제국에서는 신중앙집권화의 경향을 띠고 있지만, 과거 중앙집권체제를 가지고 있었던 프랑스, 독일에서는 신지방분권화로 나아가고 있어서 좋은 대조를 이루고 있다고 하겠다.

지방자치의 위기론

현대에 이르러 논자에 따라서는 지방자치 위기의 시대라고 표현하고 있는데, 그 이유로 다음과 같은 것을 지적하고 있다.

(1) 자치이론의 역사적 기반의 상실: 군주와 국민의 대립을 전제로 하였던 고전적

지방자치이론의 역사적 기반은 국가와 사회가 동질화된 오늘날의 민주주의체제 아래에서 그 본래의 의미를 상실하게 되었다.

(2) **자치의식의 쇠퇴**: 오늘날 과학기술의 발달과 사회구조의 급격한 변화로 인하여 지방자치의 정신적 기초가 되는 향토애나 공동체 의식과 같은 자치의식이 점점 사라지고 있다.

(3) **지방재정의 취약성**: 진정한 의미의 지방자치는 자주적으로 재원이 조달될 때 이루어지는데, 지방재정의 궁핍으로 국가관여가 증대하고 있다.

(4) **정당의 무분별한 지방정치개입**: 정당의 무분별한 통제로 인하여 지방자치단체가 중앙정부에 예속화되는 결과를 가져오고 있다.

지방자치의 개편론

최근 들어 영미제국에서 지방자치의 개편론이 대두하고 있는바, 이의 특징을 살펴보면 다음과 같다.

(1) **상급단체로의 정치권력 이동**: 지방자치의 개편론은 정치권력이 소규모 자치단체로부터 대규모 상급자치단체나 중앙정부로 이행한다는 것을 의미한다. 이러한 상급단체로의 권한 이양추세는 대부분 정책적인 고려에서 비롯된 것이다.

(2) **재정적 중앙 의존의 심화**: 재정연방주의(fiscal federalism)에 따라 주(州) 및 지방정부가 재정적으로 연방정부에 의존하는 경향이 현저해지고 있다. 연방정부로부터 재정적 지원을 받으려면 지방의 프로젝트나 사업계획의 목표가 국가이익을 반영해야 했으며, 이에 따라 자치단체의 중앙정부 의존화와 중앙정부의 통제 강화를 초래하게 되었다.

(3) **복지정책기능의 상급단체로의 이양**: 복지국가이념을 실현하기 위한 사회복지기능이 지방정부에서 중앙정부로 이관되는 경향을 나타내고 있다.

2. 신중앙집권(new centralization)

신중앙집권화의 의의

20세기 행정국가화 현상이 나타남에 따라 신중앙집권화는 일단 지방자치가 확고한 뿌리를 내리고 있는 국가에서 복지국가의 건설, 행정의 능률성 확보, 지방자치의 보완을 위하여 지방정부에 대한 중앙정부나 광역자치단체의 역할이 증가하여 가는 현상을 말한다. 즉 신중앙집권화는 중앙정부와 지방정부의 정치적 민주화가 제도적으로 실현되고 있음을 전제로 한 것이며, 다만 사회적 요청에 부응하기 위하여 행정능률의 향상을 위한 집권인 것이다.

따라서 신중앙집권화는 군주국가시대에서와 같은 권력적 집권이 아니라 기술적 · 지식적 · 협동적 집권을 뜻하며, 현대 지방자치의 위기론이 제기되면서 지방분권 · 지방자치를 부정하는 별개의 정치원리라기보다는 지방행정의 민주성과 능률성을 동시에 확보하기 위한 정치 구조상의 권력 재편성이라고 할 수 있다. 즉 의회와 중앙정부가 지방보다 지식과 이해력이 우월하므로 권력은 분산하되 지식과 기술은 집중한다는 것을 의미한다(J.S. Mill).

신중앙집권화의 대두 배경 및 촉진 요인

신중앙집권화 경향은 1930년대에서 1970년대 후반에 이르기까지 고도의 지방분권 체제를 갖춘 대부분의 선진국에서 기술적 · 정치적 근대화와 관련된 시대적 여건의 변화에 따라 나타난 현상이다. 이러한 신중앙집권화가 대두한 배경과 이를 촉진하는 주요원인은 다음과 같다.

(1) 지방경제 · 촌락경제로부터 국민경제 · 국제경제로 발전했다.

(2) 분권 경제로부터 집권경제로의 전환으로 경제력 집중을 수반한 대기업들과 거대 노동조합들에 대한 중앙정부의 지원 및 규제활동이 증대하였다.

(3) 개발경제로부터 보존경제로의 전환으로 자원의 고갈을 방지하고 공공이익을 옹호하기 위하여 통일적인 중앙정부의 규제가 필요하게 되었다.

(4) 복지국가의 실현정책에 따라 국민적 최저수준(national minimum)을 유지하기 위해 중앙정부의 적극적인 관여가 필요하게 되었다.

(5) 과학기술의 발달로 행정사무처리가 신속화 · 과학화되어 각종 행정통계의 집중관리 및 고도의 과학기술과 지식이 활용되면서 중앙정부가 집중관리 할 수 있게 되었다.

(6) 교통 · 통신의 발달로 중앙과 지방간의 거리가 단축되고, 행정적 공간이 축소되어 신속한 의사소통이 이루어지고 즉각적인 지시 · 통제가 가능해지면서 중앙정부의 권한이 강화되고 있다.

(7) 경제권 및 국민 생활권이 확대되어 지역 간 인구이동이 활발해지고 대량생산 및 대량소비가 가능해져서 전국적 · 광역적 해결의 필요성이 증대되었다.

(8) 세원의 편재에 따른 지방자치단체 간의 지방재정력 격차가 심화하였다.

(9) 국제환경의 불안정과 긴장 고조 및 복잡다기성 등의 총체적 위기에 중앙정부가 신속하고 주도적인 역할을 해야 하게 되었다.

(10) 물가안정, 고용증대, 국제수지 개선, 경제성장 등 광역적 정책을 위해서는 국가

차원에서 공공재정의 계획적 운영이 필요하게 되었다(규모의 경제).

신중앙집권화의 발현형태

신중앙집권화에서는 다음과 같은 여러 가지 형태가 동시에 복합적으로 발현되고 있다.

(1) **사무(권한)의 상향적 이관**: 종래에 지방자치단체가 담당하던 기능과 사무가 중앙 또는 광역자치단체로 이관되고 있고, 중앙정부가 자치단체에 대하여 위임하거나 의무적으로 부과하는 사업이 증대하고 있으며, 또한 많은 업무가 중앙정부와 자치단체의 공관사무로 처리되고 있다.

(2) **특별행정기관의 설치**: 지방에서 처리를 필요로 하는 행정사무를 지방자치단체에 위양하는 것이 아니라 중앙정부의 일선 기관인 특별행정기관을 설치하여 수행하고 있다. 한편 지방자치단체에 위임하는 경우에도 일반적으로 기관위임의 형태를 취하여 지방의회의 관여를 배제하고 있다.

(3) **중앙통제의 강화**: 지방자치단체에 대한 중앙정부의 행정적 관여가 강화되고 있다. 그러나 후견적 · 권력적 통제가 아니라 권고와 정보제공, 재정적 지원, 기준설정, 승인, 직원의 임면, 정기적인 보고 등의 비권력적 · 협력적 통제형태를 취한다.

(4) **중앙재정에의 의존**: 급증하는 행 · 재정수요로 지방자치단체의 재정자립도가 상대적으로 저하됨에 따라 중앙재정에의 의존현상이 커져 중앙정부의 재정적 지원과 계획기능이 강화되고 있다.

(5) **통 · 폐합**: 규모가 작은 지방자치단체 또는 대도시권에 있는 중심도시와 주변 도시들 간의 통 · 폐합이 이루어지고 있다. 2010년 7월 1일부로 마산 · 창원 · 진해시가 창원 통합시로 시 · 군 통폐합한 것과 일본의 시 · 정 · 촌 통합이 신중앙집권적 개혁의 사례이다.

신중앙집권화의 한계

현대국가에서 신중앙집권화의 경향은 불가피하지만, 여기에는 지방적 특수성을 전연 무시하고 행정을 중앙정부 위주로 획일화시켜 관료제의 비대화를 가중할 위험이 내재하여 있다. 그러므로 다음과 같은 한계를 인식하여 지방분권과의 새로운 조화를 모색하여야 한다.

(1) 국방 · 외교 · 경제 및 재정정책 · 국민복지 등과 같은 전국적 · 통일적 운영이 요청되는 사무는 중앙정부의 책임 하에 수행되는 것이 필요하지만, 교육 · 문화 · 지역개발

등과 같은 지역 실정에 적합한 운영을 필요로 하는 사무는 그 수행에서 지방자치단체의 자주성을 존중해 주어야 한다.

(2) 중앙집권화는 자치구역의 광역화를 초래하여 지역주민의 자치의식을 희박하게 하며 주민참여를 저해할 위험이 있다. 그러므로 행정구역을 재편성할 때 행정의 능률성뿐만 아니라 지역주민의 자치의식이나 주민참여의 가능성을 고려하여야 한다.

(3) 중앙집권화에서는 일반적으로 국가공무원이 우대되고 지방공무원은 차별을 받는 경우가 많다. 특히 우리나라와 같이 국가공무원과 지방공무원이 자치단체에 동시에 배치된 경우에는 이러한 차별이 심하다. 따라서 인사 행정상의 제도개선과 지방공무원의 사기진작 방안을 모색하여 전국의 균형 있는 발전과 지방자치의 활성화를 기해야 할 것이다.

(4) 지방공무원의 자주성을 무시한 중앙정부의 지나친 통제는 지방공무원의 질적 저하를 초래하고 창의성을 무시할 우려가 있다. 지역주민에 의한 민중통제는 중앙정부에 의한 통제보다 지방공무원의 창의성 · 자주성을 잘 보장할 수 있다. 따라서 국가행정의 통일성 확보와 지방공무원의 창의성 존중을 위해 중앙집권은 민중통제와의 조화를 이루도록 해야 할 것이다.

3. 신지방분권(new decentralization)

신지방분권화의 대두 배경

1979년 대처의 집권 이래 중앙정부의 권한강화를 추구해 온 영국을 제외하고 미국을 위시한 대부분 국가는 1970년대 이후 분권화 경향을 가속화했으며, 각국의 지방정부는 자율성의 강화와 함께 업무부담의 증대라는 새로운 현실에 직면하게 되었다. 이에 따라 지방정부가 국가에 협력하여 중앙과 지방 사이에 기능을 분담한다는 새로운 관점에서의 신지방분권주의가 등장하였다. 신지방분권이 대두하게 된 배경을 살펴보면 다음과 같다.

(1) 중앙정부의 계획행정에 따른 획일적 운영으로 국가행정의 관료화를 초래하게 되었다. 즉 중앙집권화에 따른 행정국가현상으로 인하여 행정부가 강력한 권한을 행사하게 되어 3권분립, 헌법의 최고규범성, 간접민주제 등 자유민주주의가 손상되었다.

(2) 현대국가는 민주화가 이루어지고 국가 · 사회의 동질성이 확보되었기 때문에 지방자치의 존재의의가 상실되었다고 한다. 그러나 국가가 민주화되었다고 하더라도 종래의 지방자치의 존재 이유와는 또 다른 각도에서 그 존재가치를 발견할 수 있다.

(3) 전국적이면서 동시에 지방적 이해를 하는 공관사무의 처리에 지방적 이해를 반영하려면 지방자치단체를 통할 수밖에 없으며, 또한 그 이해관계가 지방에 한정되는 사무도 여전히 존재하기 때문에 지방자치의 부활을 위한 신지방분권화는 필요하다.

(4) 현대에 이르러 인간은 더 작고 인간적인 것을 추구하려는 경향이 있다. 즉 세계가 거대화되면 될수록 작은 것을 희구하는 욕망도 이에 비례하게 되어 많은 사람은 작은 것, 인간적인 것, 다루기 편리한 것 등을 갈망하게 되며, 가능하면 이것을 얻으려고 한다는 것이다.

(5) ① 중앙정부의 재정적자, ② 국제화 · 세계화의 심화에 따른 경쟁환경의 변화, ③ 정보화의 가속화에 따른 포디즘적 축적양식의 붕괴, ④ 경제 블록화 현상, ⑤ 도시화의 진전 등은 신지방분권화를 촉진하는 요인으로 작용하고 있다.

신지방분권화의 성격

신지방분권은 근대의 지방분권과 다르다. 즉 종래의 지방분권은 시민의 자유를 억압하던 중앙집권적 권력을 극복하는 데 그 존재의의가 있었다. 그러나 신지방분권은 중앙정부와 지방자치단체가 모두 국가통치기구의 일환으로써 국민복지의 증진이라는 공동목표를 위해 기능을 분담하면서 상호협력하여 행정을 처리하는 데 그 특징이 있다. 따라서 신지방분권은 종래와 같은 절대적 · 항거적 · 배타적 · 소극적인 지방분권이 아니라 상대적 · 참여적 · 협력적 · 적극적인 지방분권이다.

각국의 신지방분권화 경향

신지방분권화의 경향은 제2차 대전 이후 패전국이었던 독일, 이탈리아 및 일본의 지방제도개혁이나 미국의 자치(Home Rule)운동과 신연방주의(New Federalism) 등에서 찾아볼 수 있으나 가장 현저한 예는 프랑스의 경우라고 할 수 있다.

(1) 프랑스: 오랫동안 과도한 중앙집권체제를 존속시켜 왔던 프랑스에서는 지방분권화의 경향이 1981년 미테랑(F. Mitterrand) 정부 출범 이후 나타나기 시작하였다. 1982년 '시 · 읍 · 면, 도 및 레종의 권리와 자유에 관한 법률'의 제정을 필두로 대대적인 지방행정개혁이 단행되었는바, 그 주요 내용은 다음과 같다. ① 지방공무원의 신분규정에 관한 정비, ② 지방재정제도의 개혁, ③ 국가임명 도지사제의 폐지 및 지방의회에서의 집행기관 선출, ④ 중앙정부의 지방자치단체에 대한 감독의 대폭 완화, ⑤ 중앙과 지방 간의 사무권한의 재배분 등이다.

(2) 미 국: 1970년대를 전후해 심화한 연방정부의 재정적자로 인해 1980년에 집권한 레이건은 연방정부의 보조금은 줄이고 지방정부의 권한은 늘리는 신연방주의 정책

기조를 채택하였다. 그 주된 내용을 보면 ① 연방정부의 지출수준 인하, ② 연방정부와 주 · 자치단체 간의 책임분담의 확립, ③ 총괄(통합)보조금(block grants)의 설치, ④ 조건부 보조금의 통 · 폐합, ⑤ 연방정부의 무원칙한 개입과 규제의 완화, ⑥ 교육이나 지역개발프로그램에 대한 집행권의 대폭적 이양 등이다.

(3) 일 본: 1980년대에 시작된 행정개혁의 흐름 속에서 지방분권에 관한 논의는 본격적으로 시작되었으며 1990년대에 들어 활발하게 되었다. 지방분권추진법의 제정(1995. 5)으로 구성된 지방분권추진위원회는 4차에 걸친 '권고안'을 제출하였고, 1998년 5월에 내각회의의 의결로 '지방분권추진계획'을 발표하였다. 그 후 2000년 4월 '지방분권일괄법'을 시행하여 사무의 지방 이양을 확대하고 기관위임사무를 폐지하였다. 즉, 국가사무의 일부를 완전히 지방정부 담당으로 이양했고, 기관위임사무를 자치사무 또는 법정수탁사무로 전환하여 포괄적인 지휘 · 감독권을 배제했다. 국가나 상급자치단체의 관여는 법령 또는 이에 따르는 정령에 규정된 사항에 한정하고 상급기관에 의한 감사를 폐지하여 자치단체가 상호 대등한 지위를 갖도록 했다. 국가의 관여 등에 대하여 지방자치단체가 불복이 있는 경우 국가 · 지방분쟁처리위원회가 이를 심사하고 위법인 경우 국가에 대해서 필요한 조치를 할 수 있게 권고하도록 하였다.

신지방분권화의 방안

신지방분권은 지방자치단체의 자치권 회복 또는 지방자치의 부활 등으로 표현할 수 있다. 지방자치단체가 완전한 지방분권을 달성하기 위해서는 지방재정의 확충, 지방공무원의 능력개발, 자치구역의 재편성, 지방행정제도의 개선, 주민자치의식의 제고 등이 요구되지만, 여기에는 현실적으로 일정한 한계가 있다. 즉 지방분권을 추구한다고 하지만 어디까지나 중앙정부와의 관계를 염두에 두어야 하므로 완벽하고 절대적인 지방분권을 기대하기란 어렵다. 따라서 행정에서 국민최저수준과 지역적 타당성을 동시에 확보할 수 있도록 다음과 같은 방법으로 신지방분권을 이룩해야 할 것이다.

(1) 지방자치단체의 이해와 직접 관계가 있는 국가정책을 결정할 때 자치단체의 참가 · 의사진술 · 공동결정 등을 보장해 주어야 한다.

(2) 국가적 이해와 지방적 이해를 동시에 갖는 사업에 대해서는 국가가 기본적인 방향만 정하고 구체적인 것은 지방자치단체가 그 범위 내에서 지역 실정에 맞게 결정하고 집행하도록 한다.

(3) 중앙정부가 지방자치단체에 관여하는 경우에는 기준결정 · 조언 · 정보제공 · 재정지원 등 협력적인 방법을 사용하고 권력적인 방법은 배제되어야 한다.

(4) 지방자치단체가 국정에 대한 발언권을 강화하고 자치능력을 보강할 수 있도록 자치단체 간의 자주적인 연합체나 협력구조의 결성을 보장해 주어야 한다.

(5) 더 중요한 것은 지방자치단체가 스스로 자치권을 확대하기 위하여 자체적인 개혁작업을 선행하고 새로운 시대적 요청에 부응할 수 있도록 체질개선을 도모해야 한다.

4. 우리나라에서의 신중앙집권 · 신지방분권의 적용 가능성

현대국가에서 신중앙집권화와 신지방분권화는 그 정도의 차이는 있어도 각 국가에 공통하는 피할 수 없는 하나의 흐름이다. 다만 이러한 경향은 고도의 지방분권적 전통이 확립된 서구 선진국들에서 나타난 현상으로서 우리의 현실과는 다르다는 것을 인식해야 한다.

신중앙집권화 경향은 지방자치를 부정하는 것이 아니라 그 가치와 역사적 공헌을 인정하면서 지방자치와 조화되는 범위 내에서 새로운 시대적 요청에 부응하여 능률화를 도모하는 상대적 중앙집권이다. 즉 자치적 분권의 단점인 비능률성 · 비전문성과 권력적 집권의 단점인 비민주성 · 전제성을 동시에 지양하는 새로운 형태의 중앙집권인 것이다.

그러나 우리의 경우 선진국과 달리 지방자치의 역사가 얼마 되지 않아 실질적 의미의 지방자치적 가치를 향유해보지도, 지방자치의 제도적 운영을 제대로 경험하지도 못하였다. 이러한 우리의 역사적 특수성에 비추어 볼 때 신중앙집권화의 경향을 마치 현대국가의 보편적인 현상인 것처럼 확대하여 해석하여 신중앙집권주의로의 회귀를 논의하는 것은 논리의 비약이라고 할 수 있다.

한편 최근에 이르러 미국을 위시한 대부분의 서유럽국가는 세계화의 심화로 인한 경쟁환경의 변화와 정보화의 가속화에 따라 국가경쟁력을 높이기 위해서 지방의 자율성을 강화하는 방향으로 나아가고 있다.

우리나라도 오랜 중앙집권체제에서 지방분권체제로 전환하고, 김대중 정부에서 「중앙행정권한의 지방 이양촉진 등에 관한 법률」(1999.1) 제정에 이어, 노무현 정부에서 「지방분권 로드맵」(2003.7.4 발표)과 더불어 「신행정수도건설특별법」(2004.1.16 공포, 10.21 위헌결정), 「국가균형발전 특별법」(2004.1.16 제정), 「지방분권특별법」(2004.1.16 제정) 등 지방분권 3대 특별법을 제정하면서 지방분권 추진의 법적 토대를 마련하였으며, 이명박 정부에서는 「지방분권특별법」을 「지방분권 촉진에 관한 특별법」(2008.5.30 시행)으로 변경하고 다시 박근혜 정부에서는 이를 「지방분권 및 지방행정체제개편에 관한 특별법」(2014.11.19. 시행)으로 이어받으면서 실질적 지방분권화가 이루어지고 있다.

다만 신지방분권화 경향이 중앙정부에 대립적이 아니라 상호의존적 · 협력적인 방향에서 이루어지고 있다는 사실을 주지할 필요가 있다. 따라서 우리도 이러한 시대적 흐름에 발맞추어 중앙과 지방이 동반자적인 관계에서 시민사회와 시장을 뒷받침해주며 서로 믿는 다원적 자율체제를 추구함으로써 지방자치단체의 자율성 · 책임성을 강화함은 물론 주민의 복리증진과 국가경쟁력을 높여야 할 것이다.

제3장 지방자치법과 지방자치의 전개

제1절 지방자치의 역사적 전개

1. 고려시대와 조선시대

우리나라는 일찍부터 중앙집권체제가 확립된 나라로서 국력의 성쇠에 따라 강약의 차이는 있었으나 대체로 중앙집권적 관료통치체제로 일관됐으며 근대적 의미의 지방자치가 성립할 여지는 없었다. 다만 지방분권적 요소를 근간으로 하여 미미하게나마 자치적 통치제도가 몇 가지 존재하고 있었다.

고려시대

(1) **사심관제**: 사심관제는 건국공신들을 출신 지방으로 보내어 그 지역주민들을 통치하게 한 일종의 봉건적 지방제도이다. 중앙으로부터 어느 정도 독립성을 가지고 지방분권적으로 운영되었으나 주민의 참여가 일절 허용되지 않았으며, 주민의 복리증진보다는 착취와 수탈에 급급하였으므로 진정한 의미의 자치행정이라고 할 수 없었다.

(2) **향직단체**: 향직단체는 지방토호인 호족들에 일정한 직위를 부여하고 부역의 부과와 징수, 공납, 질서 및 풍속의 유지를 위하여 주 또는 목 · 군 · 현에 두었던 소규모의 지방행정조직을 말한다.

조선시대

(1) **향 청**: 향청은 조선 초기부터 아전규찰, 관리천거, 풍속교정, 정령전달, 민의대변 등의 기능을 수행해 온 수령의 자문기관이다. 여기에는 좌수를 장으로 하여 그를 보좌하는 3인~5인의 별감을 두고 있었는데, 이들은 명예직으로서 주민의 추천으로 선임되었으며, 임기는 보통 2년이었다.

(2) **향 약**: 향약은 조선 중기 이후 지방의 양반, 토후, 유림 등의 상류계급을 중심으로 전개된 주민자치규약으로서 향교, 향청과 관련하여 활동하였던 자발적인 민간교화운동이었다.

(3) **면과 동 · 리의 주민자치:** 조선시대의 면 · 동 · 리는 주민 자치적으로 운영된 지방행정단위이다. 면 · 동 · 리의 장을 선임할 때 주민의 의사가 상당히 반영되었으며, 공공사무처리에 소요되는 경비도 원칙적으로 당해 주민들이 갹출하여 부담하였다. 특히 동 · 리마다 자체적으로 경지 · 산야 · 제언 등의 공동재산을 소유하여 이를 동 · 이장이 맡아 관리하였으며, 공동재산으로부터 생기는 이익은 동 · 리의 주민이 모두 향유할 권리를 가졌다.

(4) **향 회:** 향회는 1895년 '향회조규(鄕會條規)와 향약변무규정(鄕約辨務規定)'에 의하여 지방정부의 기관으로 법제화되었다. 지방 공공사무의 처리에 주민의 참여를 보장한 최초의 제도로서 ① 자기선임의 원칙, ② 임기제(1년), ③ 명예직제 등을 내용으로 하는 획기적인 것이었다. 다만 향회제도는 새로이 창안된 것이 아니라 전래의 향회 제도와 면 · 동 · 리 자치제도의 전통을 토대로 삼아 법제화된 것이다.

2. 일제 강점기와 미군정시대

일제 강점기

일제는 1913년 府制(최초의 공법인), 1917년 面制, 1930년 邑制 · 道制의 공포로 道 · 府 · 邑 · 面은 법인격을 부여받고 법제상 지방자치단체가 되었다. 府會, 道會, 邑會는 의결기관으로서 임기 4년의 명예직 의원으로 구성되었다. 그러나 이러한 지방제도는 외형상으로 자치적 형식을 갖추었을 뿐이지 실제로는 집행기관 절대 우위 하의 중앙집권적 관료통치를 위한 도구에 불과하였다.

① 의결기관으로 부 · 도 · 읍회 설치, 면협의회는 자문기관으로 존속, ② 수장이 의회 및 협의회 의장직 수행, ③ 도회의원(2/3: 부 · 읍회의원과 면협의회의원의 간선, 1/3: 도지사 임명), 부 · 읍회의원(주민직선), ④ 도 · 부 · 읍회의 의결권, 조례 및 규칙제정권 등은 법령에 의해 극히 제한, ⑤ 총독에게 도 · 부 · 읍회 및 면협의회 해산권 부여, ⑥ 수장의 의안발의권 독점 및 재의요구권, 의결취소권, 선결처분권 행사, ⑦ 도 · 부 · 읍 · 면에 독자적인 재정권을 부여하되 총독 · 도지사에게 도 및 부 · 읍 · 면의 예산증감명령권 인정, ⑧ 선거권과 피선거권의 자격을 25세 이상의 남자로서 납세액이 연 5원 이상인 자로 한정하였다.

미군정시대

미군정 하에서는 자주적인 독립정부를 구성할 때까지 잠정적인 조치라는 명분으로 일본강점기의 지방제도를 전폭적으로 수용하였다. 따라서 이 시기의 지방제도는 참된 의미의 지방자치가 아니라 중앙의 기능을 단순히 지방에 분산하여 운영하는 것에 지나지 않았다.

미군정 당국의 지방제도상의 개편을 살펴보면, ① 경기도의 관할로부터 경성부를 분리하여 도와 동등한 지위를 누리는 서울특별시로 승격시켰다. ② 도 · 부 · 읍회 및 면협의회를 해산하고 도 · 부 · 군에 수장의 자문기관으로서 고문회를 설치하였다. ③ 전라남도에 속했던 제주도를 분리하여 도로 승격시켰다. ④ 서울특별시의 자치제 시행을 규정한 헌장이 제정 · 공포되었다(1946년).

제2절 지방자치법의 제정과 전개

1. 지방자치의 태동기

지방자치법의 제정

우리나라에 근대적 의미의 지방자치제도가 도입된 것은 제헌헌법(1948.7.17)에 의해 그 기본원칙을 보장받아 제정된 지방자치법(1949.7.4)이 그 시초가 된다. 그러나 제1공화국에서의 지방자치단체는 행정조직이기보다는 하나의 정치조직으로 기능했으며, 지방의회도 지방자치 본래의 목적을 상실한 채 정권유지의 도구로 전락하여 중앙에 종속되어 있었다.

최초 지방자치법의 주요 내용

여기에서는 우리나라에서 최초로 제정되었을 당시의 지방자치법의 주요 내용을 '지방자치단체의 조직 및 사무'에 관한 것 '집행기관'에 관한 것, '의결기관'에 관한 것 등으로 구분하여 간략하게 살펴본다.

(1) 지방자치단체의 구조 및 사무에 관한 것

㈎ 지방자치단체는 법인으로 하고 그 지방의 공공사무와 법령에 의하여 부여된 업무를 관장하도록 함

㈏ 지방자치단체로 정부의 직할 하에 도와 서울특별시, 도의 관할구역 내에 시 · 읍 · 면을 두게 하고 시 또는 읍은 대부분이 도시의 형태를 갖추고 시는 인구 5만 이상, 읍은 2만 이상이 되어야 함

(다) 지방자치단체는 법령의 범위 내에서 그 사무에 관하여 조례를 제정할 수 있게 함

(2) 집행기관에 관한 규정

(가) 도지사 · 서울특별시장과 시 · 읍 · 면장은 그 지방의회에서 무기명투표로써 선거함

(나) 지방자치단체의 장의 명령 또는 처분이 법령에 위반되거나 심히 부당하다고 인정할 때에는 도지사와 서울특별시장에 대하여는 대통령, 시 · 읍 · 면장에 대하여는 도지사가 그것을 취소하거나 정지할 수 있게 함

(다) 지방의회의 의결이 월권 또는 법령에 위반된다고 인정한 때에는 그 자치단체의 장은 이유를 붙여 재의를 요구할 수 있게 함

(3) 의결기관에 관한 규정

(가) 지방의회의원은 명예직이며, 해당 관할 주민 직선으로 선출

(나) 지방의회는 그 자치단체의 행정사무를 감시하기 위하여 그 자치단체의 장과 보조기관의 출석답변을 요구할 수 있으며 필요한 서류의 감사를 할 수 있게 함

(다) 지방의회는 매년 2회 이상 소집하여야 함

(라) 지방의회는 그 자치단체의 장을 불신임할 수 있게 함

주요 개정 내용 및 전개

지방자치법은 최초 제정 이후 군사 정권에 의해 폐지될 때까지 수차례 개정되었다. 개정된 주요 내용은 다음과 같은데, 지방자치단체의 의원 같은 경우에는 초기부터 직선제를 유지하였고 재임 기간에 대한 개정만 있었으나 집행기관의 장에 관한 내용은 많이 개정되었다. 대체로 1960년 개정 전까지 광역자치단체의 장은 의회 간선으로 선출되었으며, 기초지방자치단체의 장은 직선제와 임명제가 번갈아 시행되는 양상을 보였다. 그러나 1960년 개정부터 중단기까지는 광역자치단체의 장과 읍 · 면장 및 동 · 리장의 직선제가 시행되었다.

표 3-1 지방자치제도 태동기 시대의 개정 내용

연 혁	주요 내용		
	집행기관	의결기관	구조 및 사무
[시행 1950.1.5.] [법률 제73호, 1949.12.15., 일부개정]		비상사태 하에서 대통령에게 지방의회의원선거를 연기 또는 정지할 권한을 부여	도와 서울특별시의 선거구를 행정구역인 시 · 군 · 구로 함

[시행1956.2.13.] [법률 제385호, 1956.2.13.,일부개정]	시 · 읍 · 면장의 직선제를 채택함	지방의회 회의의 정기회와 임시회제를 채택함	
[시행1956.7.8.] [법률제388호, 1956.7.8.,일부개정]	서울특별시 이외의 시의 구청장의 임명권자를 시장으로 함		
[시행1958.12.26.] [법률 제501호, 1958.12.26.,일부개정]	①시 · 읍 · 면장의 선거제를 폐지하고 임명제로 함 ②동리장의 선거제를 폐지하고 임명제로 함	지방의회의원의 임기를 3년에서 4년으로 연장	
[시행1960.11.1.] [법률 제563호, 1960.11.1.,일부개정]	①도지사 · 서울특별시장 · 읍면장과 동리장을 직선제로함 ②선거연령을 21세에서 20세로 함		

2. 지방자치의 중단기

박정희 정권

1961년 5월 군사혁명위원회는 전국의 지방의회를 해산하고, 지방의회의 의결사항을 읍 · 면은 군수, 시에서는 도지사, 서울특별시와 도는 내무부 장관의 승인을 얻어 집행토록 하였다. 이어서 그해 6월 서울특별시장, 도지사 및 인구 15만 이상의 시장은 내각에서 임명하고 기타 자치단체장은 도지사가 임명하도록 하였다(국가재건비상조치법 제20조).

5·16 군사쿠데타 이후 1964년 민정이양 시까지 '지방자치에관한임시조치법'(1961.9)을 통해 강행된 지방자치제도 개악내용을 살펴보면 다음과 같다. ① 읍 · 면자치제의 폐지와 군자치제의 실시, ② 교육행정기관을 포함한 특별지방행정기관의 통합, ③ 지방자치단체 내부기구의 개편, ④ 국세원의 지방 이양과 지방재정조정제도의 개선, ⑤ 서울특별시의 국무총리 직속화 및 부산시의 직할시 승격, ⑥ 자치단체장의 임명제, ⑦ 지방의회의 해산과 상급단체의 의회권한대행.

유신헌법(1972.12.27)과 더불어 출범한 제4공화국은 헌법에 지방자치제를 규정하고 있으면서도 부칙 제10조에서 '이 헌법에 의한 지방의회는 조국통일이 이루어질 때까지 구성하지 아니한다'고 하여 사실상 지방자치의 포기를 법률의 조문에 명시하였다.

전두환 정권

제5공화국헌법(1980.10.27)에서도 지방자치에 관한 헌법조항을 두었으나 부칙 제10조에서 '이 헌법에 의한 지방의회는 지방자치단체의 재정자립도를 참작하여 차례로 구성하되 그 구성 시기는 법률로 정한다'고 규정해 놓음으로써 재정자립도를 이유로 하여 지방의회의 구성을 미루어왔다.

제3절 우리나라 지방자치제도의 부활과 전개

1. 지방자치의 부활기

지방자치제도 부활의 의의

제6공화국 헌법은 제5공화국 헌법 부칙에 있던 지방의회의 구성에 관한 유보조항을 삭제하여 지방자치의 조속한 실시를 위한 기틀을 마련하였으며, 이에 따라 지방자치법의 개정이 이루어졌다. 부활한 지방자치제도의 의의는 다음의 몇 가지로 설명될 수 있다. 첫째, 지방자치단체가 더 능동적이고 효율적으로 지역 주민의 행정 수요를 파악할 수 있는 기틀을 마련하였으며, 둘째, 지방의회의 의원뿐만 아니라 지방자치단체의 장 역시 지역 주민의 직선을 통해 선출하는 것을 보장함으로써 국가 전체의 민주성 향상에 이바지하였으며, 셋째, 지방분권을 통해 지역 간 형평성이 보장되는 지역발전의 기반을 다질 수 있었다는 것이다.

주요 개정 내용

1988년 개정된 지방자치법에서는 새로운 지방자치법이 정할 때까지는 임명으로 하지만, 새로운 법에 따라 지방자치단체의 장과 의회 의원을 선출하여 지방자치제를 시행할 수 있도록 명시하였다. 1990년 11월에 개정된 법률에서는 지방자치단체의 장과 지방의회 의원의 선거를 직선제로 시행하도록 하여 지방자치의 부활을 알렸다. 현재와 같은 광역-기초 구조의 근간을 만든 것도 이 때다.

표 3-2 지방자치제도 부활기 시대의 개정 내용

연 혁	주요 내용		
	집행기관	의결기관	구조 및 사무
[시행1988.5.1.] [법률 제4004호, 1988.4.6.,전부개정]	지방자치단체의 장은 선거에 의하여 선출하되, 따로 법률로 정할 때까지는 정부에서 임명함	지방의회의 의원은 임기 4년의 명예직으로 함	지방자치단체의 종류를 특별시 · 직할시 · 도 및 시 · 군 · 구(특별시 · 직할시의 구에 한함)로 함
[시행1990.1.1.] [법률 제4162호, 1989.12.30.,일부개정]	시 · 도의 부시장, 부지사는 당해 시 · 도지사가 추천한 자를 내무부 장관의 제청으로 국무총리를 거쳐 대통령이 임명	①지방의회 의원의 선거를 1990년 6월 30일까지 실시 ②지방의회에 행정감사권을 부여 ③시 · 군 · 자치구 의회의 경우에도 상임위원회를 설치	
[시행1990.12.31.] [법률 제4310호, 1990.12.31.,일부개정]	시 · 도지사 및 시장 · 군수 · 자치구의 구청장의 선거는 1992년 6월30일 이내에 직선제로 시행	시 · 도 및 시 · 군 · 자치구의 의회 의원의 선거는 1991년 6월30일 이내에 직선제로 시행	

2. 안정적 지방자치제도의 정착기

부활 이후 지방자치법 개정의 흐름

일부 지방자치에 대한 부정적 관점의 논쟁(예를 들어, 기초의회 폐지론)이 없는 것은 아니지만, 지방자치제도가 부활한 이후 박근혜 정부에 이르기까지 지방자치제도는 상당히 안정되어 우리나라 정치권과 국민의 인식에 지방자치제도는 매우 긍정적인 제도로 받아들여지고 있다. 지방자치제도의 부활기 이후 지금에 이르기까지 지방자치법의 개정 흐름은 크게 두 가지로 요약될 수 있다. 첫째는 주민에 의한 지방자치단체의 통제를 강화하는 방향으로 개정되고 있다는 것이고, 둘째는 타법 개정에 의한 개정이 많아지고 있다는 것인데 이는 지방자치제도의 안정을 보여주는 사례라 할 수 있다. 주민통제를 위한 개정 외에도 행정구역 개편을 위한 개정이 이루어져 왔다.

주민통제를 위한 개정

(1) **주민투표의 도입**([시행 1994.3.16.] [법률 제4741호, 1994.3.16., 일부개정]): 1994년 개정된 지방자치법은 “지방자치단체의 장은 지방자치단체의 폐치 · 분합 또는 주민에게

중대한 영향을 미치는 지방자치단체의 주요 결정사항에 대하여 별도의 법률이 정하는 바에 따라 주민투표에 부칠 수 있도록 함"으로 최초 규정함으로써 우리나라 지방자치제도의 한 획을 그었다. 이후 2004년 1월 29일 주민투표법이 제정되어 같은 해 7월 시행됨으로써 지방자치법도 타법에 의한 개정으로 개정되었다.

(2) **주민의 조례제정 및 개폐 청구제도와 주민감사 제도의 도입**([시행 1999.8.31.] [법률 제6002호, 1999.8.31., 일부개정]): ① 20세 이상의 지방자치단체의 주민은 주민 총수의 20분의 1의 범위 안에서 대통령령이 정하는 주민수 이상의 연서로 당해 지방자치단체의 장에게 조례제정 및 개폐를 청구할 수 있도록 하였고, ② 20세 이상의 지방자치단체의 주민은 주민 총수의 50분의 1의 범위 안에서 조례가 정하는 주민수 이상의 연서로 당해 지방자치단체와 그 장의 권한에 속하는 사무의 처리가 법령에 위반되거나 공익을 현저히 해한다고 인정되는 경우에는 감사를 청구할 수 있도록 하였다.

(3) **주민소송제도의 도입**([시행 2005.1.27.] [법률 제7362호, 2005.1.27., 일부개정]): 공금의 지출에 관한 사항, 재산의 취득 · 관리 · 처분에 관한 사항, 당해 지방자치단체를 당사자로 하는 매매 · 임차 · 도급 그 밖의 계약의 체결 · 이행에 관한 사항 또는 지방세 · 사용료 · 수수료 · 과태료 등 공금의 부과 · 징수의 해태에 관한 사항을 감사 청구한 주민은 감사결과 등에 불복이 있는 경우에는 그 감사 청구한 사항과 관련 있는 위법한 행위나 해태 사실에 대하여 당해 지방자치단체의 장을 상대방으로 주민소송을 제기할 수 있도록 하였다.

(4) 주민소환제도의 도입([시행 2006.5.24.] [법률 제7957호, 2006.5.24., 일부개정]): 2006년 지방자치법의 일부 개정을 통해 주민소환제도가 도입되었으며 자세한 내용 및 시행 방법은 2007년 주민소환에 관한 법률이 제정됨으로써 우리나라 제도로 정착되었다.

(5) **기 타**: 국내거주 외국인 · 재외국민의 주민참여권을 확대하기 위하여 이들에게도 조례 제정 · 개정 · 폐지 청구권이 부여되었다.([시행 2009.4.1.] [법률 제9577호, 2009.4.1., 일부개정])

행정구역 개편을 위한 개정

(1) **도농복합형태의 시 설치**([시행 1994.3.16.] [법률 제4741호, 1994.3.16., 일부개정] 이후 일부 수정): 지방자치제도의 정착 · 발전을 도모하기 위하여 지방의회 운영의 효율성과 의원의 원활한 의정활동을 제도적으로 보장하고, 도시와 농촌 간의 균형적인 발전이 이루어질 수 있도록 하며 기타 지방자치제도의 시행과정에서 제기되었던 제도적 미비점 등을 합리적으로 조정 · 보완하기 위해 따로 규정을 신설하였다.

(2) **직할시를 광역시로 변경**([시행 1994.12.20.] [법률 제4789호, 1994.12.20., 일부개정]): 우리나라에서 광역시란 표현이 최초로 등장한 것은 1994년 말이다. 본격적인 지방자치시대를 맞이하여 지방자치단체의 이름으로 부적절하다는 지적을 받아온 직할시를 광역시로 변경하고, 관련 규정을 정비하였다.

(3) **세종특별자치시의 설치**([시행 2011.5.30.] [법률 제10739호, 2011.5.30., 일부개정]): 지방자치단체의 종류에 정부의 직할로 두는 특별자치시를 추가하여 세종특별자치시 설치를 위한 제도적 기반을 마련하기 위한 개정

제4장 지방자치단체의 구조와 구역

제1절 지방자치단체의 의의와 종류

1. 지방자치단체의 의의

지방자치단체의 개념

지방자치단체란 '국가 내의 일정한 지역을 관할구역으로 하여 그 주민들에 의해 선출된 기관이 국가로부터 상대적으로 독립된 지위에서 주민의 복리에 관한 사무를 자주적으로 처리하는 법인격이 있는 공공단체'를 말한다. 따라서 지방자치단체로 성립하기 위해서는 ① 장소적 요건으로서의 구역, ② 인적 요건으로서의 주민, ③ 법제적 요건으로서의 자치권을 갖추어야 한다.

지방자치단체의 특성

(1) **법 인**: 지방자치단체는 국가와는 별개의 법인격을 가지고 있는 독자적인 권리 · 의무의 주체이다. 지방자치단체는 법인으로서 소송당사자능력, 계약체결능력, 의사결정능력 등을 소유하고 자체적으로 재산을 취득 · 관리하며 그 자신의 고유한 명칭을 가지고 있다. 따라서 지방자치단체는 국가가 지방에서의 행정집행의 편의상 설치한 각종 하급행정기관이나 국가의 행정구역과 구별된다.

(2) **공법인**: 지방자치단체는 그 존립의의를 주민의 복리증진에 두고 지방의 공공사무를 처리하기 위하여 설립된 공공단체라는 점에서 사법인인 사단법인이나 재단법인과 구별된다.

(3) **지역단체**: 지방자치단체는 일정한 지역 안의 공공문제를 그 주민이 자치적으로 처리하기 위하여 설립된 지역단체이다. 지방자치단체가 일정한 구성원의 결합을 기초로 하는 공공조합 및 인적 · 물적 종합시설에 법인격을 부여한 영조물법인과도 구별되는 점은 지역을 기초로 하는 지역단체이기 때문이다.

(4) **통치단체**: 지방자치단체는 일정한 지역 내의 모든 사람과 사물에 대하여 통치권

내지 지배권을 행사하는 단체라는 점에서 국가를 제외한 기타 모든 단체와 구별된다.

(5) **헌법상의 기관**: 다른 공공단체는 일반 법률에 따라 그 권능이 부여되지만 지방자치단체는 헌법에 의하여 그 권능을 보장받는 헌법상의 기관이다.

2. 우리나라의 지방자치단체

일반적으로 지방자치단체는 계층을 기준으로 상급자치단체와 하급자치단체로 나누어진다. 우리나라도 '지방자치단체의 종류는 법률로 정한다'는 헌법 제117조 제2항의 규정에 근거하여 현행 지방자치법에서 지방자치단체를 ① 광역자치단체로서 특별시, 광역시, 특별자치시, 도 및 특별자치도, ② 기초자치단체로서 시 · 군 및 자치구의 2종으로 구분하고 있다. 한편, 특정한 목적을 수행하는 데 필요하면 따로 특별지방자치단체를 설치할 수 있다.

광역자치단체

광역자치단체는 국가와 기초자치단체의 중간에 위치하고 광역적 사무, 통일적인 처리를 필요로 하는 사무, 기초자치단체 간의 연락 · 조정에 관한 사무 및 기초자치단체가 독자적으로 처리하는 것이 부적당하다고 인정되는 보완적 사무를 처리한다.

(1) **특별시**: 특별시란 수도행정의 특수성을 고려하여 그 지위 · 조직 및 운영상의 특례를 인정받고 있는 서울시를 지칭한다. 1991년에 처음 제정된 서울특별시 행정특례에 관한 법률에 따라 서울특별시는 다양한 일반 행정 운영상의 특례를 적용받아왔다. 그러나 개정을 거치면서 특례가 많이 축소되었다.

(2) **광역시**: 광역시란 대도시 가운데 법률에 따라 도로부터 분리되어 도와 동등한 지위를 부여받은 지방자치단체를 말한다. 즉 광역시제는 인구 100만을 초과하는 대도시를 농촌문제 중심의 지방자치단체인 도의 담당 하에 둠으로써 나타나는 문제점을 해결하기 위하여 채택한 것이다. 1995년 광역시 체제 출범 당시에는 기존의 직할시였던 부산, 대구, 인천, 광주, 대전만이 있었으나 1997년에 경상남도, 울산시가 광역시로 승격하면서 현재는 총 6곳이 되었다. 하위행정구역으로 기초자치단체인 자치구나 군을 둘 수 있다. 현재 광주광역시와 대전광역시를 제외한 광역시들은 별도로 군을 보유하고 있다.

(3) **도**: 도는 우리나라 지방자치단체들 가운데서 최광역의 자치단체이다. 원래 국가의 단순한 행정구역이었으나 1933년 도제(道制)의 실시로 공법인의 지위를 인정받았으며, 정부수립 후 1949년 지방자치법의 제정으로 완전한 지방자치단체가 되었다. 도의

요건이나 설치기준은 법제화되어 있지 않으며, 지방자치법 제4조에 도의 폐치 · 분합이나 구역변경은 법률에 의한다는 규정만을 두고 있다. 다만 관할구역 경계변경과 한자명칭의 변경은 대통령령으로 정한다.

(4) **특별자치도:** 제주특별자치도 설치 및 국제자유도시 조성을 위한 특별법([시행 2006.2.21.] [법률 제7849호, 2006.2.21., 제정])에 근거하여 기존의 제주도를 제주특별자치도로 변경하여 실질적인 지방분권을 보장하고자 하였다. 같은 법에 근거하여 제주특별자치도에는 두 개의 행정시를 두고 이의 시 장은 도지사가 임명할 수 있다. 이 외에도 자치 조직의 권한을 강화하는 다양한 특례와 주민참여 확대를 위한 특례가 존재한다.

(5) **특별자치시:** 수도권의 과도한 집중에 따른 부작용을 바로잡고 지역개발 및 국가균형발전과 국가경쟁력 강화에 이바지함을 목적으로 특별자치시인 세종시를 설치하였다. 세종시는 정부의 직할이다([시행 2010.12.27.] [법률 제10419호, 2010.12.27., 제정]). 세종특별자치시 설치 등에 관한 특별법에 근거하여 중앙행정기관의 장은 세종시에 특별한 행정 및 재정적 지원을 할 수 있다.

기초자치단체

기초자치단체는 주민과 가장 가까운 곳에 있는 자치단체로서 주민자치의 기반을 형성하며, 지역주민들의 복리에 관한 기초적 · 일상적인 사무를 처리한다.

(1) 시: 시는 그 대부분이 도시의 형태를 갖추고 인구 5만 이상인 지역을 말한다. 오늘날과 같은 시제(市制)는 일본강점기에 법인격을 부여받아 자치적 기능을 수행하였던 1914년의 부제(府制)에서 그 연원을 찾을 수 있으며, 이러한 부가 정부수립 후 지방자치법에 따라 시로 개칭되었다.

㈎ 인구 50만 이상의 시: 인구 50만 이상의 대도시에는 자치구가 아닌 구를 설치하고 도가 처리하는 사무 일부를 직접 처리하게 하고 있다.

㈏ 통합시: 1995년부터 새로운 도 · 농복합형태의 시가 탄생하였으며 '도 · 농복합형태의시설치에따른행정특례등에관한법률'에 의하여 행정상 각종 특례를 인정받고 있다 도 · 농복합형태의 시란 ① 시와 군을 통합한 지역, ② 인구 5만 이상의 도시형태를 갖춘 지역이 있는 군, ③ 인구 15만 이상의 군으로서 당해 군 내에 인구 2만 이상의 도시형태를 갖춘 2개 이상의 지역의 인구가 5만 이상인 군, ④ 국가의 정책으로 인하여 도시가 형성되고, 도의 출장소가 설치된 지역으로서 그 지역의 인구가 3만 이상이고, 인구 15만 이상의 도 · 농복합형태의 시의 일부인 지역 등을 시로 한 것을 말한다.

㈐ 도 · 농복합형태의 시에는 읍 · 면을 둘 수 있다.

(2) 군: 군은 도 관할구역 내의 농촌 지역에 설치된 기초자치단체이다. 군은 1949년

지방자치법이 제정될 때만 해도 도의 담당하에 있는 지방행정구역으로만 인정되었으나, 1961년 '지방자치에관한임시조치법'에 의하여 읍 · 면자치제가 폐지되면서 최초로 법인격을 부여받아 기초자치단체의 지위를 가지게 되었다.

(3) 자치구: 자치구는 대도시 구의 특수성과 특별시 · 광역시의 자치구조가 단층제임을 고려하여 1988년 제7차 개정 지방자치법에 의해 법인격을 부여받은 기초자치단체이다. 이러한 자치구는 대도시행정의 효율적 수행을 위해 인위적으로 확정해 놓은 지역이기 때문에 시 · 군과는 다른 별도의 제도적인 장치가 마련되어 있다. 즉 ① 자치권의 범위를 법령이 정하는 바에 의하여 시 · 군과 다르게 할 수 있으며, ② 특별시장 및 광역시장으로 하여금 시세(市稅)수입 중의 일정액을 확보하여 조례가 정하는 바에 따라 당해 관할구역 안에 있는 자치구 상호 간의 재원을 조정하도록 하고 있다.

제2절 지방자치단체의 계층구조

1. 계층제의 의미와 장 · 단점

계층제의 의미

지방자치단체는 기본적으로 중앙정부와 계층적 상하관계에 놓이게 된다. 이러한 계층은 하나일 수도 있고 둘 이상일 수도 있는데 하나의 계층이 존재하면 단층제라고 하며 둘 이상의 계층이 존재하면 중층제라고 한다.

일반적으로 중층제에서 가장 하위의 계층은 기초지방자치단체라 하며 중앙정부의 바로 아래의 계층을 광역지방자치단체라고 한다.

단층제의 장 · 단점

(1) 장 점: ① 이중행정과 이중감독의 폐단을 방지하고 신속한 행정을 도모할 수 있다. ② 행정 수행상의 낭비를 제거하고 능률을 증진한다. ③ 행정책임을 명확하게 한다. ④ 각 기초자치단체의 자치권이나 지역의 특수성 및 개별성을 존중할 수 있다. ⑤ 중앙정부와 주민 간의 의사소통이 중층제에 비해 원활하며 주민의사와 여론의 누수 현상을 방지할 수 있다.

(2) 단 점: ① 소구역을 기초로 하는 자치단체와 전국을 담당하는 중앙정부를 직결

시키기란 매우 어려운 일이므로 국토가 광활하고 인구가 많은 나라에서는 채택하기가 곤란하다. ② 중앙정부의 직접적인 지시와 감독으로부터 자치단체를 보호하기가 곤란할 뿐만 아니라 기초자치단체의 능력으로 처리할 수 없는 사무는 중앙정부가 처리하게 되므로 중앙집권화의 우려가 있다. ③ 광역행정이나 대규모 개발사업의 수행에 부적합하다.

중층제의 장 · 단점

(1) **장 점**: ① 기초자치단체와 광역자치단체 간에 행정기능을 분담하여 수행할 수 있다. ② 광역자치단체가 있어 기초자치단체의 능력과 기능을 보완하고 기초자치단체 간의 갈등과 대립을 조정할 수 있다. ③ 광역자치단체는 기초자치단체에 대한 국가의 감독기능을 유지할 수 있을 뿐 아니라 중앙정부의 강력한 간섭으로부터 기초자치단체를 보호할 수 있다. ④ 단층제에 비해 행정서비스에 대한 주민의 접근성을 높일 수 있고 행정수요에 민감하게 대응할 수 있다.

(2) **단 점**: ① 행정기능의 중복현상이나 이중행정의 폐단을 초래하여 행정능률의 저하와 낭비를 낳는다. ② 기초자치단체는 중앙정부와 상급자치단체로부터 이중감독을 받게 되어 구체적인 지시 · 감독내용이 서로 다를 때는 기초자치단체에 혼란을 가져올 우려가 있다. ③ 기능 배분이 명확하지 않을 경우 행정책임이 모호해진다. ④ 행정계층 수가 많아짐에 따라 행정의 지체가 발생한다. ⑤ 중앙정부에 대한 주민의사의 전달과 주민에 대한 중앙행정의 침투가 느리고 왜곡되기 쉽다. ⑥ 광역자치단체는 모든 행정기능을 획일적으로 처리하기 때문에 각 지역의 특성이 도외시되거나 경시되기 쉽다.

2. 해외 주요국의 계층구조

현재 세계 각국이 채택하고 있는 계층구조는 단층제에서 5층제에 이르기까지 매우 다양하며, 계층별 자치단체의 형태와 지위가 변용적이어서 계층구조 자체를 모호하게 하는 경우도 있다.

영 국

(1) **잉글랜드**: 1986년 대처(Thatcher) 정권에 의해 런던 및 6개의 대도시권은 광역지방자치단체가 폐지되고 단층제 형태로 기초자치단체만이 있었으나 런던의 경우 2000년 7월 블레어(Blair) 정권에 의해 광역지방자치단체인 GLA(Greater London Authority)로서 부활함에 따라 2층제 구조를 채택하고 있다. 한편 비대 도시권은 효율적인 경영체제를 도입하고 지방 의견을 충분히 반영하기 위한 조치의 하나로 County의 폐지를 전제로

하는 단층제로의 개편이 전국적 규모로 추진되었다. 다만 지역주민의 의견 및 지역 특성을 반영하기 위해 2층제도 가능하도록 하여 1997년 지방자치단체의 개편 이후 단층제만 존재하는 지역, 단층제와 2층제가 혼재하는 지역, 2층제만 존재하는 지역으로 구분됐다.

(2) **웨일스**: 잉글랜드의 비대 도시권과 매우 유사한 County－District의 2계층구조에서 1995년 4월부터 단층제 자치구조로 전환하였다.

(3) **스코틀랜드**: 1995년 4월 종래의 2층제에서 District 중심의 단층제 자치구조로 개편하였다.

(4) **북아일랜드**: 과거부터 계속해서 District 자치 1계층을 고수하고 있다.

프랑스

프랑스의 계층구조는 매우 다층화되어 있는 것이 특징이다. 즉 행정계층은 레지종(Région) － 데파르트망(Département) － 군(Arrondissement) － 小郡(Canton) － 코뮌(Commune)의 5계층으로, 자치계층은 레지종 － 데파르트망 － 코뮌의 3계층으로 되어 있다. 그러나 파리 시는 기초자치단체로서 코뮌인 동시에 상급자치단체로서 도라는 이중적 지위를 지니는 구조로 되어 있다.

미 국

미국은 주마다 지방자치제도가 다를 뿐만 아니라 또한 같은 주 내라 하더라도 지역에 따라 다르므로 지방계층구조를 설명한다는 것은 매우 어렵다. 일반적으로 지방정부(Local government)라는 개념에는 County, Municipality, Township, Special district 등이 포함된다. 그러나 보통 미국의 지방자치구조는 기초자치단체(Municipality)인 City · Town · Village 또는 Borough의 단층제 자치구조를 이루고 있다. County나 Township(뉴잉글랜드의 town) 및 특별구 등은 준자치단체(Quasi-Municipality)에 해당하며 일선 기관으로서의 성격이 강하다.

일 본

일본은 전국이 먼저 도(都) · 도(道) · 부 · 현으로 나누어지고, 그것이 다시 시 · 정 · 촌으로 구분되는 2층제 자치구조를 채택하고 있다. 이러한 일반지방자치단체 이외에 특정목적을 수행하기 위한 특별지방자치단체로서 특별구, 지방자치단체조합, 재산구 및 지방개발사업단 등이 있다.

3. 우리나라 계층구조의 현황과 문제점

계층구조의 현황

우리나라의 지방자치정부는 특별시, 광역시, 도, 특별자치도, 특별자치시(세종시) 등의 광역지방자치단체와 자치구, 자치시, 자치군 등의 기초지방자치단체로 구성되어 있다. 그러나 행정구역은 조금 더 복잡해서 자치구 아래에는 동, 자치시 아래에는 읍, 면, 동, 자치군 아래에는 읍과 면이 행정구역으로서 존재한다. 특이한 점은 인구 규모에 따라 일부 자치시(수원시, 성남시 등)에는 자치구가 아닌 행정구를 설치하도록 하였다. 이는 인구가 증가함에 따라 지방행정을 보다 효율적으로 관리하기 위한 것일 뿐 아니라 해당 자치시의 광역시 승격에 대비한 성격이 짙다.

계층구조의 문제점

(1) **중간계층의 경유기관화**: 계층구조가 다층화되어 있어서 중간계층은 상위계층의 명령이나 지시를 그대로 하위계층에 전달만 하는 단순 경유기관에 머물고 있다. 이로 인해 중앙정부와 주민 간의 의사소통이 원활하지 못하고 그 내용이 왜곡되는 경우도 많았다.

(2) **주민과 기초자치단체 간의 관계 소원**: 기초자치단체의 단순행정계층으로서 행정구나 읍 · 면 · 동을 둠으로써 자치단체와 주민 간에 심리적인 거리감 · 이질감이 형성되었으며, 이는 주민참여의 기회를 한정하는 결과를 초래하였다.

(3) **지방행정계층 간 기능 및 사무의 중복**: 계층 간에 법령상 · 직무상의 권한과 책임이 불명확하여 기능의 중복이 발생하고 있으며, 상위계층은 하위계층에 대하여 권한을 이양하지 않고 책임만을 지우려는 경향을 보인다. 또한, 하위계층에 대한 지시와 감독이 중첩되어 행정수행의 자율성이 크게 제한받고 있다.

(4) **거래비용의 증대**: 중앙으로부터의 지시가 각 계층을 따라 하위행정계층에 부과되고, 다시 중앙으로 전달되는 과정에서 불필요한 업무량이 파생되고 행정계층 간 의사결정비용이나 거래비용이 증대되어 행정비효율이 나타나고 있다.

(5) **단순행정계층의 중심성 상실**: 교통 · 통신의 급속한 발달과 행정 전산화 등 행정기술의 발달로 생활권이 확대됨에 따라 단순행정계층인 읍 · 면 · 동은 지역중심지로서의 역할을 상실하고 있다.

4. 우리나라 계층구조의 개편방안

지방계층구조의 개편은 정치인 · 관료 · 주민들의 이해관계가 첨예하게 맞물려 있는 고도의 정치적 사안으로서 지방행정의 효율성과 생산성을 높이되 현실적인 실현 가능성을 고려하여야 한다. 따라서 현행 3계층 내지 4계층의 계층구조는 일단 2층제로 축소하면서 계층을 일원화하는 방향으로 개편하는 것이 바람직하다. 이 경우 어느 계층을 조정할 것인가에 따라 세 가지 방안을 모색해 볼 수 있다.

광역자치단체인 시 · 도의 폐지방안

(1) 광역자치단체를 폐지하는 방안은 ① 기능중복과 이중감독의 폐해를 방지할 수 있으며, ② 의사전달이 신속해지고 인력 및 경비의 절감을 통한 행정능률의 향상을 도모할 수 있으며, ③ 시 · 도 상호 간의 대규모 분쟁과 마찰을 감소시키고, ④ 지역감정에 따른 지역 간 갈등을 타파할 수 있다.

(2) 그러나 단일생활권의 도시구조를 형성하고 있는 특별시 · 광역시를 폐지할 경우 ① 광역시설의 설치 · 관리, 광역계획의 집행 등 광역행정상의 조정문제에 직면하게 되며, ② 자치구 간 현격한 재정력 격차를 조정 · 극복하기가 어렵다.

(3) 한편 도의 경우 하나의 단일생활권을 형성하고 있지 않고 다수의 시 · 군으로 분할되어 있어서 물리적으로 폐지할 수 없는 것은 아니다. 다만 도를 폐지하면 ① 급증하는 광역행정수요에 적절하게 대응할 수 없고, ② 시 · 군 간 이해대립에 의한 분쟁을 조정하기 어려우며, ③ 시 · 군이 중앙정부와 직결되므로 새로운 집권화를 초래할 가능성이 있으며, ④ 중앙정부가 시 · 군을 직접 관할하기에는 통솔범위가 너무 많다.

기초자치단체인 시 · 군 · 자치구의 폐지방안

(1) 시를 폐지할 경우 도가 동을 직접 관리해야 하므로 많은 문제점이 발생하게 된다. 즉 시는 하나의 단일생활권을 형성하고 있는데, 이를 분리하여 관리하는 것은 ① 행정상의 비효율을 가져오며, ② 주민편익시설의 적절한 설치 · 운영을 어렵게 한다.

(2) 군을 폐지한다면 읍 · 면을 기초자치단체로 하여야 하는데, 읍 · 면자치제는 경험을 통해 이미 우리의 실정에 맞지 않는 비능률인 제도라는 것이 드러났다. 아울러 주민의 일상생활권의 범위가 확대된 점을 고려할 때 시대적 흐름에도 역행한다.

(3) 한편 자치구를 폐지하게 되면 특별시 · 광역시가 많은 동을 직접 관리해야 한다. 따라서 ① 과중한 행정적 부담으로 다양한 행정수요에 민감하게 대응하지 못하며, ② 서

비스의 질적 저하와 비용의 증가 등 규모의 불경제로 인한 행정의 비능률을 초래하고, ③ 지방정부에 대한 접근성과 통제가 약화하여 주민의 이해를 제대로 반영하기 어렵다는 문제점이 발생하게 된다. 다만 자치구는 인구 50만 이상인 경우 지역을 나누어 소규모화 · 세분됨으로써 행정비용을 증가시키고 있으므로 적절한 통합이 고려되어야 할 것이다.

하급행정기관인 읍 · 면 · 동의 폐지 및 기능전환방안

(1) **읍 · 면 · 동의 기능전환의 배경**: ① 전자주민카드 등에 의한 주민관리업무의 감소, ② 행정 종합 정보화를 통한 민원서비스 온라인망 구축, ③ 저비용 · 고효율의 작은 정부의 구현, ④ 교통 · 통신의 발달로 생활권 · 경제권의 확대에 따른 행정권의 확대 필요, ⑤ 단순보조적 역할수행과 상급기관과의 업무중첩, ⑥ 행정계층의 다단계에 의한 비능률 등 읍 · 면 · 동 행정체제의 존재 상실에 기인한다.

(2) **이점 및 문제점**: 읍 · 면 · 동을 폐지할 경우 ① 행정계층과 자치계층을 일원화하여 행정력의 낭비를 예방하고 행정의 자율성을 확보할 수 있다. ② 읍 · 면 · 동은 지역중심지의 기능을 상실하고 있으므로 폐지로 인한 혼란과 부작용을 최소화할 수 있다. ③ 읍 · 면 · 동은 주로 위임사무를 담당하고 있으므로 행정사무처리의 전산화와 민간위탁의 확대를 통하여 폐지로 인한 주민불편을 최소화할 수 있다. 그러나 행정에 대한 접근도와 주민참여의 정도를 감소시킬 수 있으며, 서비스 질의 저하, 기회비용의 문제 등이 발생할 수 있다.

읍 · 면 · 동 기능전환에 따른 필요조치

읍 · 면 · 동의 기능전환에도 부작용이 수반되는바, 다음과 같은 조치들이 선행되어야 한다.

(1) **행정에의 접근성 제고와 주민참여의 확보**: ① 읍 · 면 · 동사무소의 폐지는 특히 산간오지나 도서 지역을 비롯한 외곽지역 주민들에게 불편과 혼란을 초래하므로 과도적 조치로서 민원출장소를 설치하여야 한다. ② 교통체계나 도로의 종합적 정비를 통해 군청소재지와의 접근성을 제고시켜야 한다. ③ 행 · 재정적 지원을 통해 민간주도의 자율적인 주민조직을 활성화해야 한다. ④ 읍 · 면 · 동의 행정계층은 폐지하더라도 구역은 합리적인 경계조정 후 존속시키는 것이 바람직하다.

(2) **행정절차의 간소화와 사무자동화의 지속적 추진**: ① 행정절차의 간소화를 지속해서 추진하여 각종 민원사무를 폐지 또는 대폭 감축하거나 해당 기관에 이양해야 한다. ② 주민복지사무는 주민복지센터로 이관하고 점차 읍 · 면 · 동사무소를 주민복지회관,

청소년회관, 문화공연장 등으로 활용해야 한다. ③ 지속적인 사무자동화의 추진으로 지역정보센터를 구축하고, ④ 청소업무, 수납업무를 비롯한 행정사무의 민간위탁을 확대해야 한다.

(3) **행정구역 및 기능의 재조정**: ① 행정기능의 적정관리규모에 맞도록 구역을 개편함으로써 행정의 전문화와 효율성을 높여야 한다. ② 행정구역과 생활권의 일치를 위해 구역경계의 재조정도 이루어져야 한다. ③ 기초자치단체와 광역자치단체 간 행정기능을 합리적으로 재배분하여 중복기능을 제거하고 행정책임을 확보해야 한다.

제3절 지방자치단체 구역

1. 지방자치구역의 의의

구역의 개념

지방자치단체의 구역이란 자치단체의 통치권 또는 자치권이 미치는 지역적 범위를 의미한다. 여기에는 육지뿐만 아니라 하천 · 호수 등의 수면과 그 지역에 접속하는 해역도 육지의 연장으로서 포함된다. 구역은 소극적으로는 자치단체의 자치권이 그 경계 너머로는 미치지 못한다는 것이며, 적극적으로는 그 경계의 범위 내에서 다른 자치단체의 통치를 인정하지 않는 배타적 통치권을 행사함을 의미한다.

지방자치단체의 구역은 당해 자치단체의 기능을 지역적으로 한정시키되, 그 지역 내에 주소 · 거소 · 영업소를 가진 자연인 · 법인이나 단체 및 그 구역과 일정한 장소적 관계를 가지는 물건을 그 자치단체의 권한에 복종시키는 법적 효과를 낳는다(최창호, 1995, p.743).

구역의 구분

(1) **자치구역과 행정구역**: 법적 성격에 따라 자치구역과 행정구역으로 나누어진다. 자치구역은 지방자치단체의 자치권이 미치는 지역적 범위를 말한다. 그것은 단체구성의 기초가 되며 대체로 공동사회를 토대로 형성된다. 그러나 행정구역은 행정상의 편의나 특정한 행정기능을 수행하기 위하여 설정된 인위적 지역 공간이다.

(2) **일반목적구역과 특별목적구역**: 구역은 기능의 복합성 여부에 따라 일반목적구역

과 특별목적구역으로 나눌 수 있다. 일반목적구역은 일정한 지역 내의 다양한 기능을 종합적으로 수행하기 위하여 설치된 구역을 의미하며, 특별목적구역은 일정한 지역 내에서 특정한 기능을 전문적 · 효율적으로 처리하기 위하여 설치된 구역을 말한다.

(3) 두 기준을 조합하면 현실적으로 일반목적 자치구역, 특별목적 자치구역, 일반목적 행정구역, 특별목적 행정구역 등 4가지 형태의 구역이 존재하게 된다.

구역의 성격

(1) 구역은 기능배분의 문제와 상호 밀접한 관계를 맺고 있으므로 분리하여 논할 수 없다. 즉 지방자치단체가 수행하는 공공서비스의 성격과 내용이 달라짐에 따라 그 지역적 범위도 가변적이어야 하며 기능의 변화에 항상 신속히 적응해 나가야 한다.

(2) 구역은 계층구조와도 밀접한 관련을 가진다. 즉 구역이 좁고 많을수록 중앙정부와 기초자치단체를 연결하기 위한 중간계층의 자치단체가 필요하게 된다.

(3) 구역이 작을수록 주민의 참여를 통한 민주성 이념을 실현하기가 쉬우며, 구역이 클수록 능률성 이념의 실현이 쉽다.

2. 적정구역의 설정기준

구역설정기준에 관한 제 견해

오늘날 각국이 그 역사나 전통 · 통치방식 · 행정수요 등을 각기 달리하는 상황 하에서 세계 어느 나라에서나 보편적으로 활용될 수 있는 적정구역의 결정인자를 제시하기란 어려운 일이다.

(1) **리프만**(V. D. Lipman)[1]**의 기준**

㈎ 양적 척도를 활용하여 같은 면적이나 인구규모의 구역을 확보해야 한다.

㈏ 지리적 · 경제적 · 전통적 요소 등과 결부시켜 구역을 설정해야 한다.

㈐ 주요 도시의 영향을 받을 수 있는 지대(地帶)로 평균화할 것, 즉 경제적 · 사회적 생활의 중심지를 거점으로 구역을 평균화해야 한다.

(2) **페슬러**(J. W. Fesler)[2]**의 기준**

㈎ 자연 · 지리적 조건: 구역의 설정은 자연적 지세와 같은 지리적 조건을 특히 교통 · 통신의 발달 정도와 비교하여 고려해야 한다.

---

1) Lipman, V. D. (1949). Local Government Areas, 1834–1945. Oxford: Basil Blackwell. 참조.
2) Fesler, James. W. (1949). Area and Administration. Alabama: Univ. of Albama Press. 참조.

(나) 행정능률적 조건: 구역은 행정기능을 가장 능률적으로 수행할 수 있는 적정규모로 제한해야 한다.

(다) 경제적 조건: 구역은 자체재원의 조달 가능성을 고려하여 설정하되, 자체의 재원으로 행정수요를 충족시킬 수 없는 빈약한 구역은 통합해야 한다.

(라) 주민통제적 조건: 구역은 자치행정에 대한 주민통제가 효과적으로 시행될 수 있는 지역적 범위로 설정해야 한다.

(3) 밀스포(A. C. Millspaugh)[3]의 기준

(가) 공동사회적 요소: 구역은 인위적으로 책정하더라도 자연 발생적인 공동사회와 일치되도록 설정하여야 한다.

(나) 적정서비스단위: 적정한 인구규모와 충분한 업무량이 있어야 하고, 주민이 요구하는 행정수요에 대응하여 최소의 경비로 최대의 행정효과를 가져올 수 있는 선에서 구역이 정해져야 한다.

(다) 재정적 자립성: 지방자치단체의 자기재원과 자체수입으로 그 단체와 주민이 요구하는 행정수요를 감당할 수 있는 선에서 구역이 정해져야 한다.

(라) 행정적 편의성: 구역은 주민의 행정적 편의를 기초로 하여 정해져야 한다.

(4) 유엔보고서(1964년)의 기준: 유엔보고서는 ① 기초자치단체의 관할구역은 공동체의식이 존재하고, 주민의 직접적 행정참여가 가능한 한도 내에서 가장 넓은 구역으로 확정할 것, ② 광역자치단체의 관할구역은 자체의 행정사무를 가장 능률적으로 처리할 수 있는 최대구역으로 하되, 지방의원들이 자주 회합할 수 있는 정도의 규모로 할 것을 제시하였다.

(5) 영국 지방자치위원회의 기준: 1958년 영국의 지방자치위원회(Local Government Commission)는 구역설정기준으로서 효과성과 편의성을 들고 있다. 동 위원회는 이러한 기준에 따라 구역개편 시 고려해야 할 요소로서 ① 공동사회, ② 장래발전성, ③ 산업 · 경제적 특성, ④ 재정수요적 측면의 재원, ⑤ 물리적 특성, 특히 교통 · 통신수단, 행정관청 · 직장 · 중심지구에 대한 접근성, ⑥ 인구의 규모 · 분포 및 특성, ⑦ 지방관청의 행정실적, ⑧ 구역의 규모와 형태, ⑨ 주민의 소망 등을 제시하였다.

구역설정의 일반적 기준

위에서 제시한 여러 학자의 구역설정기준에 관한 견해를 고려하여 다음과 같은 일반적 기준을 제시할 수 있다.

3) Millspaugh, Arthur. C. (1936). Local Democracy and Crime Control. Washington DC: BrookingsInc., 1936. 참조.

(1) 기초자치단체의 구역설정기준

㈎ 지역 공동체 의식의 형성과 공동생활권을 기준으로 할 것

㈏ 민주성과 능률성이 조화롭게 고려될 것, 즉 주민참여와 주민통제가 효과적으로 보장되고, 주민의 생활행정이 효율적으로 수행될 수 있을 것

㈐ 재정수요와 재원조달능력이 고려될 것

㈑ 주민의 편의와 행정의 편의가 조화롭게 고려될 것

㈒ 공동체(community)개발의 단위일 것

(2) 광역자치단체의 구역설정기준

㈎ 기초자치단체의 행정기능을 가장 효과적으로 조정할 수 있는 규모일 것

㈏ 가장 효율적으로 지역 및 경제개발을 추진할 수 있는 규모일 것

㈐ 도시행정기능과 농촌행정기능을 동시에 가장 효율적으로 수행할 수 있는 규모일 것

㈑ 기초자치단체의 행정기능을 지원 · 보완하는 데 가장 적절한 규모일 것

3. 지방자치단체의 구역개편

구역개편의 의의와 필요성

구역개편은 단순히 물리적인 경계조정만을 의미하는 것이 아니라 사회적 · 경제적 · 정치적 제반 세력의 이해관계를 조정 · 반영하는 공간의 합리적인 가치 배분과정이다.[4] 이러한 구역개편은 대체로 생활권의 변화에 따른 주민 편의적 측면과 지방행정의 경제적 효율성 · 정치적 민주성의 제고를 위한 규모의 적정화 문제로 제기되어 왔다.

(1) **사회 · 경제적 여건의 변화**: 급속한 산업화와 도시화로 인한 사회적 · 경제적 여건의 변화는 생활환경과 구조를 완전히 변질시켰으며, 또한 교통 · 통신의 발달, 대규모 건설사업은 국토공간의 지리적 조건과 경제권 · 생활권을 크게 변화시켜 놓았다. 이에 따라 전통적인 지방행정구역은 새로운 국토공간구조에 맞게 개편되어야 할 필요성이 있게 되었다.

(2) **개발권 · 생활권과 행정구역의 불일치**: 과거의 행정구역은 주로 지리적인 자연조건에 의거하여 역사적으로 고정됐으므로 현재의 발달한 교통 · 통신수준을 감안하여 볼 때 비합리적인 면이 많다. 그 뿐만 아니라 단지 구역의 경계선에 지나지 않았던 하천이나 산맥 등의 자연조건이 오늘날에는 오히려 개발구역의 중심지로서 종합적인 개발대상이 되고 있다. 따라서 개발권과 생활권을 행정구역에 일치시킴으로써 균형 있는 규모

4) 안용식 · 김천영(1995), 지방행정론, pp.136-137.

의 구역으로 개편할 필요성이 제기되었다.

(3) **지방자치단체 간 불균형**: 동일계층의 지방자치단체 간 면적 · 인구 · 재정규모 등의 격차는 불균등한 지역발전을 가져옴으로써 결국 국토개발의 불균형을 심화시키는 요인이 되고 있다. 따라서 자치단체의 행 · 재정능력의 격차를 완화하기 위해서도 구역은 적정규모로 개편되어야 한다.

(4) **자치규모의 적정화**: 구역의 규모는 주민의 행정참여 및 통제, 자치행정의 능률적 수행, 자치재원의 확보 등을 통하여 지방자치의 성패 여부를 결정하는 기본적인 요인이 되기 때문에 구역의 적정화는 매우 중요한 문제이다.

구역개편의 방식

(1) **경계변경**: 기존의 지방자치단체는 그대로 존속시킨 채 구역의 경계만을 조정하는 방식이다. 즉 법인격에는 변동이 없이 지방자치단체의 관할구역만 달라지게 하는 것을 말한다.

(2) **폐치 · 분합**: 폐치 · 분합은 지방자치단체의 신설 또는 폐지를 수반하는 구역의 재편방식을 의미한다. 따라서 단순히 구역의 변경에 그치지 않고 새로운 인격의 발생 또는 소멸을 가져온다. 이러한 폐치 · 분합에는 ① 둘 이상의 지방자치단체가 합하여 새로운 하나의 단체를 설립하는 합체 또는 신설합병, ② 하나의 지방자치단체가 다른 지방자치단체를 흡수하는 편입 또는 흡수병합, ③ 하나의 지방자치단체 일부를 분리 · 독립시켜 새로운 지방자치단체를 설립하는 분립, ④ 하나의 지방자치단체를 폐지하고 여러 개의 지방자치단체를 설립하는 분할 등이 있다.

(3) **규모재편**: 기존의 지방자치구역이 지닌 여러 문제를 해결하기 위하여 전반적으로 구역을 재설정하는 방식이다. 규모재편으로 설치되는 지방자치단체는 완전히 새로운 것으로서 오늘날 사회 · 경제구조의 변화에 따라 세계 각국은 규모재편의 방식을 채택하는 경향이 있다.

구역개편의 절차

구역개편은 지역의 이해는 물론 정치적 · 사회경제적 이해관계까지 포함하는 매우 어려운 가치 배분과정이며 많은 재원을 필요로 한다. 따라서 구역개편에는 합리적 절차와 선택이 필요하게 된다.

(1) **구역개편의 기본목표**: 구역개편을 위해서는 우선 무엇을 실현할 것인지 그 기본목표를 설정하여야 한다. 구역개편은 ① 국가 및 지역경쟁력의 제고, ② 지역균형발전

및 지역개발의 촉진, ③ 주민편의의 제고, ④ 행정능률의 향상 등 다양한 목표와 결부되어 있다. 그러나 이러한 목표들은 언제나 양립하는 것이 아니라 때때로 상호배타적일 수 있으므로 목표들 간의 조정이 상당히 중요하다.

(2) **구역개편의 기준**: 목표가 결정되면 그 목표를 달성할 수 있는 적절한 기준을 설정하고 고려하여야 한다. 일반적으로 결절성, 동질성, 계획성 또는 의도성 등이 중요한 기준으로 제시되고 있다. 결절성(結節性)은 하나의 지점을 중심으로 기능적인 상호의존 또는 상호보완관계에 있는 지역 단위를 하나의 구역으로 편성하는 것을 말하고, 동질성은 지리적 · 경제적 · 사회적인 측면에서 공통적 특성을 갖는 지역 단위를 하나의 구역으로 편성하는 것을 말하며, 계획성 또는 의도성이란 개발계획의 투자 효과를 극대화하려는 의지적 노력 또는 국가적 정책에 따라 구역을 편성하는 것을 말한다. 이러한 기준들은 각각 독자적인 의의와 기능을 가진 것으로서 상호배타적인 관계에 있다.

(3) **관련 변수들의 검토**: 구역개편에 관한 구체적인 관련 변수들을 선정한 후, 구역개편의 방해 또는 촉진요인을 면밀히 검토하고 그 영향력을 비교한다.

(4) **최선의 대안선택**: 목표와 기준 및 변수 간의 관련을 살펴서 가장 적절한 구역개편안을 최종적으로 결정한다.

구역개편의 효과

(1) **사무와 재산의 승계문제**: 지방자치단체의 구역변경 또는 폐치 · 분합이 있을 경우, 새로 그 지역을 담당하게 된 지방자치단체가 그 사무와 재산을 승계함이 원칙이다. 다만 지역에 의하여 자치단체의 사무 및 재산을 구분하기 곤란한 때에는 특별시 · 광역시 및 도에서는 행정자치부 장관이, 시 · 군 · 자치구에서는 특별시장 · 광역시장 · 도지사가 그 사무와 재산의 한계 및 승계할 자치단체를 지정하도록 하고 있다(지방자치법 제5조, 2009.4.1 개정). 이는 지방자치단체의 권한과 책임의 귀속을 명확하게 함으로써 행정상의 혼란을 방지하고 주민편익제공의 항상성을 유지하기 위한 것이다.

(2) **예산조치의 문제**: 폐치 · 분합으로 인하여 새로 지방자치단체가 설치된 때에는 바로 그 자치단체의 예산을 새로 편성해야 한다. 이 경우 당해 자치단체의 장은 예산이 성립될 때까지 필요한 경상적 수입과 지출을 할 수 있다. 소멸한 지방자치단체의 수입과 지출은 소멸한 날로써 마감하되, 그 자치단체의 장이었던 자가 이를 결산하여 새로 설치된 자치단체의 장에게 인계하게 되어 있다.

(3) **기관구성의 조정문제**: 소멸한 지방자치단체의 기관은 당연히 그 지위를 상실하며, 신설된 지방자치단체의 기관을 새로 선임 · 보충하는 조정원칙이 있다.

(4) **조례와 규칙의 효력문제**: 조례 또는 규칙은 당해 지방자치단체의 존폐 또는 통치권과 운명을 같이하는 것이 보통이다. 다만 조례와 규칙이 당연히 소멸하는 경우에 새로운 자치단체는 당장 준거할 조례와 규칙이 없어 사무처리에 지장을 초래하게 된다. 따라서 당해 자치단체의 장은 필요한 사항에 관하여 새로운 조례 또는 규칙이 제정 · 시행될 때까지 종래 그 지역에서 시행되던 조례 또는 규칙을 계속 시행할 수 있다(동법 제25조).

(5) **지방자치단체의 사무소 소재지의 변경 및 신설문제**: 사무소 소재지의 변경 또는 신설은 당해 지방자치단체의 조례로 정하되, 특별시 · 광역시 · 도에서는 행정자치부 장관, 시 · 군 및 자치구에서는 특별시장 · 광역시장 · 도지사와 미리 협의를 거치도록 하였다. 다만 지방자치단체의 사무소 소재지를 변경하거나 새로 설정하는 것은 주민에게 매우 중요한 사안이므로 이러한 조례의 제정 · 개폐는 당해 지방의회의 재적 의원 과반수의 찬성을 얻도록 하고 있다(동법 제6조, 2009.4.1 개정).

4. 우리나라 구역개편의 현황과 문제점

구역개편의 법적 근거

구역개편은 지방자치단체 존립의 기초와 직결되는 것일 뿐 아니라 국가적 이해관계에 연관되는 것이기도 하다. 따라서 지방자치단체의 자주적 결정에만 맡기지 않고 국가의 의사에 따라 최종결정을 하는 것이 일반적이다.

우리나라도 '지방자치단체의 명칭과 구역을 변경하거나 지방자치단체를 폐치 · 분합할 때는 법률로써 정하되, 시 · 군 및 자치구의 관할구역 경계변경은 대통령령으로 정한다'고 규정함으로써(지방자치법 제4조 제1항) 제한적 · 지엽적 이익보다는 공익을 중시하여 자치행정의 합리적 · 종합적 추진과 효율성 제고를 기하고 있다.

그러나 공익과 행정능률의 지나친 강조로 인해 지역주민의 의사를 전적으로 무시하는 등 민주성을 저해하는 위험을 불식하고자 지방자치단체를 폐치 · 분합하거나 명칭 · 구역변경을 할 때는 주민투표를 시행한 경우를 제외하고는 관계지방의회의 의견을 듣도록 하고 있으며(동법 제4조 제2항), 자치단체의 장이 자치단체의 폐치 · 분합에 대해 주민투표에 부칠 수 있도록 하였다(동법 제14조 제1항). 여기서 관계지방의회란 당해 자치단체의 의회와 그 상급자치단체의 의회를 말한다. 지방자치단체의 명칭과 구역은 종전과 같이하고, 명칭과 구역을 바꾸거나 지방자치단체를 폐지하거나 설치하거나 나누거나 합칠 때는 법률로 정한다. 다만, 지방자치단체의 관할 구역 경계변경과 한자 명칭의 변경은 대통령령으로 정한다(동법 제4조 제1항, 2009.4.1 개정).

표 4-1 우리나라의 구역 · 명칭변경과 폐치 · 분합 비교[5)]

구 분	관할구역 경계변경	구역변경	명칭변경	폐치 · 분합
광역자치단체	대통령령	법률	법률	법률
기초자치단체	대통령령	법률	법률	법률
구 분	구역변경		명칭변경	폐치 · 분합
제주특별자치도의 행정시	조례 (행정안전부 장관에게 보고)		조례 (행정안전부 장관에게 보고)	조례 (행정안전부 장관에게 보고)
제주특별자치도의 읍 · 면 · 동	조례		조례	조례 (행정안전부 장관에게 보고, 사전승인 불요)
일반구 및 읍 · 면 · 동	조례 (시 · 도지사에게 보고)		조례 (시 · 도지사에게 사후 보고)	조례 (행정안전부 장관의 사전승인 필요)
리	조례		조례	조례

지방자치단체의 구역 또는 명칭변경, 폐치 · 분합의 경우 해당 지방의회의 의견을 미리 들어야 한다. 하지만 주민투표 사항인 경우 지방의회의 의견을 듣지 않아도 된다. 지방자치단체의 명칭변경 중 한자 명칭은 운영상 탄력성을 부여하기 위하여 법률이 아닌 대통령령으로 변경할 수 있다.

도 · 농 분리식 구역개편

(1) **의 의**: 1948년 정부수립 이후 우리나라 행정구역설정의 가장 큰 특징은 도시화의 진전에 따라 읍을 시로, 대도시를 광역시로 승격하여 군이나 도로부터 분리 · 독립시키는 도 · 농 분리식 구역개편을 취해온 데 있다. 즉 1960년-1970년대에 고도성장을 달성하기 위하여 도시중심의 공업화가 요구되었으며, 이에 팽창되는 도시를 보다 효율적으로 관리하기 위해서는 동일생활권이라 할지라도 도시와 농촌을 분리해 도시는 도시대로, 농촌은 농촌대로 관리하는 것이 더욱 바람직하다고 인식하였다. 따라서 일반적으로 동질성에 기초하여 도시지역에 관한 구역조정이 대종을 이루었다.

(2) **이 점**

㈎ 지방자치단체의 규모의 적정화를 도모할 수 있다. 주민자치의 실현을 위해서는 필수적으로 공동체 의식이 전제되어야 하는데, 이는 지리적으로 근접해 있을 때 가능한

5) 방성은(2011), 비타민 지방자치론, p.135.

것이므로 구역이 너무 크지 않아야 한다.

(나) 행정서비스공급의 효율성을 높일 수 있다. 도시와 농촌은 서비스의 내용이나 대상의 면에서 각기 다르다. 그러므로 이질적인 행정서비스를 획일적으로 제공하기보다는 각각의 특성에 맞는 서비스가 제공되어야 주민에 대한 서비스의 질이 확대 · 개선될 수 있다.

(다) 주민참여 및 통제가 쉽다. 구역이 넓을 경우 공무원은 행정업무의 과다로 서비스 공급에 소홀하게 되고 지역에 대한 관심도도 떨어져서 주민의 불신감을 증대시킬 수 있다. 그러나 도 · 농 분리식 구역개편에 의할 경우 자치단체의 수가 증가하고 구역이 축소되어 주민참여 및 통제의 강화를 기할 수 있다.

(3) **문제점**

(가) 지역 간 발전격차의 심화를 가져왔다. 지방자치단체 간 인구규모 및 재정력의 심대한 불균형을 초래하여 지역 간 균형적인 발전을 기대할 수 없는 실정이다.

(나) 도 · 농 분리에 따라 잔여 지구의 행 · 재정력이 현저하게 약화하여 자생력을 상실하고 있으며 나아가 지역공동체가 해체되는 경향마저 보인다.

(다) 동일생활권 내에 두 개의 행정관청이 존재하게 되어 행정기관의 증설, 공무원의 증가 등 행정 낭비의 요인이 산재함으로써 행정능률의 저하를 가져왔다.

(라) 쓰레기처리, 하수종말처리장 등 혐오시설의 설치나 교통, 상 · 하수도, 환경 등의 광역행정 수요를 놓고 인접 자치단체 간에 편익과 비용을 둘러싼 갈등이 심각함은 물론 지역의 종합적 개발이 어렵다는 점이다.

도 · 농 통합식 구역개편

(1) **의 의**: 도 · 농 통합적 구역개편은 지역의 중심성과 결절성을 토대로 도시와 농촌의 기능적 상호보완을 도모하면서 개발경제와 사회적 형평성은 물론 행정적 편의를 고려하여 적정규모를 확정하는 도시화의 광역적 시도이다. 즉 정치 · 행정 · 경제 및 문화 생활에 있어서 도시와 농촌 간의 공간적 통합뿐만 아니라 기능의 집중적 분산화를 동시에 추구하는 종합적 · 계획적 지역개발전략이라고 할 수 있다. 이러한 구역개편방식은 도시의 전원화와 농촌의 도시화를 추구하는 주민들의 새로운 정주환경수요를 충족시키면서 국제화 · 지방화의 시류에 부응하는 국가경쟁력 강화라는 당위적 명제와 맞물려 나타났다. 따라서 도 · 농 통합은 단순히 시 인접 군지역을 자치 구역상 단일지역으로 통합하는 이상의 의미를 가지며, 지방화 시대를 맞이하여 행 · 재정의 기반 강화를 통해 자치역량을 확보하고 도 · 농간의 균형발전을 도모하려는 데 그 의의가 있다.

(2) 이 점

㈎ 생활권과 자치구역의 일치로 주민들의 생활편의를 도모함은 물론 지역의 역사적 · 문화적 동질성과 일체성을 제고시킬 수 있다. 아울러 지방자치단체의 행정수행능력을 제고시킴으로써 자치역량을 강화할 수 있다.

㈏ 공공시설에 대한 자치단체의 개별적 투자로 인한 비용의 낭비를 방지하고 통합에 따른 재정규모의 확대로 지역개발을 위한 집중투자를 가능하게 함으로써 재정운영의 효율성을 높일 수 있다.

㈐ 도 · 농 통합에 따른 행정의 광역화는 자치단체 간의 갈등을 해소하고 일관된 지역정책을 수립함으로써 행정능률을 추구할 수 있다.

(3) 문제점

㈎ 해당 지역 관계자들의 이해관계가 중첩되어 있다는 점이다. 즉 도 · 농 통합으로 관계 공무원이나 주요 기관장의 감원, 정치인의 선거구문제 및 행정관청의 지리적 위치 설정 등에 따른 주민의 이해관계가 얽혀 심각한 지역갈등이 초래될 수 있다.

㈏ 자치구역의 규모와 형태를 결정하는 데 있어서 정주생활권을 자치구역과 일치시키려 하고 있으나 양자는 성질상 같을 수 없다는 데에 이 접근방식의 근본적인 오류가 있다는 점이다.

㈐ 지방자치는 풀뿌리 민주주의의 배양을 위한 가까운 정부에 토대를 둔다. 그러나 도 · 농 통합적 구역개편은 분권화에 역행하면서 주민의 행정접근성과 행정의 주민 대응성을 저하해 지방자치의 근본정신과 상치한다.

㈑ 농촌지역의 도시화로 인한 우량농지의 보존문제, 계층 간 갈등문제, 환경파괴문제 및 도시민의 상대적인 재정 부담문제 등을 해결하면서 도시행정의 특수성과 전문성을 유지하기 위해서는 막대한 비용과 행정력이 소요된다는 점이다.

5. 우리나라 구역개편의 방향

구역개편 시 고려사항

구역개편은 지방자치단체 간의 다양한 이해관계를 조정하는 공간적 가치 배분과정이므로 구역개편에 앞서 선행적으로 다음과 같은 사항을 고려해야 한다.[6]

(1) 구역개편의 문제는 지방자치단체가 현재 수행하고 있는 기능만을 전제로 접근해서는 안 되며, 향후 수행할 통합적인 기능의 범주 속에서 논의되어야 한다.

(2) 구역개편은 지방자치단체의 책임성을 확보할 수 있도록 당해 자치단체가 수행할

6) 안용식 · 김천영(1995), 지방행정론, pp.136-137.

수 있는 기능과 자원을 연계한 상태에서 접근하여야 한다.

(3) 구역개편은 바람직한 정부 간 관계의 정립을 가져올 수 있는 여건의 검토가 이루어져야 한다.

(4) 구역개편은 단순히 물리적인 구역개편에만 국한해서는 안 되며, 이에 의하지 않고도 바람직한 구역개편의 효과를 볼 수 있는 다양한 방법을 고려하여야 한다.

구역개편의 기본방향

(1) 구역개편은 자치구역을 경제사회권, 생활권 및 개발권과 일치시키되, 인구 · 면적 · 재정력 등의 면에서 균형화하고 지리적 조건과 전통, 주민감정 등을 종합하여 조정하여야 할 것이다.

(2) 구역을 개편할 때 도 · 농 분리식 접근과 도 · 농 통합식 접근의 조화가 이루어져야 한다. 구역개편의 문제는 도 · 농 분리이냐 도 · 농 통합이냐 하는 양자택일의 문제가 아니라 각각의 이점을 적절히 수용할 수 있는 상호보완적인 것이다. 그러므로 구역개편의 보편적 목표인 민주성과 능률성을 동시에 달성하기 위해서는 이들 두 가지의 입장을 절충적으로 받아들여야 할 것이다.

(3) 구역개편은 주민 간에 공동체 의식이 존재하는 지역사회를 중심으로 이루어져야 한다. 오늘날 교통 · 통신의 발달로 생활권이 확대되는 추세를 반영하여 생활권의 개념을 지나치게 확대 · 해석할 경우, 자칫 인구규모를 고려하지 않은 무분별한 통합을 초래함으로써 자치단체의 규모의 적정화 노력을 약화할 우려가 있기 때문이다. 따라서 생활권과 공동사회의 조화에 바탕을 둔 구역개편이 이루어져야 할 것이다.

(4) 결론적으로 지방자치시대를 열어가고 있는 우리나라의 현실에 비추어 볼 때, 구역개편은 정치적 자율성과 공동체 의식을 저해하지 않는 범위 내에서 최소한에 그치는 것을 원칙으로 하되, 서비스구역의 개념을 도입하여 정부 간 계약방식을 운용함으로써 지방자치의 민주성과 경제적 효율성을 제고시키는 방향으로 나아가는 것이 필요하다.

제4절 특별지방행정기관

1. 특별지방행정기관의 의의

개 념

'행정기관의 조직과 정원에 관한 통칙'에 의하면 특별지방행정기관은 국가의 특정한 중앙행정기관에 소속되어, 당해 관할구역 내에서·시행되는 소속 중앙행정 기관의 권한에 속하는 행정사무를 관장하는 국가의 지방행정기관을 말한다. 특별지방행정기관은 사무의 전문성이나 관할구역의 특수성으로 인하여 필요한 때에만 한하여 설치되며, 국가 또는 지방자치단체의 특정한 행정기관으로부터 전문적인 지휘 · 감독을 받는 예외적인 지방행정기관으로서 일선 기관이라고도 한다.

우리나라의 경우 지방자치 논의가 활발했던 1980년대 후반 지방자치가 본격적으로 시작되면 국가의 감독 · 통제가 곤란해질 것을 우려해 중앙정부가 특별지방행정기관을 많이 증설하였고, 참여정부 들어서는 자치단체의 통 · 폐합 등 특별지방행정기관의 정비가 추진되었고, 이명박 정부에서도 이러한 기조를 유지하고 있으나 각 부처의 반발과 예산집행의 비효율성 증대로 난항을 겪고 있다.

필요성

(1) **행정업무의 전문성 제고**: 행정기능의 양적 증대와 전문화 · 기술화 등 질적 변화에 대응하여 행정업무의 전문성을 보다 효율적으로 수행하기 위해서다.

(2) **기능적 분권화**: 지방자치단체가 지역적으로 해결이 곤란한 문제에 대하여 기능적으로 전문성을 살려 복잡다기한 행정문제를 효율적으로 수행하기 위함이다.

(3) **공공서비스 제공의 형평성 제고**: 지방자치단체의 부적절한 규모나 중앙정부보다 부족한 자원, 비효율적인 인적 요원, 지역이기주의 및 공공문제에 대한 시민의 무관심 등으로 인한 공공서비스제공의 불공평성을 방지하기 위함이다.

(4) **광역행정의 수행**: 지방자치단체가 효율적으로 대처할 수 없는 시 · 군 경계를 초월하는 광역적 사무의 원활한 처리를 위해서이다.

특별지방행정기관의 설치기준

(1) 중앙행정기관의 업무를 지역적으로 분담하여 수행할 필요가 있고, 당해 업무의 전문성과 특수성으로 인하여 지방자치단체 또는 그 기관에 위임하여 처리하는 것이 적합

하지 아니한 경우 설치한다.

(2) 지역적 특수성, 행정수요, 다른 기관과의 관계 및 적정한 관할구역 여부를 판단한다.

(3) 중앙행정기관의 지시를 받아 일선 행정기관을 지휘 · 감독함을 주된 기능으로 하는 중간 감독기관인 특별지방행정기관은 특별한 경우를 제외하고는 이를 둘 수 없다.

(4) 특별지방행정기관의 장의 직급은 그 기관의 규모와 소관 업무의 성질 등에 비추어 적정하게 배정한다.

(5) 기관장과의 근무교대제의 운영이 필요한 기관의 경우를 제외하고는 부기관장을 둘 수 없다.

2. 특별지방행정기관의 유형 및 구역설정

행정자치부의 '정부조직관리정보시스템'에 의하면, 2013년 12월 현재 총 5,506개의 특별지방행정기관이 설치되어 있었다. 이와 같은 수치는 박근혜 정부 출범 이후 정부조직개편 상황에 따라 변동하였을 것이다. 하지만 특별지방행정기관의 정확한 현황이 발표되어 있지 않으므로, 이 책에서는 2013년 12월 자료를 기준으로 설명한다.

유형 및 현황

(1) **세무행정기관**: 국세청과 관세청 산하의 기관을 말하며 2013년 12월 31일 현재 총 188개의 소속 기관이 있다.

(2) **공안행정기관**: 법무부, 경찰청, 검찰청, 해경청, 국토부 등 부처 산하의 기관을 말하며 2013년 12월 31일 현재 총 2,609의 소속 기관이 있는데, 이는 전체 특별지방행정기관의 절반에 해당하는 수치이다.

(3) **노동행정기관**: 노동부 산하의 기관을 말하며 2013년 12월 31일 현재 총 47개의 소속 기관이 있다.

(4) **현업행정기관**: 지식경제부 산하의 기관을 말하며 2013년 12월 31일 현재 총 2,008개의 기관이 있다. 우체국이 큰 비중을 차지한다. 공안행정기관과 현업행정기관을 더하면 전체 특별지방행정기관의 89%에 달한다.

(5) **기타행정기관**: 위의 행정기관 분류에 속하지 않은 기관으로 2013년 12월 31일 현재 총 354개의 소속기관이 있다.

표 4-2 특별지방행정기관 현황

기관유형	부 처	기관명	기관수
세무행정기관	국세청	지방국세청	6
		세무서	111
		세무지서	19
	관세청	세관	47
		세관 감시소	5
공안행정기관	법무부	지방교정청	4
		교도소, 구치소, 지소	52
		소년원, 소년분류심사원	11
		보호관찰소, 지소	56
		청소년비행예방센터	13
		출입국관리사무소	19
		출입국관리출장소	22
		외국인보호소	2
		위치추적 관제센터	2
	검찰청	고등검찰청	5
		지방검찰청	18
		지청	40
	경찰청	지방경찰청	16
		경찰서	250
		지구대, 파출소	1,948
	해경청	지방해양경찰청	4
		해양경찰서	16
		파출소, 출장소	102
	국토부	철도특별사법경찰대	1
		지방철도 특별사법경찰대	28
노동행정기관	노동부	지방 고용노동청	6
		지방 고용노동지청, 출장소	41
		지방 우정청	9

현업 행정기관	지경부	우체국	1,974
		우편집중국	23
		우편물류센터	2
기타 행정기관	공정위	지방사무소	5
	보훈처	지방보훈처	5
		보훈지청	19
	조달청	지방조달청	11
	통계청	지방통계청	5
		사무소	49
	병무청	지방병무청	11
		지방병무지청	2
	기상청	지방기상청	5
		기상대	45
		항공기상청	1
		공항기상대	4
		공항기상실	8
	산림청	지방산림청	5
		국유림관리소	27
	지경부	광산보안사무소	4
	중기청	지방중소기업청	14
	복지부	국립검역소	13
		검역소지소	10
	식약청	지방식품의약안전청	6
		수입식품검사소	13
	환경부	지방(유역)환경청, 대기환경청	8
		출장소	1
		지방국토관리청	5
		국토관리사무소	18
		국토관리사무소출장소	10

	국토부	홍수통제소	4
		지방항공청	2
		항공관리사무소	2
		비행점검센터	1
		지방공항출장소	12
		지방해양항만청	11
		해양사무소	9
		해양사무소 출장소	5
		건설사무소	1
		위성항법중앙사무소	1
		진도해양교통시설사무소	1
	특허청	서울사무소	1

* 2013년 12월 현재 총 5,506개의 특별지방행정기관이 설치되어 있음.

특별지방행정기관의 구역설정

페슬러(J. W. Fesler)는 특별지방행정기관의 구역을 설정할 때 고려해야 할 기준으로서 ① 지리적 조건과 능률적인 통솔의 범위, ② 수행해야 할 업무의 기능, ③ 업무량, ④ 업무와 관련 있는 정부기관이나 민간부문의 구역, ⑤ 행정집행의 편리성, ⑥ 정치적 상황 등을 제시하고 있다.

3. 특별지방행정기관의 역할과 문제점 및 쟁점

특별지방행정기관의 역할

국가의 정책이나 사무를 강력히 추진하고 지방자치단체의 기능을 지역적으로 보완하는 특별지방행정기관은 ① 중앙정부와 지방의 접촉자, ② 중앙과 지방간 원활한 의사전달자, ③ 통치자의 의도에 의한 행정구조설계자, ④ 중앙정부의 직접적인 대리인, ⑤ 정책집행의 조정자, ⑥ 중앙정부권력의 상징자, ⑦ 정치적 · 사회적 · 경제적 구조변화의 주도자 등의 임무를 수행한다.

특별지방행정기관의 문제점

중앙행정기관들이 사무처리의 전국적 통일성, 사무의 특수성이나 전문성, 사무수행

범위의 광역성 및 지방행정구역의 부적합성 등의 이유보다는 자체기구의 인력과 예산확대에 유리한 입지를 마련하고, 이를 통해 지방자치단체에 영향력을 행사하려는 정치적인 이유에서 특별지방행정기관을 남발하여 설치하고 있다.

(1) **유사 · 중복업무로 인한 비효율성**: 지방자치단체와 특별지방행정기관 간 업무의 중복추진으로 인하여 이중행정의 폐해와 업무처리의 혼선, 지휘체계의 이원화, 인력 및 재원의 중복투자, 민원인의 불편, 사무처리의 비효율성이 초래되고 있다.

(2) **행정의 민주성 저해**: 중앙행정기관의 하급기관으로 설치되는 특별지방행정기관은 소속 중앙부처의 구체적 · 획일적인 지시에 따라 행정을 집행하고 그에 대한 책임도 소속 중앙부처에 진다. 따라서 의사결정과정에 주민과 이익집단의 참여를 원천적으로 봉쇄하며 심각한 행정 책임성의 문제를 안고 있다.

(3) **지방행정의 종합성 제약**: 중앙부처가 특별지방행정기관을 통해 직접 정책 집행기능을 수행하는 경우 지방자치단체의 관련 기능과 상충하여 지방행정의 완전성과 종합성을 도모하기 어렵다.

(4) **기관 상호 간 수평적 조정의 곤란**: 행정업무를 둘러싸고 중앙부처별 특별지방행정기관 간 또는 지방자치단체의 지도기관인 행정안전부와 중앙 각 부처 간에 수평적인 조정이 어려워 상호 간 갈등을 초래할 수 있다.

(5) **집권화 기여**: 특별지방행정기관은 해당 지역의 특수성이나 주민의 선호 및 요구를 고려하기보다는 제공하는 서비스나 기능에 관심을 두고 일방적으로 업무를 추진하려는 경향이 있을 뿐 아니라 중앙정부를 지역사회에 더욱 근접시킴으로써 중앙정부의 통제를 강화하는 경향이 있다.

특별지방행정기관의 쟁점

특별지방행정기관은 2013년 12월 기준 5,506여 개로서(90%는 검찰과 경찰 등 공안행정기관과 우체국 등 현업 행정기관) 1985년보다 2배 이상 증가하였고 이는 오히려 기초지방자치단체에 읍 · 면 · 동의 행정기관을 합한 것보다 많은 수여서 지방자치를 저해하는 측면이 있다. 따라서 검찰, 공안, 현업 행정기관 등 국가의 직접사무를 제외한 기타 행정기관의 업무에 대해서 전국시 · 도지사협의회는 지방이전을 강력히 요구하고 있으며, 지방분권촉진에 관한 특별법에서도 특별지방행정기관의 정비를 규정하고 있다.[7)]

7) 방성은(2010), 비타민 지방자치론, p.27.

4. 특별지방행정기관의 정비, 기능 및 구조조정방안

기본방향

(1) **지방자치이념의 구현**: 지방행정의 자율성을 신장하고 주민에 대한 대응성을 제고할 수 있도록 지역적 사무는 가능한 한 지방자치단체에 배분하여야 한다.

(2) **효율성과 민주성의 조화**: 효율적인 기능수행을 담보하면서 동시에 민주성을 추구할 수 있도록 특별지방행정기관과 지방자치단체 간의 상호보완성을 높일 필요가 있다.

(3) **종합행정의 구현**: 지방자치단체가 중심이 되어 지역 실정에 적합한 종합적인 행정이 이루어질 수 있도록 지방자치단체의 기능을 강화하여야 한다.

(4) **작은 정부의 지향**: 저비용 · 고효율에 입각한 작은 정부의 구현이라는 시대적 상황에 부합할 수 있는 효율적인 지방행정의 수행을 도모해야 한다.

기능조정방안

사무의 중복성 및 업무의 지역성에 따른 특별지방행정기관의 기능조정방안으로는 통합, 합리적 기능 재조정, 광역화의 세 가지를 들 수 있다. 통합방안은 특별 지방행정기관을 지방자치단체로 통합하여 지방행정수행체계의 일원화를 도모하는 것이다. 기능의 합리적 재조정방안은 특별지방행정기관의 경우 해당 분야의 기본계획수립 및 조정과 연구 · 평가기능을 담당하고, 지방자치단체의 경우 집행 및 규제기능을 전담하도록 기능을 분담하는 것이다. 한편 광역화 방안은 주민편의의 최대화를 위해 업무 성격상 단순 집행적인 사무와 지역성이 요구되는 사무를 지방자치단체로 이관하여 특별지방행정기관의 제2차 · 제3차 기관을 폐지하고 지방청 중심으로 광역화하는 것이다.

구조조정방안

구조조정방안으로는 존치의 필요성이 있는 특별지방행정기관 중 유사기능을 수행하는 기관을 통 · 폐합하는 방안, 단순 서비스전달업무를 수행하는 특별지방행정기관의 경우 민간위탁이나 경쟁입찰 등 민영화를 통해 민주성과 생산성을 높이는 방안, 성과에 대한 책임을 지는 독립적인 책임운영기관제를 도입하는 방안, 대응성과 효율성 증진을 위해 경찰서 등과 같은 기관을 재구조화하는 방안 등이 있다.

기능 및 구조조정의 성공적 수행조건

특별지방행정기관의 기능 및 구조조정을 위해서는 필연적으로 수반되는 관련 부처와 기관의 저항에 어떻게 대처해야 할 것인가를 고려하면서 보다 현실성 있게 접근해야 할 것인바, 우선으로 전문인력의 확보 및 육성, 자주재원의 확충 등을 통하여 지방자치단체의 효율적인 기능수행능력을 담보하고, 지방자치단체 간 협력체제를 구축함으로써 광역행정의 수행능력을 높이는 것이 중요하다.

제5장 지방자치단체와 주민의 역할

제1절 주민의 본질과 통제

1. 주민의 의의

주민의 개념

주민은 지방자치단체의 인적 구성요소로서 피치자인 동시에 지방자치단체의 조직·운영에 참여하는 주권자를 의미한다. '지방자치단체의 구역 안에 주소를 가진 자는 그 지방자치단체의 주민이 된다.' 따라서 주민은 국적이나 성, 연령, 행위능력은 물론 자연인·법인 여부를 가리지 않고 당해 지방자치단체에 주소를 가지고 있는 사람이면 모두 포함된다.

주민의 요건과 공민

(1) 주민의 요건: 주민의 권리·의무의 성립요건인 주소는 1인당 1개소임을 원칙으로 하되, 자연인에 대해서는 생활의 근거가 되는 곳(민법상 주소) 또는 주민등록지(공법상 주소)를 의미하며, 법인에서는 그 주된 사무소 또는 본점의 소재지로 하고 있다.

(2) 공 민: 주민은 참정권의 주체로서의 공민(公民)과 구별된다. 공민이 되기 위해서는 대한민국 국민으로서 일정한 연령과 거주 기간을 가져야 하며 금치산자가 아닌 자연인이어야 한다.

2. 주민의 지위

주체적 지위

전체로서의 주민은 지방자치단체 자치권의 주체가 되어 정치적 통일체의 형태와 내용을 최종적으로 결정하는 지위를 가진다. 이러한 주체적 지위에서 주민은 참정권(선거권, 피선거권, 청원권, 소청권 등)을 행사함으로써 지방정치나 행정에 참여하고 통제를 가한다.

구성원적 지위

개개인의 주민이 지방자치단체의 자치권의 객체로서 가지는 지위를 말한다.

(1) **수익자의 지위**: 주민은 권리의 당사자로서 지방자치단체의 재산 및 공공시설을 이용하고 각종 서비스의 제공을 향수할 지위에 서게 된다.

(2) **의무부담자의 지위**: 주민은 지방자치단체의 구성원으로서 자치행정의 소요비용을 분담하는 등 일정한 의무를 부담하는 지위에 있다.

(3) **피통치자의 지위**: 주민은 또한 자치권의 대상으로서 지방자치단체의 권능에 복종해야 할 지위에 있다.

3. 주민의 권리와 의무

주민의 권리

주민은 지방자치단체의 주체 또는 그 구성원으로서 법령이 정하는 바에 따라 다음과 같은 권리를 가진다.

(1) **참정권**

(가) 선거권: 19세(2005년 8월 공직선거법이 개정되면서 20세에서 1세가 내려감) 이상의 국민으로서 선거인명부작성 기준일 현재 당해 지방자치단체의 구역 안에 주민등록이 되어 있는 자는 지방선거의 선거권이 있다.

(나) 피선거권: 25세 이상의 국민으로서 선거일 현재 계속하여 60일 이상 당해 지방자치단체의 구역 안에 주민등록이 되어 있는 자는 그 지방의회 의원과 지방자치단체장의 피선거권을 가진다.

(다) 주민투표권: 지방자치단체의 구역 안에 주민등록이 되어 있는 자는 자치단체장이 붙이는 주요 결정사항 등에 대하여 주민투표권을 가진다.

(라) 청원권: 주민은 조례 · 규칙의 개폐나 공공시책의 개선 등 지방자치단체의 모든 자치사무에 관하여 지방의회의원의 소개를 얻어 지방의회에 청원할 수 있다. 다만 재판에 간섭하거나 법령에 어긋나는 내용의 청원은 허용하지 아니한다.

(마) 공무담임권: 지방자치단체에 당해 자치단체의 경비로써 부담하는 지방공무원을 두고 있으므로 주민은 공무를 담당할 수 있다.

(바) 선거소청권: 주민은 지방선거 또는 당선의 효력에 관하여 이의가 있을 때, 선거

에 관하여는 선거일로부터, 당선에 관하여는 당선인 결정의 공고일로부터 각각 14일 이내에 선거관리위원회에 소청을 제기할 수 있다.

(사) 조례제정 · 개폐청구권: 19세 이상의 주민은 주민 총수의 20분의 1의 범위 안에서 대통령령이 정하는 주민 수 이상의 연서로 당해 자치단체장에게 조례제정 및 개폐를 청구할 수 있다.

(아) 주민감사청구권: 19세 이상의 주민은 주민 총수의 50분의 1의 범위 안에서 조례가 정하는 주민 수 이상의 연서로 당해 지방자치단체와 그 장의 권한에 속하는 사무의 처리가 법령에 위반되거나 공익을 현저히 해한다고 인정되는 경우에 감독기관에 감사를 청구할 수 있다.

(2) 수익권

(가) 재산 및 공공시설이용권: 주민은 법령의 정하는 바에 의하여 소속 지방자치단체의 재산과 공공시설을 이용할 권리를 가진다(지방자치법 제13조 제1항 전단). 주민은 공공시설을 동등하게 이용할 수 있지만, 그 이용권은 공공시설의 목적이나 위험 및 파손방지 또는 수용 능력과 같은 자연적 한계에 의해 제한을 받는다. 한편 주민 이외의 자에 대해서는 공공시설의 이용에 차등을 둘 수 있되, 최소한 불합리한 차등대우를 할 수는 없다.

(나) 행정서비스 향수권: 주민은 소속 지방자치단체로부터 균등하게 행정의 혜택을 받을 권리를 가진다. 주민은 각종 서비스의 제공을 성별, 신앙, 사회적 신분 여하를 불문하고 누구나 균등하게 향수할 권리를 가진다. 원칙적으로 당해 지방자치단체의 주민에게만 부여되지만, 주민 이외의 자도 제한된 범위 안에서 행정서비스 향수권을 가진다.

(3) 쟁송권

(가) 불복권: 사용료 · 수수료 또는 분담금의 부과나 징수에 대하여 이의가 있는 자는 그 처분의 통지를 받은 날로부터 60일 이내에 그 지방자치단체의 장에게 이의신청할 수 있고, 행정소송을 제기하고자 하는 때에는 이의신청에 대한 결정의 통지를 받은 날부터 90일 이내에 처분청을 당사자로 하여 소를 제기하여야 하며, 결정 기간 내에 결정의 통지를 받지 못한 경우에는 그 결정 기간(이의신청을 받은 날부터 60일 이내)이 지난 날부터 90일 이내에 소를 제기할 수 있다.

(나) 배상 · 보상청구권: 주민은 법령에 따라 지방자치단체의 장 기타 집행기관에 대하여 손해배상 또는 손실보상을 청구할 수 있다.

(다) 행정심판청구권: 주민은 지방자치단체의 부당 · 위법한 처분에 대하여 행정심판청구권을 가진다.

주민의 의무

주민의 의무란 권리에 대한 반사개념으로서 타인을 위하여 일정한 작위 · 부작위 · 급부 · 수인 등을 해야 하는 법적 구속을 말한다.

(1) **비용분담의무**: 주민은 법령이 정하는 바에 따라 소속 지방자치단체의 비용을 분담하는 의무를 진다. 주민은 당해 지방자치단체의 존립과 자치행정에 필요한 경비를 수익 또는 능력에 따라 응분의 부담을 하게 되며, 법령의 범위 안에서 주민 이외의 자에게 이를 부과하는 것도 무방하다. 비용분담의무를 불이행할 때에는 행정상의 강제집행이 행해진다. 주민이 분담하는 비용에는 지방세 · 사용료 · 수수료 · 수익자부담금 등이 있다.

(2) **공공시설의 이용 강제의무**: 주민은 당해 지방자치단체가 설치 · 경영하는 공공시설의 이용을 강제 받는다. 전염병 예방법 등과 같은 개별법에서 그 예를 찾아볼 수 있으며, 상 · 하수도 시설 · 청소사업 · 가스사업 등도 주민 이용이 사실상 강제되어 있다.

(3) **명예직 수락의무**: 주민은 특별한 이유가 없는 한 당해 지방자치단체가 위촉하는 명예직(선거감시위원, 공공봉사활동위원 등)을 수락하여 활동하여야 한다.

(4) **응급재해 시 명령복종 의무**: 주민은 당해 지방자치단체의 구역 안에 불의의 재해가 발생하였거나 발생할 우려가 있을 때는 관계 법령에 따라 자치단체장의 명령에 복종하고 필요한 노력과 물품을 제공하여야 한다.[1)]

(5) **법규준수의무**: 주민은 당해 자치법규에 복종할 의무를 진다.

4. 주민통제

주민통제의 의의

(1) **주민통제의 개념**: 주민통제란 지방자치단체가 주민에 대한 자치행정의 책임을 성실히 이행하도록 보장하는 활동수단을 의미한다. 즉 자치행정의 목표가 효과적으로 수행되고 행정이 주민의 관점에서 행해질 수 있도록 지역주민이 업무수행과정이나 결과에 대하여 직 · 간접적으로 통제하는 일련의 모든 활동과정이라 할 수 있다.

(2) **주민통제의 중요성**: 주민통제는 현대국가에서 특히 중요시되고 있는데, 이는 행정권의 확대 · 우위로 권력남용의 가능성이 더욱 커지고 행정기능이 고도의 복잡성 · 전문성을 띠게 됨에 따라 전통적인 입법적 · 사법적 통제가 그 기능을 제대로 발휘하지 못하고 있기 때문이다.

1) 구병삭(1995), 신헌법원론, p.160.

주민통제의 특성

(1) 자치행정의 민주성 · 합법성을 보장하기 위하여 자치행정조직의 외부에서 행하는 외재적 민주통제이다.

(2) 전문적 · 기능적 통제의 성격을 갖는 관리통제와 구별되는 정치적 통제이다.

(3) 중앙정부 및 상급자치단체가 행하는 하향적 · 계층적 통제나 지방의회에 의한 수평적 통제와는 달리 자치단체의 구성원인 주민이 행하는 상향적 통제이다.

(4) 공식적인 입법 · 사법통제와는 달리 비공식적 통제의 성격을 가진다.

주민통제의 기본요건

자치행정에 대한 주민통제의 수단이 제도적으로 완비되어 있더라도 사회적 기본요건이 갖추어져 있지 않으면 그 실효성을 확보할 수 없다.

(1) **사회적 다원성**: 가치가 다원화되어 주민의 여론이나 비판을 여러 관점에서 수렴할 수 있어야 대립적인 이해관계를 조화시키고 사회구조의 다원화 · 이질화를 정책에 반영할 수 있다.

(2) **기본적 합의**: 민주주의의 기본원리에 대한 지방자치단체와 주민 간의 기본적 합의가 이루어질 때 효과적인 행정책임을 보장할 수 있다.

(3) **사회적 교화**: 사회적 교화란 일정한 사회체계를 유지하고 계승함은 물론 사회적 일탈을 방지하기 위하여 보편화한 윤리규범 및 생활양식을 교습시키는 과정이다. 주민통제는 이러한 사회적 교화를 필수조건으로 하고 있다.

(4) **주민참여와 엘리트순환**: 주민의 자치의식이 성숙해져서 주민이 지방자치업무에 적극적으로 참여하고 선거 등의 정치과정을 통하여 지도계층을 순환시킬 수 있을 때 진정한 책임보장이 가능해진다.

(5) **기타 요건**: 그 외에 지방공무원의 건전한 사고방식과 공직관, 주민 간 소득격차의 완화, 교육의 보편화 등을 들 수 있다.

주민통제의 방법

(1) **직접 참정제도**: 주민은 주민총회와 직접청구방법에 의하여 지방의 정치 · 행정을 직접 통제한다. 직접청구에는 주민발의, 주민투표, 주민소환, 사무감사의 청구, 주민감사청구 및 주민소송제도 등 여러 가지가 있으며, 우리나라에서도 선거소송에 관한 주민소청과 주민감사청구, 조례제정 · 개폐청구, 주민청원 및 주민투표제가 채택되고 있다.

(2) **선 거**: 주민은 지방선거에 참여함으로써 행정과정을 통제한다. 주민들이 요망하는 정책을 지도자 또는 정치 엘리트들이 수행할 때 이를 정책의 일치(policy concurrence)라고 하는데, 선거는 이러한 정책 일치를 고무시킨다. 그러나 선거에 의한 행정통제는 정책 결정과 집행과정에서 일어나는 구체적인 사건에 대한 직접적인 통제는 되지 못하고 간접적인 성격을 띤다.

(3) **여론과 매스컴**: 주민은 여론을 형성하여 정책 결정 방향에 대한 의견을 제시하고 행정과정에서 부정이나 불합리가 발생하였을 경우에는 이를 바로잡도록 압력을 가한다. 오늘날과 같이 매스컴이 고도로 발달한 대중사회에서는 대중매체를 통하여 여론이 형성되고 조직화한다.

(4) **이익집단**: 주민은 노동조합 · 여성단체 · 소비자단체 등 각종 이익집단을 조직하거나 가입하여 활동함으로써 자기권익을 행정에 반영시키고 정책 결정에 영향을 미친다.

(5) **정 당**: 정당은 주민 개개인의 의사를 통합하여 이를 정치 · 행정과정에 투입하는 가장 실질적인 영향력을 행사하는 조직으로서 여론을 의식하여 민의를 대변하는 역할을 수행하게 된다.

(6) **주민참여**: 주민들은 공청회 · 심의회 · 여론조사 · 반상회 · 서명운동 · 집단민원 · 데모 등을 통하여 행정기관의 정책 결정 및 집행에 참여하거나 주거를 변경하고 사업장을 옮김으로써 행정을 통제한다.

제2절 주민참여

1. 주민참여의 의의

주민참여의 개념

주민참여(citizen participation)는 1960년대부터 급속히 보급된 용어로서 아직 일치된 의미 없이 매우 다의적으로 사용되고 있다. 주민참여란 지방자치단체 또는 그 기관의 정책 결정 및 집행과정에 직 · 간접적으로 영향을 미치거나 미치고자 하는 주민들의 일체의 목적적 행동을 의미한다.

표 5-1 주민참여의 발전단계에 따른 정의

① 1960년대의 정치적 행동주의를 배경으로 종래 소외되어 온 빈민과 소수집단 등을 정치 · 행정과정에 참여시킴으로써 공평성(impartiality)을 증진하려 한다.
② 정책 결정 및 집행으로 영향 받는 사람들의 발언권을 널리 인정함으로써 정치 · 행정과정에 대한 주민들의 접근성(access)을 증진하려 한다.
③ 주민운동의 진전에 따라 정부에 대해 더 많은 대응성(responsiveness) · 공개성(openness) · 책임성(accountability)을 요구하고자 한다.
④ 계획수립과 관계된 주민참여로서 주민을 정책과 제안의 작성에 참여시키고자 한다.

주민참여의 필요성

지방자치단체의 기관구성과 의사결정과정에 민주적인 정당성을 부여함은 물론 대의민주주의의 형식적인 정당성에 내재하는 실질적인 적합성의 결함을 보완하기 위하여 주민참여는 필요하게 된다.

(1) **대의제도의 불완전성**: 지방의회는 주민의 대표기관으로서 지방자치단체의 기본적인 의사를 결정하고 집행기관을 통제한다. 그러나 의사결정에 반영되는 주민의 의사나 관심사는 상당히 선별적이며 주민의 실제적인 이익과 항상 합치되는 것은 아니다. 따라서 지방의회가 주민대표기관의 기능을 훌륭히 수행하도록 동기를 부여하고 자극하기 위하여 주민참여는 필요하게 된다.

(2) **사법통제의 불완전성**: 위법행정에 대한 법원의 통제는 여러 가지 요인에 의하여 제한을 받게 되어 실효성이 그리 크지 못하다. 위법한 행정처분이라 할지라도 그로 인하여 이익을 침해받은 주민이 존재하지 않는 경우에는 소송이 허용되지 않으며, 이익을 침해받은 자도 소송에 드는 과도한 비용과 노력 및 시간 때문에 심리적인 부담감을 느껴 소송을 꺼리는 경우가 많다. 따라서 행정에 대한 사법통제의 공백을 보완, 법치행정을 실현하기 위해서 주민의 참여가 필요하다.

(3) **행정기능의 변천**: 오늘날 행정기능의 중점이 질서유지를 위한 치안행정으로부터 복지 국가적 급부행정으로 변화됨에 따라 주민의 행정 의존성이 현저히 증가하게 되었다. 그러나 주민은 행정청의 일방적인 결정으로 제공되는 급부행정의 단순한 수령자로서 익명으로 취급되었고 행정에 대하여 무력감을 느끼게 되었다. 따라서 행정 급부를 주민의 구체적인 필요에 상응하도록 개별화시키기 위해서 주민참여가 필요한 것이다.

(4) **자치행정의 실현**: 직업 관료제도의 폐단을 바로잡고 주민에게 공동체 정신을 일깨우며 주민의 능력을 공동체 업무의 수행에 흡수하기 위해서 주민참여가 필요하다. 주민에 가까운 행정의 실현은 지방행정에 대한 주민의 참여 정도에 의존한다. 즉 자치행정은 주민의 참여를 법적으로 보장하고 사실상 주민의 참여가 존재하는 경우에만 가능한

것이다.

주민참여의 변수

주민참여에 대한 결정은 참여에 따르는 비용과 이익을 고려한 합리적인 행동으로 나타난다. 주민의 참여수준을 결정하는 데 영향을 미치는 변수로는 대체로 공무원, 지방행정구조와 기능, 주민, 환경 등을 들 수 있다.[2)]

(1) **공무원**: 주민참여에 대한 인지와 필요성의 인식 정도, 성취지향도, 가치관, 성격, 교육수준, 사기, 리더십 및 조직화 능력 등

(2) **지방행정구조와 기능**: 지방행정의 공개 정도, 참여자의 범위, 참여 경로, 참여가능한 행정과정과 분야, 계획과 정책의 난이도, 조직 내의 행정풍토 등

(3) **주 민**: 지식수준 · 이해력 · 능력, 의식 수준 · 자치의식 · 가치관, 관심과 태도, 주민의 조직력, 리더십 · 영향력, 상황인지의 정도, 주민조직의 특성 등

(4) **지방행정의 환경**: 중앙정부로부터의 자주성, 지역개발의 정도, 행정문화, 민주주의의 이념, 매스컴의 발달 정도, 생활구조의 수준 등

2. 주민참여의 유형

주민참여는 정책 결정 및 집행과정의 모든 국면을 통하여 개인은 물론 집단의 수준에서 매우 다양한 형태로 나타날 수 있으며, 주민참여의 유형도 분류기준에 따라 여러 가지로 나누어질 수 있다.

참여의 제도성에 의한 분류

주민참여는 체계화 · 정형화되었는가에 따라 제도적 참여와 비제도적 참여로 나눌 수 있다.[3)]

(1) **제도적 참여**: 국가 또는 지방자치단체의 명문화된 법규에 의해 참여가 공식적으로 보장된 것을 의미한다(각종의 자문위원회, 공청회, 심의회, 주민청원, 민원, 합법적인 시위 및 집회, 주민투표, 주민소환, 주민발의 등).

(2) **비제도적 참여**: 제도적 참여 이외의 형태를 말한다. 참여가 법규에 의해 공식적으로 인정되어 있지 않으나 주민이 행정기관과의 직 · 간접적 접촉을 통하여 참여의 실질적인 효과를 달성해 가는 방법이다(법으로 금지하고 있는 비폭력 집단시위나 주민운동, 주민

2) 정세욱(1990), 지방자치학, pp.318-328.
3) 김병준(1994), 지방자치론, pp.445-446; 한원택(1995), 지방행정론, p.311.

불복종, 교섭 등).

참여의 주도성에 의한 분류

주민과 지방자치단체 중 누가 주민참여 행동과 의사결정의 주도권을 갖는가를 기준으로 행정 동원적 · 공동협력적 · 자생 조직적 주민참여로 구분할 수 있다.

(1) **행정 동원적 주민참여**: 지방자치단체에서 주민참여과정을 주도하고 주민이 따라가는 하향식 참여방식이다. 주민의 참여는 자치단체의 요구에 따라 허용하는 범위 내에서만 행해지며, 의견의 반영 여부도 정책담당자에게 달려 있다(공람, 공청회, 반상회 및 각종 위원회 등).

(2) **공동협력적 주민참여**: 지방자치단체와 주민이 공동의 책임으로 상호협력하여 문제를 해결해 나가는 대등한 관계의 참여방식이다. 즉 지방자치단체가 참여의 안건과 기본적인 틀을 정하여 주민참여를 유도하되, 의사결정과정에서 주민의 권한 또는 영향력을 인정하는 방식이다. 지방자치단체가 사업수행에 따른 비판과 위험을 회피하거나 책임을 전가할 목적으로 이용할 가능성이 있으며, 사업에 반대하는 주민을 흡수할 목적으로 이용할 수도 있다.

(3) **자생 조직적 주민참여**: 주민의 조직적 발의, 청원 또는 요구에 대하여 지방자치단체가 대응하는 상향식 참여방식이다. 자생적 주민조직은 주민의 자발적 참여로 조직되며, 관변단체와는 달리 조직원의 높은 참여와 헌신적 기여에 기반을 두고 있다. 따라서 자생적 주민조직을 통한 참여는 주민의 공동체 의식 · 자치의식을 높이고 권력을 재배분하는 효과가 매우 높으나 행정의 지연을 가져올 가능성이 크다.

참여의 효과에 의한 분류

Sherry R. Arnstein[4]은 연방보조사업(도시재개발사업, 시범도시사업, 빈곤퇴치사업 등)을 대상으로 주민참여 실태를 분석하고 주민이 정책결정에 미치는 실질적인 영향력의 정도에 따라 주민참여의 형태를 여덟 가지의 단계로 분류하였으며, 이를 다시 참여의 효과라는 측면에서 3개의 유형으로 나누어 고찰하고 있다.

(1) **비참여**(nonparticipation): 1단계-행정과 주민이 서로 간의 관계를 확인한다는 데서 의의를 찾을 수 있으며 공무원이 일방적으로 교육 · 설득시키고 주민은 단순히 참석하는데 그치는 조작(manipulation)단계와 2단계-주민의 욕구불만을 분출시켜 치료하는 단계로서 행정의 일방적 지도에 그치는 치료(therapy)단계는 그 본래의 목적이 주민을 참

4) Sherry R. Arnstein "A Ladder of Citizen Participation", Journal of the American institute of Planners, Vol.35, No.4, July 1969 참조.

여시키는 데 있는 것이 아니라 단지 지방자치단체가 참여자를 교육하거나 치료하는 데 있다.

(2) **명목적 참여**(tokenism): 3단계-행정이 주민에게 일방적으로 정보를 제공하며 환류는 잘 일어나지 않는 정보제공(informing)단계와 4단계-공청회나 집회 등의 방법으로 행정에의 참여를 유도하고 있으나 형식적인 단계에 그치고 있는 상담(consultation)단계 및 5단계-각종 위원회 등을 통해 주민의 참여범위가 확대되지만, 최종적 판단은 행정기관이 한다는 점에서 제한적인 회유(placation)단계가 이 범주에 속한다. 주민은 정보를 제공받아 권고·조언하고 공청회·심의회나 각종 위원회에 참여하여 정책과 관련한 의견을 제시할 수 있지만, 판단결정권은 지방자치단체에 유보되어 있다.

(3) **실질적 참여인 주민권력**(citizen power): 6단계-행정기관이 최종적 결정권을 가지고 있지만, 주민들이 필요한 경우 그들의 주장을 협상으로 유도할 수 있는 협력관계(partnership)단계, 7단계-주민들이 특정한 계획에 대하여 우월한 결정권을 행사하고 집행단계에 있어서도 강력한 권한을 행사하는 권한위임(delegated power)단계 및 8단계-주민들이 스스로 입안하고 결정에서 집행 및 평가단계까지 주민이 통제하는 주민통제(citizen control)단계에 이르면 기존의 권력체계는 주민과 지방자치단체 간에 재분배되며, 일정한 권한과 책임이 주민에게 맡겨져 주민이 정책 결정에 있어서 주도권을 획득하는 주민권력의 상태에 있게 된다.

표 5-2 Arnstein의 주민참여 8단계론

성 격	단 계		내 용
비참여	1단계	조작단계 (manipulation)	행정과 주민이 서로 간의 관계를 확인한다는 데서 의의를 찾을 수 있으며 공무원이 일방적으로 교육·설득시키고 주민은 단순히 참석하는 데 그친다
	2단계	치료(therapy)	주민의 욕구불만을 분출시켜 치료하는 단계로서 행정의 일방적 지도에 그친다
명목적 참여	3단계	정보제공 (informing)	행정이 주민에게 일방적으로 정보를 제공하며 환류는 잘 일어나지 않는다.
	4단계	상담 (consultation)	공청회나 집회 등의 방법으로 행정에의 참여를 유도하고 있으나 형식적인 단계에 그친다.
	5단계	회유 (placation)	각종 위원회 등을 통해 주민의 참여범위가 확대되지만, 최종적 판단은 행정기관이 한다는 점에서 제한적이다.

실질적 참여 (주민권력)	6단계	협동관계 (partnership)	행정기관이 최종적 결정권을 가지고 있지만 주민들이 필요한 경우 그들의 주장을 협상으로 유도할 수 있다.
	7단계	권한위임 (delegated power)	주민들이 특정한 계획에 대하여 우월한 결정권을 행사하고 집행단계에서도 강력한 권한을 행사한다.
	8단계	주민통제 (citizen control)	주민들이 스스로 입안하고 결정에서 집행 및 평가단계까지 주민이 통제한다.

참여의 방식에 의한 분류

(1) **직접 참여와 간접 참여**: 직접 참여는 주민이 직접 정치 · 행정에 참여하여 의사를 개진하는 것으로, 지역의 공간적 범위가 협소하고 주민의 수가 제한된 소규모의 마을에 효과적이다. 반면에 간접 참여는 지역의 단위가 크고 주민의 수가 많아서 직접 참여가 불가능할 경우에 주민이 각종 위원회나 대의기구 등을 활용하여 의사를 반영하는 방법이다.

(2) **개별적 참여와 집단적 참여**: 주민은 지방자치단체의 정책 결정 및 집행에 개별적 또는 집단으로 참여할 수 있다. 개별적 참여는 자신의 뜻을 보다 직접적으로 내세울 수 있지만 참여가 조직적이지 못하여 효과를 거둘 가능성이 적지만, 집단적 참여는 이익집단 등의 형태로 참여하기 때문에 개별적 참여의 한계를 보완할 수 있다.

3. 주민참여의 기능과 한계

주민참여의 정치적 기능

(1) **대의제의 보완과 민주주의의 유지 · 발전**: 주민참여는 대의민주주의의 원리에 따른 제 제도의 기능을 보완하거나 보강하는 역할을 하며, 나아가 현대 민주주의를 활성화하고 발전시켜 나간다.

(2) **행정의 독선화 방지 및 책임성 확보**: 주민은 정치 · 행정과정에 직접 참여함으로써 행정의 독선과 자의를 방지하고, 소극적인 관료사고에 영향을 미치며, 주민에 대하여 책임 있는 행정을 수행하게 한다.

(3) **주민교육기능**: 주민참여는 정치적 훈련의 장과 기회를 부여함으로써 자치담당자로서의 주체적인 주민을 육성하는 주민교육기능을 한다.

(4) **일반대중의 참여**: 주민참여는 조직적 이익으로서는 표현하기 어려운 일반대중의

요구와 관심을 정치·행정과정에 제기함으로써 공익의 실현을 목표로 함과 동시에 압력단체의 활동을 감시하는 역할을 담당한다.

(5) **지방자치의 확립**: 지방자치단체야말로 주민참여에 적합한 장으로서 주민의 의사에 따른 효율적이고 책임 있는 행정을 도모함으로써 진정한 지방자치를 확립한다.

(6) **행정개혁의 추진기능**: 주민참여는 행정 내부에서는 상당히 이루어지기 어려운 근본적인 개혁을 제안하고 행정기관 내부의 저항을 억제하면서 개혁의 단행을 촉진한다.

(7) **소수인의 보호 구제**: 주민참여는 소수인의 이익과 권리를 다수의 지배로부터 옹호하는 기능을 한다.

주민참여의 행정적 기능

(1) **행정서비스의 개선**: 주민참여는 주민의 활력·지식·정보 등을 행정과정에 활용하여 공공결정의 질을 높임은 물론 주민의 행정수요와 요구에 적절히 대처하게 함으로써 행정서비스의 개선을 도모한다.

(2) **행정에 대한 이해와 협력의 확보**: 주민참여는 행정기관과 주민 간의 심리적 거리감을 좁히고 행정을 주민에 밀접하고 민감하게 만들어 관련 정책과 사업계획을 주민이 받아들이도록 촉진한다.

(3) **정책집행의 순응성 제고**: 참여적 의사결정은 결정내용의 원활한 집행을 돕는다. 즉 참여과정에서 주민과의 대화를 추진함으로써 보다 적극적으로 주민의 합의와 지지를 확보하여 정책의 집행을 쉽게 한다.

(4) **정보의 전달 및 수집기능**: 주민참여는 행정기관에서 수립하려고 하는 정책 및 사업계획에 대한 정보를 주민에게 제공하며, 주민들의 의사를 사전에 파악·수집하여 정책 결정 및 집행과정에 주민들의 의견을 반영시킬 수 있도록 한다.

(5) **주민 상호 간의 이해조정 및 분쟁해결**: 주민참여는 주민 상호 간의 이해대립 시 유효한 타협과 조정을 끌어내며 다양화된 주민의식을 통합하여 주민에 의한 합의를 형성하게 한다.

주민참여의 한계

(1) **주민 개인의 자질문제**: ① 일반주민은 행정에 대한 전문적인 지식과 경험을 지니고 있지 않다. ② 자치담당자로서 타인이나 전체에 대한 배려가 부족하여 자칫하면 이기적이고 무책임한 권리주장이 되기 쉽다. ③ 자신에게 특히 영향을 미치거나 직접적인 이해관계에 있는 문제가 발생하지 않는 한 행정에 대한 관심이 부족하다. ④ 주민은 눈

앞의 이익에만 얽매이는 경향이 있으므로 전체적 · 종합적이며 장래적인 문제에 대처하는 데는 부족하다. ⑤ 주민참여에 대한 책임소재가 불명확하다.

(2) **참여비용의 문제**: 주민참여과정 자체가 너무나 많은 시간과 비용을 요구하며, 종종 높은 비용으로 너무나 적은 산출밖에 내지 못하거나 확실한 결과를 산출하지 못하게 되어 비능률적이 되기 쉽다.

(3) **주민참여의 대표성 · 정당성 문제**: 일반적으로 일부 참여에 따른 참여자의 편중 문제가 지적되고 있다. 즉 주민 전체의 전반적인 참여보다는 특수이익을 대변하는 소수 참여자나 특정계층의 역할이 상당히 두드러져 심각한 대표성 · 정당성의 문제를 일으키고 있다.[5)]

(4) **주민참여의 형식화 문제**: ① 행정상의 계획과 집행의 수용 촉진, ② 주민의 반대감정 완화, ③ 계획과 결정의 정당화 및 책임회피 또는 전가의 수단으로 운용되는 경향이 있다.

(5) **이해조정 능력상의 문제**: 주민 상호 간에 기본적인 이해의 차가 너무 크게 존재하여 첨예하게 대립하고 있는 경우 주민의 합의를 확보하기 쉽지 않으며, 오히려 참여과정에서의 토의가 주민 상호 간을 분열시키고 대립의 격화를 일으킬 우려가 있다.

(6) **행정지체와 비능률**: 주민참여과정 그 자체가 충돌의 근본적인 원인이 되어 반대운동과 분쟁을 강화하고 행정수행을 어렵게 하는 등 행정지체와 비능률을 초래하며 행정결정의 질을 저하할 수 있다.

(7) **고도의 참여위험**: 광범위한 고도의 주민참여는 종종 불안정과 불만을 고조시킴으로써 사회 · 정치체제의 안정과 효율 및 권위에 대한 위협이 될 수 있다. 또한, 행정기관이 현실적으로 제공할 수 없는 행정서비스를 요구하는 등의 정치 · 행정제도에 과중한 부담을 가져온다.

4. 우리나라의 주민참여제도

주민참여의 현황

과거 우리나라의 주민참여는 사후 저항적 참여가 대부분이었지만 각종 위원회 · 반상회 · 공청회로부터 현재는 주민투표(referendum), 주민발의(initiative), 그리고 주민소환(recall) 모두 시행되고 있다. 2009년 2월 주민투표법을 개정하여 국내 거소 신고를 한 재외국민에게도 주민투표권을 인정한 데 이어, 2009년 4월 지방자치법을 개정하여 국내거

5) 김병준(1994), 지방자치론, p.449.

주 외국인과 국내 거소 신고를 한 재외국민에게도 주민발의와 주민감사청구를 인정하였고, 그 외에 재정부문에서 주민참여예산제도를 시행하고 있다.

(1) 주민투표

㈎ 주민투표의 권리부여: 19세 이상의 주민 중 투표인명부 작성기준일 현재 ① 그 지방자치단체의 관할 구역에 주민등록이 되어 있는 사람 또는 「재외동포의 출입국과 법적 지위에 관한 법률」에 따라 국내 거소 신고가 되어 있는 재외국민, ② 출입국관리 관계 법령에 따라 대한민국에 계속 거주할 수 있는 자격(체류 자격변경 허가 또는 체류 기간연장 허가를 통하여 계속 거주할 수 있는 경우를 포함한다)을 갖춘 외국인으로서 지방자치단체의 조례로 정한 사람 등은 주민투표의 권리를 지닌다.

㈏ 주민투표의 대상: 현행 주민투표법상 주민에게 과도한 부담을 주거나 중대한 영향을 미치는 지방자치단체의 주요 결정사항으로서 그 지방자치단체의 조례로 정하는 사항은 주민투표에 부칠 수 있다. 한편, 현행 주민투표법은 주민투표에 부칠 수 없는 사항을 적시하고 있는데, ① 법령에 위반되거나 재판 중인 사항, ② 국가 또는 다른 지방자치단체의 권한 또는 사무에 속하는 사항, ③ 지방자치단체의 예산 · 회계 · 계약 및 재산관리에 관한 사항과 지방세 · 사용료 · 수수료 · 분담금 등 각종 공과금의 부과 또는 감면에 관한 사항, ④ 행정기구의 설치 · 변경에 관한 사항과 공무원의 인사 · 정원 등 신분과 보수에 관한 사항, ⑤ 다른 법률에 따라 주민대표가 직접 의사결정주체로서 참여할 수 있는 공공시설의 설치에 관한 사항, 같은 사항(그 사항과 취지가 같은 경우를 포함한다)에 대하여 주민투표가 시행된 후 2년이 경과되지 아니한 사항 등에는 주민투표를 실시 할 수 없다.

(2) 주민발의: 주민이 직접 조례의 제정 및 개폐를 청구할 수 있는 제도로 1998년 8월 지방자치법 개정으로 도입되었다.

㈎ 청구권자: 19세 이상의 주민으로서 ① 해당 지방자치단체의 관할 구역에 주민등록이 되어 있는 사람, ② 해당 지방자치단체의 국내거소신고인명부에 올라 있는 국민, ③ 출입국관리법 제10조에 따른 영주의 체류자격 취득일 후 3년이 경과한 외국인으로서 같은 법 제34조에 따라 해당 지방자치단체의 외국인등록대장에 올라 있는 사람은 조례의 제정 및 개폐를 청구할 수 있다.

㈏ 청구요건: 시 · 도와 인구 50만 이상 대도시에서는 19세 이상 주민 총수의 100분의 1 이상 70분의 1 이하, 시 · 군 및 자치구에서는 19세 이상 주민 총수의 50분의 1 이상 20분의 1 이하의 범위에서 지방자치단체의 조례로 정하는 19세 이상의 주민 수 이상의 연서(連署)로 해당 지방자치단체의 장에게 조례를 제정하거나 개정하거나 폐지할 것을 청구할 수 있다.

㈐ 청구대상: 종전에 주민은 청구할 수 있을 뿐 조례안의 작성은 단체장이 하였으나, 현행법은 청구인의 대표자가 조례의 제정 · 개폐안을 작성하여 자치단체장에게 청구한다.

㈑ 청구 불가사항: 법령을 위반한 사항, 지방세 · 사용료 · 수수료 · 부담금의 부과 · 징수 또는 감면에 관한 사항, 행정기구의 설치 · 변경에 관한 사항 또는 공공시설의 설치를 반대하는 사항은 주민발의의 대상에서 제외되어 있다.

㈒ 처 리: 지방자치단체의 장은 조례의 제정 및 개폐 청구를 받으면 청구를 받은 날부터 5일 이내에 그 내용을 공표하여야 하며, 청구를 공표한 날부터 10일 간 청구인명부나 그 사본을 공개된 장소에 갖추어 두어 열람할 수 있도록 하여야 한다. 청구권자의 이의가 있을 때, 지방자치단체의 장이 이의신청을 받으면 열람 기간이 끝난 날부터 14일 이내에 심사 · 결정하되, 그 신청이 이유 있다고 결정한 때에는 청구인명부를 수정하고, 이를 이의신청 한 자와 청구인의 대표자에게 알려야 하며, 그 이의신청이 이유 없다고 정한 때에는 그 뜻을 즉시 이의신청을 한 자에게 알려야 한다.

(3) **주민소환**: 주민소환에 관한 법률은 최초 2007년 제정되어 지방자치에 관한 주민의 직접 참여를 확대하고 지방행정의 민주성과 책임성을 높였다.

㈎ 주민소환권자: 19세 이상의 주민으로서 당해 지방자치단체 관할구역에 주민등록이 되어 있는 자와 19세 이상의 외국인으로서 「출입국관리법」 제10조의 규정에 따른 영주의 체류자격 취득일 후 3년이 경과한 자 중 같은 법 제34조의 규정에 따라 당해 지방자치단체 관할구역의 외국인등록대장에 등재된 자는 주민소환권을 지닌다.

㈏ 주민소환투표의 청구: ① 특별시장 · 광역시장 · 도지사는 당해 지방자치단체의 주민소환투표청구권자 총수의 100분의 10 이상, ② 시장 · 군수 · 자치구의 구청장은 당해 지방자치단체의 주민소환투표청구권자 총수의 100분의 15 이상, ③ 시 · 도의회 의원 및 자치구 · 시 · 군의회 의원은 당해 지방의회의원의 선거구 안의 주민소환투표청구권자 총수의 100분의 20 이상의 서명을 주민소환투표를 청구할 수 있다.

㈐ 주민소환투표의 발의 및 실시: 관할선거관리위원회는 주민소환투표청구가 적법하다고 인정하는 경우에는 바로 그 요지를 공표하고, 소환청구인대표자 및 해당선출직 지방공직자에게 그 사실을 통지하여야 한다. 관할선거관리위원회는 선출직 지방공직자에 대한 주민소환투표를 발의하고자 하는 때에는 주민소환투표대상자의 소명요지 또는 소명서 제출 기간이 경과한 날부터 7일 이내에 주민소환투표일과 주민소환투표안(소환청구서 요지를 포함한다)을 공고하여 주민소환투표를 발의하여야 한다. 주민소환투표일은 공고 일부터 20일 이상 30일 이하의 범위 안에서 관할선거관리위원회가 정한다.

(4) **주민감사청구**: 주민감사청구제도는 자치단체와 그 장의 권한에 속하는 사무처리

가 법령에 위반되거나 공익을 현저히 해한다고 판단될 때 19세 이상 주민 일정 수 이상의 서명을 받아 상급정부에 감사를 청구할 수 있는 제도이다.

㈎ 청구권자: 19세 이상 주민으로서 ① 해당 자치단체의 관할구역에 주민등록이 되어 있는 사람, ②「재외동포의 출입국과 법적 지위에 관한 법률」에 따라 해당 자치단체의 국내 거소 신고인 명부에 올라 있는 재외국민, ③「출입국관리법」에 따른 영주의 체류 자격취득일 후 3년이 경과한 외국인으로서 해당 자치단체의 외국인등록대장에 올라 있는 사람(2009년 4월 개정 및 당해 10월 2일 시행된 지방자치법 개정)

㈏ 감사청구 요건: 광역시 · 도는 500명, 50만 이상 대도시는 300명, 시 · 군 · 자치구는 200명을 초과하지 아니하는 범위 안에서 당해 자치단체의 조례로 정하는 19세 이상 주민 수 이상의 연서로, 감사를 청구할 수 있다.

㈐ 감사청구 기관: 광역시 · 도는 주무장관에게, 시 · 군 · 자치구는 광역시 · 도지사에게 청구한다. 그러나 청구 내용이 둘 이상의 부처와 관련되거나 주무부 장관이 불분명한 경우에 행정자치부 장관에게 감사를 청구할 수 있다. 행정자치부 장관은 관계 부처와 협의를 거쳐 처리, 주무부처를 지정하고 그 부처로 하여금 관계부처 간 협의를 통해 주민감사청구를 일괄처리하도록 요청할 수 있다.

㈑ 감사청구 사유: 당해 자치단체와 그 장의 권한에 속하는 사무의 처리가 법령에 위반되거나 공익을 현저히 해한다고 인정되는 경우에는 감사를 청구할 수 있다.

㈒ 감사청구 불가기간: 사무처리가 있었던 날이나 끝난 날부터 2년이 지나면 제기할 수 없다.

㈓ 감사청구 제한사항: 수사 또는 재판에 관여하게 되는 사항, 개인의 사생활을 침해할 우려가 있는 사항, 다른 기관에서 감사하였거나 감사 중인 사항(새로운 사항이 발견된 경우는 가능), 동일사항에 대하여 소송이 계속 중이거나 판결이 확정된 사항.

㈔ 감사청구 처리: 주무부 장관 또는 시 · 도지사는 감사청구를 수리한 날부터 60일 이내에 감사 청구된 사항에 대하여 감사를 종료해야 하며, 그 감사결과를 청구인의 대표자와 당해 지방자치단체장에게 서면으로 통지하고 이를 공표해야 한다.

(5) **주민소송제도**: 주민소송제도는 자치단체의 업무에 대하여 감사청구한 주민이 그 감사결과에 불복이 있는 경우 감사결과를 통지받은 날로부터 90일 이내에 당해 자치단체장을 상대로 관할 행정법원에 주민소송을 제기할 수 있다. 예산의 편성과 집행에 대해 집행기관 내부의 자율적 통제에 한계가 있다고 보고 주민의 직접 참여를 위해 2006년 1월부터 시행되고 있다.

㈎ 주민소송 대상과 요건: 공금지출에 관한 사항, 재산의 취득 · 관리 · 처분에 관한 사항, 당해 자치단체를 당사자로 하는 매매 · 임차 · 도급 그 밖의 계약의 체결 · 이행에

관한 사항 또는 지방세 · 사용료 · 수수료 · 과태료 등 공금의 부과 · 징수를 게을리한 사항을 감사 청구한 주민은 주무부 장관 또는 시 · 도지사가 감사청구를 수리한 날부터 60일을 경과하여도 감사를 종료하지 아니한 경우, 감사결과 또는 감사결과에 따른 조치요구에 불복이 있는 경우, 감사결과에 따른 조치요구를 단체장이 이행하지 아니한 경우, 조치요구에 대한 단체장의 이행조치에 불복이 있는 경우에, 감사 청구한 사항과 관련 있는 '위법한 행위나 업무를 게을리한 사실'에 대하여 당해 지방자치단체의 장을 상대방으로 하여 소송을 제기할 수 있다.

㈏ 주민소송의 원고와 피고: 제소대상을 감사 청구한 주민이라면 누구나 원고가 되며, 1인에 의한 제소도 가능하다. 피고는 해당 지방자치단체의 장이 된다.

㈐ 주민소송의 유형: ① 중지소송: 당해 행위를 계속할 경우 회복이 곤란한 손해를 발생시킬 우려가 있는 경우 당해 행위의 전부 또는 일부의 중지를 구하는 소송, ② 처분의 취소 또는 무효확인소송: 행정처분인 당해 행위의 취소 또는 변경을 요구하거나 그 행위의 효력 유무 또는 존재 여부의 확인을 구하는 소송, ③ 게을리한 사실의 위법 확인을 구하는 소송, 이행청구 또는 변상명령요구소송: 당해 지방자치단체의 장 또는 직원, 지방의회의원, 당해 행위와 관련이 있는 상대방에게 손해배상청구 또는 부당이득반환청구를 할 것을 요구하는 소송, 단 당해 단체장은 손해배상 또는 부당이득반환의 청구를 명하는 판결이 확정된 날로부터 60일 이내를 기한으로 하여 해당 당사자에게 판결에 따라 결정된 손해배상금 또는 부당이득반환금의 지급을 청구하여야 한다. 지급하여야 할 당사자가 단체장인 경우 당해 지방의회 의장이 그 지급을 청구한다.

(6) **주민참여 예산제**: 주민참여예산제도는 지방의회가 예산안을 의결하기 전에 집행부의 예산편성과정에 주민이나 그 대표, 또는 주민의 이익을 대변할 수 있는 전문가 등이 간담회, 공청회, 서면 또는 인터넷 설문조사, 사업공모 등을 통해 참여하는 제도이다.

㈎ 조 례: 2004년 광주시 북구 의회가 최초로 주민참여예산조례를 제정함으로써 도입되었다.

㈏ 법 률: 지방재정법을 개정해 지방자치단체의 장이 지방예산편성을 함에 있어 대통령령이 정하는 바에 따라 주민이 참여할 수 있는 절차를 마련하여 2006년 1월부터 시행하였다.

㈐ 대통령령: 「지방재정법 시행령」 제46조 지방예산 편성과정에의 주민참여 절차에 지방예산 편성과정에 공청회 또는 간담회, 서면 또는 인터넷 설문조사, 사업공모, 그 밖에 주민의견 수렴에 적합하다고 인정하는 조례로 주민이 참여할 수 있고, 지방자치단체의 장은 위의 규정에 의해 수렴된 주민 의견을 검토하고 그 결과를 예산편성 시 반영할

수 있고, 그 밖에 주민참여예산의 범위 · 주민의견 수렴에 관한 절차 · 운영방법 등 구체적인 사항은 지방자치단체의 조례로 정한다.

주민참여의 문제점

우리나라의 지방행정에서 주민참여는 그 필요성이 높이 인정되고 있음에도 불구하고 실제로 형식적인 참여의 단계를 벗어나지 못하고 미약한 수준에 머물러 있었다. 주민의 자발성보다는 동원에 의한 것이 많았고, 이성적인 토론과 절충형태의 참여적 운동보다는 오히려 사전대화가 없는 상태에서 곧바로 격렬한 시위로 발전하는 등 저항적 운동의 경우가 대부분이었다. 이처럼 우리나라의 주민참여가 저항적이고 미약한 이유는 다음과 같다.[6)]

(1) 공무원들의 주민참여 필요성에 대한 인지도가 매우 낮으며, 관료주의적 우월의식과 온정주의적 사고방식이 지양되지 못하고 있다. 주민은 홍보와 지도의 대상이었으며, 급부행정의 단순한 수혜대상자로서 다루어지고 있다.

(2) 행정기관이 정보를 공개 · 홍보하고 의견을 상호 교환하는 등 개방적인 행정풍토가 아직 성숙하지 못하고 있다.

(3) 지방지도자들의 자질과 사명감이 부족하고 주민들의 자치의식수준이 매우 낮으며, 대부분 주민조직은 법률 등에 의해 타율적 · 하향적으로 설치되어 있다.

(4) 주민참여제도들이 상호연관성이 없이 즉흥적 · 형식적으로 운영되고 있을 뿐만 아니라 일과성 행사로서 시행되어 적극적 · 민주적 주민참여가 전개될 기반이 조성되지 못하고 있다.

(5) 중앙으로부터의 자주성이 미흡하여 행정이 주민의 수요와 요구에 적절히 대응하지 못함은 물론 지방자치단체의 필요에 따라 행해짐으로써 주민생활과 직결된 행정의 부재현상이 나타나고 있다.

주민참여의 활성화 방안

주민참여는 지방자치단체 또는 주민 일방의 문제라기보다는 양자가 함께 노력해야 할 문제이다. 지방자치단체는 주민의 참여여건을 개선하여 자발적인 참여를 유도함은 물론 스스로 나서서 주민의 의사를 구하여야 하고, 주민은 공동체 주인의식의 함양을 통해 정치 · 행정참여에 대한 긍정적인 태도와 정치적 지식을 강화하여야 한다.

(1) **분권화 · 자치화의 강화**: 주민참여가 실효성 있게 전개되기 위해서는 지방자치

6) 박연호(1994), 행정학신론, pp.830−831.

단체의 기관이 자기 책임과 권한 아래에 업무를 자주적으로 처리하고 처리된 업무에 대해서는 주민에게 책임을 지는 풍토가 조성되어 있어야 한다. 이는 획기적인 지방분권화 개혁의 추진을 통하여 이루어질 수 있다.

(2) **참여제도의 보완 및 실천**: 국가 및 지방자치단체는 주민참여를 활성화하기 위하여 주민투표제도 · 주민소환제도 · 주민소송제도 · 주민발의제도를 보완하는 등 주민직접참여제도를 강화하고, 주민의 자원봉사활동 등을 장려하고 지원함으로써 주민의 참여의식을 높일 방안을 마련하여야 한다(2008.2.29 전부개정된 '지방분권촉진에 관한 특별법' 내용임〈한시법: 2013.5.31〉).

㈎ 각종 위원회제도나 반상회 등과 같이 유명무실하거나 형식적인 참여제도를 정비하고 참여자의 범위를 확대하여야 할 것이다.

㈏ 지방자치단체의 의사결정이나 집행과정에 영향력을 미칠 수 있도록 주민의 감시와 비판활동이 폭넓게 허용되어야 한다.

(3) **정보의 공개 및 전달**: 지방행정의 정보를 공개할 수 있도록 제도화해야 한다. 청주시에서 1992년 10월 1일 전국 최초로 '청주시행정정보공개조례'를 시행함으로써 다른 지방자치단체들도 이에 자극되어 정보공개조례의 제정 · 시행이 확산하였으며, 정부도 「공공기관의 정보공개에 관한 법률」(1996.12. 31)과 '동법 시행령'(1997.10.21) 및 '동법 시행규칙'(1997.11.11)을 제정하여 1998년 1월 1일부터 시행한 이후, 최근 2010.2.4 타법개정 후 2010.5.5 시행하고 있다.

(4) **공무원의 의식전환**: 공무원들은 주민참여가 하나의 요식행위에 불과하다는 기존의 소극적 사고에서 벗어나 지역사회의 문제 해결을 위해서는 반드시 필수불가결한 것이라는 적극적 · 능동적 사고로 인식을 전환할 필요가 있다.

(5) **공동체 주인의식의 고양**: 민주시민 교육을 통해 주민의 참여 지향적 주인의식이 끊임없이 견지되어야 할 것이다. 공동체 주인의식의 고양을 통한 주체적인 판단능력의 습득 및 자율성 · 책임성의 회복은 주민참여의 기회를 확대 · 촉진하고 주민 위주의 지방자치를 조속히 정착시킬 것이다.

제3절 주민 직접 참정제

1. 직접 참정제의 현대적 의의

주민 참정제의 의의

주민이 자치운영에 참여하는 방법에는 직접 참정제와 간접 참정제가 있다. 직접 참정제는 주민 자신이 직접 정치 · 행정과정에 참여하여 의사를 표명하고, 그 의사에 따라 자치업무를 수행하는 방식이며, 간접 참정제는 주민이 대표를 선출하여 통치를 위탁함으로써 자치업무를 수행하는 방식을 말한다.

이러한 제도 중에서 이상적인 것은 주민의 의사와 책임에 따라 지방행정을 운영하는 직접 참정제이다. 그러나 오늘날과 같이 다원화된 산업사회에서 주민이 직접 참정제를 통하여 복잡, 다양해진 지방행정의 업무를 처리한다는 것은 사실상 불가능하다. 따라서 원칙적인 참정방식으로 간접 참정제를 채택하고 보완적으로 직접 참정제를 가미하는 것이 일반적인 경향이다.

직접 참정제의 필요성

간접참정제의 결함을 보완하고 주민자치의 이상을 실현하기 위하여 직접참정제의 필요성이 요청되고 있는바, 대의제 민주주의의 현대적 의미와 관련하여 살펴보면 다음과 같다. ① 대의제 민주주의는 전체적인 관점에서 볼 때 주민의 대표성을 보장해 주지 못한다. ② 정치체제는 지방적 또는 전국적으로 과두정치적 성향을 띠는 경향이 있으므로 정책 결정이 정당이나 정부 및 특수이익집단 간의 협상의 산물이기 쉽다. ③ 이익집약과 이익표출의 기능을 담당하는 정당 및 대의기관은 입법이나 정책 결정과정에서 주민 모두의 의사를 반영하지 못할 뿐만 아니라 종종 주민의 의사에 반하는 행동을 취할 수 있다는 점이다.

직접 참정제의 장 · 단점

(1) **장 점**: ① 주민참정기회의 확대로 주민자치의 수준을 향상시킬 수 있다. ② 대의기관의 정책이나 행정집행이 주민 의사에 반하지 않도록 견제할 수 있다. ③ 주민의 주체적 행동으로 성숙한 주민사회의 발전에 이바지할 수 있다. ④ 자치단체장과 지방의회 간의 대립 시 주민이 중립적인 입장에서 조정할 수 있다.

(2) **단 점**: ① 당리 · 당략이나 이해관계인 등의 부당한 압력수단으로 악용될 소지가

있다. ② 지역 간 파벌과 분열을 조장할 우려가 있다. ③ 제의와 연서, 수집 등 입법절차만 번잡할 우려가 있다.

직접 참정의 방법

직접 참정제는 일반적으로 주민총회에 의한 방법과 직접청구방법 및 주민투표 등으로 나눌 수 있다. 특히 직접청구방법에는 위법 · 부당한 입법 · 행정행위로부터 주민의 권리를 보호하기 위한 소극적 청구로서의 감사청구, 주민소송, 주민청원 등과 주민에 의한 자치수행을 확보하기 위한 적극적 청구로서의 주민발의, 주민소환 등의 여러 가지 방법이 있다.

2. 주민총회

주민총회는 직접 참여의 전형으로서 지방자치단체에 소속되어 있는 유권자 전원으로 구성된 합의제기관을 말한다. 즉 참여주민의 직접적인 제안, 토의를 통하여 지방의 정치 · 행정에 관한 의사결정을 행하는 제도이다. 오늘날 스위스에서는 기초자치단체 대부분이 정기적으로 소집되는 최고의결기관으로서의 주민총회를 가지고 있다. 영국의 parish meeting, 미국 일부 주(州)의 town meeting도 이와 비슷한 제도이다. 그러나 사회 · 경제활동의 확대로 지방자치단체의 인구와 면적이 대규모화하고 행정기능이 전문화 · 복잡화됨에 따라 점차 그 운영이 어렵게 되었다.

3. 직접청구

직접청구는 주민이 자치정부에 대하여 특정사항의 결정을 청구하는 것을 말한다. 여기서 특정사항이란 조례의 제정 · 개폐, 사무감사, 의회의 해산, 의원 및 자치단체장 기타 주요 공무원의 해직, 위법처분의 시정 등을 의미한다.

감사청구

주민이 지방자치단체의 자치운영에 관하여 이상이 있다고 판단하는 경우에 감사를 청구하는 제도이다.

(1) **사무감사청구제**: 지방자치단체 및 그 장의 행정사무처리에 대하여 일정 수 이상의 유권자 연서로 감사를 청구하는 제도이다. 청구대상에는 지방자치단체의 사무뿐만 아니라 기관위임사무도 포함된다.

(2) **주민감사청구제**: 지방자치단체의 장 또는 공무원의 재무회계상의 작위 및 부작위에 관하여 주민 한 사람이라도 위법 · 부당함이 있다고 판단하는 경우에 감사를 청구할 수 있는 제도이다.

주민소송

주민소송이란 주민이 자신의 법률상 이익과 관련이 없더라도 자치행정의 비위 사실을 법원에 제소할 수 있는 일종의 민중쟁송제도이다. 일본에서는 주민감사청구로 목적을 달성할 수 없을 때, 법원에 소송을 제기할 수 있도록 주민소송을 인정하고 있다.

주민발의

주민발의(initiative)는 일정 수 이상의 유권자가 연서로 자치단체의 헌장이나 조례의 제정 및 개폐 등에 관하여 직접 의안을 발의하는 제도이다. 지방의회 또는 의원의 부작위에 대하여 간접적으로 책임을 추궁하는 성격을 가진다.

(1) **직접적 주민발의**: 헌장이나 조례의 제정 및 개폐 등에 관한 주민발의가 있으면 반드시 주민투표에 넘기는 제도이다(미국의 Washington, D.C.와 대만 등).

(2) **간접적 주민발의**: 주민의 발안을 일단 지방의회의 심의에 넘겨 의회가 이를 승인할 때에는 바로 성립하고, 의회가 이 발안 내용을 승인하지 않을 때는 주민 투표에 부치는 제도이다(일본, 캐나다, 독일, 스위스 등).

주민소환

주민소환(recall)은 일정 수 이상의 유권자가 연서로 지방자치단체의 장, 의회의원 기타 주요 공무원의 해직이나 의회의 해산 등을 임기만료 전에 청구하면 그것에 대하여 주민투표 또는 의회의 동의로써 결정하는 제도이다. 해직청구라고도 하는 이 제도는 실제로 행사되는 경우는 드물고 오히려 책임행정을 확보하기 위한 수단으로서 심리적인 효과가 큰 제도이다. 따라서 제도상으로는 사후적인 책임추궁장치로서 직접청구제 중에서 가장 강력한 것이라고 할 수 있으나 효과 면에서는 사전의 심리적 예방장치로서 기능한다고 할 수 있다(미국의 대다수 도시, 일본, 대만, 스위스, 필리핀 등).

4. 주민투표

주민투표의 의의

주민투표(referendum)란 특정한 사안에 대하여 주민이 직접투표로서 정치적 의사결정을 행하는 제도로서 지방자치단체의 기관구성을 위한 선거와는 그 성격이 다르다. 지방자치에 있어서 주민투표는 주민이 자치운영의 주체적 담당자이자 그 중요 사안에 대한 궁극적인 결정자라는 것을 입증하는 행위이다.

주민투표의 유형

(1) **강제적 · 의무적 주민투표**(compulsory or obligatory referendum): 헌장 · 조례의 제정, 지방채의 발행, 초과과세, 구역개편 등 자치단체의 중요한 특정사항에 대해서는 반드시 주민투표에 부쳐 주민 의사에 따라 최종적으로 결정할 것을 의무화한 것이다.

(2) **선택적 · 임의적 주민투표**(optional referendum): 주민, 의원, 자치단체장에 의해 청구된 의안에 대한 주민투표의 시행 여부를 지방의회에 일임하는 제도로서, 주민투표의 결과는 법적 효력을 갖는 것이 일반적이다. 논쟁의 대상이 되는 중요한 문제에 관하여 의회가 주민의 의사를 파악하는 수단으로 활용하는 일이 많다.

(3) **항의적 · 청원적 주민투표**(protest or petition referendum): 지방의회에서 일단 의결된 사항에 대하여 그 효력을 저지시키기 위한 수단으로 주민투표를 사용하는 것이다. 이 경우에는 특정의 명시된 기간 내에 유권자 일정 수 이상의 연서에 의한 청원이 요구된다. 이러한 제도를 채택하고 있는 국가로는 미국, 일본, 필리핀 등이 있다.

주민투표의 이점과 폐해

(1) **주민투표의 이점**: ① 민주주의의 기본원리인 주민에 의한 자치행정이라는 대명제를 보장하는 제도적 장치이다. ② 주민 참정기회의 확대로 주민의 자치수준을 높인다. ③ 투표행위를 통한 정치교육의 효과가 있어 민주주의 교육의 장으로서 기능한다. ④ 지방자치단체장과 지방의회의 의견대립을 중립적인 위치에서 해결해줄 수 있는 제도적 장치이다.

(2) **주민투표의 폐해**: ① 의회 또는 자치단체장이 성가신 문제를 회피하거나 그들의 정책 결정을 합리화 · 정당화하기 위한 수단으로 남용할 우려가 있다. ② 해당 지역주민의 의사를 반영하기보다는 강력한 특정 이익집단의 이해관계를 대변하기가 쉽다. ③ 다수자의 횡포가 가능하여 진정으로 보호받아야 할 소수의 의견이나 이익이 무시될 공산이 크다. ④ 현대사회의 복잡다단한 정책문제를 찬반의 형태로 단순화하여 주민투표에 회부하는 것은 전문적 지식이나 경험이 부족한 일반주민의 감정적 · 피상적 판단에 맡기는 위험을 안고 있다. ⑤ 주민들은 모두 조세를 덜 부담하고 많은 공공서비스를 받기를 원하므로 주민투표가 자칫 자치단체의 세입을 감소시키고 세출을 증대시키는 결정을 가져

올 가능성이 있다.

외국의 주민투표

(1) **미국의 주민투표**: 미국 대부분의 시에서는 행정구역개편, 자치단체헌장의 제정 등 중요사항에 대해서는 필수적으로 주민투표제를 채택하고 있다. 이러한 제도에는 주민투표에 부쳐질 중요한 결정사항이 조례에 열거된 경우(뉴욕시), 의회가 중대한 사안으로 판단하여 주민투표를 시행하는 경우(콜로라도주 Adams카운티), 주민청구로 주민투표를 실시하는 경우(Washington, D.C.) 등이 있다.

(2) **일본의 주민투표**: 일본의 모든 지방자치단체에서는 특별법의 제정, 주민청구에 의한 의회해산, 의원이나 단체장의 해직 등에 대하여 필수적으로 주민투표를 채택하고 있다. 이 외에도 법률·조례에 따르지 않고 사실상의 주민투표가 다양한 형태로 실시되고 있다.

5. 우리나라의 직접 참정제

현 황

(1) **운영실태**: 우리나라는 종래에 소극적인 청구로서 주민소청과 주민청원제도만을 채택해오다가 1994년 3월 제12차 지방자치법 개정을 통하여 주민투표제도를 도입하였다. 그 후 민선 자치 기간 동안 광역자치단체인 서울시·부산시와 기초자치단체인 서울시의 종로구·용산구·동작구 등에서 일종의 주민감사청구제를 시행해왔다. 그러나 자치단체장의 보조기관형태로 설치·운영되고 있는 감사부서가 청구사항에 대하여 감사를 시행한다는 점에서 위법·부당한 행정집행에 대한 외부통제제도로서 일정한 한계를 가질 수밖에 없었다. 아울러 자치단체장이 전횡을 일삼거나 행정비리를 저지르더라도 이를 통제 또는 제재할 수 있는 유효적절한 수단이 없다는 사실이 문제점으로 드러났다.

(2) **최근의 동향**: 1999년 8월 31일 공포된 제19차 개정 지방자치법은 주민소환제에 비하여 지방행정이나 대의제도운영에 미치는 부작용이 상대적으로 적다는 점을 고려하여 주민감사청구제도와 조례제정·개폐청구제도를 도입하고 주민의 직접참여기회를 확대하였다. 이러한 주민 직접 청구제도의 도입은 주민의 눈으로 행정을 감시·통제하고 주민들의 불편불만사항을 제도적으로 수렴·처리할 수 있는 절차를 마련하고 있다는 데 그 의의가 있다 할 것이다. 특히 조례제정·개폐청구제도의 시행으로 주민의 일상생활과 직결된 분야에서 시민운동형태로 새로운 조례제정 노력이 나타나고 있다.

주민소청

소청제도는 주민이 자기의 권리나 이익의 침해가 없더라도 제기할 수 있는 일종의 민중소송제도이다. 선거 소송적 소청과 주민 소송적 소청으로 나눌 수 있는데, 현재 우리나라에서는 선거 소송적 소청만을 인정하고 있다.

(1) **선거소청**: 지방선거에서 선거의 효력에 이의가 있는 선거인 · 정당 또는 후보자는 선거일부터 14일 이내에 당해 선거구선관위장을 피소청인으로 하여 지역구시 · 도의원과 기초의원선거 및 기초단체장선거는 시 · 도선관위에, 비례대표시 · 도의원 및 광역단체장선거는 중앙선관위에 소청할 수 있다. 당선효력에 관하여 이의가 있는 정당 · 후보자는 당선인 결정일부터 14일 이내에 당선인 또는 당해 선거구선관위장을 각각 피소청인으로 하여 지역구시 · 도의원과 기초의원선거 및 기초단체장선거는 시 · 도선관위에, 비례대표시 · 도의원 및 광역단체장선거는 중앙선관위에 소청할 수 있다. 중앙선관위 또는 시 · 도선관위는 소청을 접수한 날부터 60일 이내에 그 소청에 대한 결정을 하여야 한다.

(2) **선거소송**: 선거효력이나 당선효력에 관한 소청의 결정에 불복이 있는 소청인(당선인 포함)은 그 결정서를 받은 날부터 10일 이내에 비례대표시 · 도의원 및 광역단체장선거는 대법원에, 지역구시 · 도의원과 기초의원선거 및 기초단체장선거는 그 선거구를 담당하는 고등법원에 소를 제기할 수 있다.

주민청원

헌법은 모든 국민이 국가기관에 대하여 문서로 청원할 권리가 있음을 보장하고 있다. 또한, 이에 근거하여 일반법으로 청원법이, 특별법으로는 국회법과 지방자치법의 규정이 있다. 지방자치법에 따르면 주민이 자치단체의 지방행정에 대한 요구나 희망 또는 정치적 의사를 표시하고자 할 때는 해당 지방의회의원의 소개를 받아 지방의회에 청원할 수 있도록 하였다.

(1) **청원사항**: 청원사항은 ① 피해의 구제, ② 공무원 비위의 시정 또는 공무원에 대한 징계나 처벌의 요구, ③ 조례 · 규칙의 제정 · 개폐, ④ 기타 공공기관의 권한에 속하는 사항 등이다. 그러나 이는 한정적 · 예시적인 것에 불과하며 자치행정에 관한 사항이면 모두 가능하다고 할 수 있다. 다만 재판에 간섭하거나 법규에 어긋나는 내용(지방자치법 제74조), 국가원수를 모독하는 것(청원법 제5조) 등은 허용되지 아니한다. 따라서 청원은 사법적 소송수단이 아니라 정치적 통제수단의 하나라고 할 수 있다.

(2) **청원인**: 청원권자에 대해서는 어떠한 자격제한도 없다. 따라서 내 · 외국인을 불

문하며, 연령의 제한이 없고, 개인이든 법인이든 무방하며, 권리능력이 없는 사단도 청원할 수 있다.

(3) **청원방법**: 지방의회에 청원하고자 하는 자는 의원의 소개를 얻어 청원서를 제출하여야 한다. 청원서에는 청원 자의 성명 · 주소(법인인 경우 그 명칭과 대표자의 성명 및 주소)를 기재하고 서명 · 날인하여야 한다(지방자치법 제73조).

(4) **청원절차**: 지방의회의 의장은 청원서를 접수한 때에는 이를 소관 위원회 또는 본회의에 넘겨 심사 · 처리하고 그 결과를 청원인에게 통지하여야 한다. 지방의회가 채택한 청원으로서 그 자치단체의 장이 처리함이 타당하다고 인정되는 청원은 의견서를 첨부하여 자치단체의 장에게 이송하며, 이 경우 지방자치단체의 장은 청원을 처리하고 그 결과를 바로 지방의회에 보고하여야 한다.

주민투표제에 대한 논의

'지방자치단체의 장은 지방자치단체의 폐치 · 분합 또는 주민에게 과도한 부담을 주거나 중대한 영향을 미치는 지방자치단체의 주요 결정사항 등에 대하여 주민투표에 부칠 수 있다'고 하여 주민투표제를 도입하고 있다. 한편 '주민투표의 대상, 발의자, 발의요건 기타 투표절차 등에 관하여는 따로 법률로 정한다'고 하여 주민투표법의 제정을 유보하고 있다.

(1) **입법의 형태**: 현행 지방자치법은 주민투표제도에 관한 구체적인 사항을 법률로써 제도화할 것을 규정하고 있다. 그러나 주민투표에 관한 법률을 별도로 제정하는 것은 자치단체의 자주입법권에도 부합하지 않으며, 또한 획일적인 규정으로 인해 지역의 실정을 도외시할 수 있다. 따라서 주민투표에 관한 법률을 제정하더라도 주민투표제도에 관한 불가결한 기본적 사항만 규정하고 제도의 운용 등 기술적 · 절차적 사항은 자치단체의 자주적 판단에 맡겨 조례로 규정하는 것이 바람직할 것이다.

(2) **주민투표의 발안자**: 지방자치단체의 장, 의회 및 주민 중 누가 발안하는가는 중요한 문제이다. 현행 지방자치법상 우리나라는 주민투표의 발안자를 자치단체장에 한하고 있다. 그러나 주민투표는 자치단체의 중요한 현안에 대한 의사결정이라는 점에서 발안자를 자치단체장에게만 한정하는 것은 주민투표제도의 취지를 벗어난 것이라 할 수 있다. 따라서 주민투표의 발안자에는 자치단체장뿐만 아니라 지방의회, 주민도 포함되어야 하며, 발의절차도 발안자에 따라 다르게 규정되어야 할 것이다.

(3) **주민투표의 발안 대상**: ① 자치단체의 폐치 · 분합 및 관할구역 변경, ② 자치단체의 명칭 변경, ③ 일정한도 이상의 지방채 발행, ④ 관할소재지의 변경, ⑤ 조례의 제

정 · 개폐의 청구, ⑥ 주민의 이해와 직결된 시설 또는 사업의 결정, ⑦ 초과과세, ⑧ 장과 의회의 대립 시 해결책 등이 주민투표에 상정될 수 있을 것이다. 다만 법률에 위반되는 사항, 자치단체의 권한을 초월하는 사항, 재판에 계류 중인 사항, 사용료 · 수수료 · 분담금의 조정과 같이 빈번한 변경이 요구되는 사항 등에 대해서는 주민투표의 대상에서 제외한다. 아울러 주민투표로서 결정할 수 있는 사항은 자치사무에 한정되어야 할 것이다.

(4) **주민투표의 효력**: 주민투표로 결정된 사안이 강제적 효력을 가지는가 아니면 보조적 · 권고적 효력을 가지는가 하는 것이다. 주민투표의 법적 효력 여부는 정치적으로 매우 민감한 사항이므로 신중한 대응이 요청된다. 다만 주민투표가 대의제 민주주의를 보완한다는 취지에서 볼 때 주민투표로 결정된 사안은 새로 변경되지 않는 한 그 효력을 유지하도록 하는 제도적 장치가 마련되어야 할 것이다.

주민투표제의 성공적 수행조건

(1) **주민투표제 시행에 따른 문제점**: 우리나라의 주민투표제는 위로부터 전략적으로 시도된 것이므로 그 실시에 따라 다음과 같은 제반 문제점이 예상된다. ① 지방의회를 무력화시키는 방편으로 사용되어 지방행정을 독재할 수 있게 할 수 있다. ② 지역이기주의에 정치적 정당성을 부여할 우려가 있다. ③ 지방자치단체의 장과 의회가 담합하여 자신들의 책임을 분담 또는 전가하려는 수단으로 이용할 가능성이 크다. ④ 자치단체장이 지방의회(특히 동일 정당)나 지역유지 및 지역구 국회의원과 결탁하여 중대한 물질적 이해관계나 정치적 운명이 걸려 있는 사안에 대한 정략적 도구로 이용할 수 있다. ⑤ 계층적 보수주의의 성향으로 인하여 주민투표가 행정의 민주성과 형평성을 침해할 수 있다.

(2) **성공적 수행조건**: 주민투표의 성공적인 정착을 위해서는 다음과 같은 선행조건이 갖춰져야만 한다.

㈎ 행정 및 정책에 관한 정보의 공개: 주민투표는 대부분 찬 · 반의 극단적인 양태를 띠기 때문에 정보가 각종 여론이나 언론기관을 통하여 정확하게 주민에게 전달되어야 합리적이고 이성적인 주민투표가 가능하게 될 것이다.

㈏ 지방의회의 활성화: 주민투표란 대의민주주의를 전제로 하여 이를 보완하려는 것이지 결코 대체하려는 것은 아니다. 따라서 먼저 중대한 결정사항과 관련하여 지방통치체제 내에서 민주적으로 문제의 해결책을 모색하여야 할 것이다.

㈐ 민주적인 정당 역할의 확립: 지방의 정당조직이 중앙에 종속되어 있거나 정치도구화된 상황에서 주민투표란 문제의 해결책이기보다는 중앙정치의 대리전 양상을 띨 위험이 있다.

㈑ 지역사회의 민주화: 아무리 제도적인 장치가 잘 되어 있더라도 그 운영의 토대가 되는 지역사회가 민주화되어 있지 않으면 아무 소용이 없으므로 지역공동체의식운동 등을 통하여 자주적 주체의식을 함양하여야 할 것이다.

조례제정 · 개폐청구제도

대의제의 취약점을 보완하기 위해 주민의 발안권을 제도화한 것으로서 자치입법에 대한 주민의 직접참여기회를 보장하고 있다.

(1) **청구권자의 범위**: 19세 이상의 유권자인 주민 총수의 20분의 1의 범위 안에서 대통령령이 정하는 주민 수 이상의 연서로 당해 지방자치단체의 장에게 조례의 제정이나 개폐를 청구할 수 있다. 19세 이상의 주민 총수는 연도별로 산정하되, 주민등록표로 조사한 전년도 12월 31일 현재 인구통계에 의한다.

(2) **청구대상의 제한**: ① 지방세 · 사용료 · 수수료 · 부담금의 부과 · 징수 또는 감면에 관한 사항, ② 행정기구의 설치 · 변경 또는 공공시설의 설치를 반대하는 사항은 청구대상에서 제외하고 있다.

(3) **청구절차와 효과**: 청구인명부에 청구인의 대표자를 기재하여 조례제정 · 개폐청구를 하면, 자치단체장은 즉시 그 내용을 공표하고 청구를 접수한 날부터 7일간 청구인명부 또는 그 사본을 공개된 장소에 비치 · 열람할 수 있도록 하며, 청구인명부의 서명에 관하여 이의가 있는 자는 열람 기간 이내에 당해 자치단체장에게 이의신청할 수 있고, 자치단체장은 열람 기간이 종료된 날부터 14일 이내에 이를 심사 · 결정하도록 되어 있다. 자치단체장은 이의신청이 없거나 이의신청에 대하여 결정이 완료된 경우 청구요건을 갖춘 때에는 청구를 수리하고, 그러하지 않을 때는 청구를 각하하되, 청구를 수리한 때는 그로부터 60일 이내에 조례의 제정 또는 개폐안을 작성하여 지방의회에 토의에 부쳐야 하며, 그 결과를 대표자에게 통지하게 되어 있다.

주민감사청구제도

(1) **감사청구권자의 범위**: 19세 이상의 유권자인 주민 총수의 50분의 1의 범위 안에서 당해 지방자치단체의 조례가 정하는 주민 수 이상의 연서로 시 · 도에 있어서는 주무부 장관에게, 시 · 군 및 자치구에서는 시 · 도지사에게 감사를 청구할 수 있다.

(2) **감사청구의 대상**: 당해 지방자치단체와 그 장의 권한에 속하는 사무의 처리가 법령에 위반되거나 공익을 현저히 해한다고 인정되는 경우에는 감사를 청구할 수 있다. 다만, 감사청구의 남용을 방지하기 위하여 ① 수사 또는 재판에 관여하게 되는 사항, ②

개인의 사생활을 침해할 우려가 있는 사항, ③ 다른 기관에서 감사하였거나 감사 중인 사항(단, 다른 기관에서 감사한 사항이라도 새로운 사항이 발견되거나 중요한 사항이 감사에서 누락된 경우는 제외)은 감사청구대상에서 제외한다.

(3) **감사청구의 효과**: 감독기관은 감사청구를 수리한 날부터 60일 이내에 청구사항에 대한 감사를 종료하며, 감사결과를 청구인의 대표자와 당해 자치단체장에게 서면으로 통지하고 공표하여야 한다. 다만 그 기간 내에 감사를 종료하기 어려운 정당한 사유가 있는 때에는 기간을 연장할 수 있으며, 이 경우 이를 미리 대표자와 자치단체장에게 통지하고 공표하여야 한다. 감독기관은 감사결과에 따라 필요한 조치를 요구할 수 있으며, 자치단체장은 이를 성실히 이행하고 그 조치결과를 지방의회와 감독기관에 보고하여야 한다.

(4) **감사청구의 절차**: 조례제정 · 개폐청구의 절차를 준용한다.

제6장 지방선거와 권력구조

제1절 지방자치선거

1. 지방자치선거의 의의와 종류

지방자치선거의 의의

(1) 지방자치선거의 의미: 지방선거란 주민이 자신의 참정권을 행사하여 공직을 담당할 대표를 선정하는 행위로서 주민 정치참여의 핵심이다. 이러한 지방선거는 지방자치단체의 기관에 민주적인 정당성을 부여하는 절차로서의 의미를 가진다. 그 뿐만 아니라 주민이 주인으로 해야 할 역할을 담당함으로써 지방행정에 대한 정기적 · 총체적인 평가를 수행하고 앞으로의 지방행정의 방향을 결정하는 것이라고 할 수 있다.

(2) 지방자치선거의 기본원리: 선거란 국민주권사상과 기본권사상에 바탕을 두고 국민이 대표자를 선출하여 정부를 구성하는 행위로서 선거평등, 투표자유, 선거공정 등을 그 지도원리로 삼고 있다. 이에 따라 현대 민주국가에서는 보통 · 평등 · 직접 · 비밀 · 자유선거를 선거제도의 기본원칙으로서 채택하고 있으며, 이러한 원칙들은 지방선거에 있어서도 그대로 적용된다.

(3) 지방자치선거의 입법체계: 지방선거에 관한 입법체계는 지방자치단체의 자율성을 강조하여 각 종류의 선거마다 개별법을 두는 영미법 계통과 각종 선거를 하나의 통일법 속에 규정하는 대륙법 계통으로 크게 나눌 수 있다. 우리나라의 경우, 1949년에 지방자치법을 제정하면서 그 안에 지방선거에 관한 규정을 두었으나 1988년의 지방자치법 전문개정에서 지방선거에 관한 별도의 법률을 제정토록 규정함에 따라 지방의회의원선거법(1988년)과 지방자치단체장선거법(1990년)을 제정하고 개별법주의를 택하게 되었다. 그 후 1994년 3월 16일에 「공직선거 및 선거부정방지법」이 제정되어 종래의 대통령선거법, 국회의원선거법, 지방의회의원선거법, 지방자치단체장선거법을 모두 폐지하고 이들 각종 선거를 통합 규정함으로써 우리나라는 통합선거법체계가 되었고, 2005년 6월 국회 임시회에서 「공직선거법」으로 변경하였다.

우리나라 지방자치선거의 연혁

1949년에 「지방자치법」이 제정되어 지방선거에 관한 규정을 두었으나 건국 초기의 국내적 혼란과 6 · 25동란의 발발로 선거를 즉각 시행하지 못하였다. 그 후 1952년 제1차 지방선거가 시행되었으며, 1956년에 제2차, 1960년에는 제3차 지방선거를 시행하였다. 그러나 1961년 5 · 16사태 후에 지방자치에 관한 임시조치법에 의하여 모든 지방선거가 중단되었다가 1991년에 제4차 지방선거가 시행되었다. 이어 1994년 통합선거법인 「공직선거 및 선거부정방지법」이 제정됨에 따라 1995년 6월 27일 지방의회의원과 자치단체장을 동시에 선거하는 제5차 지방선거가 시행되었다. 대통령 선거와 국회의원 선거 등과 함께 한해에 몰리는 것을 방지하기 위해서 1995년에 당선된 지방의원과 단체장의 경우에 한 해 임기 3년 단축경과조치로 1998년 4월 30일 동법을 개정하고 6월 4일 제6차 지방선거가 시행되었고, 2002년 3월 7일 동법을 개정하고 6월 13일 제7차 지방선거를 시행하였다. 그리고 2006년 제8차 총선거부터 후보자에 대한 투표와 동시에 그 후보자를 공천한 정당에 대한 투표도 동시에 시행하는 동시선거가 시행되었고, 2010년 제9차 지방선거가 시행되었다.

2005년에 법명이 변경된 「공직선거법」은 기존 「대통령 선거법」, 「국회의원 선거법」, 「지방의회의원 선거법」, 「지방자치단체장 선거법」의 규정을 흡수 통합하였으며 임기만료일이 같은 지방의원 및 자치단체장의 선거와 각종 보궐선거 등에 관한 동시선거 규정도 두었다. 이리하여 현재 우리나라는 철저한 통일법주의를 채택하고 있다.

2. 지방자치선거의 기초

선거의 기초

우리나라는 지방선거에서 소선거구제를 채택하고 있다.

(1) **시 · 도의원지역선거구**: 인구 · 행정구역 · 지세 · 교통 기타 조건을 고려하여 자치구 · 시 · 군을 나누어 결정하되, 하나의 선거구에서 선출하는 의원정수는 1인으로 한다.

(2) **시 · 군 · 자치구의원선거구**: 읍 · 면 · 동(인구 1천 미만의 면과 6천 미만의 동이 인접한 읍 · 면 · 동과 통합된 때에는 그 통합된 구역)을 단위로 결정하되, 선거구의 명칭 · 구역과 그 선거구별 의원정수는 시 · 도 조례로 정한다. 이 경우 1인이 증원되는 읍 · 동에서 선출하는 의원수는 선거구별 1인으로 한다.

(3) **비례대표 시 · 도의원 및 자치단체장의 선거구**: 비례대표 시 · 도 의원은 당해

시 · 도를 단위로 선거하고, 자치단체장은 당해 지방자치단체의 관할구역을 단위로 하여 선거한다.

대표제

우리나라는 지방선거에서 원칙적으로 비교다수 대표제를 채택하고 있으나 시 · 도의회 의원선거의 경우에는 비례대표제를 포함하여 선거를 진행하고 있다.

선거권

(1) **적극적 요건**: 19세 이상의 국민으로 다음 어느 하나에 해당하는 자는 그 구역에서 선거하는 지방자치단체의 의회의원과 장의 선거권이 있다(개정 2005.8.4).

① 19세 이상의 국민으로서 공직선거법 제37조(명부작성) 제1항의 선거인명부작성기준일 현재 당해 지방자치단체의 관할구역 안에 주민등록이 되어 있는 자

② 「출입국관리법」 제10조(체류자격)의 규정에 따른 영주의 체류자격 취득일 후 3년이 경과한 19세 이상의 외국인으로서 제37조 제1항의 선거인명부작성기준일 현재 「출입국관리법」 제34조(외국인등록표등의 작성 및 관리)의 규정에 따라 당해 지방자치단체의 외국인등록대장에 등재된 자(개정 2009.2.12, 2007.6.28 헌법재판소에서 헌법불합치결정된 이 조 제2항 제1호를 개정함).

(2) **소극적 요건**: 일정한 결격사유에 해당하여 선거권이 없는 자는 ① 금치산선고를 받은 자, ② 금고 이상의 형의 선고를 받고 그 집행이 종료되지 않거나 그 집행을 받지 않기로 확정되지 않은 자, ③ 선거사범으로서, 「정치자금법」 제45조(정치자금부정수수죄) 및 제49조(선거비용관련 위반행위에 관한 벌칙)에 규정된 죄를 범한 자 또는 대통령 · 국회의원 · 지방의회의원 · 지방자치단체의 장으로서 그 재임 중의 직무와 관련하여 「형법」(「특정범죄 가중처벌 등에 관한 법률」 제2조에 의하여 가중처벌되는 경우를 포함한다) 제129조(수뢰, 사전수뢰) 내지 제132조(알선수뢰) · 「특정범죄 가중처벌 등에 관한 법률」 제3조(알선수재)에 규정된 죄를 범한 자로서, ㉠ 100만 원 이상의 벌금형 선고를 받고 그 형이 확정된 후 5년 또는 ㉡ 형 집행유예의 선고를 받고 그 형이 확정된 후 10년을 경과하지 아니하거나 ㉢ 징역형의 선고를 받고 그 집행을 받지 아니하기로 확정된 후 또는 ㉣ 그 형의 집행이 종료되거나 면제된 후 10년을 경과하지 아니한 자(형이 실효된 자도 포함한다).

피선거권

(1) **적극적 요건**: 선거일 현재 계속하여 60일 이상(공무로 외국에 파견되어 선거일 전 60일 후에 귀국한 자는 선거인명부작성기준일부터 계속하여 선거일까지) 당해 지방자치단체의 관

할구역 안에 주민등록이 되어 있는 주민으로서 25세 이상의 국민은 그 지방의회의원 및 자치단체장의 피선거권을 가진다. 이 경우 60일의 기간은 그 지방자치단체의 설치 · 폐지 · 분할 · 합병 또는 구역변경으로 중단되지 아니한다(개정 2009.2.12, 2007.6.28 헌법재판소에서 헌법불합치결정된 이 조 제2항 제1호를 개정함).

(2) **소극적 요건**: 피선거권이 없는 자는 ① 선거권이 없는 자, ② 금고 이상의 형의 선고를 받고 그 형이 실효되지 않은 자, ③ 법원의 판결 또는 다른 법률에 따라 피선거권이 정지되거나 상실된 자이다.

3. 지방자치선거의 절차

선거일

공직선거법(제34조)은 임기만료에 의한 지방선거의 선거일을 누구나 알 수 있도록 총선거의 경우 임기만료일 전 30일 이후 첫 번째 수요일로, 재선거 · 보궐선거 · 증원선거일 땐 그 선거사유가 전년도 10월에서 3월 사이에 확정된 경우 4월의 마지막 수요일, 4월에서 9월에 확정된 경우 10월의 마지막 수요일로 법정선거일을 정했다.

지방자치단체가 폐치분합으로 인한 자치단체장 선거일 때는 그 사유 확정일부터 60일 이내에, 선거 일부 무효로 인한 재선거일 때는 확정판결 후 30일 이내, 천재지변 등으로 인한 연기선거 및 일부 재투표일 때는 그 관할선거관리위원장이 정하는 선거투표일로 한다.

선거인명부 작성

(1) **선거인명부의 의의**: 선거인명부란 선거권자의 성명 · 주소 · 성별 등의 인적 사항을 기재한 공적 대장을 말한다. 이러한 선거인명부에 올라 있는 자를 선거인이라고 한다(동법 제3조). 따라서 선거권자라 하더라도 선거일에 투표할 수 있으려면 선거인명부에 등재되어 있어야 한다.

(2) **선거인명부의 작성기관**: 선거인명부는 일반행정기관이 작성하는 경우와 선거관리위원회 등 선거관리를 위하여 특별히 설치된 합의제기관이 작성하는 경우가 있다. 우리나라는 영국 · 독일 · 이탈리아 등과 같이 일반행정기관이 작성하도록 하고 있다. 즉 구 · 시 · 읍 · 면의 장이 선거인명부작성기준일 현재 그 관할구역 안에 주민등록이 되어 있는 선거권자를 투표구별로 조사하여 작성하도록 하고 있다.

(3) **선거인명부의 유효 및 작성 기간**: 선거인명부제에는 수시명부제와 계속명부제가

있는데, 우리나라는 원칙적으로 해당 선거에 한하여 효력을 갖는 수시명부제를 채택하고 있다. 선거인명부는 선거일 전 22일부터 5일 이내에 작성하여야 한다.

(4) **부재자신고인명부**: 선거인명부에 올라 있는 국내거주자 중 선거일에 자신이 투표소에 가서 투표할 수 없는 자는 선거인명부 작성기간에 구 · 시 · 읍 · 면장에게 서면으로 부재자신고를 할 수 있다(동법 제38조).

후보자등록

(1) **후보자의 추천**: 피선거권이 있는 자가 후보자로 등록하기 위해서는 먼저 정당 또는 일정 수 이상의 선거권자 추천을 받아야 한다.

(2) **입후보제한**

㈎ 공직자의 입후보제한: 일정한 공직자가 지방선거에 있어서 후보자가 되려고 할 때는 선거일 전 60일(비례대표시 · 도의원선거 및 보궐선거 등과 국회의원이 자치단체장선거에 입후보하는 경우 및 지방의회의원이 다른 자치단체의 의회의원이나 장의 선거에 입후보하는 경우에는 후보자등록신청 전)까지 그 직(職)을 물러나야 한다. 다만, 당해 자치단체의 의회의원이나 장이 그 직을 가지고 입후보하는 때에는 그러하지 아니하다. 그러나 선거구역이 당해 자치단체의 관할구역과 같거나 겹치는 지역구 국회의원선거에 자치단체장이 입후보하고자 하는 때에는 선거일 전 180일까지 그 직을 그만두어야 한다. 그 직을 그만둔 것으로 보는 시기는 그 소속기관의 장 또는 소속위원회에 사직원이 접수된 때이다.

㈏ 기탁금제: 후보자등록을 신청하는 자는 등록신청 시에 일정한 금액을 관할 선거관리위원회에 납부하여야 한다. ① 후보자가 당선되거나 사망한 때, ② 후보자의 득표수가 유효투표 총수를 후보자 수로 나눈 수 이상이거나 유효투표 총수의 100분의 15 이상인 때, ③ 비례대표시 · 도의원선거의 경우 당해 후보자명부에 올라 있는 후보자 중 당선인이 있는 때에는 기탁금에서 부담하는 비용을 뺀 나머지 금액을 선거일 후 30일 이내에 기탁자에게 반환한다. 다만, 후보자가 사퇴 · 등록무효로 된 때와 ②, ③에 해당하지 않는 때에는 위의 비용을 공제하고 나머지는 당해 지방자치단체에 귀속시킨다.

(3) **등록무효**: ① 피선거권이 없는 것이 발견된 때, ② 선거구별로 선거할 정수범위를 넘어 추천하거나 여성후보자 추천의 비율(50/100 이상)과 순위를 위반하거나 추천인수에 미달한 것이 발견된 때, ③ 등록대상재산에 관한 신고서, 병역사항에 관한 신고서, 최근 3년 간의 소득세 · 재산세 및 종합토지세의 납부실적증명서, 금고 이상의 형의 범죄경력에 관한 증명서류를 제출하지 아니하거나 등록 대상 재산이 공개되지 아니한 것이 발견된 때, ④ 공무원 등의 입후보규정을 위반하여 등록된 것이 발견된 때, ⑤ 당원인 자가 무소속 후보자로 등록하였거나 등록기간 중 당적의 이탈 · 변경 또는 이중당적을 가

지고 등록하였거나 소속정당의 해산 · 등록취소 또는 중앙당의 지구당 창당승인취소로 당원자격을 잃고 등록한 것이 발견된 때, ⑥ 정당추천후보자가 당적을 이탈 · 변경 또는 이중 당적을 가지거나 소속정당의 해산 · 등록취소 또는 중앙당의 지구당 창당승인취소가 있는 때, ⑦ 무소속 후보자가 당원이 된 때, ⑧ 선거범죄로 인한 공무담임 등의 제한 규정을 위반하여 등록된 것이 발견된 때, ⑨ 동시에 시행되는 같은 선거의 다른 선거구나 다른 선거의 후보자로 등록된 때에는 후보자등록을 한 후에도 그 등록이 무효로 된다(동법 제52조).

(4) **후보자등록의 신청**: 후보자등록에는 자진등록제와 추천등록제의 두 가지 방법이 있다. 우리나라의 경우에는 후보자가 되고자 하는 자가 선거일 전 16일부터 2일간 관할 선거구 선거관리위원회에 서면으로 신청하여야 한다(동법 제49조 제1항). 다만, 비례대표 시 · 도의원후보자의 등록은 추천정당이 그 순위를 정한 후보자명부를 첨부하여 신청한다. 정당은 후보자등록 후에는 추천을 취소 또는 변경할 수 없으며, 비례대표후보자명부를 추가하거나 그 순위를 변경할 수 없다. 또한, 선거권자도 후보자추천을 취소 또는 변경할 수 없으며, 같은 선거에 2인 이상을 추천한 때에는 먼저 등록신청된 후보자추천만을 유효로 한다.

선거운동

(1) **선거운동의 의의**: 선거운동이란 특정인이 당선되거나, 특정인을 당선되게 하거나 되지 못하게 하기 위한 행위를 말한다. 다만, ① 통상적인 정당활동, ② 선거에 관한 단순한 의견의 개진 및 의사표시, ③ 입후보와 선거운동 준비행위, ④ 정당의 후보자추천에 관한 단순한 지지 · 반대의 의견개진 및 의사표시, ⑤ 직무 또는 업무상의 행위, ⑥ 의례적 또는 사교적 행위 등은 선거운동이 아니다. 우리나라의 선거운동은 법률의 규정에 의하여 금지 또는 제한되지 않는 한 누구든지 자유롭게 할 수 있다(동법 제58조).

(2) **선거관리기관**: 지방선거의 선거사무는 각종 선거관리위원회가 관리한다. 선거관리위원회로는 중앙선거관리위원회, 특별시 · 광역시 · 도선거관리위원회, 구 · 시 · 군선거관리위원회가 있다.

(3) **선거운동의 방식**: 선거운동의 방식에는 공영제와 사영제가 있는데, 공영제를 원칙으로 하고 사영제를 보충하는 것이 일반적인 경향이다. 우리나라도 이들 양자를 혼용하되, 가능한 공영제를 확대하여 후보자 등의 부담을 줄이고 선거질서를 유지하고자 한다.

(4) 선거운동의 규제

㈎ 선거운동 기간의 규제: 선거운동은 후보자등록이 끝난 때부터 선거일 전일까지에 한하여 할 수 있다. 따라서 후보자등록 전에 하는 선거운동은 그 행위 시에 이미 사전선거운동죄가 성립되므로 당해 선거에 입후보하지 않았다 하더라도 사전선거운동죄가 성립한다.

㈏ 선거운동주체의 규제: ① 대한민국 국민이 아닌 자, ② 미성년자, ③ 선거권이 없는 자, ④ 국가 및 지방공무원(정무직공무원 외의 국회의원과 지방의회의원을 포함한 정당의 당원이 될 수 있는 공무원 제외), ⑤ 지방선거에서의 입후보제한자(정부투자기관, 협동조합, 지방공사 · 공단의 상근직원 포함), ⑥ 향토예비군 소대장급 이상의 간부, ⑦ 통 · 리 · 반장 및 주민자치위원회위원, ⑧ 국민건강보험공단의 상근 임 · 직원, ⑨ 국가 · 자치단체의 출연 또는 보조를 받는 국민운동단체와 제2의 건국범국민추진위원회의 상근 임 · 직원 및 이들 단체 등의 대표자는 선거운동을 할 수 없다. 다만 ④ 내지 ⑨에 해당하는 자가 후보자의 배우자인 경우에는 그렇지 않다. 향토예비군 소대장급 이상의 간부나 주민자치위원회위원, 통 · 리 · 반장이 선거사무장, 회계책임자, 연설원, 대담 · 토론자, 투표참관인 등이 되고자 하는 때에는 선거일 전 90일까지 그 직을 그만두어야 하며, 선거일 후 6월 이내(주민자치위원회위원은 선거일까지)에는 종전의 직에 복직될 수 없다(동법 제60조).

㈐ 선거운동방법의 규제: 우리나라의 선거운동에서 방법 · 행위상 금지 또는 제한된 사항은 무소속 후보자 등의 정당표방금지부터 기부행위제한(동법 제84조~제118조)에 이르기까지 광범위하다.

표 6-1 기부행위

① 기부행위의 의의: 당해 선거구 안에 있는 자나 기관 · 단체 · 시설 및 선거구민의 모임이나 행사 또는 당해 선거구의 밖에 있더라도 그 선거구민과 연고가 있는 자에 대하여 이익을 제공하거나 의사표시를 하거나 그 제공을 약속하는 행위를 말한다.
② 기부행위 제한기간: 임기만료에 의한 선거에서는 선거일 전 180일부터 선거일까지, 보궐선거 등에 있어서는 그 선거의 실시사유가 확정된 때부터 선거일까지이다.
③ 기부행위의 내용: ㉠ 금전 · 화환 · 달력 · 서적 또는 음식물 기타 이익이 되는 물품의 제공행위, ㉡ 물품이나 시설의 무상대여나 무상양도 기타 채무의 면제 · 경감행위, ㉢ 입당이나 입당원서를 받아주는 대가의 제공행위, ㉣ 관광의 편의를 제공하기 위한 경비의 전부 또는 일부의 부담행위, ㉤ 교통시설편의 제공, ㉥ 연설회, 공개장소에서의 연설 · 대담, 토론회 또는 정당이 개최하는 집회에 참석하는 자나 이들 집회에 청중을 동원해주는 자에 대한 대가의 제공행위, ㉦ 재산상의 가치가 있는 정보의 제공행위, ㉧ 물품이나 용역을 싼 값 또는 무료로 제공하거나 비싼 값으로 구입하는 행위, ㉨ 종교 · 사회단체 등에 금품의 제공 기타의 재산상의 이익을 제공하는 일체의 행위, ㉩ 이 외에 그 명칭의 여하를 불문하고 이익을 제공하는 행위, 이익제공의 의사표시를 하거나 그 제공을 약속하는 행위.

㈑ 정당 활동의 규제: 선거와 관련이 있는 당원단합대회 및 연수회개최, 당원교육, 정강 · 정책의 신문광고 등과 같은 정당 활동도 제한 또는 금지된다(동법 제137조–제145조).

투 · 개표

(1) **비밀투표**: 투표의 비밀은 보장되어야 하고, 선거인은 자기가 투표한 후보자의 성명이나 정당명을 누구에게도 진술할 의무가 없으며, 누구든지 선거일의 투표마감시각까지 이를 질문하거나 그 진술을 요구할 수 없다. 투표의 비밀을 침해하거나 선거인에 대하여 그 투표하고자 하는 후보자 또는 투표한 후보자의 표시를 강요한 자는 이를 징역 · 금고 또는 벌금형으로 처벌한다(동법 제241조).

(2) **투표방식**: 우리나라는 현재 무기명식 · 단기식 · 기표식 투표제를 채용하되, 시 · 도의회의원선거에서 지역구후보자와 비례대표후보자에게 각각 1표씩을 투표하는 1인 2표제를 도입하고 있으며, 부재자투표로서 본인 직접의 우편투표제를 채용하고 있다.

(3) **개 표**: 개표는 투표구선거관리위원회로부터 송부되는 투표함의 1/3 이상이 도착하면 개시할 수 있으며, 개표참관인의 참관하에 진행된다. 부재자투표는 일반투표함의 투표지와 분리하여 먼저 개표할 수 있다.

당선인 결정

우리나라에서는 모든 선거에서 비교다수대표제를 채택하고 있고 1995년부터 시 · 도의원선거에서 비례대표제를 가미하고 있다.

(1) **비교다수대표제**: 해당 선거구에서 유효투표의 다수를 얻은 자(기초의원선거는 유효투표의 다수를 얻은 자 순으로 의원정수에 이르는 자)를 당선인으로 결정하되, 최다득표자가 2인 이상인 때에는 연장자를 당선인으로 결정한다. 다만 지방의원선거의 후보자가 당해 선거구에서 선거할 의원정수를 넘지 않을 경우 무투표 당선되고, 자치단체장의 후보자가 1인인 경우에는 투표자 총수의 3분의 1 이상을 득표해야 당선이 확정된다(동법 제190조, 제191조).

(2) **비례대표제**: 시 · 도의회의원선거와 자치구 · 시 · 군의원선거에 정당명부식 비례대표제를 실시하고 있다. 비례대표 시 · 도의원정수는 공직선거법 제1항 내지 제3항의 규정에 의하여 산정된 지역구시 · 도의원정수의 100분의 10으로 한다. 이 경우 단수는 1로 본다. 다만, 산정된 비례대표 시 · 도의원정수가 3인 미만인 때에는 3인으로 한다. 비례대표자치구 · 시 · 군의원정수는 자치구 · 시 · 군의원 정수의 100분의 10으로 한다. 이 경우 역시 단수는 1로 본다.

(3) 당선 시정 · 재결정

㈎ 당선시정: 선거관리위원회는 당선인 결정에 명백한 착오가 있음을 발견한 때에는 선거일 후 10일 이내에 당선인의 결정을 바로잡아야 한다(동법 제193조).

㈏ 당선 재결정: 선거관리위원회는 당선인 결정의 위법을 이유로 당선무효의 판결 또는 결정이 확정된 때에는 바로 당선인을 재결정하여야 한다(동법 제194조 제1항).

(4) **당선의 효력**: 선거관리위원회가 결정된 당선인의 성명을 공고함으로써 당선의 효력이 발생하는 것으로 본다. 당선인일지라도 일정한 사유가 있을 때는 그 당선의 효력이 상실되거나 무효로 된다.

㈎ 선거일에 피선거권이 없는 자는 당선인이 될 수 없다.

㈏ 당선인이 임기개시 전에 피선거권이 없게 된 때에는 당선의 효력이 상실된다.

㈐ 당선인의 임기개시 전 ① 선거일에 피선거권이 없는 자가 당선된 것이 발견된 때, ② 등록무효사유에 해당하는 사실이 발견된 때, ③ 시 · 도 비례대표의원 당선인이 소속정당의 합당 · 해산 또는 제명 이외의 사유로 당적을 이탈 · 변경하거나 이중 당적을 가지고 있는 때에는 그 당선을 무효로 한다.

㈑ 비례대표 시 · 도의원이 소속정당의 합당 · 해산 또는 제명 이외의 사유로 당적을 이탈 · 변경하거나 이중당적을 가지고 있는 때는 퇴직한다.

㈒ 선거비용 초과지출이나 선거범죄로 인하여 징역형 또는 100만 원 이상의 벌금형 선고를 받았을 때는 당선무효가 된다.

㈓ 당선무효소송에서 법원의 판결 또는 결정으로 당선무효가 된다.

4. 선거비용

선거비용의 범위

선거비용이란 선거운동을 위하여 소요되는 금전 · 물품 · 채무 기타 모든 재산상의 가치가 있는 것으로서 후보자가 부담하는 비용을 말한다. 이 경우 위법한 선거운동을 위하여 지출한 비용과 기부행위제한을 위반하여 지출한 비용 및 제 삼자가 후보자 등과 공모하여 해당 후보자의 선거운동을 위하여 지출한 비용 및 기부행위제한을 위반하여 지출한 비용을 모두 선거비용으로 본다(동법 제119조). 다만 ① 선거준비비용, ② 정당활동비용, ③ 기탁금 · 납부금 · 수수료, ④ 선거사무소 유지비로서 선거기간 전부터 지출해 온 경비, ⑤ 선거사무소 설치 · 유지비, ⑥ 자동차 등 운영비용, ⑦ 제 삼자가 후보자 등과 공모함이 없이 특정 후보자의 선거운동을 위해 지출한 전신료 등, ⑧ 의례적 또는 직무상 행위 소요비용, ⑨ 선거일 후의 지출원인에 의한 잔무정리비용은 선거비용에서 제외된다(동법 제120조).

선거비용의 제한

(1) **선거비용의 제한**: 선거구선거관리위원회는 선거운동방법에 드는 비용 등을 고려하여 선거비용제한액을 총액으로 산정, 선거기간 개시일 전 10일까지 당해 자치단체가 보전할 비용과 함께 공고하여야 한다.

(2) **선거비용의 수입 · 지출**: 선거비용의 수입은 정당(시 · 도 비례대표의 원선거의 경우) 또는 후보자의 선거운동목적의 자산(차입금 포함)과 후원회가 기부한 금품 및 소속정당의 지원금에 한한다(동법 제126조). 선거비용의 수입과 지출은 원칙적으로 정당 또는 후보자가 선임 · 신고한 회계책임자가 금융기관에 개설 · 신고한 예금계좌를 통해서만 할 수 있으며, 회계책임자는 회계장부를 비치 · 기재하고 증빙서류를 갖추어 선거일 후 20일까지 비용을 정산 · 마감하여 선거일 후 30일까지 관할선거관리위원회에 보고서를 제출하여야 한다.

(3) **자료요구 · 조사 및 고발**: 관계 선거관리위원회는 선거비용의 수입 및 지출과 관련하여 ① 회계장부 기타 증빙서류나 관계인을 조사하고, 보고 또는 자료제출을 요구할 수 있으며, ② 조사를 위해 불가피한 경우에는 금융거래자료의 제출을 요구할 수 있으며, ③ 허위사실의 기재 · 불법지출이나 초과지출 기타 이 법에 위반되는 사실이 있다고 인정되는 때에는 관할 수사기관에 고발 또는 수사 의뢰 기타 필요한 조치를 하여야 한다.

5. 선거사범의 벌칙과 선거소송

선거사범의 벌칙

선거사범이란 선거의 자유, 공정, 공명을 직접 또는 간접적으로 침해하는 자나 행위를 말한다. 공직선거법(제230조-제262조)은 매수 및 이해유도죄 등의 벌칙을 규정하고 있다.

선거사범의 특칙

(1) **당선인의 선거범죄로 인한 당선무효**: 당선인이 해당 선거에서 범한 죄로 인하여 징역 또는 100만 원 이상의 벌금형을 선고받은 때에는 그 당선을 무효로 한다.

(2) **연대책임으로 인한 당선무효**: ① 선거사무장 또는 회계책임자가 선거비용제한액의 200분의 1 이상을 초과지출 한 이유로 징역형의 선고를 받은 때, ② 선거사무장 ·

회계책임자 또는 후보자의 직계 존·비속 및 배우자가 당해 선거에서 각종 매수 및 이해유도죄 등을 범함으로 인하여 징역형의 선고를 받은 때에는 연대책임으로 후보자의 당선이 무효로 된다. 다만 타인의 유도 또는 도발 때문에 당해 후보자의 당선을 무효로 되게 하기 위하여 행하여진 때에는 당선무효가 되지 않는다.

(3) **선거범죄로 인한 공무담임제한**: 선거에 있어 매수·이해유도죄 등을 범함으로 인하여 징역형의 선고를 받은 자는 형의 부집행의 확정 또는 형집행의 종료나 면제된 후 10년간, 집행유예선고를 받은 자는 그 형이 확정된 후 10년간, 100만 원 이상의 벌금형을 선고받은 자는 5년간 일정한 공직에 취임하거나 임용되지 못한다. 이미 취임 또는 임용된 자의 경우에는 그 직에서 퇴직한다(공직선거법 제266조, 2010.1.25 개정).

(4) **재정신청권**: 매수·이해유도죄 등에 관하여 고소 또는 고발한 후보자와 정당 및 당해 선거관리위원회는 해당 사건에 관하여 검사가 공소를 제기하지 아니할 때는 그 통지를 받은 날부터 10일 이내에 고등법원에 그 당부의 재정을 신청할 수 있다(동법 제273조).

(5) **공소시효 및 재판 기간**: 선거범죄의 공소시효는 당해 선거일 후 6월을 경과함으로써 완성된다. 다만 범인이 도피한 때에는 그 기간을 3년으로 한다(동법 제268조). 선거범과 그 공범에 관한 재판은 다른 재판에 우선하여 행하며, 제1심에서는 공소가 제기된 날로부터 6월 이내, 제2심·3심에서는 전심 판결일부터 각각 3월 이내에 이를 종료하여야 한다(동법 제270조).

선거에 관한 소송

선거소송이란 선거의 절차에 하자가 있음을 이유로 선거의 전부 또는 일부의 효력을 다투는 쟁송을 말한다. 한편 당선소송이란 당선인의 결정에 하자가 있음을 이유로 그 당선인 결정의 효력을 다투는 소송을 말한다. 우리나라의 지방선거에 관한 쟁송은 소청전치주의를 적용하고 있으며, 소청은 서면으로 하여야 한다.

(1) **소 청**: 선거의 효력에 관하여 이의가 있는 선거인, 정당 또는 후보자는 선거일부터 14일 이내에 해당 선거구 선거관리위원회 위원장을 피소청인으로 하여 지역구시·도의원선거, 기초의원선거 및 기초단체장선거에서는 시·도선거관리위원회에, 비례대표 시·도의원선거 및 시·도지사선거에 있어서는 중앙선거관리위원회에 소청할 수 있다. 당선의 효력에 관하여 이의가 있는 정당 또는 후보자는 당선인 결정일로부터 14일 이내에 등록무효나 당선무효 등을 이유로 할 때에는 당선인을, 당선인 결정의 위법을 이유로 할 때에는 선거구 선거관리위원회 위원장을 피소청인으로 하여 지역구시·도의원선거, 기초의원선거 및 기초단체장선거에서는 시·도선거관리위원회에, 비례대표 시·도의원

선거 및 시 · 도지사선거에서는 중앙선거관리위원회에 소청할 수 있다(동법 제219조). 위의 소청을 접수한 선거관리위원회는 60일 이내에 그 소청에 대한 결정을 하여야 한다. 소청에 관하여는 행정심판법을 준용한다.

(2) 소 송: 선거의 효력에 관한 소청의 결정에 불복이 있는 소청인(당선인 포함)은 선거구 선거관리위원회 위원장을 피고로 하여 그 결정서를 받은 날부터 10일 이내에, 소청을 접수한 날부터 60일 이내에 결정하지 않은 때에는 그 기간이 종료된 날부터 10일 이내에 비례대표시 · 도의원선거 및 시 · 도지사선거에서는 대법원에, 기타 선거에서는 고등법원에 소를 제기할 수 있다(동법 제222조). 당선의 효력에 관한 소청의 결정에 불복이 있는 소청인 또는 당선인인 피소청인은 당선인(선관위원장이 피소청인인 때에는 선관위원장)을 피고로 하여 그 결정서를 받은 날부터 10일 이내에, 소청을 접수한 날부터 60일 이내에 결정하지 않은 때에는 그 기간이 종료된 날부터 10일 이내에 비례대표시 · 도의원선거 및 시 · 도지사선거에서는 대법원에, 기타 선거에서는 고등법원에 소를 제기할 수 있다(동법 제223조). 법원은 제소된 날부터 180일 이내에 처리하여야 한다. 소송에 관하여는 행정소송법을 준용한다. 위의 결정 · 재판기관은 결정 · 판결에서 선거규정에 위반된 사실이 있는 때라도 그것이 선거의 결과에 영향을 미쳤다고 인정되는 때에 한하여 선거의 전부 · 일부 무효 또는 당선무효로 선언한다(동법 제224조). 선거에 관한 소청이나 소송은 다른 소송에 우선하여 결정 · 판결한다.

6. 지방선거와 정당참여

정당참여의 의의

정당이란 국민의 정치적 주장을 결집하고, 국가의 주요 정책을 개발 · 표방하여 국민의 지지와 참여를 확보 · 증진함으로써 국가의 정치적 의사결정에 이바지하며, 나아가 정치적 권력의 획득 · 유지를 도모하는 결사체를 말한다. 정당이 이러한 기능과 목적을 수행 · 달성하는 데 있어서 중요한 수단이 되는 것은 선거이다.

오늘날에는 대의민주주의가 정당민주주의로 변질해 가고 있다고들 한다. 그것은 오늘날의 민주정치에서 그만큼 정당이 수행하는 기능과 그것이 차지하는 비중이 확대되고 강화되었다는 뜻이 된다. 정당은 현실적으로 정당공천제, 후보자의 정당표방제 및 대표자의 당적보유제 등을 통하여 지방선거 및 지방자치운영에 중대한 영향을 미치게 된다.

정당참여의 기능

민주정치는 정당정치이므로 정당의 선거참여는 당연하다. 그러나 전국적 조직망을 가진 중앙정당이 지방선거에 참여하는 것이 과연 지방자치에 바람직한가에 대해서는 긍정적인 견해와 부정적인 견해로 나누어지고 있다.

(1) 정당참여의 순기능

㈎ 지역주민의 통합적 결집: 정당은 다원적이고 다른 주민 의사를 수렴 · 조직화하여 이를 자치정부의 정책 및 행정에 중개 · 반영하는 데 보다 효과적으로 이바지할 수 있다.

㈏ 건전한 정치발전에 공헌: 정당참여는 정치활동을 진작시킴으로써 주민의 정치참여기회를 확대하고 정치의식을 고취한다. 또한, 자치단체의 전횡을 견제하고 책임정치를 실현하여 민주정치의 발전에 조직적으로 이바지할 수 있다.

㈐ 후보자선택의 용이: 다수의 후보자가 난립하는 지방선거에 정당이 후보자를 공천하여 정당표방이 된다면 선거인들이 더욱 쉽게 후보자를 선택할 수 있게 된다.

㈑ 선거관리의 간편화: 지방선거에 정당이 후보자를 공천할 때에는 그 후보자 사이의 순위결정, 선거운동감독, 투표관리, 개표관리 등 선거관리기관의 선거관리가 더욱 간편하게 된다.

(2) 정당참여의 역기능

㈎ 분권의 약화: 전국적인 조직망과 중앙과두제에 의해 운영되는 정당의 지시에 자치행정이 좌우됨으로써 제도상의 분권이 사실상 정당의 집권화 경향에 의하여 훼손될 우려가 크다.

㈏ 자치의 저해: 주민중심 또는 지역생활 위주의 지방자치에 정당이 개입한다면 지방자치를 정치적인 이해관계에 따라 왜곡함으로써 정당 중심 내지 정치 위주의 자치행정을 초래하게 될 것이다.

㈐ 정쟁의 가열: 정당이 개입함으로써 선거가 과열되고 정당 간의 대립이 격화되기 쉽다. 나아가 자치운영과정에서 극심한 대립과 마찰로 자치행정의 전반이 도탄에 빠질 가능성이 크다.

㈑ 기득권층의 과다진출: 지방선거에 정당의 참여를 인정하면 지방 공직에 기득권층이 과다 대표되고 참신한 신진인사의 진출이 곤란하게 된다.

㈒ 지역패권주의: 특히 우리나라의 경우 정당참여를 인정하면 지역분할구조를 고착시키게 되어 고질적인 지역 간 · 국민 간 위화감이 더욱 심화함은 물론 국정의 통합성을 저해할 우려가 있다.

정당참여제도

(1) 제도의 유형

㈎ 참여보장형: 지방선거에 정당의 참여를 보장하거나 허용하는 유형으로서 이에는

후보자의 정당공천 및 정당표방을 허용(무소속 후보자도 허용)하는 유형과 더 나아가 그것을 필수요건으로 하는 유형이 있다. 후자는 그 예가 거의 없으나 전자는 영국, 독일, 프랑스, 스위스, 스웨덴, 벨기에, 이탈리아, 일본, 대만 등 그 예를 많이 찾아볼 수 있다.

㈏ 참여배제형: 지방선거 또는 자치운영에 정당의 참여를 허용하지 않는 유형이다. 여기에는 지방선거에 정당공천 및 정당표방을 금지하는 유형과 거기에 그치지 않고 의회의원의 당적보유까지도 금지하는 유형이 있다. 전자는 미국의 약 3분의 2의 시정부에서 그 예를 찾을 수 있고, 후자는 태국, 말레이시아 등 몇몇 나라에서만 그 예를 볼 수 있다.

(2) 외국의 정당참여제도

㈎ 미 국: 정당의 참여를 허용하는 지방자치단체(Washington, D.C., New York시)와 정당참여를 배제하는 지방자치단체(California주 내의 자치단체)가 혼재되어 있다. 그러나 점차 참여를 배제하는 자치단체가 증가하고 있다.

㈏ 영 국: 정당이 지방선거에 참여하는 것이 허용되고 있으며, 의회의 정책 결정 및 운영 등 지방정치에 정당이 주도적 역할을 하고 있다.

㈐ 일 본: 실정법상으로는 지방선거에 정당의 관여가 허용되어 있으나 현실적으로 정당은 지방정치에 뿌리를 내리지 못하고 있다.

7. 우리나라의 정당참여제도

과거 지방선거와 자치행정에의 정당참여의 허용은 건전한 정책대결이나 지방자치의 발전도모보다는 의회와 장 사이의 대립과 갈등을 심화시키거나 지방의회 내 중앙 정쟁의 연장 등 역기능이 더한 것으로 평가되었다. 이러한 정당참여의 경험을 토대로 1988년의 새로운 지방자치제도의 형성에서는 지방선거관계법에 정당의 자치운영관여를 적극적으로 보장할 것인가 소극적으로 허용할 것인가에 관하여 많은 논의가 전개되었으며, 정당관여에 관한 금지나 보장규정을 두지 않고 정당의 자치운영관여를 소극적으로 허용하는 중용의 방식을 채택하였다. 그러나 현재에는 기초의회의원선거를 제외한 모든 지방선거에 정당의 참여를 인정하고 있다.

제2절 주민참여를 보는 시각

지방자치와 지방분권을 통해 지방정부로 내려간 권력은 궁극적으로 누구에 의해 또 누구를 위해서 행사되는 것일까? 미국에서는 1950년대 민주주의에 대한 관심이 커지면서 민주주의가 과연 의도된 대로 이루어지는지 지역사회의 권력구조에 대한 실증적 분석 작업이 헌터(Floyd Hunter)와 달(Robert Dahl)을 중심으로 이루어졌다.

1. 엘리트론

엘리트론(Elite Theory)은 기본적으로 사회가 소수 엘리트집단에 의해 주도된다고 보는 이론이다. 모스카(Gaetano Mosca)와 파레토(Vilfredo Pareto) 같은 고전 정치사회학자에서부터 20세기 중반의 밀즈(C. Wright Mills)[1)]와 헌터(Floyd Hunter)[2)]를 거쳐 오늘날까지 다듬어지고 있다.

엘리트론에서는 주민참여의 주체인 대중이 정치적으로 무지하고 냉담하며, 수동적이고 경박하여 만족할 줄 모르는 사람들이라고 규정한다. 따라서 대중참여는 의사결정과정과 구조의 효율적인 운영을 저해하기 때문에 대중의 역할은 단지 집행부의 구성에 이바지하는 투표권을 행사하는 데 국한되어야 한다고 주장한다. 따라서 엘리트 이론에서는 주민에 대한 부정적인 인간관에 기초하여 엘리트에 의한 정책과정을 필수불가결한 것으로 파악한다.

헌 터

헌터(Floyd Hunter)는 애틀랜타 지역사회의 주요 인사들에게 지역사회에 영향력이 큰 사람을 묻고 이들과 어떤 관계가 있는지를 조사한 평판연구(Reputational Method)를 통해 애틀랜타 시(市)의 권력구조를 조사하였다. 그 결과 애틀랜타 시가 코카콜라 임원 등 지역사업가 엘리트집단에 의해 주도되고 있음을 규명되었다.

바크라흐와 바라츠의 무의사결정론

바크라흐(Peter Bachrach)와 바라츠(Morton Baratz)[3)]는 볼티모어의 권력구조 연구를

1) Miller, W. L., Malcolm Dickson & Gerry Stoker(2000), Models of Local Governance: Public Opinion and Political Theory in Britain, Wiltshire: Publishing Company 참조.
2) Hunter, Floyd. Community Power Structure: A Study of Decision Makers. Chapel Hill, N.C.: University of North Carolina Press, 1953 참조.
3) Bachrach, Peter and Morton Baratz. Power and Poverty: Theory and Practice. N.Y.: Oxford University Press, 1970 참조.

통해 지역사회와 지역 정부가 엘리트집단에 의해 주도되며, 이들 엘리트집단은 의제를 설정하고 이에 대한 결정을 내리는 데 있어 주도적인 역할[의사결정(Decision-making)]을 할 뿐만 아니라, '편견의 동원(Mobilization of bias)'을 통해 특정 문제가 지역사회의 현안이나 정책의제가 되지 못 하도록[무의사결정(Non decision-making)] 하기도 한다고 결론지었다.

2. 다원론

전통적 다원론

달(Robert Dahl)[4]과 그의 제자인 폴스비(Nelson Polsby)[5]는 뉴헤븐(New Heaven) 지역사회의 권력구조에 대한 연구를 통해 지역사회에 엘리트집단의 존재를 인정하나 엘리트들은 이슈에 따라 분산되어 있고 다른 이해관계로 인해 경쟁하고 갈등 · 대립해서 한 지역사회의 힘과 영향력이란 한 집단에 점점 더 쌓이는 것이 아니고 여러 집단에 분산된 형태로 존재한다고 했다.

일반 지역주민들은 힘과 영향력이 상대적으로 약하나 지방정부나 엘리트집단이 지역주민의 신념이나 이해관계에 반하는 행위를 하는 경우 정치적 행동을 할 수 있는 잠재적 자원을 지니고 있다.

선출직 공직자들은 선거를 의식해 엘리트집단과 일반 지역주민이 대립하는 경우에도 최대한 지역주민의 의사를 따르게 된다. 결국 지역사회는 엘리트집단과 일반 지역주민 사이에 적절한 힘의 균형이 이루어진 상태에서 운영된다.

그러나 엘리트가 행사하는 권력을 '표면화된 권력(1차원적 권력)'으로 한정하여, 엘리트의 '숨겨진 권력과 영향력(2차원적 권력)'을 고려하지 못했다는 한계로 인해 바크라흐와 바라츠(무의사결정론)의 비판을 받는다.

신다원론

다원론에 대한 비판 속에 린드블롬(Charles Lindblom)[6]과 피터슨(P. Peterson)[7] 등 일부 다원론자들이 다원론과 엘리트론을 수렴하기 시작했다. 다원론이 주장하는 정책과정의 공개성과 지역주민의 영향력에 대한 믿음을 견지하면서 특정 엘리트집단이 지방정부

4) Dahl, Robert A. Who governs? Democracy and power in an American City. New Haven, CT: Yale University Press, 1961 참조.

5) Polsby, Nelson W. 1980. Community Power and Political Theory. New Haven, Conn.: Yale University Press 참조.

6) Lindblom, C. (1977), Politics and Markets, New York: Basic Books 참조.

7) Peterson, Paul E. (1981), City Limits, Chicago: The University of Chicago Press 참조.

와 지역사회를 주도할 수 있음을 인정한다.

자본주의국가에서 자본주의의 구조적 제약으로 기업 같은 특정집단이 다른 집단에 비해 특별한 지위와 강한 영향력을 행사해 집단 간 권력과 영향력이 불균형해져 거대 이익집단이 정책과정을 지배하게 된다.

기업과 개발관계자 등 엘리트집단이 갖는 특별한 지위와 영향력은 엘리트론에서 주장하는 바와 같이 엘리트집단의 의도적인 노력의 결과가 아니라 자본주의 구조 아래서 이루어지는 지역주민과 지방정부의 합리적 선택의 결과로 발생한다. 즉 지역주민 등 지역사회 구성원은 지역 간 경쟁에서 이기기 위해 또 이를 위한 재정적 기반이 마련을 위해 기업과 개발관계자들에게 특별한 영향력과 지위를 인정한다.

3. 성장기구론

성장기구론은 지역사회의 정치와 경제를 토지의 가치를 높이고자 하는 토지자산가(Landlord)와 개발관계자(Developer)들이 주도한다는 이론으로 1970년대 중반 몰로치(Harvey Molotch)[8]에 의해 제기되고 돔호프(William. Domhoff)[9]에 의해 확산한 이론이다.

중앙정치는 다양한 이해관계에 의해 움직이지만 지방정치는 주로 토지의 가치와 개발을 중심으로 전개된다. 따라서 지방정치는 토지자산가와 개발사업자를 중심으로 하는 성장연합(growth coalition)과 이를 반대하는 지역주민과 환경단체 등으로 구성된 반(反)성장연합 간의 싸움으로 나타난다. 성장연합은 부동산의 교환가치(시장가격이나 임대수익)의 증대를 위해 지역의 성장을 도모하고, 반성장연합은 부동산의 사용가치(일상적 사용에서 오는 편의)를 중시한다.

양자의 대립에서 많은 지역주민이 자기소유의 주택가격 상승을 원하면서 스스로 성장연합의 일부가 되어 성장연합이 우위를 점한다. 성장연합은 대기업과 대학 등 성장촉진기관들을 유치하기 위해 노력하고 이들의 요구와 기대를 반영하는 지방정부정책(지방세 감면, 환경규제완화 등)이 나타난다.

8) Molotch, Harvey. "The city as a growth machine: Toward a Political Economy of Place." American Journal of Sociology 82(1976) 참조.

9) Donhoff, G. William. "Power Structure Research and the Hope for Democracy." April 2005, Who Rules America.net.
Donhoff, G. William. "Power at the Local Level: Growth Coalition Theory." April 2005, Who Rules America.net 참조.

4. 계급이론(마르크스주의)

마르크스주의로 대표되는 계급이론은 자본주의 사회가 자본주의 자체가 가진 운동원리에 의해 작동되기 때문에 지방정부와 지역사회 또한 자본가 계급에 의해 지배되고 있다고 본다. 하비(David Harvey)[10)]와 콕번(Cynthia Cockburn)[11)]이 대표적이다.

지역사회도 자본주의 체제 내에 속해 있으므로 지방정부 또한 자본가들의 이익증대와 자본주의의 생산양식을 유지하기 위한 지방단위의 국가, 즉 지방국가(Local state)를 의미한다.

국가와 지방정부가 자본가계급에 의해 완전히 예속된 것이 아니라 제한된 범위 내에서 자율적인 의사결정을 하며 때로는 피지배계급의 경제적 이익을 도모하기도 하지만(국가의 상대적 자율성), 이는 자본주의 생산양식을 유지하는 데 필요한 노동력의 재생산과 자본주의에 대한 지지 확보를 위한 행동으로 이해한다.

5. 레짐이론

레짐이론(Regime Theory)은 1989년 미국의 정치학자 스톤(Clarence Stone)[12)]이 애틀란타 지역사회와 지방정부 연구로 시작된 이론으로 지역사회문제를 자체의 능력만으로 해결하기 힘든 지방정부가 기업 등 민간부문의 주요 주체들과 일종의 연합을 형성하여 지역사회를 이끌어 간다는 것이다.

레짐의 개념

레짐은 공적 결정과 집행을 가능하기 하기 위해 공공부문과 사적 이익이 함께 기능하는 비공식적 배열장치인데, 어떠한 세력이나 집단이 지역사회와 지방정부를 주도한다고 설명하는 것이 아니라, 여러 형태의 지배연합(레짐)이 존재할 수 있음을 설명하는 이론이다.

레짐의 형성과정

오늘날 지역사회문제를 자체능력으로 해결하기 힘든 지방정부가 문제해결을 위해

10) Harvey, David. "From Managerialism to Entrepreneurialism: The Transformation in Urban Governance in Late Capitalism." Geografiska Annaler 1(1989) 참조.

11) Cockburn, C (1985), Machinery of Dominance: Women, Men and Technical Know- How, London: Pluto 참조.

12) Stone, Clarence. "Urban Regimes and the Capacity to Govern: A Political Economy Approach." JournalofUrbanAffairs15(1993) 참조.

민간부문의 자원과 영향력을 끌어들이게 된다. 그 대상은 주로 기업이 되나 시민단체나 전문가집단이 될 수도 있다.

정부와 민간부문의 협력은 연합(coalition)의 형태가 되며, 비공식적이고 참여자가 유동적이나 지방정부의 정권변화와 관계없이 장기간에 걸쳐 안정적으로 유지된다는 점에서 레짐이라 부를 수 있다.

레짐을 통해 지방정부와 레짐 참가자들은 지역사회를 이끌어 갈 권력을 행사하나 이러한 힘은 '누구를 통치하기 위한 힘(power over)'이 아니라 지역사회와 지역주민을 위한 '일을 찾기 위한 힘(power to)'이다.

레짐 참여자들이 가치와 신념체계까지 공유하는 것이 아니나 큰 틀에서의 합의가 존재하고 레짐의 역사가 오래 될수록 정책적 방향이 분명해지기도 한다. 레짐은 의도적 노력에 의해 만들어지기 때문에 모든 지역사회와 도시에 존재하는 것은 아니다.

레짐의 형태

스톤은 일상적인 업무관리를 주로 하며 세금도 많이 거두지 않는 관리형 레짐, 토지이용과 지역개발을 중시하는 성장추구형인 개발형 레짐, 주택문제와 환경문제, 지역 내 편의시설과 문화정책에 관심을 두는 형태인 중산층 진보 레짐, 그리고 저소득층에 대한 직업훈련이나 고용에 중점을 두는 저소득층 기회확장 레짐 네 가지를 제시했다.[13)]

스톤은 이 네 가지 중에 중산층 진보 레짐과 저소득층 기회확장 레짐이 레짐의 중요한 자원확보원인 기업 등 비즈니스커뮤니티의 참여를 어렵게 하여, 미국과 같은 사회에서는 사실상 성립이 어렵다고 본다. 또한 관리형 레짐은 급격한 변화에 대한 적응이 필요한 상황에서 발견되기 쉽지 않은 형태로 본다. 결국 개발형 레짐이 주도적인 형태로 남게 되는데 이런 점에서 레짐이론은 성장기구론의 주장에 근접하고 있다.

표 6-2 스톤의 레짐 유형

구 분	현상유지레짐	개발레짐	중산층진보레짐	하층기회확장레짐
추구 가치	현상유지	지역개발 · 성장 · 발전	환경보호, 삶의 질 등	저소득층보호, 직업교육
구성원간 관계	친밀성이 강한 소규모 지역사회, 갈등 없음	갈등 심함	시민참여와 감시 강조	대중동원이 과제
생존능력	강함	비교적 강함	보통	약함

13) 김병준(2009), 지방자치론, pp.247-249.

제7장 지방자치단체의 권능과 사무

제1절 지방자치단체의 자치권

1. 자치권의 본질

자치권의 개념

자치권이란 법인격을 지닌 지방자치단체가 지역적 통치단체로서 일정한 구역과 주민을 지배하고 그 소관 사무를 스스로의 책임 아래에 처리할 수 있는 권능을 말한다. 이러한 자치권은 자치입법권 · 자치행정권 · 자치조직인사권 · 자치재정권으로 구분된다.

자치권의 특성

(1) **종속성**: 지방자치단체의 자치권은 국가권력으로부터 수여된 권능이므로 국가주권에 종속되어 일정한 감독과 통제를 받는다.

(2) **일반성**: 지방자치단체는 원칙적으로 지방사무를 종합적 · 전반적으로 처리하기 때문에 그 자치권은 당해 자치단체의 주민뿐만 아니라 그 관할구역 안에 주소를 갖거나 일시 체류하는 자, 재화 · 물류 및 기타 재산을 소유하거나 영업소를 가진 자에게도 포괄적으로 미친다.

(3) **자주성**: 지방자치단체의 자치권은 일정한 범위에서 입법 · 조직 · 재정 및 행정상의 자주성을 제도적으로 보장받은 독자적인 권리이다.

(4) **보충성**: 기초정부가 할 수 있는 일을 상급정부가 관여해서는 안 되며 기초정부가 할 수 없는 기능만 상급정부가 보충 · 보완적으로 수행해야 한다는 원칙이다. 즉, 공적 성격을 띠는 일은 되도록 시민 또는 지역주민의 공동체에 의해서, 또 이들 시민 또는 지역주민에게 가장 가까운 정부인 즉 자치단체에 의해 처리되어야 한다는 원칙이다.

표 7-1 보충성의 원칙(principle of subsidiarity)

① 의 의 지방자치의 가장 기본적인 원칙으로서 하급단위에서 잘 처리할 수 있는 업무를 상급단위

에서 직접 처리해서는 안 된다는 원칙이다. 지방자치의 기본단위인 시 · 군 · 구의 권한을 중심으로 시 · 도와 중앙정부의 권한 범위가 정해져야 한다는 것이다. 즉 모든 국가나 공공의 사무는 기본적으로 가까운 구성주체인 지방정부 및 하위단위가 담당하고 국가는 이를 보충 · 보완 · 보조 · 지원 · 장려해주는 임무를 수행해야 한다는 원칙이다.

우리나라에서는 국가는 사무를 배분하는 경우 지역주민생활과 밀접한 관련이 있는 사무는 원칙적으로 시 · 군 및 자치구의 사무로, 시 · 군 및 자치구가 처리하기 어려운 사무는 특별시와 광역시 및 도의 사무로, 특별시와 광역시 및 도가 처리하기 어려운 사무는 국가의 사무로 각각 배분하여야 한다고 「지방분권촉진에 관한 특별법」 제6조 제2항에 규정하고 있다.

② 내 용

(a) 소극적 의미: 기초정부가 할 수 있는 일을 상급정부가 관여해서는 안 되며 기초정부가 할 수 없는 기능만 상급정부가 보완적으로 수행해야 한다. 즉, 상급정부는 기초정부가 자력으로 감당할 수 없는 공공업무에 대해서만 자신의 행정기구를 통하여 집행할 것을 요구함으로써 기초정부의 존립이나 활동을 위협하는 상급정부의 활동을 제한하며 상급정부가 지나친 권한으로 인하여 과부하 되는 것을 막아준다.

(b) 적극적 의미: 상급정부는 기초정부가 어떤 업무를 수행할 능력이 없다고 하여 곧바로 기초정부의 관할권을 배제하고 자신의 업무로 대체할 것이 아니라, 일차적으로 기초정부에 대한 지원을 고려해야 한다. 따라서 상급정부는 기초정부가 일차적으로 활동할 수 있는 조건을 갖추도록 재정적 · 행정적 지원을 해주고 필요한 최저수준의 설정과 미달 시 이에 대해 보장을 해줌으로써 지역 간 격차를 해소하며 기초정부의 시설구축 등에 참여해야 한다.

2. 자치권에 대한 학설

지방권설

지방권설은 자치권을 지방자치단체가 본래 향유하는 고유한 기본적 권리로서 파악하며 고유권설이라고도 한다. 1789년 프랑스의 뚜레(Thouret)가 제창한 이래 확립된 이 학설은 중세기 프랑스 혁명시대의 지방권사상에서 비롯되며 자연법사상에 근거하고 있다. 즉 지방자치단체란 국가의 성립 이전에 형성된 사회적 공동체이므로 전(前)국가적인 자연권으로서 지방권을 가지며, 이는 고유한 권한이기 때문에 국가도 침범할 수 없다는 것이다. 지방자치단체가 그 권한을 국가로부터 부여받은 것이 아니라 오히려 국가가 그 권한을 지방자치단체로부터 인수한 것이라 주장한다. 이러한 자연법적 지방권사상은 대륙계 국가에서 관료적 중앙집권제에 대한 대항적 개념으로 발전해 왔으며, 1831년 벨기에 헌법 등에 채택되었다.

전래설(수탁설)

전래설에 따르면 지방자치단체의 자치권은 국가통치권의 일부가 법률에 따라 위임된 것이다. 즉 지방자치단체는 어디까지나 국가통치를 위해 법률에 따라 창조되는 것이므로 지방자치권이란 지방의 고유한 권력이 아니라 당연히 국가의 통치권으로부터 전래하고 구체적으로 법률에 따라 수탁받은 것이라고 보는 견해다. 법실증주의의 영향 아래 전개된 이 학설은 주로 19세기 후반부터 독일의 공법학자들에 의해 주장되었으며, 종래의 통설이었다.

제도적 보장설

지방자치권은 국가의 통치권에 의하여 위임된 권력이라는 점에서는 국권설과 입장을 같이하지만, 헌법에 의하여 특별한 제도적 보장을 받는 권력이라고 주장하는 학설이다. 즉 지방자치를 헌법에 객관적인 제도로 보장함으로써 입법자는 일반법률에 의하여 지방자치의 구체적 내용을 형성할 수는 있되, 제도 자체를 폐지하거나 그 핵심적 본질을 침해할 수 없다는 것이다. Carl Schmitt에 의해 확립되었으며, 오늘날의 다수설 내지 통설이다. 우리나라도 헌법 제117조, 제118조의 규정을 통해 지방자치를 제도적으로 보장하고 있다.

표 7-2 미국 자치권이론의 발전과정

① 딜론의 원칙(Dillon's Rule): 딜론의 원칙은 1868년 아이오와주 대법원판사인 John F. Dillion의 이름에서 유래된 것으로, 연방정부와 주정부 간 권력상의 분리를 주장하여 주정부의 독립성을 강조하는 한편 지방정부에 대한 주정부의 법적인 우위를 규정한 원칙이다. 즉 지방정부는 주정부의 창조물로서 지방정부의 자치권은 주정부의 법적 위임에 의해서만 가능하다는 것이다. 따라서 (a) 자치권은 보통법상의 권리가 아니며, (b) 단지 주정부에 의해 명백히 부여된 권한만을 행사할 수 있으며, (c) 필요한 한도 내에서 지방정부의 책임을 이행하는 데 불가피한 때에만 이를 행사하여야 하고, (d) 지방정부는 주정부의 법적 산물이므로 주정부의 법에 따라 그 지위의 폐지 · 통합 · 변경이 가능하다는 것이다.

② 쿨리의 원칙(Cooley's Rule): 1871년 미시간주 Thomas Cooley 판사의 판결에서 유래된 것으로 지방자치단체의 권리는 본래 부여된 고유한 것이라고 한다.

③ 홈룰(Home Rule)제도: 특별법에 따른 지방자치단체의 권한이나 지위의 부여가 주의회의 과도한 통제와 관련지식 등의 미비로 비판의 대상이 되자 거의 모든 주는 특별법제정의 금지와 함께 일반법으로 자치단체를 설치하고 자치헌장의 채택이나 헌법상의 보장을 강화했다. 자치원칙은 1875년에 미주리 주정부가 최초로 채택한 이래 지금은 전반적으로 보편화하여 있다. 자치원칙은 주정부의 특별한 법적 승인 없이 지방정부에 실질적 권한, 즉 자치권이 부여되는 것을 말한다.

④ 정부 간 협력의 원칙(intergovernmental cooperation): 도시화와 산업화의 본격적인 진행으로 자치원칙에 근거하여 개개 지방정부가 그들의 문제를 해결하는 데는 한계가 있게 되었다. Van Alstyne 교수는 자치원칙이 지방자치의 비전으로서 존중되어야 하지만 다음과 같은 이유로 정부 간 협력을 강조한다. (a) 오늘날 지방정부가 당면한 대부분의 문제는 지방정부 단독의 문제가 아닌 인위적 · 정치적인 경계를 뛰어넘는 문제이다. (b) 자치원칙은 규범과 실행의 일치가 요구되는 지역의 공동관심사보다 지엽적인 지방정책에 절대적인 관심을 둔다. (c) 지방재원이 지방수요에 불균형한 여건에서 정책 결정권한이 지

방공무원의 수중에 있는 자치원칙은 정치적으로 비현실적이다. (d) 연방정부 체제하의 주정부의 권한처럼 주정부 내의 지방정부의 자치원칙은 결정적인 정부조치가 필요할 때 무능성에 대한 구차한 변명의 구실이 된다.

제2절 자치입법권

1. 자치입법권의 의의

자치입법권이란 지방자치단체가 그 자치권에 근거하여 당해 관할구역 내에서 적용될 자치법규를 정립할 수 있는 권능을 말한다. 이렇게 자치입법권에 의하여 정립된 법규를 자치단체의 자주법이라고 한다. 헌법은 '지방자치단체는 … 법령의 범위 안에서 자치에 관한 규정을 제정할 수 있다'(제117조 제1항)고 하여 자치입법권을 보장하고, 지방자치법 등에서 이를 구체화하고 있다. 현행법상 자치법규에는 '조례'와 '규칙'의 두 가지가 인정되고 있다. 이들은 지방자치권의 적용으로 당해 관할구역을 규율하는 자주법이긴 하지만 전체적인 국법체계의 일환으로서 법령의 우위 및 법률유보의 원칙이 적용되고 있다.

2. 조 례

조례의 의의

조례란 지방자치단체가 법령의 범위 내에서 그 권한에 속하는 사무에 관하여 지방의회의 의결로써 제정하는 자치법규를 의미한다. 조례는 원칙적으로 대외적 효력을 갖는 법규적 성질(주민의 권리 · 의무에 관한 사항을 규정)의 것이지만 지방자치단체의 내부에 효력을 가지는 행정 규칙적 성질(자치단체의 내부조직이나 그 관리에 관한 사항을 규정)의 것도 있다. 조례의 규정사항으로는 필요적 규정사항(법령에 의하여 지방자치단체가 반드시 제정하도록 의무 지워진 것)과 임의적 규정사항(법령에 규정이 없더라도 지방자치단체의 자유의사에 의하여 제정하는 것), 위임조례규정사항과 직권조례규정사항이 있다.

조례제정권의 범위와 한계

(1) 조례제정권의 범위: 지방자치단체는 그 권한에 속하는 사무에 관하여 조례를 제

정할 수 있다(지방자치법 제15조, 제9조). 따라서 지방자치단체가 조례를 제정할 수 있는 사항은 원칙적으로 지방자치단체의 고유사무인 자치사무와 개별 법령에 의하여 자치단체에 위임된 단체위임사무에 한한다. 다만 개별법령이 기관위임사무에 관한 사항을 조례로 규정하도록 한다면 개별법령의 취지에 부합하는 범위 내에서 위임조례를 정할 수 있다.

(2) **법령우위의 원칙**: 지방자치단체는 법령의 범위 안에서만 조례를 제정할 수 있다. 이에 따라 ① 조례로 규정하려는 사항이 이미 법령에 규정되어 있는 경우, ② 법령으로 규정해야 할 사항을 명백히 밝힌 경우, ③ 조례로 규정할 것을 금지한 경우에는 조례를 제정할 수 없다. 여기서 '법령의 범위 안에서'란 조례가 '법령의 규정이나 입법 취지에 모순 · 저촉되어서는 안 된다'는 의미이지 '법령의 규정에 의하여 명백하게 위임을 받은 범위 내에서'를 의미하는 것은 아니다.

(3) **법률유보의 원칙**: 주민의 권리제한 또는 의무부과에 관한 사항이나 벌칙을 조례로 정할 때는 법률의 위임이 있어야 한다. 따라서 주민의 권리제한 · 의무부과 · 벌칙에 관한 조례는 명시적인 위임이 있어야 하며, 위임사항은 그 위임의 범위를 넘지 않아야 한다. 여기서의 위임은 반드시 구체적으로 범위를 정하여야 할 필요는 없으며 포괄적인 위임으로 족하다.

(4) **광역자치단체 우위의 원칙**: 지방자치단체는 상급자치단체의 조례에 위반하여 그 사무를 처리할 수 없으며, 시 · 군 및 자치구의 조례는 시 · 도의 조례나 규칙에 위반하여서는 안 된다.

조례의 제정절차(지방자치법 제26조)

(1) 조례안이 지방의회에서 의결되면 의장은 의결된 날부터 5일 이내에 그 지방자치단체의 장에게 이를 이송하여야 한다. 지방자치단체의 장은 조례안을 이송받으면 20일 이내에 공포하여야 한다.

(2) 지방자치단체의 장은 이송받은 조례안에 대하여 이의가 있으면 20일 이내의 기간에 이유를 붙여 지방의회로 환부(還付)하고, 재의(再議)를 요구할 수 있다. 이 경우 지방자치단체의 장은 조례안 일부에 대하여 또는 조례안을 수정하여 재의를 요구할 수 없다.

(3) 재의요구를 받은 지방의회가 재의에 부쳐 재적의원 과반수의 출석과 출석의원 3분의 2 이상의 찬성으로 전과 같은 의결을 하면 그 조례안은 조례로서 확정된다.

(4) 지방자치단체의 장이 20일 이내의 기간에 공포하지 아니하거나 재의요구를 하지 아니할 때도 그 조례안은 조례로서 확정된다.

(5) 지방자치단체의 장은 확정된 조례를 바로 공포하여야 한다.

3. 규 칙

규칙의 의의

규칙은 지방자치단체의 장 기타 집행기관이 법령 또는 조례가 위임한 범위 내에서 그 권한에 속하는 사무에 관하여 제정하는 자치법규이다.

규칙제정권의 범위와 한계

(1) 규칙은 자치사무, 단체위임사무, 기관위임사무를 불문하고 지방자치단체의 장의 권한에 속하는 모든 사항에 관하여 제정할 수 있다.

(2) 규칙은 원칙적으로 상위법령 또는 조례의 개별적 · 구체적 위임이 있는 사항에 관해서만 규정할 수 있으며, 개괄적(포괄적) 위임에 의할 수 없다. 다만 조례의 집행을 위해 필요한 사항은 명시적인 위임이 없더라도 직권규칙을 제정할 수 있다.

(3) 규칙은 법령이나 그 제정을 위임한 조례에 위반되어서는 아니 되며, 시 · 군 및 자치구의 규칙은 상급자치단체인 시 · 도의 조례나 규칙에 위반되어서도 안 된다.

(4) 규칙은 조례와는 달리 벌칙을 규정할 수 없으며, 법령 또는 조례의 개별적 · 구체적인 위임이 없는 한 주민의 권리제한 · 의무부과를 규정할 수 없다.

규칙의 제정절차

조례가 주민대표기관인 의회의 의결을 거쳐 제정되는 데 반하여 규칙은 자치단체장에 의하여 단독으로 제정된다는 점에서 그 절차를 달리하고 있다. 규칙은 공포예정 15일 전에 특별시장 · 광역시장 · 도지사는 행정자치부 장관에게, 시장 · 군수 · 자치구청장은 특별시장 · 광역시장 · 도지사에게 그 전문을 첨부하여 각각 보고하여야 한다. 규칙의 공포절차는 대통령령에 의한다.

4. 조례와 규칙의 효력

조례와 규칙의 효력의 범위

(1) 지역적 효력: 조례와 규칙의 효력은 원칙적으로 당해 지방자치단체의 관할구역에 한정되며, 그 구역 안에 있어서는 모든 사람과 사물에 대하여 효력을 미친다. 다만 예

외적으로 지방공무원과 공공시설에 관한 사항 등 당해 지방자치단체의 관할구역을 넘어서 그 효력을 미치는 경우가 있다(예: 공공시설을 관계 지방자치단체의 동의를 얻어 당해 자치단체의 구역 밖에 설치하는 경우, 지방자치단체 또는 그 장이 소관사무 일부를 다른 자치단체 또는 그 장에게 위탁하여 처리하는 경우 등).

(2) **인적 효력**: 조례와 규칙은 당해 자치단체의 주민에 대해서만 효력을 갖는 것이 원칙이나 예외적으로 당해 자치단체의 관할구역 내에 들어온 타 자치단체의 주민이나 당해 자치단체와 특별한 관계를 맺는 자에 대해서도 효력을 가진다.

(3) **시간적 효력**: 조례와 규칙은 공포 · 시행된 날로부터 실효 · 폐지된 날까지 효력이 있다. 다만 시행일을 특별히 정하지 아니한 경우에는 공포한 날로부터 20일을 경과함으로써 효력을 발생한다.

조례와 규칙 간 효력의 우열

조례와 규칙은 형식상 대등하다. 다만, 다음과 같은 예외가 있다.

(1) 규율사항의 구분이 명백하지 않을 때에는 어느 것으로 규율해도 무방하나 양자가 공동으로 적용되는 사항일 때는 조례가 규칙보다 우선하여 적용되고 효력을 가진다.

(2) 조례로 규정할 사항에 대해서는 조례가 그 세부사항을 규칙으로 정하도록 위임할 수 있으며, 이 위임사항에 관하여는 조례가 당연히 우선한다.

(3) 주민의 권리를 제한하고, 주민에게 재정적 부담을 과하거나 공공시설을 설치하는 사항은 조례로써 규정할 사항이다.

조례의 실효성 확보

'누구든지 법률에 의하지 아니하고는 처벌을 받지 아니한다.'는 죄형법정주의의 원칙에 따라 지방자치단체는 조례위반행위에 대하여 조례로써 1천만 원 이하의 과태료를 정할 수 있을 뿐이며, 개별법의 위임이 없이는 징역형 · 벌금형 등의 벌칙을 조례로 정할 수 없다.

제3절 자치조직권

1. 자치조직권의 의의

자치조직권이란 지방자치단체가 그 권한에 속하는 사무를 수행하는 데 필요한 조직을 자주적으로 설치 · 관리할 수 있는 권능을 말한다. 이러한 자치조직권은 지방자치단체가 자기 지역의 문제를 더욱더 지역특성에 적합하고 민주적이며 효율적으로 해결할 수 있는 제도적 · 실제적 능력을 갖추도록 한다. 헌법 제117조와 제118조에서는 '지방자치단체의 종류, 조직 및 운영에 관한 사항은 법률로 정한다.'고 규정하고, 이를 근거로 지방자치법은 자치단체를 구성하는 기관의 설치 · 조직운영의 권한에 관한 대강을 정하고 있으며, 기타 구체적인 조직사항에 대해서는 지방자치단체가 일정한 범위 안에서 자치입법과 의결 등의 형식에 의해 자율적으로 조직할 수 있도록 하였다.

2. 자치조직권의 내용

조례사항

① 지방자치단체와 자치구가 아닌 구 및 읍 · 면 · 동사무소의 소재지 변경 또는 신설, ② 지방의회의 위원회 및 사무기구의 설치, ③ 지방의회의 사무직원 정수, ④ 지방자치단체 소속직원의 임면 · 교육훈련 · 복무 · 징계, ⑤ 지방공무원의 정원, ⑥ 자치구가 아닌 구와 읍 · 면 · 동의 명칭과 구역의 변경 및 폐치 · 분합, ⑦ 자치단체장 권한의 일부 위임, ⑧ 사업소 · 직속기관 · 출장소 및 합의제 행정기관의 설치, ⑨ 행정기구의 설치 등이 있다.

규칙사항

규칙사항으로는 ① 시 · 군 · 자치구의 하부행정기구 설치, ② 지방자치단체 소속직원의 임면 · 교육훈련 · 복무 · 징계 등을 들 수 있다.

기타 의결사항

① 지방자치단체조합 설립권, ② 자치단체의 폐치 · 분합, 명칭 또는 구역의 변경에 대한 지방의회의 의견제출권 등이 있다.

3. 자치조직권의 현황 및 문제점

행정기구의 설치

(1) **현 황**: 기구설치의 제한적 요소인 시 · 도 및 시 · 군 · 자치구의 공통필수기구제도를 폐지하고 실 · 국 · 본부 및 과 · 담당관의 설치권을 지방자치단체로 완전히 이양하였다.

(2) 시 · 도 및 시 · 군 · 구의 계 제도를 폐지하여 조직의 신축성을 높임은 물론 기구의 신설 또는 폐지 후 1년 이내에 같은 기구를 다시 폐지 · 신설하지 못하도록 한 규정을 삭제하여 탄력적이고 시의성 있는 조직개편을 가능하도록 하고 있다.

(3) 그러나 기준설정, 지침, 시정요구 등을 통하여 지방자치단체의 조직개편 및 관리 · 운영에 대해 통제하고 있다. 즉 설치기준의 상한선을 제시하여 지역의 특성에 따라 융통성 있게 기구를 설치 · 운영할 수 있는 여지가 거의 없으며, 행정자치부 장관과 시 · 도지사가 지방자치단체에 대해 조직 관리방향이나 기구의 설치 · 운영 등에 관한 지침을 시달할 수 있도록 하였다.

(4) 아울러 자치단체장은 기구 및 정원의 효율적인 관리 · 운영을 위하여 정기적인(2년) 조직진단을 시행해야 하며, 시 · 도지사가 시 · 도 및 시 · 군 · 구의 자체 조직진단 및 조치결과를 종합하여 행정자치부 장관에게 보고하도록 의무화하고 있다. 또한 행정자치부 장관 및 시 · 도지사는 필요한 경우 자치단체장에게 조직진단을 권고하거나 조직진단 또는 정원관리실태에 관한 감사를 시행할 수 있다.

소속행정기관의 설치

지방자치단체의 직속기관, 사업소, 출장소, 합의제 행정기관의 설치는 조례로 정하도록 되어 있다. 그러나 행정자치부 장관의 승인을 얻은 다음에 비로소 이와 같은 조직들을 자주적으로 설치할 수 있도록 제도화되어 있다.

(1) **직속기관**: 지방자치단체가 조례로 직속기관을 설치하고자 하는 때에는 미리 행정자치부 장관의 승인을 얻어야 하되, 정원의 범위 안에서 기관장의 직급이 5급(특별시와 그 관할구역 내의 자치구는 4급) 이하인 직속기관을 설치하는 경우에는 그러하지 아니한다. 단, 자치구의 경우에는 특별시장 또는 광역시장의 승인을 얻어야 한다.

(2) **사업소 · 출장소**: 정원의 범위 안에서 자치사무만을 수행하는 사업소나 출장소를 설치하는 경우를 제외하고는 지방자치단체가 조례로 사업소 또는 출장소를 설치하고자 하는 때에는 미리 행정자치부 장관의 승인을 얻어야 한다. 다만, 정원의 범위 안에서

기관장의 직급이 5급(특별시와 그 관할구역 내의 자치구는 4급) 이하인 사업소 · 출장소를 설치하는 경우에는 승인을 요구하지 아니하되, 자치구의 경우에는 특별시장 또는 광역시장의 승인을 얻어야 한다.

(3) **합의제 행정기관**: 지방자치단체가 합의제 행정기관을 설치하고자 하는 때에는 따로 법령으로 정한 경우를 제외하고는 행정자치부 장관의 승인을 얻어야 한다.

부단체장

(1) **기초자치단체의 부단체장**: 인구규모로 직급책정기준을 정하고 당해 자치단체장이 부단체장을 지방공무원으로 임명할 수 있도록 하고 있다.

(2) **광역자치단체의 부단체장**: 시 · 도에 정무부시장 · 정무부지사 외 국가공무원으로 보하는 행정부시장 또는 행정부지사를 두어 시 · 도의 사무를 총괄하고 소속공무원을 감독하도록 하고 있다.

공무원의 정원 및 관리

(1) **기준인건비제도의 시행**: 2013년까지 시행되었던 총액인건비제도를 대체하는 기준인건비제도가 시행되고 있다. 「지방자치단체의 행정기구와 정원 기준 등에 관한 규정」(시행 2015.4.7.] [대통령령 제26183호, 2015.4.7., 일부개정)은 "지방자치단체는 기구와 정원을 기준인건비를 기준으로 자율성과 책임성이 조화되도록 운영하여야 한다.〈개정 2014.3.5.〉"고 규정하고 있다.

(2) **기준인건비제도의 주요 내용**: 첫째, 행정자치부 장관은 지방자치단체의 행정수요, 인건비 등을 고려하여 매년 기준인건비를 산정하고 전년도 12월 31일까지 각 지방자치단체의 장에게 통보하여야 한다. 이 경우 행정자치부 장관은 지방자치단체의 재정여건 등을 고려하여 지방자치단체가 기준인건비에 추가하여 자율적으로 운영할 수 있는 인건비의 범위를 함께 통보할 수 있다. 둘째, 기준인건비의 구성요소, 산정방법 등 기준인건비의 산정과 자율범위의 규모 및 운영방법 등에 관한 구체적인 사항은 행정자치부 장관이 정하는 바에 따른다. 셋째, 행정자치부 장관은 지방자치단체의 기준인건비 운영에 대한 분석을 시행하고 그 결과를 다음 연도 기준인건비에 반영하는 등 필요한 조치를 할 수 있다.

제4절 자치재정권

1. 자치재정권의 의의

지방자치단체가 중앙정부로부터 재정상의 자주권을 확보하는 것을 의미한다. 즉, 자치재정권이란 지방자치단체가 그 사업처리에 필요한 경비(행정서비스 경비)에 충당할 재원을 자주적으로 조달하고, 이를 자유로운 의사와 판단으로 사용할 수 있는 권능을 말한다. 이러한 자치재정권은 지방자치의 실질을 확보하기 위해 매우 중요한 권능이다.

2. 자치재정권의 내용

재정권력작용

지방자치단체가 독자적 행정주체로의 권능을 보장할 수 있는 재원을 확보하기 위해 자치권에 따라 주민에게 명령 · 강제하는 권력적 기능을 의미한다. 여기에는 ① 지방세의 부과징수권, ② 사용료 · 수수료 등의 징수결정권, ③ 재정벌, ④ 강제처분, ⑤ 기타 재정명령이 해당한다.

재정관리작용

지방자치단체가 취득재산을 관리하고, 예산을 편성 · 집행하며, 재산 및 수입 · 지출을 회계하는 관리적 기능을 말한다. ① 지방자치단체의 독자적 예산편성권, ② 지방세 조례에 의한 자주적 과세권, ③ 자주적 기채권, ④ 지방자치단체의 재산관리운영권, ⑤ 중앙정부와의 사무배분에 의한 일정한 경비부담의 구분 및 재원배분을 보장받을 권리가 이에 속한다.

3. 자치재정권의 현황과 문제점

과세자주권

과세자주권이란 지방자치단체가 새로운 조세를 신설하여 부과하는 권리를 말한다. 우리나라는 '조세의 종목과 세율은 법률로 정한다'(헌법 제59조)는 조세법률주의로 인해 지방세의 세목과 세율에 대한 결정권을 중앙정부가 보유하고 있다. 따라서 지방자치단체가 조례로 새로운 세목을 신설하는 것은 허용되지 않으나 조세법률주의의 틀 속에서 과세자주권을 일정수준 보장하기 위하여 여러 가지 제도를 운영하고 있다.

(1) **임의세목제도**: 지방세법에서 납세의무자 · 과세표준 · 세율 등을 규정하고 그 부과 여부만을 조례에 위임한 것을 임의세라고 한다. 조례에 의하여 과세 여부가 결정되도록 규정한 세목으로는 공동시설세와 지역개발세가 있다.

(2) **탄력세율제도**: 기본세율을 정하되, 과세여건의 변동에 따라 가감한 세율을 적용할 수 있도록 하는 제도로서 표준세율, 제한세율 및 임의세율이 있다.

㈎ 표준세율: 지방자치단체가 지방세를 부과할 경우에 통상 적용하여야 할 세율로서 재정상 기타 특별한 사유가 있다고 인정할 경우에는 이에 따르지 아니할 수 있는 세율을 말한다. 자동차세, 취득세, 등록세, 주민세(균등할 중 일부는 제외), 재산세, 공동시설세, 도시계획세 및 지역개발세에서 이 제도를 채택하고 있다.

㈏ 제한세율: 법률로 특정세목의 최고세율을 정하고 그 범위 내에서 조례로 세율을 결정할 수 있도록 한 것으로서 도축세 · 사업소세 등이 있다.

㈐ 임의세율: 법률로 세율을 정하지 않고 전적으로 조례에 의해 세율을 결정하도록 한 것으로서 우리나라는 채택하지 않고 있다.

(3) **지방세 납기선택제도**: 지방자치단체가 재정 운영상의 자금 사정이나 기타 지역적인 특수성을 고려하여 가장 적절한 시기에 지방세를 징수할 수 있도록 일부 세목(면허세 정기분, 취득세, 주민세 보통징수분, 사업소세의 재산할)의 납기를 당해 지방자치단체의 조례로 정하도록 함으로써 지방자치단체의 과세자주권을 확보하고 있다.

(4) 중복과세의 금지 및 부가세 배제의 원칙(독립세의 원칙)을 통해 중앙정부와 지방자치단체 상호 간 세원분리방식을 수용함으로써 재정의 자주성을 확보하고 있다. 또한, 소극적이나마 과세면제와 불균일과세 또는 일부과세 등의 조례주의를 채택하여 과세자주권의 보장을 기하고 있으나 행정자치부 장관의 허가를 요건으로 규정하여 이의 정비가 시급한 실정이다.

기채(起債)자주권: 지방채발행의 자주권

기채자주권은 지방자치단체가 지방채를 자율적으로 발행할 수 있는 권리를 말한다. 우리나라의 경우 지방자치단체가 지방채를 발행할 때에는 지방의회의 의결을 얻도록 제도적 통제장치를 마련하고 있음에도 지방재정운영의 건전성 확보라는 원칙에 따라 행정자치부 장관으로부터 시달되는 지침에 의거하여 지방채발행계획안을 수립하고, 상위정부와의 협의 및 행정자치부 장관의 사전승인을 받도록 함으로써 엄격히 제한하고 있다.

자율적 요금결정권

수수료, 사용료 등 지방자치단체가 공급하는 지방 공공서비스의 요금을 지방자치단체가 자율적으로 결정하는 권리를 말한다. 우리나라도 상 · 하수도 요금 등 몇몇 공공요금의 결정에 대해서는 지방자치단체에 결정권을 대폭 위임하고 있으나 대부분 물가억제 등의 목적 때문에 재정경제부의 통제를 받고 있다.

독자적 예산편성권

대부분의 지방자치단체가 자체 재원이 부족하여 중앙의 의존 재원에 기댈 수밖에 없는 상황에서 중앙정부는 국고보조금이나 특별교부세 등의 교부에 비도를 엄격히 정하거나 행정자치부의 예산편성지침에 따라 예산을 편성하도록 하는 등 지방자치단체의 예산편성권에 제약을 가함으로써 재정운영의 자율성을 매우 제한하고 있다.

세입자치와 세출자치

세입자치와 세출자치는 중앙재정과 지방재정 간의 형식적 배분과 실질적 배분을 측정하기 위해 구분된다. 형식적 세원배분은 지방자치단체가 자주재원에 의해 충당하는 재원을 말하며, 실질적 재원배분은 중앙이나 상급자치단체가 이전하는 의존재원까지를 포함하는 개념이다. 따라서 형식적 세원배분과 실질적 재원배분 간의 격차가 크면 클수록 지방자치단체는 중앙 혹은 상급자치단체에 대한 의존도가 그만큼 높다고 볼 수 있다. 우리나라의 경우 형식적 세원배분과 실질적 재원배분 간의 격차가 커짐에 따라 지방재정 규모의 확대에도 불구하고 지방자치단체의 재정자주권과 자율성이 상대적으로 위축되고 있다.

제5절 자치행정권

1. 자치행정권의 의의

자치행정권이란 지방자치단체가 자기의 독자적 사무를 원칙적으로 국가의 간섭을 받지 아니하고 자주적으로 처리할 수 있는 권능을 말한다. 즉 지방자치단체가 자주적인 조직과 인적 · 물적 자원을 바탕으로 당해 지역의 공공사무를 자율적으로 처리하는 것이라 할 수 있다. 이러한 자치행정권은 자치조직(인사)권, 자치재정권 및 자치운영권으로 이루어지는데, 여기서는 자치운영권을 중심으로 살펴보고자 한다. 우리나라도 헌법 제117조 제1항에서 '지방자치단체는 주민의 복리에 관한 사무를 처리할 수 있는 권능을 가진다.'고 규정하여 지방자치단체의 자주적인 행정(운영)권을 보장하고 있다.

2. 자치행정권의 내용

지방자치단체의 자치행정권에는 권력적 측면과 비권력적 측면의 두 가지가 있다. 오늘날 자치행정에서는 주민에 대한 서비스제공을 내용으로 하는 비권력적 측면이 더욱 중요시되고 있다.

권력적 작용

지방자치단체는 주민의 안전과 사회 · 경제질서의 유지, 생활환경의 정비 등을 위하여 주민에게 명령 · 강제하는 권능을 가진다. 여기에는 ① 주민의 안전을 위한 각종 통제작용, ② 사회 · 경제의 질서를 유지하기 위한 각종 규제작용, ③ 환경의 정비 및 정화를 위하여 각종 부담을 지우는 행위가 포함된다.

비권력적 작용

지방자치단체는 또한 주민에게 더욱 양질의 행정서비스를 적극적으로 제공하기 위하여 공공시설의 설치 · 관리, 민간활동의 지원 및 조성, 사회복지행정의 수행 등 비권력적인 작용을 한다.

3. 자치행정권의 현황과 문제점

(1) 지방자치단체의 사무에 관한 그 장의 명령 · 처분이 위법 · 부당하다고(단, 자치사무는 위법한 경우) 판단될 때, 감독기관의 시정명령 및 취소 · 정지권을 부여하고, 취소 또는 정지에 이의가 있는 자치단체장에게 제소권을 부여하고 있다. 상급기관에 법원이 판단해야 할 위법 여부의 판단권을 부여하는 것은 위법을 주장하는 자가 소를 제기해야 하는 법 상식에 어긋난다 할 것이다.

(2) 지방의회의 행정사무감사 및 조사 등 지방자치단체 자체의 감사기능뿐만 아니라 감사원의 회계감사가 있음에도 불구하고 감독기관이 자치사무에 관하여 보고를 받거나 서류 · 장부 또는 회계를 감사(법령위반사항에 한함)할 수 있도록 하여 감사가 중복되어 있다.

(3) 감독기관의 ① 지방자치단체의 사무에 대한 지도 및 지원, ② 위임사무에 대한 지도 · 감독, ③ 기관위임사무에 대한 직무이행명령 및 대집행, ④ 지방의회의 의결사항에 대한 재의요구지시 및 제소권 등을 통해 자치행정권을 제약하고 있다.

제6절 지방자치단체의 사무

1. 지방자치단체사무의 의의

지방자치단체사무의 개념

지방자치단체의 사무란 매우 다의적이고 광범위한 개념이지만 일반적으로 '지방자치단체가 그 목적을 수행하기 위하여 당연히 처리해야 할 공공행정사무'로 정의할 수 있다. 그러나 지방자치단체가 수행하는 사무는 전부 자치단체의 자치권에 근거한 본래적 사무는 아니며 그 외에도 국가위임사무가 존재한다. 우리나라의 경우 지방자치단체의 사무 범위를 '그 관할구역의 자치사무와 법령에 의하여 지방자치단체에 속하는 사무'로 규정하여 자신의 고유사무인 자치사무와 단체위임사무로 한정 짓고 있다.

지방자치단체의 사무처리 기본원칙

(1) **주민복리의 원칙**: 주민의 복리증진은 지방자치단체 존립의 근본 목적이므로 '지방자치단체는 그 사무를 처리하면서 주민의 편의 및 복리증진을 위하여 노력하여야 한다.'는 원칙이다.

(2) **행정효율의 원칙**: 지방자치단체는 조직 및 운영의 합리화에 노력하고, 그 규모의 적정화를 도모하여야 한다. 조직과 운영의 합리화란 '최소의 경비로 최대의 효과'를 거두기 위해 조직의 편제와 운영이 효율적으로 이루어져야 한다는 것을 뜻하며, 규모의 적정화는 전국적 수준의 균등한 향상을 기하고 각 자치단체의 기능 · 특성에 적합할 수 있는 적정한 규모로 구역을 분립시키자는 것이다.

(3) **법령적합의 원칙**: 지방자치단체는 법령을 위반하여 사무를 처리해서는 안 되며 기초자치단체가 광역자치단체의 조례를 위반하여 그 사무를 처리해서도 안 된다.

(4) **자치단체 상호 간 협력의 원칙**: 지방자치단체는 다른 자치단체로부터 사무의 공동처리에 관한 요청이나 사무처리에 관한 협의 · 조정 · 승인 또는 지원의 요청이 있을

때 법령의 범위 안에서 이에 협력하여야 한다. 광역적 사무의 처리에서 자치단체 상호간의 협력은 경쟁력 제고를 위해서뿐만 아니라 분쟁해결을 위해서도 필연적이다.

2. 지방자치단체의 사무구분

지방자치단체사무의 법적 구분

우리나라는 지방자치법상 '지방자치단체는 그 관할구역의 자치사무와 법령에 의하여 지방자치단체에 속하는 사무를 처리한다.', '시 · 도와 시 · 군 및 자치구에서 시행하는 국가사무는 법령에 다른 규정이 없는 한 시 · 도지사와 시장 · 군수 및 자치구의 구청장에게 위임하여 행한다', '지방자치단체의 장은 당해 지방자치단체의 사무와 법령에 의하여 그 지방자치단체의 장에게 위임된 사무를 관리하고 집행한다.'는 규정에 따라 지방자치단체의 사무를 자치사무 · 단체위임사무 · 기관위임사무로 분류하고 있다.

사무구분의 실익

(1) **경비부담관계**: 자치사무는 지방자치단체에 고유한 사무이므로 그 비용을 자치단체 스스로 부담하는 데 비하여, 위임사무는 위임자 측이 그 비용을 부담하지 않으면 안 된다.

(2) **감독관계**: 자치사무에 대해서는 행정자치부 장관, 시 · 도지사의 감독을 받게 하고 있으며, 이에 반하여 위임사무는 그 사무의 소속 여부에 따라 감독기관을 달리하고 있다. 감독형태도 자치사무에 대해서는 사후교정적 · 합법적 감독에 그침을 원칙으로 하는 데 반해, 기관위임사무는 사전예방적 · 합목적성 감독까지 가능하다. 한편 단체위임사무의 경우에는 자치사무에 따르는 것으로 보아 합법적 감독뿐만 아니라 합목적성 감독도 가능하지만 예방적 감독은 원칙적으로 배제된다.

(3) **지방의회의 관여**: 자치사무 및 단체위임사무에 대해서는 일반적으로 지방의회가 의결 · 조사 등의 방법으로 관여할 수 있지만, 기관위임사무의 경우는 원칙적으로 지방의회가 관여할 수 없다.

(4) **배상책임의 귀속**: 자치사무의 위법한 처리 또는 자치단체가 설치 · 관리하는 공공시설의 하자로 인하여 발생한 손해에 대해서는 지방자치단체가 그 손해를 보상함이 원칙이지만 위임사무의 처리로 인하여 발생한 손해에 대하여는 위임자에게 그 책임이 귀속된다.

표 7-3 지방자치단체사무의 종류별 비교

구 분	자치사무	단체위임사무	기관위임사무
법적 근거	지방자치법 제9조 제1항 전단 · 제3항, 제94조	지방자치법 제9조 제1항 후단, 제95조	지방자치법 제93조, 제94조; 정부조직법 제6조 제1항
사무 성질	지방자치단체가 자기의 책임과 부담 하에 주민의 공공복리를 위하여 처리하고 지방자치단체의 존립목적을 위한 사무	① 반드시 개별적인 법적 근거를 요구하는 사무 ② 직접 당해 지방적 이해관계가 있을 뿐 아니라 전국적 이해관계가 있는 사무	① 국가적 이해관계가 현저한 국가사무 ② 사무처리 시 국가 또는 상급자치단체의 기관의 지위에서 처리하는 사무
경비 부담	① 지방자치단체 부담 ② 법령규정의 여부에 관계없이 국가보조 가능(장려적 보조금)	일부 국가부담 (부담금)	전액 국가보조(교부금)
감독 관계	소극적 감독 (합법성 · 교정적 감독)	소극적 · 합목적성 감독 (예방적 감독은 배제)	소극적 · 적극적 감독 (합목적성 · 예방적 감독)
의회 관여	가 능	가 능	사무수행에 필요한 경비부담에 관한 사항 외에는 관여 불가능
배상 책임	지방책임	국가 · 지방공동책임	국가책임

3. 자치사무(고유사무)

자치사무의 의의

자치사무란 지방자치단체가 자치권에 근거하여 자주적으로 처리하는 자치단체의 본래적 사무로서 고유사무를 뜻한다. 즉 지방자치단체가 자기의 책임과 부담 하에 주민의 복리증진을 위하여 적극적으로 서비스를 제공하는 포괄적 의미의 사무를 말한다. 따라서 법률에 규정이 없더라도 지방자치단체는 법령의 규정을 위반하지 않는 한 지방주민의 공공이익을 위해 필요한 사무를 고유사무로서 행할 수 있다.

자치사무의 구분

자치사무는 공익상의 이유로 법령에 의하여 그 시행이 의무로 되어 있는 필요사무와 법령에 특별한 규정이 없는 한 지방자치단체가 임의로 결정할 수 있는 수의사무로 나눌 수 있다. 자치사무는 당해 지방자치단체가 그 수행 여부를 자주적으로 결정하는 수의사무가 원칙이나 교육법에 의한 각종 학교의 설치 · 운영, 소방법에 의한 화재예방 및 소방사무, 전염병 예방법에 의한 전염병 및 기타 질병의 예방과 방역사무 등은 필요사무로 되어 있다.

특 성

(1) 자치사무에 대한 국가 또는 상급기관의 감독은 원칙적으로 배제되며, 합법적 감독이나 사후교정적 감독과 같은 소극적 감독이어야 한다.

(2) 자치사무에 드는 경비는 원칙적으로 그 전액을 당해 지방자치단체가 부담하여야 한다.

(3) 자치사무는 지방의회의 의결, 동의, 사후감독, 회계감사 등을 받는다.

(4) 국고보조금을 받는 경우에는 장려적 보조금의 성격을 가진다.

종 류

자치사무는 지방자치단체의 본래 사무로서 자치단체의 존립과 유지에 필요한 모든 사무라고 할 수 있다. 여기에는 주민의 공공복리에 관한 사무로서 주민의 복지증진에 관한 사무, 지역개발 및 주민의 생활환경시설 설치 · 관리에 관한 사무, 교육 · 체육 · 문화 · 예술의 진흥에 관한 사무, 소방에 관한 사무 등과 자치입법(조례 · 규칙의 제정 · 개폐) · 자치조직 · 자주재정(지방세의 부과 · 징수, 예산의 편성 · 집행, 회계사무)에 관한 사무가 있다.

자치사무에 대한 국가관여

중앙정부는 조언 · 권고 · 기술원조 등의 비권력적 형태로 지방자치단체의 자치사무 처리에 관여할 수 있다. 또한, 자치사무에 대한 감독은 장의 명령이나 처분이 위법한 경우에 한하며, 자치사무에 관하여 보고를 받거나 법령위반사항에 한하여 서류 · 장부 또는 회계를 감사할 수 있다.

4. 단체위임사무

의 의

단체위임사무는 법령에 의하여 지방자치단체에 속하는 사무, 즉 당해 지방자치단체의 본래 사무는 아니지만 국가나 다른 지방자치단체로부터 그 처리가 위임된 사무를 말한다. 이러한 단체위임사무에는 반드시 개별적인 법령의 근거를 필요로 하고 있다.

특성

(1) 단체위임사무에 대한 국가나 상급자치단체의 지도 · 감독은 법령상 광범위하며, 합법적 감독뿐만 아니라 합목적적 감독도 가능하지만 예방적 감독은 원칙적으로 배제된다.

(2) 단체위임사무는 자치단체에 위임된 이상 의무적으로 그 단체의 사무로서 처리되므로 그 처리방법 및 절차가 자치사무와 같다.

(3) 단체위임사무의 경비에 있어서는 그 사무가 국가와 지방자치단체 상호 간에 이해관계가 있거나 국가가 스스로 행해야 할 성질의 것일 때에는 국가가 경비의 전부 또는 일부를 부담하여야 한다.

(4) 단체위임사무도 지방의회의 의결, 동의, 사후감독 등을 받는다. 또한 사무를 위임한 국가나 시 · 도의 의회가 직접 감사하기로 한 사무를 제외하고는 당해 자치단체의 의회가 감사하고 그 결과를 보고하도록 함으로써 단체위임사무에 대한 지방의회의 관여권을 인정하고 있다.

(5) 국가로부터 받는 국고보조금은 부담금의 성격을 지닌다.

종류

단체위임사무로는 시 · 도의 국가하천의 점용료 · 사용료징수사무(하천법 제33조 제2항), 시 · 도의 국세징수사무(국세징수법 제8조), 시 · 군의 도세징수사무(지방세법 제53조), 인접자치단체로부터 의무교육학령아동의 교육업무를 위탁받은 사무(초 · 중등교육법 제12조 제3항) 등이 있다.

5. 기관위임사무

의의

기관위임사무란 국가 또는 상급자치단체가 자신의 사무를 직접 처리하지 않고 지방자치단체의 장에게 위임하여 처리하게 하는 사무이다. '시 · 도와 시 · 군 및 자치구에서 시행하는 국가사무' 내지 '법령에 의하여 그 지방자치단체의 장에게 위임된 사무'가 바로 기관위임사무를 의미하는 것으로서 기관위임사무는 법령에 의하여 그 내용이 정해진다. 이러한 기관위임사무는 포괄적 수권 주의를 명백히 하고 있는 제93조의 규정에 따라 위임의 특별한 개별적 법령 근거를 필요로 하지는 않는다. 다만 제94조의 규정에 의한 기관위임사무는 법령에 그 위임근거가 있어야 한다. 지방자치단체의 사무 가운데 가장 많은 사무로서 지방자치단체의 장은 일선 행정기관의 입장에서 사무를 처리한다.

특 성

(1) 단체위임사무가 당해 자치단체의 사무로서 처리됨보다 기관위임사무는 지방적 이해관계가 없는 국가사무 또는 다른 자치단체의 사무라는 법적 성질을 변치 않고 국가 등의 사무로서 처리된다.

(2) 지방자치단체의 장은 국가 또는 상급자치단체의 장의 지위에서 위임사무를 처리한다.

(3) 국가와 상급자치단체는 기관위임사무에 대한 적극적인 지도 · 감독권을 갖게 되며, 수임 기관장은 사실상 국가나 상급자치단체의 하부기관에 불과하다. 아울러 자치단체장이 기관위임사무의 관리집행을 게을리할 경우 감독관청은 직무이행명령과 대집행을 할 수 있다.

(4) 경비부담관계는 전액 국가가 부담하며 보조금은 의무적 위탁금 또는 교부금의 성격을 띤다.

(5) 수임주체는 지방자치단체가 아닌 그 집행기관이므로 지방의회는 원칙적으로 의결, 동의 등에 관여할 수 없다. 다만 단체위임사무와 같이 기관위임사무에 대해서도 일정한 범위 내에서 지방의회의 감사권을 인정하고 있다.

종 류

기관위임사무에는 호적, 병사, 주민등록, 경찰, 대통령 및 국회의원선거에 관한 사무, 인구조사, 지적, 국세조사, 산업통계, 공유수면매립사무, 각종 인허가사무 등이 있다.

기관위임사무의 문제점

기관위임사무의 폐지반대론자는 기관위임사무가 ① 특별지방행정기관을 설치하지 않고도 자치단체의 기관을 차용함으로써 행정의 경제성 및 효율성을 높이며, ② 전국적으로 획일적인 행정을 보장할 필요가 있는 경우 유용하며, ③ 전국적 이해관계가 있는 사무의 경우 지역적 특수성을 고려하면서도 무리 없이 전국적 통일성을 기하는 것이 용이하기 때문에 존재하여야 한다고 주장한다.

그러나 기관위임사무는 다음과 같은 문제점을 가짐으로써 지방자치를 명목화하고 중앙집권적 행정운영을 가속한다. ① 지방자치단체를 중앙정부의 하급기관으로 전락시킨다. ② 지방자치단체에 대한 광범하고도 강력한 중앙통제의 통로가 된다. ③ 중앙정부와 지방자치단체 간 행정적 책임의 소재가 불명확하며 사무처리에 대한 자치단체의 창의성을 기대하기 어렵다. ④ 지방의회의 관여와 주민의 의사통로를 폐쇄함으로써 지방자치의 발전을 저해한다. ⑤ 기관위임사무의 증가는 지방재정을 악화시켜 중앙의존적인 행정을 가속화시킨다.

6. 지방자치단체의 사무 범위와 내용

지방자치단체의 사무범위

현행 지방자치법은 지방자치단체의 사무 범위를 자치사무 · 단체위임사무 구별 없이 ① 지방자치단체의 구역, 조직 및 행정관리 등에 관한 사무, ② 주민의 복지증진에 관한 사무, ③ 농림 · 상공업 등 산업진흥에 관한 사무, ④ 지역개발 및 주민의 생활환경시설의 설치 · 관리에 관한 사무, ⑤ 교육 · 체육 · 문화 · 예술의 진흥에 관한 사무, ⑥ 지역민방위 및 소방에 관한 사무로 예시하고, 원칙적으로 예시된 사무에 대해서는 중앙정부의 관여를 배제하고 있다. 다만 법률에 이와 다른 규정이 있는 경우에는 그러하지 아니한다고 규정하고 있다.

지방자치사무의 내용

(1) **복지증진 사무**: 지방자치단체는 지역주민에 대한 공익증진과 재원확보를 위하여 지방공기업의 경영 등 지방경영수익사업을 추진한다.

(2) **경제적 사무**: 지방자치단체는 지역주민의 경제활동을 지도 · 조장 또는 규제하기 위하여 농업생산의 증대, 농지개량, 축산진흥, 농업구조의 개선, 임산자원의 조성, 산림보호, 수산자원의 조성, 중소기업의 육성, 지방공업개발, 관광자원의 보호, 관광시설의 정비 · 확충 등에 관한 사무를 처리한다.

(3) **환경적 사무**: 지방자치단체는 자연환경보존과 쾌적한 생활환경을 보장하기 위하여 공해방지, 배수시설, 하수시설, 쓰레기처리, 청소, 상수도검사, 도로 · 교량의 건설과 유지관리, 오락 · 휴식시설의 제공 및 도시 · 지역계획 등에 관한 사무를 처리한다.

(4) **대인적 사무**: 지방자치단체는 지역주민의 복리증진을 위하여 주민의 건강관리, 교육, 주택 등에 관한 사무를 처리한다.

7. 지방자치단체 사무구분의 개선방향

사무구분 재조정의 필요성

(1) **불명확하고 일관성 없는 사무구분**: 중앙정부와 지방정부 간의 사무구분은 형식상 국가사무, 자치사무, 위임사무로 구분되어 있다. 그러나 사무주체의 표현방식에 관한 용어가 통일되어 있지 않고 같은 법령 내에서도 혼용되고 있어 정확한 사무구분을 하기 어려운 실정이다. 즉 개별 법률에 있어 일정 사무가 지방자치단체장의 권한으로 되어 있는 경우 그 사무가 기관위임사무인지 아닌지 명확하지 않다는 것이다. 특히 지방자치법상 사무의 범위를 보더라도 자치사무와 위임사무를 일괄하여 예시하고 있어 사무의 구분이 모호하고 지방자치단체가 처리하는 국가사무도 포함하고 있다.

(2) **사무구분의 무익(無益)**: 자치사무와 단체위임사무를 구별할 실익이 줄어들고 있다는 점이다. 자치사무와 단체위임사무는 법령상 가해지는 규제나 재원에 관한 특별한 조치상의 차이만 있을 뿐이지 일단 지방자치단체에 위임된 이상 자치사무와 마찬가지로 처리됨은 물론 단체위임사무의 예가 극히 드물고 그나마 금전 징수 등으로 제한되어 있기 때문에 실무상 자치사무와 단체위임사무의 개념을 따로 설정할 실익이 그리 크지 않다는 것이다.

(3) **협력사무의 증대**: 산업화 · 도시화의 진전, 사회적 유동성의 증가 등으로 인하여 특정사무의 이해관계가 중앙과 지방 모두에게 있게 되어 중앙정부와 지방자치단체가 공동의 책임과 권한 하에 협력적으로 처리해야 할 사무가 증가하고 있다는 점이다.

지방자치단체의 사무개선방안

(1) **자치사무의 확충**: 자치사무와 거의 같게 처리되어 그 구별의 실익이 없는 단체위임사무는 자치사무로 전환하여야 한다. 아울러 현재 광범위하게 행해지고 있는 기관위임사무는 폐지를 원칙으로 하여 가능한 한 자치사무로 전환하는 것이 바람직하다. 기관위임사무의 폐지와 관련하여 일본의 '법정수탁사무'나 독일의 '지시사무', 영국의 '법정사무' 등은 우리에게 시사하는 바가 크다. 따라서 우리도 중앙정부의 이해관계만 있는 사무에 대해서는 법률에 따라 자치단체의 수행을 의무화시키는 방안을 마련함으로써 국가감독의 범위를 한정시키고 경비부담문제도 명확하게 하여야 할 것이다.

① 일본의 법정수탁사무: 법률로 지방자치단체에 사무의 집행을 수탁하게 하는 사무
② 독일의 지시사무: 국가의 지시에 따라 수행하도록 법률에 따라 지방자치 단체에 의무화된 사무

③ 영국의 법정사무: 중앙정부가 법률에 따라 의무적인 사무를 지방자치단체에 지시할 수 있는 사무

(2) **관련 법규의 정비**: 법령상 처리권자에 따라 사무를 구분하고 구체적으로 각 사무의 범위와 내용은 물론 사무별 경비의 부담, 감독의 한계 등에 관한 사항을 법제화하여 명확하게 제시하여야 한다.

(3) **공동사무의 신설**: 공해방지, 환경보전, 사회복지, 소비자보호 및 재난관리 등 전국적 · 통일적 처리가 요망되지만, 한편으로 지역적 실정을 고려해야 하는 사무의 경우에는 공동으로 처리하는 것이 바람직하다. 특히 환경문제와 관련하여 빈번하게 발생하고 있는 중앙정부와 자치단체 간 분쟁을 고려할 때 이러한 공동사무의 신설은 국가와 자치단체 간 협력체제의 구축을 쉽게 하고 사무처리에서도 효과성을 높일 것이다.

제7절 기능배분

1. 기능배분의 의의

기능배분의 개념

정부 간 기능배분이란 주민의 복리를 극대화하고 국가 전체의 균형적 발전을 도모하기 위하여 각종 행정기능의 처리권한 및 책임을 중앙정부와 각급 지방자치단체 간에 배분하는 것을 말한다. 이러한 기능배분은 고정된 것이 아니라 각 국가가 처한 정치적 · 행정적 환경이나 시대적 상황에 따라 변화한다.

기능배분의 성격

정부 간 기능배분은 지방 행정상의 여러 가지 제도와 밀접하게 관련되어 있어 상당히 복합적인 성격을 띤다.[1] ① 기능배분의 문제는 지방자치상의 계층구조와 밀접한 관련이 있다. ② 기능배분은 지방자치단체의 정치적 관할구역과 밀접한 관련이 있다. ③ 기능배분의 문제는 자치권의 범위 및 내용과도 밀접히 관련하고 있다.

1) 최창호(1995), 지방자치학, pp.276-277.

2. 기능배분의 방식

중앙정부와 지방자치단체 간에 기능을 배분하는 방식은 대체로 개별적 배분방식, 포괄적 배분방식, 절충방식으로 나누어 볼 수 있다.

개별적 배분방식

지방자치단체별로 특별법의 제정을 통해 담당 사무를 개별적으로 지정받는 방식이다. 일반적인 지방자치법 외에 각 지방자치단체에 적용되는 개별법이 무수히 많으며, 사무도 지방자치단체의 규모와 행정수요 및 행·재정능력에 따라 다르게 배분되고 있다. 영국을 비롯하여 캐나다, 호주, 스웨덴, 덴마크 등과 헌장제도를 택하고 있는 미국이 여기에 해당한다. 그러나 최근 영국에서는 지역주민의 서비스향상을 목적으로 한 경제개발, 사회복지, 환경대책 등의 정책시행에 대하여는 권한이탈의 법리를 해제하여 자치권의 확충을 도모하고 있다. 개별적 수권방식은 기능배분이 명확하여 중복이 거의 없으며, 명확한 책임한계로 자치행정기능이 광범위하다는 장점을 가지나, 지나친 개별성과 특수성으로 말미암아 통일성이 저해되고, 개별법의 제정에 많은 시간과 노력을 낭비한다는 한계를 지닌다.

표 7-4 헌장제도

미국에 있어서 지방자치단체의 권한 및 사무는 연방헌법에 의하여 주 정부의 담당 사항에 속해 있으며, 그 권한은 헌장이라는 형식을 통하여 주 정부의 법률로써 부여된다. ① 특별헌장제도(Special Charter): 주의회가 개별적으로 각 지방자치단체의 특성에 맞는 헌장을 제정하여 부여하는 방식으로 미국의 남부 및 동북부에서 이용되고 있다. 지방자치단체의 개별적 특성에 맞는 행정을 구현할 수 있다는 장점이 있는 데 반하여, 자치단체의 수가 많을 경우 주의회가 각 자치단체에 대하여 일일이 특별법을 제정해주어야 하므로 주의회의 업무 과중을 초래할 뿐만 아니라 주의 간섭이 과도해져 지방자치단체가 주의회에 예속화될 우려가 있다. ② 일반헌장제도(General Charter): 주의회가 인구규모, 기능적 성격, 행정수요의 특성 등을 고려하지 않고 모든 지방자치단체에 일률적으로 적용되는 단일형태의 헌장을 제정해주는 방식으로 특별헌장제도의 단점을 제거할 수 있다. 그러나 각 지방자치단체의 규모와 특수성, 행정수요의 차이, 행·재정능력 등을 전혀 고려하지 않는다는 단점이 있다. ③ 분류헌장제도(Classified Charter): 지방자치단체를 공통적 특성, 특히 인구규모에 따라 여러 개의 유형으로 분류하고 주의회가 유형별로 헌장을 부여하는 방식이다. 특별헌장제도와 일반헌장제도의 단점을 배제할 수 있으나, 인구분류의 기준이 모호하고, 같은 인구일지라도 행정수요의 차이, 산업적·지리적 특수성이 있는데, 이를 무시한다는 문제가 있다. ④ 선택헌장제도(Optional Charter): 주의회가 미리 법률로 여러 개의 도시정부형태를 설정한 표준헌장을 마련해 놓고 각 지방자치단체가 주민투표에 의하여 선택하게 하는 방식이다. 이 제도는 극단적인 획일주의와 개별주의를 지양하고 중용을 취하려는 것으로 자치

권의 범위에 관한 소송을 피하려는 데 근본취지가 있다. 그러나 양극론에 대한 타협의 산물이기 때문에 각 지방자치단체의 지방적 특수성을 충족시킬 수 없다는 단점을 지닌다.

⑤ 자치헌장제도(Home Rule Charter): 주 헌법에 의하여 지방자치단체가 순수지방적 사항에 관해서는 자주적인 헌장을 제정할 수 있도록 하는 방법이다. 자치단체의 자치권이 확장되고, 아래로부터의 민주주의를 강화할 수 있는 장점이 있는 반면에, 주법의 규정과 마찰하는 부분에 대하여 명백한 규정이 없다는 단점을 지니고 있다.

포괄적 배분방식

각 지방자치단체의 구분 없이 일반법을 통해 행정기능을 일괄적으로 규정하고, 헌법 또는 법률로 금지한 사항이나 국가에 배타적으로 주어진 기능을 제외하고는 어떠한 기능이라도 처리할 수 있게 하는 배분방식이다. 독일, 과거의 우리나라와 1983년 이전의 프랑스가 여기에 해당한다. 이 방식은 융통성과 신축성을 확보할 수 있지만, 각 자치단체 간에 기능배분이 불명확할 뿐만 아니라 지방자치단체가 담당하고 있는 자치사무와 위임사무의 한계도 모호하여 사무처리의 중복이나 상급단체의 지나친 통제 · 감독을 초래하기 쉽다.

절충방식

(1) **일본의 예시적 포괄배정방식**: 일본은 광역자치단체가 처리할 사무, 기초자치단체가 처리할 사무를 단위사무별로 일일이 예시적으로 열거하여 일괄 배정하고 있다.

(2) **나이지리아의 사무목록선택방식**: 지방자치단체가 처리할 수 있는 대상사무를 미리 목록화한 후 개개의 지방자치단체별로 행정수요, 행 · 재정능력 등을 심사하여 당해 지방자치단체가 처리할 수 있는 사무를 선정하는 방식이다.[2)]

(3) **프랑스의 예시적 포괄주의방식**: 프랑스는 1983년 '꼼뮨, 데빠르뜨망, 레종 및 국가 간의 권한배분에 관한 법률'을 제정하고 지방자치단체가 수행할 수 있는 권한을 예시함으로써 국가와 자치단체 간의 사무배분방식을 과거의 포괄주의방식에서 예시적 방식으로 전환하였다.

3. 우리나라의 기능배분

기능배분방식

우리나라는 기능배분의 방식으로서 예시적 포괄주의를 취하고 있으며 예외적으로 특례주의를 채택하고 있다.

2) 김학로(1994), 지방행정의 이론과 실제, pp.220-221.

(1) **예시적 포괄주의방식**: 우리나라는 지방자치단체가 처리할 수 없는 국가사무를 열거하면서, 지방자치단체의 사무를 기능영역별로 예시함으로써 예시적 포괄주의방식을 채택하고 있다.

(2) **특례주의**: 광역자치단체와 기초자치단체 간 기능배분에 있어 특정 자치단체의 특수성을 고려하는 두 가지의 특례가 인정되고 있다.

㈎ 특별시 · 광역시와 자치구 간의 특례: '자치구의 자치권의 범위는 법령이 정하는 바에 의하여 시 · 군과 다르게 할 수 있다.'고 규정하여 성질상 대도시 전체로서 처리해야 할 행정기능은 시 · 군과 다르게 자치구에서 처리하지 아니하고 특별시 · 광역시에서 처리하도록 하였다.

표 7-5 자치구에서 처리하지 아니하고 특별시 · 광역시에서 처리하는 사무

- 지방자치단체의 인사 및 교육 등에 관한 사무
- 지방재정에 관한 사무
- 매장 및 묘지 등에 관한 사무
- 청소 · 오물에 관한 사무
- 지방토목 · 주택건설 등에 관한 사무
- 도시계획에 관한 사무
- 도로의 개설과 유지 · 관리에 관한 사무
- 상수도사업에 관한 사무
- 공공하수도에 관한 사무
- 공원 등 관광 · 휴양시설의 설치 · 관리에 관한 사무
- 지방궤도사업에 관한 사무
- 대중교통행정에 관한 사무
- 지역경제 육성에 관한 업무
- 교통신호기, 안전표시 등의 설치 · 관리 등에 관한 사무

㈏ 인구 50만 명 이상 시(市)의 특례: 자치구가 아닌 구(區)가 설치된 '인구 50만 명 이상의 시에 대하여는 도(道)가 처리하는 사무 일부를 직접 처리하게 할 수 있다'고 규정함으로써 중소도시나 군에 획일적으로 배분되는 권한과 달리 대도시에 더욱 많은 권한을 부여하고 있다.

표 7-6 인구 50만 명 이상의 시가 직접 처리할 수 있는 도의 사무

1. 보건의료에 관한 사무
2. 지방공기업에 관한 사무
3. 주택건설에 관한 사무
4. 토지구획정리사업에 관한 사무
5. 도시계획에 관한 사무
6. 도시재개발사업에 관한 사무

7. 환경보전에 관한 사무
8. 건설기계관리에 관한 사무
9. 자동차 운송사업에 관한 사무
10. 지방공무원 인사 및 정원관리에 관한 사무
11. 지적에 관한 사무
12. 열 사용 기자재에 관한 사무
13. 식품제조업(유가공품제조업 및 식육제품업만 해당한다)에 관한 사무
14. 묘지 · 화장장 및 봉안당의 운영관리에 관한 사무
15. 사회복지시설에 관한 사무
16. 고압가스에 관한 사무
17. 도시가스에 관한 사무
18. 지방채 발행 승인 신청

기능배분의 원칙

지방자치법은 '시 · 도와 시 · 군 및 자치구는 그 사무를 처리하면서 서로 경합하지 아니하도록 하여야 하며(불경합의 원칙), 그 사무가 서로 경합하는 경우에는 시 · 군 및 자치구에서 우선으로 처리한다'(기초자치단체 우선의 원칙)고 규정하고 있으며(제10조 제3항), '중앙행정권한의지방이양촉진등에관한법률' (1999년 1월 29일 제정)도 이 규정을 강조하면서 지방이양 및 사무배분의 기본원칙을 제시하고 있다.

(1) **기초자치단체 우선의 원칙**: ① 지방자치법에 예시된 사무를 지방자치단체에서 가능한 한 독자적으로 처리하도록 하고, ② 지방자치법에 규정된 지방자치단체 간 사무배분의 기준을 준수하며, ③ 또한 지방자치법은 주민의 복리 및 생활편의와 직접 관련된 권한과 사무는 시 · 군 · 구에 우선으로 배분하여야 한다고 규정함으로써 기초자치단체 우선의 원칙을 천명하고 있다.

(2) **자치단체의 의사존중 원칙**: 중앙행정기관의 권한을 지방자치단체에 이양하면서 지방자치단체의 여건 및 능력을 고려함과 아울러 지방자치단체의 의사를 존중할 것을 규정하고 있다.

(3) **관련사무의 총괄 이양의 원칙**: 지방자치단체가 이양받은 사무를 자주적인 결정과 책임 아래 처리할 수 있도록 관련되는 일체의 사무를 가능한 한 동시에 이양하도록 하여 단위사무 중심에서 기능 중심의 사무 배분을 가능하게 하였다.

(4) **자치단체의 능력한계 사무의 상급기관으로의 이양 원칙**: 시 · 군 · 구가 처리하는 사무 중 시 · 군 · 구의 전문적 · 기술적 능력을 초월하거나 지방자치법 제10조 제1항 제1호 각 목에 규정된 사무 등 그 사무의 성격상 시 · 도에서 처리함이 합리적인 사무는 시 · 도로 이양하도록 하며, 시 · 도와 중앙행정기관 간의 관계에서도 같은 기준을 적용

하도록 하였다.

(5) **행정적 · 재정적 지원의 병행의무의 원칙**: 중앙행정기관의 장은 권한의 지방이양과 함께 이양된 사무가 원활히 처리될 수 있도록 행정적 · 재정적 지원을 병행하여야 하고, 재정지원의 방법 및 규모 등에 관하여는 중앙행정기관 간 및 지방자치단체 간에 재정지원의 균형유지 등을 위하여 행정자치부 장관과 협의하도록 하고 있다.

(6) **자치단체의 규모 등 여건에 따른 차등이양 원칙**: 각급 지방자치단체에 대한 기능배분에 있어서 지방자치단체별 행 · 재정능력, 도시 및 농촌 등 행정수요의 차이, 지역적 특수성, 인구규모 등을 고려하여 부득이한 경우 동종의 자치단체라도 이양되는 사무의 종류를 달리할 수 있도록 자치단체 간 차별적 이양을 허용하여 획일적인 사무 이양 결정의 폐단을 사전에 방지할 수 있게 하였다.

국가와 지방자치단체 간 기능배분

국가와 지방자치단체 간 기능배분에 있어서 지방자치법 제11조에 규정된 국가사무를 제외하고는 가능한 한 지방자치단체에 배분하여야 한다. 지방자치단체는 다음의 국가사무에 관해서는 특별히 법률의 규정에 의하여 처리하는 경우를 제외하고는 처리할 수 없다.

(1) 외교, 국방, 사법(司法), 국세 등 국가의 존립에 필요한 사무

(2) 물가정책, 금융정책, 수출입정책 등 전국적으로 통일적 처리를 필요로 하는 사무

(3) 농산물 · 임산물 · 축산물 · 수산물 및 양곡의 수급조절과 수출입 등 전국적 규모의 사무

(4) 국가종합경제개발계획, 국가하천, 국유림, 국토종합개발계획, 지정항만, 고속국도 · 일반국도, 국립공원 등 전국적 규모나 이와 비슷한 규모의 사무

(5) 근로 기준, 측량단위 등 전국적으로 기준을 통일하고 조정하여야 할 필요가 있는 사무

(6) 우편, 철도 등 전국적 규모나 이와 비슷한 규모의 사무

(7) 고도의 기술을 필요로 하는 검사 · 시험 · 연구, 항공관리, 기상행정, 원자력개발 등 지방자치단체의 기술과 재정능력으로 감당하기 어려운 사무

지방자치단체 상호 간 기능배분

광역자치단체가 담당해야 할 ① 연락 · 조정기능, ② 지휘 · 감독기능, ③ 광역행정기능, ④ 보완 · 대행기능 이외에는 모두 기초자치단체에 배분하여야 한다. 다만 지방자

치단체의 구역, 조직 및 행정관리 등에 관한 사무는 각 지방자치단체에 공통된 사무로 한다.

(1) **광역자치단체의 사무**: 시 · 도는 ① 행정처리 결과가 2개 이상의 시 · 군 및 자치구에 미치는 광역적 사무, ② 시 · 도 단위로 같은 기준에 따라 처리되어야 할 성질의 사무, ③ 지역적 특성을 살리면서 시 · 도 단위로 통일성을 유지할 필요가 있는 사무, ④ 국가와 시 · 군 및 자치구 사이의 연락 · 조정 등의 사무, ⑤ 시 · 군 및 자치구가 독자적으로 처리하기에 부적당한 사무, ⑥ 2개 이상의 시 · 군 및 자치구가 공동으로 설치하는 것이 적당하다고 인정되는 규모의 시설을 설치하고 관리하는 사무.

(2) **기초자치단체의 사무**: 시 · 군 및 자치구는 광역자치단체인 시 · 도의 처리사무를 제외한 사무를 처리하되 서로 경합할 때는 시 · 군 · 자치구가 우선으로 처리한다. 이는 시 · 군 · 자치구가 주민에게 가장 친밀한 제1차적 자치단체이므로 주민의 복리증진에 관한 모든 사무를 포괄적 · 우선으로 처리한다는 것을 의미한다.

제8장 지방자치단체의 기관구성

제1절 기관구성

1. 기관구성의 의의

오늘날 세계 각국은 지방자치단체에 의사결정기능과 집행기능을 담당하는 기관을 두고 그 나라의 정치적 전통과 행정여건에 따라 다양한 기관구성형태를 발전 · 변모시켜 나가고 있다. 이는 급속한 사회변화에 당면하여 대응성 · 효과성 · 능률성의 적절한 결합을 찾으려는 계속된 시도라고 할 수 있다. 자치단체의 기관구성형태는 의결기관과 집행기관의 조직 양태에 따라 크게 기관통합형, 기관대립형, 절충형 및 주민총회형으로 분류된다.

2. 기관통합형

기관통합형은 권력집중주의에 근거하여 자치단체의 의결기능과 집행기능을 단일기관인 지방의회에 귀속시키는 형태이다. 영국의 의회형과 미국의 위원회형이 대표적이다.

영국의 의회형

지방의회가 의결기능과 집행기능 전반을 관장하는 형태로서 영국을 비롯하여 대부분의 영연방국가(캐나다, 인도, 호주, 뉴질랜드, 남아공화국 등)에서 채택하고 있다. 지방자치단체의 장이 별도로 존재하지 않으며 의회의 의장이 당해 지방자치단체를 대표한다. 의장은 단지 의례적 · 상징적인 존재에 불과하며, 종래에는 의회에서 임명된 지배인(Council-Manager)이 별도로 설치되어 행정을 총괄적으로 집행하였다. 그러나 최근에 와서는 의회운영의 투명성과 효율성을 높이고 책임소재를 명확히 하기 위해 주민 직선에 의해 선출된 지방의원을 집행기관으로서 책임을 지는 의원과 견제와 균형의 역할을 수행하는 의원으로 양분하는 내각견제체제의 형태로 전환하고 있다. 특히 후자에 의해 감시위원회를 설치하여 의회가 지역주민의 의견을 반영하는 책무를 지도록 하였다.

미국의 위원회형

주민에 의하여 선출된 복수의 위원으로 구성되는 위원회가 행정권과 입법권을 모두 행사하는 형태로서 일명 갈베스톤형이라고도 한다. 이 유형은 약시장-의회형에 대한 대안 차원에서 발전된 것으로 인구 25,000명 미만의 소도시에서 많이 채택되고 있다. 현재 이 유형을 지니고 있는 자치단체의 수는 매우 적으며(미국의 3% 이하) 그나마 점차 폐지하고 다른 기관구성형태를 채택하는 추세에 있다. 보통 3인~5인의 위원으로 구성된 위원회가 자치단체의 모든 기능을 행사하고 통제하며, 1인의 위원이 시장으로 지명된다. 위원들은 개별적으로 각 행정부서의 장이 되어 부문별 행정을 지휘 · 감독하지만 다른 행정부서의 사무까지 공동으로 연대책임을 진다. 위원은 정당에 가입하지 않은 선출된 공무원이며 시(市) 전체를 대표한다.

기관통합형의 장 · 단점

(1) **기관통합형의 장점**: ① 지방행정의 권한과 책임이 지방의회에 집중되어 있으므로 민주정치와 책임행정을 구현하기 쉽다. ② 의결기관 · 집행기관이 단일기관으로 되어 있어 갈등이나 알력이 발생할 여지가 없으므로 지방행정의 안정성과 능률성을 기대할 수 있다. ③ 다수의원의 의사에 따라 정책을 결정하고 집행하므로 신중하고 공정한 자치행정을 수행할 수 있다. ④ 소규모 조직의 기초자치단체에서 채택하기 쉽다. ⑤ 미국의 위원회형의 경우 소수의 위원으로 운영되므로 경제적인 예산절감은 물론 신속하고 탄력적인 행정집행을 도모할 수 있다.

(2) **기관통합형의 단점**: ① 단일기관에서 의결기능과 집행기능을 동시에 행사하여 견제와 균형을 기할 수 없으므로 권력남용의 우려가 있다. ② 주민에 의해 선출된 의원이 행정을 맡게 되므로 행정의 전문화를 저해할 가능성이 크다. ③ 여러 의원이 행정을 분담하여 처리하기 때문에 행정의 종합성 · 통일성을 유지하기 어렵다. ④ 위원회형의 경우 대도시의 다양한 이익집단과 각 계층의 이해를 대표하기에는 부적합하다. ⑤ 지방행정에 정치적 요인이 개입될 여지가 상당하다.

3. 기관대립형

기관대립형은 권력분립주의 원칙에 근거하여 자치단체의 의결기능과 집행기능을 각각 다른 기관에 분담시키고, 이들 상호 간의 견제와 균형을 통하여 자치행정을 수행하는 형태이다. 기관대립형은 집행기관의 선임방법에 따라 다양한 형태로 구분할 수 있다.

집행기관 직선형

(1) **미국의 시장-의회형**: 주민에 의해 선출된 시장과 의원들이 각각 집행기관과 의결기관을 맡아 상호견제로 행정을 수행하는 형태이다. 시장과 의회의 권한 강약관계에 따라 약시장-의회형, 강시장-의회형, 그리고 시장-수석행정관형으로 나눌 수 있다.

(가) 약시장-의회형(Weak Mayor-Council type): 의회가 정책결정권은 물론 고위직공무원에 대한 인사권과 행정운영에 대한 감독권을 보유하여 시(市)의 일반행정에 관여하는 형태이다. 시장은 인사권 · 거부권 · 예산편성권 등에 있어서 많은 제약을 받아 극히 한정된 행정권만을 행사할 뿐이다. 이 유형에서는 의회의 각종 행정위원회가 일부 행정기능을 수행하고, 시장 외에 주민에 의해 직접 선출된 행정관(검사장, 조정관, 제무관, 감사역 등)이 따로 있어서 행정의 권한과 책임이 분산된 것이 특징이다. 남북전쟁 이전까지 미국의 Town, Township에서 보편적으로 채택한 형태이다.

그림 8-1 약시장-의회형

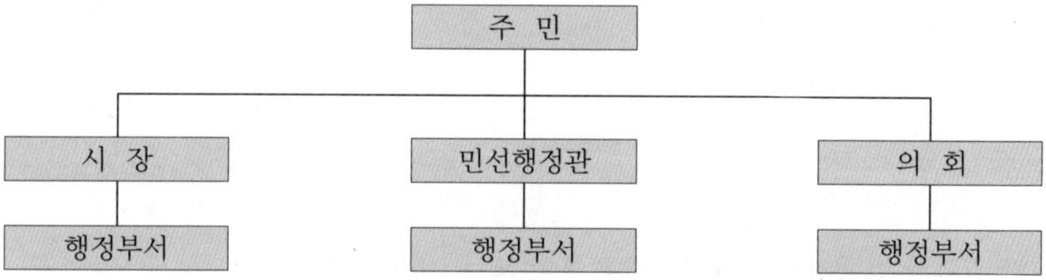

(나) 강시장-의회형(Strong Mayor-Council type): 시장의 권한하에 행정 구조를 통합시켜 시장에게 시행정의 모든 책임을 귀속시킨 형태이다. 이 형태에서 시장은 자치단체의 내 · 외에 대하여 강력한 정치적 리더십을 행사한다. 시장은 자치단체의 행정전반에 대하여 책임을 지면서 강력한 인사권과 예산편성 및 집행권을 가질 뿐만 아니라 입법안을 의회에 제출할 수 있고, 의회의 의결사항에 대하여 거부권을 행사할 수 있다. 이러한 강시장형은 행정 능률성의 요청에 따라 약시장-의회형에 대응하여 등장한 것으로 주로 대도시(50만 이상)나 소도시(2만 5천 이하)에서 채택하고 있다.

그림 8-2 강시장-의회형

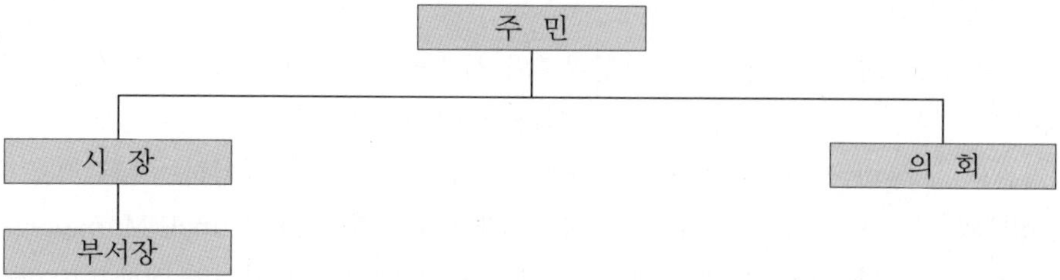

(다) 시장-수석행정관형(Mayor-Chief Administrative Officer type): 시장이 집행기관의 장의 지위에 있으면서 전문적인 행정능력을 갖춘 수석행정관(총괄관리관)의 임면권을 가지고 있는 형태이다. 시장은 對의회관계 등 대외업무를 관장하고, 수석행정관은 예산의 관리, 행정운영에 대한 일반적 지휘·감독권, 시장에 대한 권고권, 공무원임명권 등을 가지고 내부적인 행정 전반을 담당한다. 이 유형은 수장이 일상적인 행정사무로부터 벗어나 고도의 정책사항에 전념할 수 있다는 장점이 있다. 강시장-의회형과 의회-지배인형의 장점만을 결합하려는 노력의 산물로서 뉴욕, 보스턴, 로스앤젤레스, 샌프란시스코, 필라델피아 등의 대도시에서 채용하고 있다.

그림 8-3 시장-수석행정관형

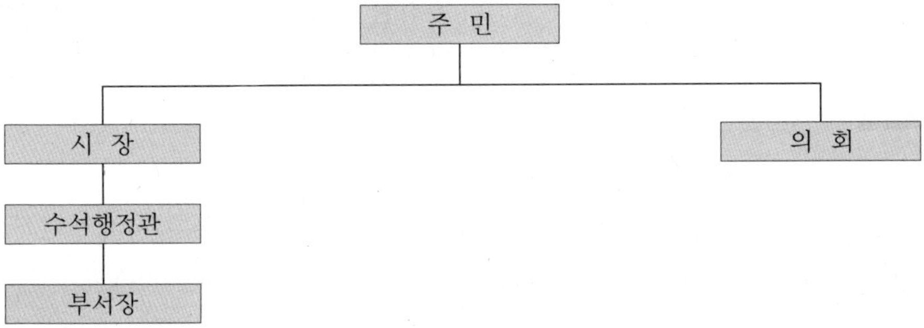

(2) **일본의 집행기관장-의회형**: 일본의 모든 지방자치단체는 수장제(首長制)를 채택하고 의원과 함께 주민 직선에 의해 선출하고 있다. 다만 수장 이외에 행정위원회(교육위원회, 공안위원회, 선거관리위원회, 감사위원 등)를 별도로 두고 독립된 지위에서 소관사항을 관장하도록 함으로써 집행기관을 다원화하고 있는 점이 특색이다. 수장은 미국의 강시장형과 같이 강력한 지위와 권한(거부권, 의회해산권 등)을 가지며 都·道·府·懸의 부지사·출납장 및 市·町·村의 조역·수입역을 의회의 동의를 받아 임명하고 있다.

(3) **독일의 집행기관장-의회형**: 주민직선에 의해 의원과 시장을 선출하지만 시장이 집행기관장인 동시에 의회의장으로서의 지위를 겸하고 있는 강력한 시장형 정부형태이다. 바이에른(Bayern)주, 라인란트-팔츠(Rheinland-Pfalz)주, 작센(Sachsen)주 등이 이 제도를 도입하고 있다.

(4) **영국의 시장-의회형**: 기관구성형태의 선택권을 주민에게 주어 주민 직선에 의해 시장과 의원을 선출할 수 있도록 하고 있다(런던광역시, Lewisham 바로우 등). 이 경우도 집행기관을 ① 주민 직선에 의해 선임된 장과 장이 의원 중에서 임명하는 내각제로 구성하는 형태와 ② 주민 직선에 의해 선임되는 장과 사무국의 장인 Council Manager로 구성하는 형태가 있다. 또한 1999년에는 스코틀랜드와 웨일스가 의회와 집행부로 구성되

는 지역 정부로 창설되었다.

(5) 집행기관 직선형의 장 · 단점

(가) 장 점: ① 의결기관과 집행기관을 다 같이 주민 직선에 의하여 선출함으로써 실질적인 주민통제가 가능하다. ② 시장의 임기가 보장됨으로써 강력한 행정시책을 추진할 수 있다. ③ 견제와 균형의 원리에 근거하여 운영되기 때문에 권력의 전횡이나 부패를 방지하고 비판과 감시의 충실을 기할 수 있다. ④ 자치단체장은 주민의 신임에 기초하여 행정을 수행하기 때문에 민의를 자치행정에 반영하기가 쉽다.

(나) 단 점: ① 자치단체장은 연임하기 위해서 인기에 영합하는 행정을 수행할 가능성이 높다. ② 반드시 행정능력을 갖춘 인사가 자치단체장으로 선출되는 것은 아니므로 효율적인 행정을 기대하기 어렵다. ③ 의결기관과 집행기관 사이에 갈등이나 알력이 발생할 경우 자칫 지방행정의 혼란과 마비를 초래할 우려가 있다.

집행기관 간선형

(1) 의 의: 집행기관의 책임자를 주민의 대표기관인 지방의회가 선출하는 유형으로서 프랑스의 Commune에서 채택하고 있다. 시장은 강력한 지위를 가지고 집행기관을 통솔하면서 동시에 의회의장으로서의 역할도 수행한다.

(2) 집행기관 간선형의 장 · 단점

(가) 장 점: ① 책임 있는 정치와 행정을 구현할 수 있다. ② 집권여당이 과반수 이상을 차지할 경우 자치단체장은 의회의 지지를 바탕으로 강력한 행정을 추진해 나갈 수 있다. ③ 지방의회와 자치단체장 상호 간에 긴밀한 협력체제를 유지함으로써 행정의 안정성과 효율성을 높일 수 있다.

(나) 단 점: ① 자치단체장이 의회에 예속화됨으로써 견제와 균형의 원리구현이 어렵다. ② 자치단체장에 대한 주민통제가 약화하고 민의의 반영이 소홀해질 우려가 있다. ③ 자치단체장이 정당의 이해에 따라 선출되기 쉬운 까닭에 행정능력과 지도력을 갖춘 자가 반드시 장이 된다는 보장이 없다. ④ 지방의회 내의 여당세력이 과반수가 안 될 경우 행정을 추진함에서 필요 없는 힘을 소모하게 되고 행정사무에 소홀할 우려가 있다.

집행기관 임명형

(1) 의회-지배인형(Council-Manager type)

(가) 의 의: 의회가 정책결정권과 행정의 최종적인 통제권을 행사하되, 자치단체의 행정 전반에 대하여 책임을 지는 전문지배인을 선임하는 형태이다. 이것은 1910년대의 행

정 개혁기에 과학적 관리법의 영향을 받아 지배인제도를 행정에 도입한 것으로 1912년 South Carolina 주(州) Sumter 시(市)에서 최초로 채택하였다. 현재 미국 자치단체의 과반수(대부분 중소도시)가 채택하고 있다.

(나) 특 징: ① 효율적인 경영방식을 모방한 기관운영과 정치 · 행정의 분리를 목적으로 도입되었다. ② 지배인은 모든 시의 행정에 대한 감독 · 지시권, 부서장의 임면권, 예산편성권, 시의회에 대한 권고권 등을 가지며 의회에 대하여 책임을 진다. ③ 지배인의 임기는 시의회와의 계약에 따라 정하여지나 시의회는 재량에 따라 언제든지 지배인을 해고할 수 있다. ④ 시장은 일반적으로 의원 중에서 선출되며, 명예직으로서 의사를 관장하고 시(市)를 대표하는 정치적 지도자에 불과하다. ⑤ 시의회는 조례제정권, 정책결정권, 재정권, 행정에 대한 조사 및 감사권 등을 장악함으로써 시정을 통제한다.

그림 8-4 의회-지배인형

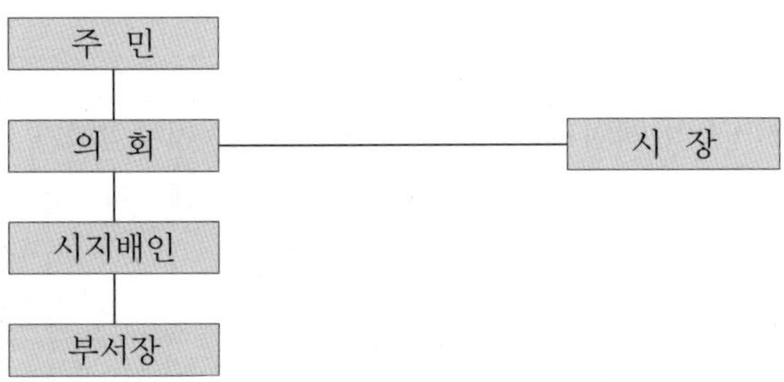

(다) 장 점: ① 행정에 대한 고도의 전문지식과 경험을 겸비한 자를 집행책임자로 선임하기 때문에 행정능률을 향상할 수 있을 뿐 아니라 소인행정(素人行政)을 지양하고 과학적 · 전문적 행정을 수행할 수 있다. ② 직업윤리의식을 가진 전문가가 의회의 신임에 기초하여 행정을 수행하므로 부당한 정치적 압력을 배제하고 부정행위를 감소시킬 수 있다. ③ 입법기능과 집행기능이 명확히 구분되어 행정의 책임소재가 뚜렷하다.

(라) 단 점: ① 지배인의 정치적 지도역량이 부족한 까닭에 강력한 행정을 추진하기 어렵다. ② 행정책임자인 지배인과 정치적 · 의례적인 시장 간에 갈등과 알력이 발생할 가능성이 있다. ③ 행정책임이 지배인에게 집중되어 있으므로 권력 전횡의 우려가 있다. ④ 대도시에서 채택하기는 부적합하다. ⑤ 집행기관을 주민 직선에 의하지 않고 의회에서 임명하게 하는 것은 본질에서 비민주적이라는 비난을 받고 있다.

(2) 국가에 의한 집행기관 임명형: 지방행정의 민주성보다 능률성을 더 중시하여 국가가 집행기관의 장을 임명하는 지방정부 형태이다.

(가) 장 점: ① 국가와 자치단체 간에 긴밀한 협조관계가 이루어지고 행정의 통일성 · 일관성을 확보하기가 쉽다. ② 강력한 행정을 추진할 수 있으며, 주민이나 정당의 환심

을 살 필요가 없으므로 행정의 합리성 확보에 쉽다. ③ 유능한 전문가를 자치단체 장으로 임명할 수 있어 지방행정의 질과 행정능률을 제고할 수 있다.

(나) 단 점: ① 자치단체장은 국가의 지휘 · 통제를 받으므로 민의의 충실한 반영보다는 국가의 지시에 급급할 우려가 있다. ② 지방행정이 관료주의화 될 우려가 크다. ③ 지방자치의 본질인 기관의 자기선임의 원칙에 배치된다. ④ 행정의 민주성을 확보하기가 어렵다.

4. 절충형

절충형의 의의

절충형은 기관통합형과 기관대립형의 정부형태를 상호 절충한 형태로서, 의결기관과 집행기관을 따로 두고 있으나 상호 대립시키는 것이 아니라 상호 조화시키고 있는 유형이다. 네덜란드, 스웨덴, 오스트리아, 노르웨이, 벨기에, 덴마크, 스위스 및 독일의 Hessen 주에서 채택하고 있다.

절충형의 특징

(1) 지방의회, 자치단체장 외에 집행기능을 담당하는 기관(이사회, 참사회 또는 집행위원회)을 따로 두고 있어 일명 3원형이라고도 한다.

(2) 자치단체장은 집행책임자인 경우도 있고, 의례적 · 형식적 존재인 경우도 있다. 의회 또는 시민에 의해 선출되는 자치단체장이 이사회의 의장이 된다.

(3) 집행기관과 의결기관을 분립시키되 상호 대립시키지 않고, 집행기관을 합의제로 한 점에서 미국의 시장형과 다르다.

(4) 이사회 · 참사회(집행위원회)가 지방의회를 기반으로 하면서도 별개의 독립된 집행기관의 지위를 갖는다는 점에서 영국의 의회형이나 미국의 위원회형과 구별된다.

(5) 이사회 · 참사회(집행위원회)의 구성원도 의회의 구성원이 된다.

절충형의 장 · 단점

(1) 장 점: ① 의회와 집행기관(이사회, 참사회 또는 집행위원회) 간에 대립과 마찰을 피하면서 긴밀한 협조체제를 구축할 수 있다. ② 민의의 충실한 반영과 공정하고 신중한 집행을 가능하게 한다. ③ 기관통합형과 기관대립형의 절충적 형태이므로 양자의 장점을 살릴 수 있다.

(2) 단 점: ① 합의제이므로 행정책임의 소재가 불분명하다. ② 지방자치단체의 의사 결정과 집행이 신속히 처리되지 못하고 지체되기 쉽다. ③ 비전문가에 의한 素人行政의 폐해를 초래할 우려가 있다. ④ 기관의 3원제로 인하여 자칫 잘못 운영하면 행정의 혼란을 가져와 기관대립형과 기관통합형의 장점을 상실할 염려가 있다.

5. 주민총회형

주민총회형은 직접민주제의 원리를 현실적으로 적용한 기관구성형태로서 소규모 자치단체에서 흔히 볼 수 있는 유형이다. 지방자치단체 내의 모든 유권자로 구성된 주민총회가 자치단체의 최고기관으로서 중요정책, 인사, 예산 등을 직접 결정하고 집행하는 형태이다.

그러나 인구의 증가, 행정구역의 확대는 물론 행정사무가 양적 · 질적으로 변화함에 따라 오늘날에는 주민대표를 구성원으로 하는 대표적 주민총회형으로 행해지는 것이 일반적인 경향이다. 이 경우 의결권은 주민대표에 의해서 행사되지만 주민도 임의로 주민총회에 출석하여 의견을 개진할 수 있다. 스위스의 기초자치단체의 주민총회, 미국의 Town Meeting(뉴잉글랜드지역), 영국의 Parish Meeting 등이 이 유형에 해당한다.

6. 우리나라 지방자치단체의 기관구성

우리나라는 현재 기관대립주의를 채택하고 주민 직선에 의해 의회의원과 자치단체장을 선출하고 있다.

(1) 지방의회와 자치단체장을 상호 분립시켜 권한을 분담시킴으로써 미국의 시장-의회형 또는 일본의 기관대립형과 유사하다.

(2) 재의요구권, 선결처분권 등 제도적인 면에서뿐만 아니라 실질적으로도 종래의 강력한 중앙집권체제 하의 집행부 우위의 전통으로 말미암아 자치단체장의 지위 · 권한이 강한 이른바 수장 우위적인 형태를 취하고 있다.

(3) 교육 · 학예에 관한 사무를 제외하고는 집행기관단일주의에 입각하여 모든 행정기능을 자치단체장이 관장하도록 하고 있다.

표 8-1 우리나라 기관구성형태의 변천 과정

구 분	지방의회	자치단체장	비 고
1949.7 (지방자치법 제정)	의회 구성 (주민 직선)	기초단체장: 의회 간선 광역단체장: 임명제	제1차 지방선거 1952.4(기초) 1952.5(광역)
1956.2 (2차 개정)	의회 구성 (주민 직선)	기초단체장: 주민 직선 광역단체장: 임명제	제2차 지방선거 (1956.8)
1958.12 (4차 개정)	의회 구성 (주민 직선)	임명제	—
1960.11 (5차 개정)	의회 구성 (주민 직선)	주민 직선	제3차 지방선거 (1960.12)
1961.5 (의회 해산)	지방자치에관한임시조치법(1961.9)에 의한 상급기관의 의회권한대행과 집행기관장의 임명제(지방자치 미실시)		
1988.4 (7차 개정)	원칙: 의회 구성 경과조치: 미구성	원칙: 주민 직선 경과조치: 임명제	—
1990.12 (9차 개정)	의회 구성 (주민 직선)	원칙: 주민 직선 경과조치: 임명제	제4차 지방선거 1991.4(기초) 1991.7(광역)
1994.3 (12차 개정)	의회 구성 (주민 직선)	원칙: 주민 직선 경과조치: 임명제	제1기 동시 지방선거 (1995.6.27)
1995.6.27~ 현재	의회 구성 (주민 직선)	주민 직선	제2기 동시 지방선거 (1998.6.4) 제3기 동시 지방선거 (2002.6.13)

제2절 집행기관

1. 집행기관의 의의

집행기관의 개념

지방자치단체의 집행기관이란 '자치단체의 목적과 기능을 구체적 · 적극적으로 실현하며, 당해 자치단체의 의사를 대외적으로 표시하는 기관'을 말한다. 현행지방자치법은 집행기관으로서 지방자치단체의 장을 두고, 별도로 시 · 도에 교육 · 체육 · 과학 기타 학예와 같은 특별사무를 관장하는 교육감을 두어 하나의 지방자치단체 안에 두 계통의 집행기관을 병립시키고 있다. 그러나 일반적으로 집행기관이란 의결기관인 지방의회와 대비적으로 인정된 기관을 의미한다.

집행기관의 구성 및 선임방법

집행기관은 기관구성형태와 그 선임방법에 따라 지위, 권한 및 역할에서 각기 큰 차이를 나타낸다.[1)]

(1) **독임제**: 독임제 집행기관의 선임방법에는 선거제와 임명제가 있다. 선거제에는 ① 주민직선제(미국의 시장-의회형, 일본의 자치단체), ② 지방의회가 선출하는 간선제(프랑스의 Commune), ③ 지방의회의 장이 집행기관인 제도(프랑스의 데빠르뜨망 및 레종)가 있으며, 임명제로는 ① 지방의회에 의한 임명제(미국의 의회-지배인형, 독일의 Gemeinde관리관형)와 ② 국가에 의한 임명제(1982년 이전의 프랑스의 도지사)가 있다.

(2) **합의제**: 합의제 집행기관은 집행권의 자의적 행사로부터 민주적인 자치행정을 보장하기 위하여 구성된다. 이러한 합의제의 선임방법으로는 ① 주민직선제(위원회형, 감독위원회형)와 ② 지방의회에 의하여 임명 또는 지명되는 방법(집행위원회형)이 있다.

(3) **우리나라의 선임방법**: 우리나라의 집행기관은 독임제로 구성되어 있다. 집행기관인 지방자치단체의 장의 선임방법은 정치여건의 변화에 따라 간선제, 직선제, 임명제 등의 방법을 번갈아 채택했으나 현행지방자치법에서는 모든 자치단체장을 주민직선에 의해 선출하도록 규정하고 있다.

2. 지방자치단체의 장

자치단체장의 신분

지방자치법은 '특별시에 특별시장, 광역시에 광역시장, 특별자치시에 특별자치시장, 도와 특별자치도에 도지사를 두고, 시에 시장, 군에 군수, 자치구에 구청장을 둔다.〈개정 2011.5.30.〉'고 규정하고 있다. 이러한 자치단체장은 주민의 보통 · 평등 · 직접 · 비밀선거에 의하여 선출되는 정무직 지방공무원이다.

(1) **피선거권**: 자치단체장의 피선거권은 선거일 현재 계속하여 60일 이상 당해 자치단체의 관할구역 안에 주민등록이 된 주민으로서 선거권이 있는 25세 이상인 자이다. 모든 자치단체장의 선거에는 정당 추천제가 허용되고 있으며, 무투표당선은 인정되지 않

1) 정세욱(1990), 지방자치학, pp.539-543.

고 있다.

(2) **겸직 및 영리 행위금지**: 지방자치법상 우리나라의 지방자치단체의 장이 겸직할 수 없는 직은 다음과 같다. ① 대통령, 국회의원, 헌법재판소재판관, 각급 선거관리위원회 위원, 지방의회의원, ② 법률에 따라 공무원이거나 공무원의 신분을 가진 자, ③ 공공기관(한국방송공사, 한국교육방송공사 및 한국은행을 포함한다)의 임직원, ④ 농업협동조합, 수산업협동조합, 산림조합, 엽연초생산협동조합, 신용협동조합 및 새마을금고(이들 조합·금고의 중앙회와 연합회를 포함한다)의 임직원, ⑤ 교원, ⑥ 지방공기업법상 지방공사와 지방공단의 임직원 이 외 법률로 겸직할 수 없는 직위에 있는 자 등이다. 또한, 지방자치단체의 장은 재임(在任) 중 그 지방자치단체와 영리를 목적으로 하는 거래를 하거나 그 지방자치단체와 관계있는 영리사업에 종사할 수 없다(지방자치법 96조).

(3) **임 기**: 자치단체장의 임기는 4년이고, 임기는 전임자의 임기만료일의 다음 날로부터 개시되며, 계속 재임은 3기에 한한다. 지방자치단체를 폐지하거나 설치하거나 나누거나 합쳐 새로 지방자치단체의 장을 선거하여야 하는 경우에는 그 지방자치단체의 장이 선거될 때까지 시·도지사는 행정자치부 장관이, 시장·군수 및 자치구의 구청장은 시·도지사가 각각 그 직무를 대행할 자를 지정하여야 한다. 다만, 둘 이상의 동격의 지방자치단체를 통·폐합하여 새로운 지방자치단체를 설치하는 경우에는 종전의 지방자치단체의 장 중에서 해당 지방자치단체의 장의 직무를 대행할 자를 지정한다(지방자치법, 97조〈개정 2008.2.29., 2013.3.23., 2014.11.19.〉).

자치단체장의 지위

(1) **지방자치단체의 대표기관**: 자치단체장은 당해 지방자치단체를 대표하고 그 사무를 통할하는 지위에 있다. 즉 자치단체장만이 외부에 대하여 당해 지방자치단체의 의사를 표시할 수 있다.

(2) **주민의 대표기관**: 자치단체장은 주민의 보통·평등·직접·비밀선거에 의하여 선출하므로 주민의 대표의 지위를 가진다.

(3) **지방자치단체의 집행기관**: 자치단체장은 당해 지방자치단체의 사무를 관리하고 집행한다. 여기서 지방자치단체의 사무란 자치사무와 단체위임사무를 의미한다.

(4) **국가의 하부기관**: 자치단체장은 법령에 의하여 국가로부터 사무를 위임받은 범위 내에서 국가 하부기관의 지위에 있게 된다.

자치단체장의 권한

(1) **통할 · 대표권**: 자치단체장은 대내적으로 행정기능 전반을 종합 · 조정하고, 대외적으로 자치단체의 의사를 표시할 수 있는 권한을 가진다. 다만 교육 · 체육 기타 학예사무에 관하여는 통할권이 제한된다.

(2) **사무의 관리 · 집행권**: 자치단체장은 당해 지방자치단체의 사무와 법령에 의하여 위임된 기관위임사무를 관리하고 집행한다.

(3) **지휘 · 감독권**: 자치단체장은 그 관할구역 안에 있는 각급 행정청과 지방자치단체를 지휘 · 감독한다.

(4) **규칙제정권**: 자치단체장은 법령 또는 조례가 위임한 범위 안에서 그 권한에 속하는 사무에 관하여 규칙을 제정할 수 있다.

(5) **임면권**: 자치단체장은 소속직원을 지휘 · 감독하고 법령이 정하는 바에 의하여 그 임면 · 교육훈련 · 복무 · 징계 등에 관한 사항을 처리한다.

(6) **사무위임권**

㈎ 권한의 수직적 위임 · 위탁: 자치단체장은 조례 또는 규칙이 정하는 바에 의하여 그 권한에 속하는 사무 일부를 보조기관, 소속행정기관 또는 하부행정기관에 위임하거나 관할구역 안에 있는 자치단체나 공공단체 또는 그 기관에 위임 · 위탁할 수 있다.

㈏ 권한의 수평적 위탁: 자치단체장은 그 권한에 속하는 사무 일부를 다른 자치단체 또는 그 장에게 위탁할 수 있다.

㈐ 권한의 민간위탁: 자치단체장은 조례 또는 규칙이 정하는 바에 의하여 그 권한에 속하는 사무 중 주민의 권리 · 의무와 직접 관련이 없는 사무를 법인 · 단체 또는 그 기관이나 개인에게 위탁할 수 있다. 다만 위탁사무가 주민의 권리 · 의무와 직접 관계되는 때는 법령의 근거가 있어야 한다.

㈑ 권한의 재위임: 자치단체장은 위임 또는 위탁받은 사무 일부를 다시 위임 · 위탁할 수 있으며, 이 경우에는 미리 당해 사무를 위임 · 위탁한 기관의 장의 승인을 얻어야 한다.

(7) **지방의회에 관한 권한**: 자치단체장은 지방의회와의 관계에서는 견제와 균형을 유지하기 위하여 다음과 같은 권한을 가진다.

㈎ 지방의회의 의결에 대한 재의요구: 지방자치단체의 장은 지방의회의 의결이 월권이거나 법령에 위반되거나 공익을 현저히 해친다고 인정되면 그 의결사항을 이송받은 날부터 20일 이내에 이유를 붙여 재의를 요구할 수 있다. 재의한 결과 재적 의원 과반수의 출석과 출석의원 3분의 2 이상의 찬성으로 전과 같은 의결을 하면 그 의결사항은 확

정된다.

㈏ 대법원 제소권: 지방자치단체의 장은 재의요구에 따라 재의결된 사항이 법령에 위반된다고 인정되면 대법원에 소(訴)를 제기할 수 있다.

㈐ 예산상 집행 불가능한 의결의 재의요구: 지방자치단체의 장은 지방의회의 의결이 예산상 집행할 수 없는 경비를 포함하고 있다고 인정되면 그 의결사항을 이송받은 날부터 20일 이내에 이유를 붙여 재의를 요구할 수 있다.

㈑ 지방자치단체의 장의 선결처분: ① 지방자치단체의 장은 지방의회가 성립되지 아니한 때(의원이 구속되는 등의 사유로 제64조에 따른 의결정족수에 미달하게 될 때를 말한다)와 지방의회의 의결사항 중 주민의 생명과 재산보호를 위하여 긴급하게 필요한 사항으로서 지방의회를 소집할 시간적 여유가 없거나 지방의회에서 의결이 지체되어 의결되지 아니할 때는 선결처분(先決處分)을 할 수 있다. 선결처분의 경우, 바로 의회의 승인을 받아야 하고, 승인이 없는 선결처분은 효력을 잃는다.

(8) **재정에 관한 권한**: 기타 재정에 관한 권한으로 예산편성권과 집행권 및 지방채 발행권 등이 있다.

3. 보조기관

보조기관의 의의

집행기관의 보조기관이란 자치단체장이 당해 지방자치단체의 목적을 실현하기 위하여 의사를 결정하고 표시할 때 이를 보조하는 권한을 갖는 내부적 행정기관을 말한다.

부단체장

(1) **부단체장의 정수**: 현행 지방자치법과 이의 시행령은 특별시의 부시장은 3명, 광역시 · 특별자치시의 부시장과 도 및 특별자치도의 부지사는 2명(인구 800만 이상의 광역시 및 도는 3명)으로 하도록 규정하고 있다.

(2) **부단체장의 신분**: 현행 지방자치법과 이의 시행령은 특별시 · 광역시 및 특별자치시의 부시장, 도와 특별자치도의 부지사는 대통령령으로 정하는 바에 따라 정무직 또는 일반직 국가공무원으로 보하게 된다. 다만, 특별시 · 광역시 및 특별자치시의 부시장, 도와 특별자치도의 부지사를 2명이나 3명을 두는 경우에는 1명은 정무직 · 일반직 또는 별정직 지방공무원으로 보하되, 정무직과 별정직 지방공무원으로 보할 때의 자격 기준은 해당 지방자치단체의 조례로 정하게 된다. 정무직 또는 일반직 국가공무원으로 보하

는 부시장 · 부지사는 시 · 도지사의 제청으로 행정자치부 장관을 거쳐 대통령이 임명한다. 이 경우 제청된 자에게 법적 결격사유가 없으면 30일 이내에 그 임명절차를 마쳐야 한다. 또한, 시의 부시장, 군의 부군수, 자치구의 부구청장은 일반직 지방공무원으로 보하되, 그 직급은 대통령령으로 정하며 시장 · 군수 · 구청장이 임명한다.

행정기구

자치단체의 행정사무를 분장하는 데 필요한 행정기구를 두되, 시 · 도는 대통령령이 정한 범위 안에서 당해 지방자치단체의 조례로 정하고, 시 · 군 · 자치구는 대통령령이 정하는 기준에 따라 시 · 도지사의 승인을 얻어 당해 지방자치단체의 조례로 정한다.

소속공무원

지방자치단체는 당해 자치단체의 경비로써 부담하는 지방공무원을 두되, 그 정원은 대통령령이 정한 기준에 따라 당해 지방자치단체의 조례로 정하며, 지방공무원의 정원관리에 있어서 그 규모의 적정화와 운영의 합리화를 도모하여야 한다. 또한, 자치단체는 법률이 정하는 바에 따라 국가공무원을 둘 수 있는데, 5급 이상은 당해 지방자치단체 장의 제청으로 소속장관을 거쳐 대통령이 임명하고, 6급 이하는 당해 지방자치단체장의 제청으로 소속장관이 임명한다.

4. 소속행정기관 및 하부행정기관

소속행정기관

소속행정기관은 주로 지방자치단체의 사무 가운데 전문분야의 행정사무를 담당 · 처리하는 기능적 분장기관으로서 여기에는 직속기관, 사업소, 출장소 및 합의제 행정기관이 있다.

(1) **직속기관**: 지방자치단체는 그 소관 사무의 범위 안에서 필요하면 대통령령이나 대통령령으로 정하는 바에 따라 지방자치단체의 조례로 자치경찰기관(제주특별자치도에 한한다), 소방기관, 교육훈련기관, 보건진료기관, 시험연구기관 및 중소기업지도기관 등을 직속기관으로 설치할 수 있다.

(2) **사업소**: 지방자치단체는 특정 업무를 효율적으로 수행하는 데 필요하면 대통령령으로 정하는 바에 따라 그 지방자치단체의 조례로 사업소를 설치할 수 있다.

(3) **출장소**: 지방자치단체는 먼 거리 주민의 편의와 특정 지역의 개발 촉진을 위하여 필요하면 대통령령으로 정하는 바에 따라 그 지방자치단체의 조례로 출장소를 설치할

수 있다. 사업소가 특정 업무를 수행하는 특별행정기관인 데 반해, 출장소는 자치단체장의 권한을 지역적으로 분담하는 일반행정기관의 성질을 가진다.[2)]

(4) **합의제행정기관**: 지방자치단체는 그 소관 사무의 일부를 독립하여 수행할 필요가 있으면 법령이나 그 지방자치단체의 조례로 정하는 바에 따라 합의제행정기관을 설치할 수 있다. 합의제행정기관의 설치 · 운영에 관하여 필요한 사항은 대통령령이나 그 지방자치단체의 조례로 정한다.

하부행정기관

하부행정기관이란 지방자치단체의 행정사무를 지역적으로 분담 · 처리함으로써 보조기관과는 달리 대외적으로 지방자치단체의 의사를 표시하고 그에 따른 법적 효과를 발생시키는 행정청을 말한다. 하부행정기관으로는 일반직 지방공무원으로 보하는 자치구가 아닌 구의 구청장, 읍장, 면장, 동장이 있으며, 당해 자치단체장이 임명한다. 이들은 당해 자치단체장의 지휘 · 감독을 받아 소관국가사무 또는 지방자치단체의 사무를 처리하고 소속직원을 지휘 · 감독한다. 하부행정기관은 소관행정사무를 분장하기 위하여 필요한 행정기구를 둘 수 있는바, 이들의 설치에 대해서는 시 · 도지사의 승인을 얻어 당해 자치단체의 규칙으로 정한다.

제3절 지방의회

1. 지방의회의 의의

지방의회의 개념

지방의회란 근대적 의미의 대표 관념에 기초한 지방자치단체의 의사기관으로서 원칙적으로 주민의 공식선거에 의하여 선출된 의원을 그 구성원으로 하여 성립하는 합의제기관을 의미한다. 지방의회는 전통적으로 입법기능과 행정통제기능을 수행하면서 권력의 중추적 역할을 담당하였으나 오늘날에는 정부기능의 양적 확대 · 강화, 질적 전문화 · 기술화 및 행정환경의 급속한 변화 등으로 그 기능을 제대로 수행하지 못하고 권능저하가 두드러지게 나타나고 있다.[3)] 그러나 집행기관에 대한 지방의회의 견제 및 감시기

2) 한국지방자치학회(1995), p.307.
3) 최창호(1995), 지방자치학, pp.440-441.

능이야말로 현대에서 더욱 그 중요성이 더해가고 있는 것이며, 지방의회가 주민의 이익을 위해서도 능동적으로 수행해야 할 기능이라고 할 수 있다.

표 8-2 지방의회와 국회의 비교

① 공통점: 국민(주민)의 직선으로 선출된 의원으로 구성되는 합의제기관으로서 국가와 자치단체의 중요한 의사를 결정하는 의결기관이다. ② 차이점: (a) 국회는 입법을 비롯한 모든 활동의 대상과 범위가 전국가적 · 전국민적이지만 지방의회는 해당 자치단체의 구역과 지역주민에게만 한정된다. (b) 국회가 국가의 기본법인 헌법과 필요한 모든 법률을 제정하는 데 반하여, 지방의회는 당해 구역만을 담당하는 조례를 제정한다. (c) 국회의원은 면책특권 · 불체포특권 등의 특권을 누리지만 지방의원에게는 이를 인정하지 않고 있다. (d) 기초자치단체의 경우 지방의원선거에 정당이 개입할 수 없다. (e) 지방의회는 회기 면에서도 국회와 다르다. (f) 국회는 국가의 유일한 입법기관인 데 반하여, 지방의회는 유일한 입법기관이 아니다.

지방의회의 지위

(1) **헌법상의 기관**: 지방의회는 헌법상의 기관이다. 헌법은 '지방자치단체에 의회를 두고, 지방의회의 조직 · 권한 · 의원의 선거에 관한 사항은 법률로 정한다.'(헌법 제118조)고 규정하고 있다.

(2) **주민대표기관**: 지방의회는 자치단체의 주민이 보통 · 평등 · 비밀 · 직접선거에 의하여 선출한 의원으로 구성되며, 선임된 의원은 주민의 복리증진을 위하여 노력하여야 한다.

(3) **의사결정기관**: 지방의회는 지방행정사무를 독자적으로 결정하고, 법령의 범위 안에서 지방자치단체의 의사를 스스로 결정하는 의결기관이자 주요 정책기관의 지위를 가진다.

(4) **입법기관**: 지방의회는 법령의 범위 안에서 당해 사무에 관하여 조례를 제정할 수 있는 권능을 가진다.

(5) **비판 · 감시기관**: 지방의회는 자기지배의 원칙, 자기통제의 원칙에 의하여 자신의 결정사항에 대한 행정의 집행을 감시 · 비판할 수 있는 지위에 있다.

지방의회의 기능

지방의회는 주민의 대표기관으로서 의결권, 행정사무감사 및 조사권, 선거권, 청원수리권, 자율권 등의 권한을 가진다. 이러한 권한을 근거로 지방의회는 ① 의결기능, ② 정책형성기능, ③ 입법기능, ④ 견제감시기능, ⑤ 민의대변기능, ⑥ 이해조정기능, ⑦ 협력봉사기능, ⑧ 자율운영 및 발전관리기능 등을 수행한다.

2. 지방의회의 조직

지방의회의 구성

(1) 의원정수

㈎ 대의회제와 소의회제: 의원정수는 자치단체별로 주민이 선출하는 대표의 수를 말하는 것으로서 지방자치의 이념에 따라 다르게 나타나고 있다. 대의회제는 지방의회의 주민 대표성을 중시하여 의원정수를 많게 하는 방식이며 영국, 프랑스, 독일 등에서 그 예를 찾아볼 수 있다. 한편 소의회제는 지방의회의 전문성과 능률성을 중시하여 의원정수를 적게 두는 방식으로 미국, 캐나다, 필리핀 등에서 채택하고 있다.

㈏ 우리나라의 의원정수: 시 · 도별 지역구시 · 도의원의 총정수는 그 관할구역 안의 자치구 · 시 · 군(하나의 자치구 · 시 · 군이 2 이상의 국회의원 지역선거구로 된 경우에는 국회의원 지역선거구를 말하며, 행정구역의 변경으로 국회의원 지역선거구와 행정구역이 합치되지 아니하게 된 때에는 행정구역을 말한다)수의 2배수로 하되, 인구 · 행정구역 · 지세 · 교통, 그 밖의 조건을 고려하여 100분의 14의 범위에서 조정할 수 있다. 다만, 자치구 · 시 · 군의 지역구시 · 도의원 정수는 최소 1명으로 한다. 자치구 · 시 · 군의회의 의원정수는 당해 시 · 도의 총정수 범위 내에서 당해 시 · 도의 자치구 · 시 · 군의원선거구 획정위원회가 자치구 · 시 · 군의 인구와 지역 대표성을 고려하여 중앙선거관리위원회규칙이 정하는 기준에 따라 정한다.

(2) **의원선거**: 지방의회의 의원을 선임하는 방식으로 가장 일반적인 것은 주민에 의한 직선제이며, 대표제에서도 직능대표제, 비례대표제 등 여러 유형이 있지만 대체적으로 인구비례에 따른 지역대표제를 채택하는 것이 보편적인 경향이다. 우리나라도 지방의회의 의원을 주민의 보통 · 평등 · 비밀 · 직접선거에 의하여 선출하고 있으며, 지역대표제를 원칙으로 하되, 비례대표제를 가미하고 있다.

의회의 의장단

(1) 선 거: 지방의회는 의원 중에서 시 · 도의 경우 의장 1명과 부의장 2명을, 시 · 군 및 자치구의 경우 의장과 부의장 각 1명을 무기명투표로 선거하여야 한다.

① 공석이 된 때: 사망, 사직, 불신임의결, 사임 등에 의하여 결원되었을 때를 말한다. ② 사고가 있을 때: 여행, 병중, 휴가 혹은 당일 용무 또는 질병 등으로 결석하여 직무를 수행할 수 없을 때를 말한다.

(2) 임 기: 현행 지방자치법상 의장과 부의장의 임기는 2년이다. 다만 보궐선거로 당선된 의장 · 부의장의 임기는 전임자의 잔여기간으로 한다.

(3) **지위와 권한**: 의장은 의회대표자이자 회의주재자의 지위를 가지며, 의장이 사고가 있거나 공석이 되었을 때에는 부의장이 그 직무를 대리한다.

(가) 의회대표권: 대외적인 의사표시는 의장의 명의로 행하여지며, 그렇지 않을 경우에는 법적 효력이 없다.

(나) 위원회에의 출석발언권: 의장은 필요에 따라 위원회에 출석하여 발언할 수 있다. 다만 가부 결정에는 참가할 수 없다.

(다) 폐회 중의 의원사직허가권: 의장은 폐회 중에 의원의 사직을 허가할 수 있다.

(라) 사무감독권: 의장은 관계사무직원을 지휘 · 감독하고 의회운영에 수반되는 사무를 통괄 처리한다.

(마) 회의소집권: 총선거 후 최초로 모이는 임시회를 제외하고 모든 회의는 의장이 소집한다.

(바) 의사 정리권: 의장은 회의소집 후의 의사운영의 진행을 맡는다.

(사) 회의장 질서유지권: 의장은 의회의 권위를 유지하고 원활한 의사운영을 위해서 의원과 방청인 등의 발언, 행동을 적절히 규제함으로써 의회의 질서를 유지한다.

(아) 표결권: 의장은 의결에서 표결에는 참가할 수 있으나 가부동수인 경우에 가부를 결정하는 권한은 없으며 부결된 것으로 본다.

(4) **의장단 불신임의 의결**: 의장 또는 부의장이 법령을 위반하거나 정당한 이유 없이 직무를 수행하지 않을 때에는 재적의원 4분의 1 이상의 발의와 재적의원 과반수의 찬성으로 불신임의결을 할 수 있다. 불신임의결이 있는 때에는 의장 또는 부의장은 그 직에서 해임된다.

의회의 위원회

(1) **의 의**: 위원회제도는 지방행정이 복잡화 · 전문화되어 가고 있으므로 의회 내부에 전문심사기관인 위원회를 두어 먼저 심사토록 함으로써 전문성과 능률성을 제고하기 위한 것이다. 이러한 지방의회의 위원회는 필수기관이 아니고, 조례에 의하여 임의로 설치되는 기관이므로 그 의결은 본회의의 의결을 법률적으로 얽매지는 않으며 단지 판단자료를 제공하는 데 불과하다.

(2) **상임위원회**: 소관의안과 청원 등을 심사 · 처리하기 위하여 상임위원회를 두되, 시 · 군 · 자치구의회의 상임위원회 설치기준은 대통령령으로 정한다. 위원은 본회의에서 선임한다. 상임위원회는 본회의에서 부쳐진 소관의안과 청원 등을 심사하여 위원장

이 그 결과를 본회의에 보고하여야 한다.

(3) **특별위원회**: 특정한 안건을 일시적으로 심사 · 처리하기 위하여 본회의의 의결 또는 조례로 특별위원회를 설치할 수 있다. 위원은 본회의에서 선임하고, 부의 된 안건을 심의하는 동안 존재한다. 특별위원회는 회기 중에 한하여 의회의 의결로 부의 된 안건만 심사하되, 의회의 의결로 회부된 특정안건에 대해서는 폐회 중에도 심사할 수 있다.

(4) **위원회의 개회**: 위원회는 회기 중 ① 위원장이 필요하다고 인정하거나, ② 재적 위원 3분의 1 이상의 요구가 있을 때 개회한다. 다만 폐회 중이라도 ① 본회의의 의결이 있는 때, ② 의장이 필요하다고 인정할 때, ③ 재적 위원 3분의 1 이상의 요구가 있는 때, ④ 자치단체장의 요구가 있는 때에 한하여 개회할 수 있다.

(5) **위원회의 방청**: 당해 지방의회의원이 아닌 자는 위원장의 허가를 받아 위원회를 방청할 수 있으며, 위원장은 질서를 유지하기 위하여 방청인의 소란 등 필요한 때에는 방청인의 퇴장을 명할 수 있다.

의회의 사무조직

(1) 설 치: 의회의 사무처리를 위해 조례가 정하는 바에 의하여 의장의 직속보좌기관으로서 시 · 도의회에는 사무처를, 시 · 군 및 자치구의회에는 사무국 또는 사무과를 둘 수 있다.

(2) 사무직원

(가) 직원의 정원과 선임: 사무직원의 정수는 조례로 정하며, 지방의회 의장의 추천에 의하여 당해 자치단체의 장이 임명한다.

(나) 직원의 신분과 직무: 사무처에는 사무처장과 직원을, 사무국 · 사무과에는 사무국장 또는 사무과장과 직원을 두고, 모두 지방공무원으로 보한다. 사무처장 · 사무국장 또는 사무과장은 의장의 명을 받아 의회의 사무를 처리한다. 사무직원의 임용 · 보수 · 복무 · 신분보장 · 징계 등에 관하여는 지방자치법에 정한 것을 제외하고는 지방공무원법을 적용한다.

3. 지방의회의 권한

의결권

(1) **의결권의 의의**: 의결권은 광의로는 자치단체의 의사와 의회의 의사를 결정하기 위하여 의회에 부여된 권한을 말하며, 협의로는 지방자치단체의 의사를 결정하기 위하

여 의회에 부여된 권한을 의미한다.

(2) **의결사항**: 지방자치단체가 의결하는 의결사항은 다음과 같다. ① 조례의 제정·개정 및 폐지, ② 예산의 심의·확정, ③ 결산의 승인, ④ 법령에 규정된 것을 제외한 사용료·수수료·분담금·지방세 또는 가입금의 부과와 징수, ⑤ 기금의 설치·운용, ⑥ 대통령령으로 정하는 중요 재산의 취득·처분, ⑦ 대통령령으로 정하는 공공시설의 설치·처분, ⑧ 법령과 조례에 규정된 것을 제외한 예산 외의 의무부담이나 권리의 포기, ⑨ 청원의 수리와 처리, ⑩ 외국 지방자치단체와의 교류협력에 관한 사항, ⑪ 그 밖에 법령에 따라 그 권한에 속하는 사항 등이다.

표 8-3 의결과 결의의 효력

지방의회가 법령상으로 부여된 의결사항에 대해서 의결하였을 때에는 일정한 법적 효력이 발생하지만, 법령에 의거하지 않은 사실상의 결의에 대해서는 정치적으로 중요한 의미를 가질 수 있을 뿐 일정한 법적 효력이 발생하지 않는다.

(3) **의결의 효력**: 의결사항은 의회의 의결이 없는 한 집행기관이 이를 집행할 수 없다. 지방의회가 의결권을 행사함으로써 자치단체 또는 의회의 의사가 결정되지만, 자치단체의 의사결정은 일반적으로 자치단체장이 집행함으로써 비로소 대외적인 효력을 발생한다. 의결된 사항은 의원 및 의회를 구속할 뿐만 아니라 집행기관은 물론 내용에 따라서는 주민에 대해서도 구속력을 가진다. 한편 의결의 내용상 지방의회의 권한을 넘는 경우와 법령이 정한 적법절차를 거치지 않아 중대하고 명백한 하자가 있었을 경우에 그 의결은 당연히 무효가 된다.

표 8-4 지방의회의 의결권행사에서 감독관청의 승인을 필요로 하는 경우

① 행정구·읍·면·동의 명칭과 구역변경 및 폐치·분합, ② 지방자치단체의 사업소, 출장소, 합의제행정기관의 설치, ③ 지방자치단체의 직속기관 설치, ④ 지방채의 발행, ⑤ 지방자치단체조합의 설립 및 해산 등

행정감시권

(1) **행정감시권의 의의**: 의회의 감시권은 집행기관과 장에 대한 독주를 방지하고 적정한 행정운영을 유도하며 의회의 의결권행사를 보완하려는 데 그 의의가 있다.

(2) **서류제출요구권**: 본회의나 위원회는 그 의결로 안건의 심의와 직접 관련된 서류의 제출을 해당 지방자치단체의 장에게 요구할 수 있다.

(3) **행정사무처리상황의 보고 및 질문 응답권**: 지방의회는 본회의의 의결로 감사 또는 조사 결과를 처리한다. 지방의회는 감사 또는 조사 결과 해당 지방자치단체나 기관의

시정을 해야 하는 사유가 있을 때는 그 시정을 요구하고, 그 지방자치단체나 기관에서 처리함이 타당하다고 인정되는 사항은 그 지방자치단체나 기관으로 이송한다. 지방자치단체나 기관은 시정 요구를 받거나 이송받은 사항을 바로 처리하고 그 결과를 지방의회에 보고하여야 한다.

(4) **행정사무감사 및 조사권**: 지방의회는 매년 1회 그 지방자치단체의 사무에 대하여 시·도에서는 14일의 범위에서, 시·군 및 자치구에서는 9일의 범위에서 감사를 실시하고, 지방자치단체의 사무 중 특정 사안에 관하여 본회의 의결로 본회의나 위원회에서 조사하게 할 수 있다. 조사를 발의할 때에는 이유를 밝힌 서면으로 하여야 하며, 재적의원 3분의 1 이상의 연서가 있어야 한다. 지방자치단체 및 그 장이 위임받아 처리하는 국가사무와 시·도의 사무에 대하여 국회와 시·도의회가 직접 감사하기로 한 사무 외에는 그 감사를 각각 해당 시·도의회와 시·군 및 자치구의회가 할 수 있다. 이 경우 국회와 시·도의회는 그 감사결과에 대하여 그 지방의회에 필요한 자료를 요구할 수 있다.

감사를 위하여 필요하면 현지 확인을 하거나 서류제출을 요구할 수 있으며, 지방자치단체의 장 또는 관계 공무원이나 그 사무에 관계되는 자를 출석하게 하여 증인으로서 선서한 후 증언하게 하거나 참고인으로서 의견을 진술하도록 요구할 수 있다. 증언에서 거짓증언을 한 자는 고발할 수 있으며, 서류제출을 요구받은 자가 정당한 사유 없이 서류를 정하여진 기한까지 제출하지 아니한 경우, 같은 항에 따라 출석요구를 받은 증인이 정당한 사유 없이 출석하지 아니하거나 선서 또는 증언을 거부한 경우에는 500만 원 이하의 과태료를 부과할 수 있다.

선거권

지방의회는 법령이 정하는 바에 의하여 일정한 기관 또는 기관의 구성원에 대한 선거권을 가진다. ① 의장·부의장·임시의장의 선거, ② 위원회위원의 선거, ③ 검사위원의 선거 등이 이에 속한다.

청원수리권

(1) **청원의 의의**: 청원권은 국가기관 또는 지방자치단체의 기관에 대하여 일정한 사항에 관한 희망을 진술하는 권리이다. 청원은 권리나 이익이 침해된 경우에만 하는 것이 아니라 청원자의 이해관계가 없어도 무방하며, 그 결과에 당해 기관이 얽매이지 않는다는 점에서 행정쟁송과 구별된다. 또한, 청원은 반드시 문서로서 의원의 소개를 요건으로 하고 있으나 진정은 의원의 소개가 필요하지 않는다는 점에서 청원과 구별된다.

(2) **청원의 주체**: 청원권자는 내·외국인을 불문한다. 다른 자치단체의 주민도 할

수 있고, 미성년자와 금치산자는 물론 자연인과 법인 모두를 포함하며, 권리능력 없는 사단도 청원할 수 있다. 공무원, 군인, 수형자 등도 일정한 범위 안에서 가능하다.

(3) **청원의 수리사항**: 청원의 대상이 되는 사항은 지방자치단체 기타 공공단체의 모든 사무에 미친다. 다만 청원내용이 ① 재판에 간섭하는 것, ② 법령에 어긋나는 것, ③ 국가원수를 모독하는 것, ④ 타인을 모함할 목적으로 허위의 사실을 적시하는 것, ⑤ 동일내용의 청원서를 동일기관에 2개 이상 또는 2개 기관 이상에 제출한 청원은 지방의회가 수리하지 않는다.

(4) **청원의 형식과 수리**: 지방의회에 청원하고자 하는 자는 지방의회의원의 소개를 얻어 청원서를 제출하여야 하며, 청원서에는 청원자의 성명(법인의 경우에는 그 명칭과 대표자의 성명) 및 주소를 기재하고 서명 · 날인하여야 한다. 청원은 그 형식과 절차가 갖추어져 있으면 의회가 개회 중이든 폐회 중이든 반드시 수리하여야 한다. 청원을 소개한 의원은 소관위원회 또는 본회의의 요구가 있을 때는 청원의 취지를 설명하여야 하고, 위원회가 청원을 심사하여 본회의에 회의에 부칠 필요가 없다고 결정한 때에는 그 처리결과를 의장에게 보고하고 의장은 청원인에게 이를 통지하여야 한다(지방자치법 제75조). 지방의회가 채택한 청원으로서 그 자치단체장이 처리함이 타당하다고 인정되는 청원은 의견서를 첨부하여 자치단체장에게 이송하며, 자치단체장은 이송된 청원을 처리하고 그 처리결과를 바로 지방의회에 보고하여야 한다.

의견표명권

지방의회는 주민의 대표기관이므로 법률상 규정된 권한 이외의 사항이라 하더라도 지방자치단체의 공익에 관한 것이면 언제든지 그 의견을 표명할 수 있다고 할 것이다. 지방자치법에 규정된 의견표명권은 다음과 같다. ① 지방자치단체를 폐치 · 분합하거나 그 명칭 또는 구역을 변경할 때에는 관계자치단체의 의회의 의견을 들어야 한다. ② 지방의회는 자치사무와 단체위임사무에 관하여 자치단체의 장 또는 관계 공무원으로부터 설명을 요구하고 의견을 제시할 수 있음은 물론 기관위임사무에 관해서도 설명을 요구하고 의견을 제출할 수 있다.

자율권

(1) **자율권의 의의**: 자율권이란 지방의회의 권위와 독자성을 존중하기 위하여 의회 내부의 조직과 운영에 관하여 일정한 범위 안에서 의회 스스로 규율할 수 있는 권한을 말한다.

(2) **자주적 내부조직권**: 지방의회는 법령의 범위 안에서 지방의회의 내부조직에 대

하여 외부로부터의 영향 및 간섭을 받지 않고 스스로 결정할 수 있다.

㈎ 의장단의 구성: 지방의회는 의장 · 부의장 · 임시의장을 선거하고, 정당한 사유가 있을 때는 의장과 부의장에 대하여 불신임의결을 할 수 있다.

㈏ 위원회의 설치: 지방의회는 조례로 위원회를 설치할 수 있으며, 위원회의 소관사항, 위원회의 정수, 위원의 선임 등을 의회 스스로 결정한다.

㈐ 사무기구의 설치: 지방의회는 조례가 정하는 바에 의하여 시 · 도의회에는 사무처를, 시 · 군 및 자치구의회에는 사무국 또는 사무과를 둘 수 있으며, 사무직원의 정수를 조례로 정한다.

(3) 의사의 자율권

㈎ 회의규칙의 제정: 지방의회는 법령의 범위 내에서 회의의 진행과 내부규율 등에 관하여 법령으로 규정한 사항 이외의 필요한 사항을 회의규칙으로 정할 수 있다.

㈏ 개 · 폐회 등의 결정: 지방의회는 개회, 휴회 및 폐회, 회기의 결정, 회기의 연장, 의사일정 등에 있어서 자주적으로 결정한다. 다만 그 회의일 수에 대해서는 일정한 제한이 있다.

㈐ 회의의 비공개: 지방의회의 회의는 공개되는 것이 원칙이지만 필요한 경우에는 의회의 자율적 결정으로 이를 공개하지 않을 수 있다.

(4) 의원신분사정권

㈎ 의원사직의 허가: 의원이 사직하려면 의회가 개회 중일 경우에는 의회의 허가를 받아야 하고, 폐회 중에는 의장의 허가를 받아야 한다. 의원은 자신이 제출한 사직서에 대하여 의회의 의결 또는 의장의 허가가 있기 전까지 철회할 수 있다. 총사직 역시 가능하다.

㈏ 의원자격심사 및 의결: 의원의 자격심사는 법원의 판결로 확정되는 경우를 제외하고는 지방의회가 자율적으로 심사하고 의결한다. 자격심사는 재적의원 4분의 1 이상의 연서로 의장에게 청구할 수 있으며, 피심의원에 대한 자격상실의결은 재적의원 3분의 2 이상의 찬성이 있어야 한다.

㈐ 의원의 징계: 지방의회의원이 지방자치법 또는 회의규칙에 어긋나는 행위를 한 때에는 의회의 의결로써 이를 징계할 수 있다. 지방의회의 의장은 징계대상 의원이 있을 때는 이를 소관위원회 또는 본회의에 넘기며, 모욕을 당한 의원이 모욕을 가한 의원에 대하여 징계를 요구할 때에는 징계사유를 기재한 요구서를 의장에게 제출하여야 한다. 징계의 종류로는 ① 공개회의에서의 경고, ② 공개회의에서의 사과, ③ 30일 이내의 출석정지, ④ 재적의원 3분의 2 이상의 찬성으로 하는 제명 등이 있다.

(5) 의원경찰권

(가) 의원경찰권의 의의: 의원경찰권이란 의회의 질서를 유지하기 위하여 의원, 방청인은 물론 그 밖의 의회 내에 있는 모든 자에 대하여 일정한 사항을 명하거나 실력으로서 그 명령을 강제할 수 있는 권한을 말한다.

(나) 의원경찰권의 내용: 의회의 의장 또는 위원장은 의원이 본회의 또는 위원회의 회의장에서 지방자치법 또는 회의규칙에 어긋나는 발언 또는 행위를 하여 회의장의 질서를 어지럽게 한 때에는 이를 경고 또는 제지하거나 그 발언의 취소를 명할 수 있다. 이러한 명에 응하지 아니하는 의원이 있을 때는 의장 또는 위원장은 그 의원에 대하여 당일의 회의에서 발언을 금지하거나 퇴장시킬 수 있다. 또한, 회의장이 소란하여 질서를 유지하기 곤란한 경우에는 회의를 중지하거나 산회를 선포할 수 있다. 한편 방청인은 회의장에서 의안에 대하여 가부를 표명하거나 소란한 행위를 하여서는 아니 된다. 의장은 회의장 안의 질서를 방해하는 방청인의 퇴장을 명할 수 있으며, 필요한 때에는 경찰관서에 인도할 수 있다. 방청석이 소란할 때에는 의장은 모든 방청인을 밖으로 퇴장시킬 수 있다.

4. 지방의회의 운영

지방의회의 소집

지방의회의 소집권자는 당해 지방의회의 의장이다. 다만 총선거 후 최초로 모이는 임시회에 대해서는 당해 지방자치단체의 장이 소집한다.

(1) **정례회**: 지방의회는 매년 2회 정례회를 개최하며, 정례회의 집회일 기타 운영에 관한 사항은 대통령령이 정하는 바에 의하여 당해 자치단체의 조례로 정한다. 제1차 정례회는 결산승인 및 기타 지방의회에의 토의안건을, 제2차 정례회는 예산안의 의결 및 기타 지방의회에의 토의안건을 처리한다.

(2) **임시회**: 총선거 후 최초로 모이는 임시회는 지방의회 사무처장 · 사무국장 · 사무과장이 지방의회의원 임기 개시 일부터 25일 이내에 소집한다. 지방의회의장은 지방자치단체의 장이나 재적의원 3분의 1 이상의 의원이 요구하면 15일 이내에 임시회를 소집하여야 한다. 다만, 의장과 부의장이 사고로 임시회를 소집할 수 없으면 의원 중 최다선의원이, 최다선의원이 2명 이상이면 그중 연장자의 순으로 소집할 수 있다. 긴급한 상황을 제외하고, 임시회의 소집은 집회일 3일 전에 공고하여야 한다.

지방의회의 회기

지방의회의 개회 · 휴회 · 폐회와 회기는 지방의회가 의결로 정한다. 연간 회의 총일

수와 정례회 및 임시회의 회기는 해당 지방자치단체의 조례로 정한다.

지방의회의 회의

(1) **의안의 발의**: 지방의회에서 의결할 의안은 자치단체장이나 재적의원 5분의 1 이상 또는 의원 10인 이상의 연서 및 지방의회의 위원회가 발의하며, 그 안을 갖추어 의장에게 제출하여야 한다.

(2) **회의의 운영원칙**

㈎ 의사정족수의 원칙: 의회는 재적의원 3분의 1 이상의 출석으로 개의한다. 일단 개의하였더라도 회의 중 의사정족수에 미달하면 의장은 회의의 중지 또는 산회를 선포한다.

㈏ 의결정족수의 원칙: 의사는 특별한 규정이 있는 경우를 제외하고는 재적의원 과반수의 출석과 출석의원 과반수의 찬성으로 의결한다. 의장은 의결에서 표결권을 가지며 가부동수인 때에는 부결된 것으로 본다.

㈐ 회의공개의 원칙: 지방의회의 회의는 공개가 원칙이다. 회의의 공개란 방청의 자유, 보도의 자유 및 회의록의 공표를 의미한다. 다만 의원 3인 이상의 발의로 출석의원 3분의 2 이상의 찬성이 있거나 의장이 사회의 안녕 · 질서유지를 위하여 필요하다고 인정하는 경우에는 공개하지 아니할 수 있다.

㈑ 회기계속의 원칙: 의회에 제출된 의안은 회기 중에 의결되지 못한 이유로 폐기되지 아니한다. 다만, 의원의 임기가 만료되는 경우에는 그러하지 아니하다.

㈒ 일사부재의의 원칙: 의회에서 부결된 의안은 같은 회기 중에 다시 발의 또는 제출할 수 없다. 이는 소수파에 의한 의사방해를 배제하기 위한 제도로서 같은 회기와 같은 안건에 대해서만 적용된다. 한편 위원회에서 본회의에 회의에 부칠 필요가 없다고 결정된 의안은 본회의에 회의에 부칠 수 없으며 그 의안은 폐기되지만, 위원회의 결정이 본회의에 보고된 날로부터 폐회 또는 휴회 중의 기간을 제외한 7일 이내에 의장 또는 재적의원 3분의 1 이상의 요구가 있을 때는 그 의안을 본회의에 회의에 부쳐야 한다.

㈓ 의사제척의 원칙: 의회의 의장이나 의원은 본인, 배우자, 직계존비속 또는 형제자매와 직접 이해관계가 있는 안건에 대해서는 그 의사에 참여할 수 없다. 다만, 의회의 동의가 있을 때는 의회에 출석하여 발언할 수 있다. 직계존 · 비속이란 부모, 조부모, 자(子), 손(孫) 등이며, 여기에는 양부모, 양친자관계가 포함된다.

회의록

의회는 회의록을 작성하고 회의의 진행내용 및 결과와 출석의원의 성명을 기재하여야 하며, 회의록에는 의장과 의회에서 선출된 2인 이상의 의원이 서명하여야 한다. 의장은 회의록의 사본을 첨부하여 회의의 결과를 그 자치단체장에게 통고하여야 하는바, 통고는 회의가 끝난 날로부터 30일 이내에 행해져야 한다. 회의록은 의원에게 배부되고, 일반에게 공개된다. 다만, 비밀을 필요로 한다고 의장이 인정하거나 의회에서 의결한 사항은 공개하지 아니한다.

위원회의 운영

위원회의 운영에는 지방의회(본회의)의 운영원칙과 방식이 준용된다. 위원회에 관하여 지방자치법에 정해진 것을 제외하고 필요한 사항은 조례로 정한다(지방자치법 제62조).

제4절 지방의회의원의 지위와 신분

1. 의원의 권리와 의무

권 리

의원은 그 직무를 수행하기 위하여 ① 행정조사의 발의, ② 임시회의 소집요구, ③ 의장단의 불신임발의, ④ 위원회의 개회요구, ⑤ 의안의 발의, ⑥ 위원회에서 폐기된 의안의 본회의에의 회의요구, ⑦ 출석권 · 발언권 · 표결권, ⑧ 청원의 소개, ⑨ 의원의 자격심사청구, ⑩ 모욕한 의원에 대한 징계요구, ⑪ 의정활동비 · 회의비 및 여비를 받을 권리 등을 행사한다.

의 무

지방의회의원은 ① 회의에 출석하고, ② 회의장에서의 질서유지, 타인을 모욕하는 발언금지, 발언방해금지 등 회의규율을 준수하며, ③ 겸직 및 영리 목적 거래행위를 금지하고, ④ 공공이익을 우선하여 양심에 따라 그 직무를 성실히 수행하며, 청렴하고, 의원으로서의 품위를 유지하며, 그 직위를 남용하여 이권에 개입하지 아니하는 의무를 진다.

2. 의원의 신분 취득 · 상실 · 보호

신분취득

지방의원은 주민에 의하여 선출되는 정무직 지방공무원으로서 임기의 개시로 신분을 취득한다. 의원의 임기는 4년이며 총선거에 의한 전임의원의 임기가 만료된 다음 날로부터 개시된다. 다만 천재 · 지변 등의 사유로 전임의원의 임기가 만료된 후에 총선거를 실시한 경우나 보궐선거 및 증원선거에 의한 의원의 임기는 당선일로부터 개시된다.

신분상실

지방의원의 임기는 원칙적으로 임기개시일로부터 4년이 지남으로써 종료된다. 다만 보궐선거와 증원선거에 의한 의원의 임기는 전임자 또는 종전의 지방의원의 잔여 기간으로 한다. 지방의회의원은 ① 겸할 수 없는 직에 취임한 때, ② 피선거권이 없게 된 때, ③ 징계로 제명된 때, ④ 의회에서 자격상실의 의결이 된 때, ⑤ 사직의 허가가 된 때, ⑥ 선거의 무효 또는 당선무효가 확정된 때, ⑦ 임기가 만료된 때, ⑧ 사망한 때, ⑨ 당해 지방자치단체가 소멸한 때에 그 신분을 상실한다.

신분보호

지방의회의원의 지위와 관련하여 우리나라는 의원에게 면책특권과 불체포특권을 인정하지 않고 있다. 다만 체포 또는 구금된 지방의원이 있을 때는 관계수사기관의 장이 바로 의장에게 영장의 사본을 첨부하여 이를 통지하고, 지방의원이 공소가 제기되어 그 판결이 확정된 때에는 각급 법원장이 바로 당해 의장에게 통지하도록 하고 있다. 한편 지방의원이 직무로 인하여 신체에 상해를 입거나 사망한 때와 그 상해 또는 직무로 인한 질병으로 사망한 때에는 보상금을 받는다. 여기서 직무의 범위에는 회기 중은 물론 폐회 중에 개회된 위원회의 직무와 본회의 또는 위원회의 의결이나 의장의 명에 의한 폐회 중의 공무여행을 포함한다.

3. 의원의 보수

명예직

(1) **명예직의 의의**: 의원에게 고정적인 급료를 지급하지 않고 의정활동에 필요한 최소한의 수당만을 지급하는 것이다. 지방의원을 비상근 · 명예직으로 하는 국가에서는 의원수가 많은 대의회제를 채택하고 있는 것이 통례이다. 영국, 프랑스, 독일 등이 여기에

속하며, 주민 의사를 지방의정에 적극적으로 반영하고자 하는 데 의의를 두고 있다.

(2) 명예직의 근거

㈎ 지역사회의 발전과 주민의 공공복리증진을 위해 의원이 봉사하는 것은 주민으로서 당연한 도덕적 책무이다.

㈏ 의원의 의정활동 및 직무수행이 고정급을 지급해야 할 만큼 업무량이 많고 복잡하거나 전문성을 필요로 하지 않는다.

㈐ 무보수의 헌신적 봉사에 따른 주민의 존경 등 주민대표자의 지위와 입장을 고려할 가치가 있다.

㈑ 본래의 생업보장으로 생계유지를 제한받지 않으며 지방자치단체의 재정적 부담을 경감시킬 수 있다.

유급직

(1) **유급직의 의의**: 의원의 보수는 직무수행에 필요한 비용만으로는 적당하지 않으며 생활급에 해당하는 급료와 각종 수당을 지급해야 한다는 것이다. 미국, 캐나다, 필리핀 등과 같이 의원 수를 소수로 하는 소의회제 국가는 일반적으로 지방의원을 상근 · 유급직(전문직)으로 하여 의원의 자질과 전문성을 중요시한다.

(2) 유급직의 근거

㈎ 행정기능의 확대 · 전문화로 인하여 의원의 책임과 역할이 증대하고 있으며 직무도 생업에 전념하다가 틈틈이 수행할 만큼 단순하지가 않다. 따라서 의원들이 직책에 충실히 임하기 위해서는 생계보장이 전제되어야 한다.

㈏ 의회기능이 확대되고 복잡해짐에 따라 의정활동에도 전문적 · 기술적 경험과 지식이 요구되고 있다. 그러므로 유능한 인사의 지방의회 진출을 위해서도 경제적 보장이 가능한 유급제이어야 한다.

㈐ 제2차 대전 후 통념화된 '근로는 보수를 수반한다'는 경제관념의 영향을 받아 현실적인 측면에서 의원의 보수청구권을 인정하는 경향이 나타나고 있다.

㈑ 유급제에 의한 경제적 보장은 지방의원의 의욕을 고취하고 품위를 유지할 뿐 아니라 의원들의 부정부패 및 이권개입의 예방에 이바지한다.

우리나라 지방의원의 보수

우리나라는 지방의원에게 의정활동에 필요한 비용을 대통령령이 정하는 범위 안에서 당해 지방자치단체의 조례가 정하는 기준에 따라 지급하도록 하고 있다.

(1) **의정 활동비**: 의정 자료의 수집 · 연구와 이를 위한 보조활동에 드는 비용을 보

전하기 위하여 매월 의정 활동비를 지급한다.

(2) **여 비**: 본회의 또는 위원회의 의결이나 의장의 명에 의하여 공무로 여행할 때 여비를 지급한다.

(3) **회기수당**: 회기 중의 활동을 지원하기 위하여 회기수당을 지급한다.

(4) 이외에 원활한 의정활동을 위해 의장단과 상임위원장에게 업무추진비가 별도로 지급되며, 의정운영공통경비가 책정되어 있다.

제9장 지방자치단체의 인사행정

제1절 지방공무원의 권리와 의무

1. 지방공무원의 개념

지방공무원은 지방자치단체의 당해 경비로써 보수가 지급되는 공무원을 말한다. 국가공무원과 지방공무원의 구별기준은 반드시 명백한 것은 아니지만, 실무상으로 선임주체와 사무귀속에 두어 국가에 의하여 선임되고 국가사무를 집행하는 공무원을 국가공무원, 지방자치단체에 의하여 선임되고 자치단체의 사무를 집행하는 공무원을 지방공무원으로 구별하고 있다. 한편 양자의 구별을 공무원이 근무 의무를 지는 행정주체 여하와 보수 기타 경비부담주체 여하를 기준으로 하는 것이 타당하다는 견해도 있다. 이러한 여러 관점을 종합하여 볼 때, 일반적으로 지방공무원이란 그의 선임주체인 지방자치단체에 근무 의무를 지고 당해 지방자치단체에서 그의 경비가 지급되는 공무원이라고 할 수 있다.

2. 지방공무원의 범위

지방공무원은 그 직무 내용의 정치성 · 전문성 또는 계속성 등의 유무에 따라 임용자격 · 실적주의 · 신분보장 · 보수 등을 달리하는 경력직 공무원과 특수경력직 공무원으로 구분된다.

경력직 공무원

실적과 자격에 의해 임명되고 그 신분이 보장되는 공무원이다.

(1) **일반직 공무원**: 기술 · 연구 또는 행정 일반에 대한 업무를 담당하며 직군 · 직렬별로 분류되는 공무원.

(2) **특정직 공무원**: 공립의 대학 · 전문대학에 근무하는 교육공무원 및 지방소방공무원과 기타 특수 분야의 업무를 담당하는 공무원으로서 다른 법률이 특정직 공무원으로 지정하는 공무원.

특수경력직 공무원

경력직 공무원 이외의 공무원을 말한다.

(1) **정무직 공무원**: 선거로 취임하거나 임명할 때 지방의회의 동의가 필요한 공무원이나 고도의 정책 결정업무를 담당하거나 이러한 업무를 보조하는 공무원으로서 법령 또는 조례에서 정무직으로 지정하는 공무원이 여기에 속한다.

(2) **별정직 공무원**: 비서관 · 비서 등 보좌업무 등을 수행하거나 특정한 업무 수행을 위하여 법령에서 별정직으로 지정하는 공무원이 여기에 속한다.

3. 지방공무원의 권리와 의무

지방공무원의 권리

(1) **신분상의 권리**: 지방공무원의 신분 및 직위보유권, 직무집행권, 제복 · 제모착용권, 행정소송권, 직명사용권.

(2) **재산상의 권리**: 봉급, 수당, 보상, 연금, 실비변상 등을 수령 할 권리.

지방공무원의 의무

현행 지방공무원법에 의하면 지방공무원은 다음과 같은 의무를 지닌다. ① 복무선서의 의무, ② 성실의 의무, ③ 복종의 의무, ④ 직장이탈 금지의 의무, ⑤ 친절 · 공정의 의무, ⑥ 종교 중립의 의무, ⑦ 비밀엄수의 의무, ⑧ 청렴의 의무, ⑨ 외국 정부의 영예 등을 받을 경우 대통령 허가를 받을 의무, ⑩ 품위유지의 의무, ⑪ 영리 업무 및 겸직 금지의 의무, ⑫ 정치운동 금지의 의무, ⑬ 집단행위 금지의 의무 등의 의무가 있다.

지방공무원의 책임

(1) **징계책임**: 지방공무원에 대한 징계는 ① 지방공무원법 또는 이에 의한 명령이나 지방자치단체의 조례 또는 규칙을 위반한 때, ② 직무상 의무에 위반하거나 직무를 태만하였을 때, ③ 공무원의 품위를 손상하는 행위를 한 때에 임용권자가 인사위원회의 의결을 거쳐 행한다. 다만 5급 이상 공무원 또는 이와 관련된 하위직 공무원의 징계와 소속기관(시 · 도와 시 · 군 · 구, 시 · 군 · 구)을 달리하는 동일사건에 관련된 자의 징계는 시 · 도 인사위원회의 의결로 한다. 징계에는 파면, 해임, 정직, 감봉 및 견책 등이 있으며, 징계사유가 발생한 날부터 2년(금품 및 향응 수수, 공금의 횡령 · 유용의 경우에는 3년)을 경과할 경우에는 징계요구를 하지 못한다.

(2) **변상책임**: 국가 또는 지방자치단체에 대하여 재산상의 손해를 발생하게 한 지방공무원은 그 손해를 배상할 책임을 진다.

(3) **형사책임**: 지방공무원의 일정한 행위가 의무를 위반하는 데 그치지 않고 동시에 형사법상의 범죄를 구성하는 경우에 그 공무원은 일반법익의 보호를 위하여 형사상의 책임을 지게 되며, 특히 일정한 형사범죄에 대해서는 가중처벌된다.

(4) **민사책임**: 직무와 관련된 지방공무원의 불법행위가 고의 또는 과실로 타인에게 손해를 끼친 경우에는 국가나 지방자치단체는 사용자로서 책임을 지고 당해 공무원에게 구상할 수 있다.

제2절 지방공무원제도

1. 지방공무원제도의 의의

지방공무원제의 제정[1)]

지방공무원의 인사제도를 최초로 규정한 법령은 1950년 2월 대통령령 제276호로 제정된 「지방공무원령」이다. 이 영에서 지방공무원의 인사위원회 · 임용 · 복무 · 보수 · 신분보장 등에 관하여 규정한바, 이 영의 규정 내용은 1963. 11. 1. 「지방공무원법」이 법률 제1427호로 제정됨에 따라 같은 법에 흡수되었다. 지방공무원은 국가공무원과 임용권자가 다르므로 그 체계가 다른 점도 있으나, 그 외에는 본질적으로 다른 점은 없다. 1963년에 제정된 「지방공무원법」은 지방자치단체의 공무원에게 적용할 인사행정에 관한 근본 기준을 정한 것으로, 그 주요 내용은 ① 지방공무원을 별정직과 일반직으로 구분하고, ② 일반직공무원은 이를 1급 · 2급 · 3급 · 4급 및 5급과 기능직으로 구분하며, ③ 지방자치단체에 인사위원회를 두고, ④ 직위분류제에 관하여 규정하는 한편, ⑤ 공무원의 임용과 시험, 보수 · 복무 · 신분보장 및 징계에 관한 사항을 규정하였다.

지방공무원제의 특성

우리나라 지방공무원제에 나타난 특성을 보면 ① 독립된 집행 및 의결기관으로서 지방인사위원회의 설치, ② 지방자치단체 소속 국가공무원에 대한 자치단체장의 임용제청

1) 대한민국법제 60년사, 법제처.

권, ③ 행정자치부 장관 · 교육장관 및 시 · 도지사의 인사교류권고권, ④ 국제전문직위, 개방형 전문직위, 민간전문가의 공직파견제 및 특별채용 등 개방형 인사체제의 운용, ⑤ 5급 이상(서울시는 4급 이상) 공무원에 대한 단체장의 직렬조정권, ⑥ 5급 공무원에의 승진임용할 때 자치단체장의 재량에 의한 운영, ⑦ 우수공무원 등의 특별승진, ⑧ 4급 이하(시 · 군 · 자치구는 5급 이하) 공무원에 대한 전문분야별 보직 관리제, ⑨ 표준정원제 실시 및 보정정원의 부여, ⑩ 인사관리의 전자화 및 외국인의 임용 등을 통해 지방자치단체의 행정역량을 높이고 있다.

2. 지방인사기관

임용권자

지방자치단체의 장(특별시 · 광역시 · 도 또는 특별자치도의 교육감 포함)은 그 소속공무원의 임명 · 휴직 · 면직과 징계를 하는 권한(임용권)을 가진다. 임용권자는 그 권한의 일부를 그 지방자치단체의 조례가 정하는 바에 따라 보조기관, 그 소속기관의 장, 지방의회의 사무처(국 · 과)장 또는 교육위원회의 의사국장에게 위임할 수 있다.

인사위원회

(1) 설 치: 지방자치단체에 임용권자별로 인사위원회를 두되, 특별시 · 광역시 · 도 또는 특별자치도에는 필요하면 제1인사위원회와 제2인사위원회를 둘 수 있다.

(2) 구 성: 현행 지방공무원법에 의하면, 인사위원회는 16명 이상 20명 이하의 위원으로 구성한다. 다만, 임용권을 위임받은 기관에 두는 인사위원회와 해당 지방자치단체의 인구수, 위원 선정의 어려움 등을 고려하여 대통령령으로 정하는 지방자치단체에 두는 인사위원회는 7명 이상 9명 이하의 위원으로 구성할 수 있다.

(3) 기 관: 인사위원회에는 위원장 · 부위원장 각 1인을 둔다. 위원장은 시 · 도의 국가공무원으로 보하는 부단체장 · 부교육감, 시 · 군 · 자치구의 부단체장이 되고, 부위원장은 당해 인사위원회에서 호선한다. 다만 시 · 도에 제2인사위원회를 두는 경우에는 특정 지역의 사무를 담당하는 부단체장 또는 인사담당국장이 위원장이 되며, 임용권을 위임받은 기관에 두는 인사위원회의 위원장 · 부위원장은 당해 인사위원회에서 호선한다.

(4) 기 능: 자치단체장으로부터 독립된 의결 및 집행기관인 인사위원회는 ① 공무원 충원계획의 사전심의 및 각종 임용시험의 시행, ② 임용권자의 요구에 따른 보직관리 기준 및 승진 · 전보임용 기준의 사전의결, ③ 승진임용의 사전심의, ④ 임용권자의 요구에

의한 공무원의 징계의결 또는 징계부가금 부과 의결, ⑤ 자치단체장이 지방의회에 제출하는 공무원의 인사와 관련된 조례안 및 규칙안의 사전심의, ⑥ 임용권자의 인사운영에 대한 개선권고, ⑦ 그 밖에 법령 또는 조례에 따라 인사위원회 관장에 속하는 사항을 관장한다.

3. 지방공무원의 공직분류

현행 지방공무원법에서는 "직위분류제에서는 모든 대상 직위를 직무의 종류와 곤란성 및 책임도에 따라 직군 · 직렬 · 직급 또는 직무등급별로 분류하되, 같은 직급이나 같은 직무등급에 속하는 직위에 대하여는 같은 자격요건이 있어야 하고, 동일하거나 유사한 보수가 지급되도록 분류하여야 한다."고 규정함으로써 우리나라 지방공무원의 공직분류체계는 계급제를 바탕으로 한 직위분류제를 채택하고 있음을 명시하고 있다. 현행 지방공무원법은 일반공무원의 직군을 크게 행정직, 기술직, 관리운영직으로 구분하고 있으며 직군에 상관없이 모두 9단계의 계급으로 구분된다. 행정직군에는 행정, 사회복지, 교육행정 등 총 8개의 직렬이 있으며, 다시 그 안에 20개의 직류가 존재한다. 기술직군에는 공업과 농업, 해양수산, 방재안전 등 총 22개의 직렬이 있으며, 다시 그 안에 79개의 직류가 존재한다. 마지막으로 관리운영직군에는 토목운영과 건축운영 등 총 16개의 직렬이 있으며, 다시 그 안에 23개의 직류가 존재한다.

4. 지방공무원의 채용

신규임용

(1) 공무원의 신규임용은 공개경쟁시험을 원칙으로 한다.

(2) 다음의 경우 특별임용시험으로 임용할 수 있다. ① 3년 이내의 경력직 공무원, ② 임용예정 직무에 관한 자격증 소지자를 임용하는 경우, ③ 임용예정 직급 · 직위와 같은 직급 · 직위에서의 근무경력 또는 임용예정 직급 · 직위에 상응하는 근무 기간이나 연구 경력이 대통령령으로 정하는 기간 이상인 사람을 임용하는 경우, ④ 임용예정직에 관련된 특수목적을 위하여 설립된 학교(대학원을 포함한다) 중 대통령령으로 정하는 학교의 졸업자로서 국가기관 또는 지방자치단체에서 실무수습을 마친 사람을 임용하는 경우, ⑤ 1급 공무원을 임용하는 경우, ⑥ 공개경쟁임용시험으로 결원을 보충하기 곤란한 특수한 직무 분야나 직무환경 또는 섬, 외딴곳 등 특수한 지역에 근무할 사람을 임용하는

경우, ⑦ 국가공무원을 그 직급 · 직위(고위공무원단에 속하는 공무원의 경우 해당 직위와 곤란성 및 책임도가 유사한 직위를 말한다)에 해당하는 지방공무원으로 임용하는 경우, ⑧ 임용예정직에 관련된 실업계 · 예능계 및 사학계(史學系)의 고등학교 · 전문대학 및 대학(대학원을 포함한다)의 학과 중 대통령령으로 정하는 학과 졸업자로서 교육부 장관 또는 행정자치부 장관이 정하는 바에 따라 해당 학교장의 추천을 받은 사람을 연구 또는 기술직렬 공무원으로 임용하는 경우, ⑨ 대통령령으로 정하는 임용예정직에 관련된 과학기술 분야 및 이에 준하는 특수 전문 분야의 연구경력이나 근무경력이 있는 사람을 임용하는 경우, ⑩ 외국어에 능통하고 국제적 소양과 전문지식을 지닌 사람을 임용하는 경우, ⑪ 연고지나 그 밖에 지역적 특수성을 고려하여 일정한 지역에 거주하는 사람을 그 지역에 소재하는 기관에 임용하는 경우, ⑫ 「국적법」에 따른 귀화허가를 받아 대한민국 국적을 취득한 사람 또는 「북한이탈주민의 보호 및 정착지원에 관한 법률」에 따른 북한이탈주민을 임용하는 경우.

시보임용

시보임용이란 임용권자가 추천받은 신규채용 후보자를 바로 정규공무원으로 임용하지 않고 시보로 임용하여 일정 기간을 거치게 하는 제도이다.

(1) 5급 공무원을 신규임용하는 경우에는 1년, 6급 이하 공무원을 신규임용하는 경우에는 6개월간 시보로 임용하고, 그 기간의 근무성적 · 교육훈련성적과 공무원으로서의 자질을 고려하여 정규공무원으로 임용한다. 다만, 대통령령으로 정하는 경우에는 시보임용을 면제하거나 그 기간을 단축할 수 있다.

(2) 휴직 기간, 직위해제 기간 및 징계에 따른 정직 또는 감봉처분을 받은 기간은 시보임용 기간에 산입(算入)하지 아니한다.

(3) 시보임용 기간 중의 공무원이 근무성적 · 교육훈련성적이 나쁘거나 이 법 또는 이 법에 따른 명령을 위반하여 공무원으로서 자질이 부족하다고 판단되는 경우에는 면직할 수 있다. 이 경우 구체적인 사유 및 절차 등에 필요한 사항은 대통령령으로 정한다.

승진임용

(1) **승진제도의 개요**: 현행 「지방공무원법」상 계급 간의 승진임용은 근무성적평정, 경력평정, 그 밖의 능력 실증에 따라 하게 되어 있으나, 1급부터 3급까지의 공무원으로의 승진임용은 능력과 경력 등을 고려하여 임용하며, 5급 공무원으로의 승진임용은 승진시험을 거치도록 하되, 필요하다고 인정하면 대통령령으로 정하는 바에 따라 인사위원회의 의결을 거쳐 임용할 수 있도록 하였다. 또한, 6급 이하 공무원으로의 승진임용의

경우 필요하다고 인정하면 대통령령으로 정하는 바에 따라 승진시험을 병용(竝用)할 수 있으며 승진에 필요한 계급별 최저근무연수, 승진의 제한, 그 밖에 승진에 필요한 사항은 대통령령으로 정하게 되어 있다.

(2) **승진임용의 방법**: 1급 공무원으로의 승진은 바로 하급 공무원 중에서, 2급 및 3급 공무원으로의 승진은 같은 직군 내의 바로 하급 공무원 중에서 각각 임용한다.

승진시험에 따른 승진은 승진시험 합격자 중에서 대통령령으로 정하는 승진임용 순위에 따라 임용하는데 공개경쟁승진시험 혹은 시·도 단위 또는 권역별로 실시한 기술직렬 5급 이하 공무원 및 연구 또는 특수기술직렬의 공무원 중 5급 이하 공무원에 상당하는 공무원으로의 일반승진시험을 거쳐 임용하게 된다.

시간선택제 공무원 임용

임용권자는 통상적인 근무시간보다 짧은 시간을 근무하는 일반직공무원(임기제공무원은 제외한다)을 신규임용할 수 있다. 시간선택제채용공무원의 주당 근무시간은 20시간으로 하는 것이 원칙이나 임용권자는 기관 운영상 필요한 경우에는 5시간의 범위에서 조정할 수 있다.

기타 임용

(1) **전보·전직**: 전보는 같은 직급 안에서의 보직변경을 말하며, 전직은 직렬을 달리하는 임명을 말한다. 전직이 시험을 요건으로 하는 데 반해 전보는 시험을 그 요건으로 하지 않는다. 이러한 전보·전직은 ① 보직에 대한 부적응의 해결, ② 업무량과 기술의 변동에 따른 배치조정, ③ 인간관계의 개선, ④ 공직의 침체 및 권태 방지, ⑤ 순환보직관리를 통한 공무원의 직무수행능력 제고, ⑥ 승진의 기회제공 등의 효과가 있다. 그러나 공무원의 잦은 순환전보는 업무의 연속성과 전문성을 저해하고 효율적인 지방행정 수행에 지장을 초래하는 등 부작용을 낳을 수 있으므로 일정 기간의 전보제한을 두고 있다. 즉 일반공무원 1년, 민원담당공무원 1년 6월, 감사·병사·세무·법무 및 공시지가 또는 공장설립민원업무 담당공무원 2년 등의 전보제한 기간을 두고 있다.

(2) **겸 임**: 직위와 직무 내용이 유사하고 담당 직무 수행에 지장이 없다고 인정되면 대통령령으로 정하는 바에 따라 일반직공무원을 특정직공무원, 특수 전문 분야의 일반직공무원, 대학교수 등 교육공무원 또는 대통령령으로 정하는 관련 교육·연구기관이나 그 밖의 기관·단체의 임직원과 서로 겸임하게 할 수 있다.

(3) **파견근무**: 임용권자는 그 업무수행과 관련된 행정지원이나 연수, 그 밖에 능력개발 등을 위하여 필요하면 소속공무원을 지방자치단체의 다른 기관, 다른 지방자치단

체, 국가기관, 공공단체, 「공공기관의 운영에 관한 법률」에 해당하는 기관(「지방공기업법」에 따른 지방직영기업, 지방공사 및 지방공단을 포함한다), 국내외의 교육기관 · 연구기관, 그 밖의 기관에 일정 기간 파견 근무하게 할 수 있으며, 전문성이 특히 요구되는 특수업무의 효율적 수행 등을 위하여 필요하면 인사위원회의 의결을 거쳐 지방자치단체 외의 기관 · 단체의 임직원을 파견받아 근무하게 할 수 있다. 파견권자는 파견사유가 소멸하거나 파견목적이 달성될 가망이 없으면 그 공무원을 바로 원래의 소속기관에 복귀시켜야 한다.

(4) 인사교류

㈎ 교육부 장관 또는 행정자치부 장관은 인력의 균형 있는 배치와 지방자치단체의 행정 발전을 위하여 교육부 또는 행정자치부와 지방자치단체 간에 인사교류가 필요하다고 인정하면 교육부 또는 행정자치부에 두는 인사교류협의회가 정한 인사교류 기준에 따라 인사교류안을 작성하여 해당 지방자치단체의 장에게 인사교류를 권고할 수 있다. 이 경우 해당 지방자치단체의 장은 정당한 사유가 없으면 인사교류를 하여야 한다.

㈏ 시 · 도지사는 해당 지방자치단체 및 관할 구역의 지방자치단체 간에 인사교류가 필요하다고 인정하면 해당 시 · 도에 두는 인사교류협의회에서 정한 인사교류 기준에 따라 인사교류안을 작성하여 관할 구역의 지방자치단체의 장에게 인사교류를 권고할 수 있다. 이 경우 해당 지방자치단체의 장은 정당한 사유가 없으면 인사교류를 하여야 한다.

㈐ 인사교류의 대상에 관하여는 대통령령으로 정하고, 인사교류협의회의 구성 및 운영, 인사교류의 절차, 그 밖에 인사교류에 필요한 사항은 교육부령, 행정자치부령 또는 시 · 도 규칙으로 정한다.

(5) 개방형 직위

㈎ 임용권자는 해당 기관의 직위 중 전문성이 특히 요구되거나 효율적인 정책 수립을 위하여 필요하다고 판단되어 공직 내부나 외부에서 적격자를 임용할 필요가 있는 직위를 개방형 직위로 지정하여 운영할 수 있다. 이 경우, 「지방자치법」 등 지방자치단체의 조직 관계 법령이나 조례 · 규칙에 따라 시 · 도는 5급 이상, 시 · 군 · 구는 6급 이상 공무원 또는 이에 상당하는 공무원으로 임명할 수 있는 직위 중 임기제 공무원으로도 보할 수 있는 직위는 개방형 직위로 본다.

㈏ 임용권자는 개방형 직위에 대하여는 대통령령으로 정하는 바에 따라 직위별로 직무의 내용 · 특성 등을 고려하여 직무수행 요건을 설정하고 그 요건을 갖춘 사람을 임용하여야 한다.

㈐ 임용권자는 개방형 직위를 지정 · 변경하거나 직위별 직무수행 요건을 설정 · 변경하려면 미리 해당 인사위원회의 심의 · 의결을 거쳐야 한다.

㈑ 개방형 직위의 임용후보자 선발시험은 해당 지방자치단체의 인사위원회에서 실시한다.

㈒ 그 밖에 개방형 직위의 운영 등에 필요한 사항은 대통령령으로 정한다.

(6) 공개경쟁시험 합격자의 우선 임용 및 결원 보충의 조정

㈎ 결원을 보충할 때에는 공개경쟁임용시험 합격자와 공개경쟁승진시험 합격자를 우선하여 임용하여야 한다.

㈏ 교육부 장관 또는 행정자치부 장관은 지방자치단체의 5급 이상 공무원의 결원을 보충할 때 공개경쟁임용시험 합격자, 공개경쟁승진시험 합격자 및 일반승진시험 합격자의 보충임용이 적절한 균형을 유지하도록 조정할 수 있다.

임용시험

(1) **시험자격**: 지방공무원임용시험에서 학력제한은 없으나 연령 제한의 경우 국가공무원법을 준용하는데 연령 상한은 철폐되었다. 현행 「지방공무원법」상 다음의 경우에는 지방공무원이 될 수 없다.

표 9-1 지방공무원의 결격사유

1. 피성년후견인 또는 피한정후견인
2. 파산선고를 받고 복권되지 아니한 사람
3. 금고 이상의 형을 선고받고 그 집행이 끝나거나 집행을 받지 아니하기로 확정된 후 5년이 지나지 아니한 사람
4. 금고 이상의 형을 선고받고 그 집행유예 기간이 끝난 날부터 2년이 지나지 아니한 사람
5. 금고 이상의 형의 선고유예를 선고받고 그 선고유예기간에 있는 사람
6. 법원의 판결 또는 다른 법률에 따라 자격이 상실되거나 정지된 사람
7. 징계로 파면처분을 받은 날부터 5년이 지나지 아니한 사람
8. 징계로 해임처분을 받은 날부터 3년이 지나지 아니한 사람

시험실시기관

(1) 6급 · 7급 공무원 및 계급 구분 및 직군 · 직렬의 분류가 적용되지 아니하는 공무원의 신규임용시험은 시 · 도 단위로 해당 시 · 도 인사위원회에서 실시한다. 다만, 농촌진흥사업에 종사하는 연구 및 지도직 공무원에 대한 신규임용시험은 따로 대통령령으로 정하는 기관에서 실시한다.

(2) 8급 및 9급 공무원의 신규임용시험과 6 · 7 · 8급 공무원에의 승진시험, 6 · 7 · 8 · 9급 공무원의 전직시험은 해당 지방자치단체의 인사위원회에서 실시한다.

(3) 5급 이상 공무원의 각종 임용시험은 대통령령으로 정하는 기관에서 실시한다.

(4) 임용 예정직과 관련이 있는 자격증 소지자의 경력경쟁임용시험은 시 · 도인사위원회에서 실시한다.

(5) 임용권자는 신규임용후보자 또는 승진후보자가 없거나 인사행정 운영상 특히 필요하다고 인정되면 그 직위의 신규임용 또는 승진시험에 상응하는 국가 또는 다른 지방자치단체의 시험에 합격한 사람을 그 직위의 신규임용 및 승진시험에 합격한 사람으로 보아 임용할 수 있다.

시장 · 군수 · 구청장(자치구의 구청장을 말한다. 이하 같다)은 우수 인력의 확보 또는 시험 관리상 필요하다고 인정하면 시 · 도인사위원회에 시험의 시행을 위탁할 수 있다.

5. 지방공무원의 능력발전

교육훈련

현행 지방공무원 교육훈련법은 지방자치단체의 장은 소속 지방공무원의 교육훈련을 위하여 필요한 시책을 수립 · 시행하여야 하며 교육부 장관 및 행정자치부 장관은 지방공무원에 대한 교육훈련의 발전을 위하여 지방자치단체와 지방공무원의 교육훈련기관에 필요한 지도와 지원을 하여야 하도록 규정하고 있다.

(1) **교육훈련기관**: 시 · 도지사 소속 지방공무원과 시도 관할구역의 시 · 군 · 자치구의 시장 · 군수 · 구청장 소속 지방공무원에 대한 교육훈련은 「지방자치법」 제113조에 따라 시 · 도지사 소속으로 설치한 교육훈련기관(이하 "지방공무원교육원"이라 한다)에서 실시한다.

지방공무원교육원을 설치하지 아니한 시 · 도의 경우 해당 시 · 도지사 소속 지방공무원과 해당 시 · 도 관할구역의 시 · 군 · 자치구의 시장 · 군수 · 구청장 소속 지방공무원에 대한 교육훈련은 다른 시 · 도지사 소속의 지방공무원교육원에서 통합하여 실시한다.〈개정 2013.8.6.〉

(2) **위탁교육**: 지방자치단체의 장은 국내외 위탁교육훈련계획을 수립하여 소속 지방공무원을 국내외 기관에 위탁하여 일정한 기간 교육훈련을 받게 할 수 있다. 교육부 장관 및 행정자치부 장관은 지방공무원의 전문성과 자질 향상을 위하여 필요하다고 인정하는 경우에는 대통령령으로 정하는 바에 따라 지방공무원에 대한 국내 위탁교육훈련계획을 수립하여 시행할 수 있다. 다만, 6급 이하 지방공무원에 대한 국내 위탁교육훈련계획은 해당 시 · 도지사와 교육감이 수립하여 시행할 수 있다.

(3) **직장훈련**: 지방자치단체의 장은 소속 지방공무원의 정신 자세의 확립과 직무수

행능력의 향상을 위하여 직장훈련계획을 수립하고 이에 따라 훈련을 시행하여야 한다. 지방자치단체의 장은 대통령령으로 정하는 바에 따라 소속 지방공무원에 대한 직장훈련 시행 결과를 인사관리에 반영할 수 있다.

평정제도

현행 지방공무원 평정규칙에서는 지방공무원 임용령 등의 규정에 따른 우리나라 지방공무원의 근무성적평정 · 경력평정 및 승진후보자 명부작성에 관한 사항을 규정하고 있다.

(1) **근무성적평정**: 근무성적평정은 임용권자가 정하는 평정단위별로 근무성적평정자와 근무성적평정확인자가 실시한다. 근무성적평정자는 평정대상 공무원의 바로 위 상급 · 상위 감독자 또는 차상급 · 차상위 감독자 중에서, 확인자는 평정자의 바로 위 상급 · 상위 감독자 또는 차상급 · 차상위 감독자 중에서 임용권자가 지정한다. 다만, 임용권자는 근무성적평정자의 바로 위 상급 · 상위 감독자가 없는 경우에는 확인자를 지정하지 아니할 수 있으며, 임용권자는 확인자가 될 수 없다.

(2) **경력평정**: 경력평정은 평정기준일 현재 승진 소요 최저연수에 도달한 5급 이하 공무원 · 연구사와 지도사에 대하여 실시한다. 경력평정은 해당 공무원의 인사기록카드에 따라 실시한다. 다만, 인사기록카드에 적힌 사항이라도 필요하다고 인정하는 경우에는 그 기재사항을 조회 · 확인한 후 평정할 수 있다.

(3) **가산점 평정**: 5급 이하 공무원 · 연구사와 지도사가 가산점 부여의 대상이 되는 자격증 또는 이수증을 소지한 경우에는 이를 평정하게 된다.

제10장 지방재정의 구조

제1절 지방재정에 관한 이론적 접근

1. 지방재정의 의의

지방재정의 개념

지방재정(Local Finance)이란 지방자치단체의 존립목적을 달성하기 위하여 재화를 강제적 또는 비강제적으로 획득하고, 이를 관리·사용하는 일련의 연속적·질서적 활동으로서 자치단체가 행하는 예산, 결산, 회계 및 기타 재화에 관한 활동을 의미한다. 지방재정의 범위는 재원배분과 연계된 지방자치단체의 활동범위와 관계를 맺으며, 국가와 지방자치단체는 그 활동범위에 따라 경비를 각각 분담하여 협조 처리하게 된다. 지방예산의 편성과 운영은 지방자치단체 재정활동의 구체적인 표현이며, 그 내용과 절차는 바로 지방자치단체의 수준과 국가발전에의 기여도를 평가할 수 있는 기준이 되는 것이다. 이러한 지방재정의 목표는 지역주민의 복리증진과 지역경제 활성화라는 과제에 대한 해결책을 모색하는 데 있다.

지방재정의 기능

(1) **자원배분기능**: 공공분야에서의 공익의 최적배분이나 적정한 서비스제공은 시장기구를 통해서 이루어질 수 없으므로 공공기관에서의 정책적 조정이 필요하게 된다.

(2) **소득재분배기능**: 개인의 자유로운 경제활동의 결과에서 오는 소득 배분의 격차는 조세정책이나 사회보장제도를 통하여 시정된다.

(3) **경제안정화기능**: 지방재정은 공공사업의 확대를 촉진하여 경기를 활성화하거나 재정지출의 억제로 경기조정에 이바지하게 된다.

지방재정의 특성

(1) **지방재정의 자주성**: 지방재정은 지방자치에 있어 필수적인 것으로서 스스로 지

방세를 부과 · 징수하여 예산을 편성하고 주민에 봉사하는 재정자주성을 그 근본으로 하고 있다.

(2) **지방재정의 제약성**: 지방재정의 자주성은 국가에 의해 한정된 범위에서 인정된다. 지방세의 세목과 세율은 법률로 결정되며, 대부분의 사용료와 수수료가 정부 방침에 따라 통제된다. 이외에도 지방재정은 지방채의 발행, 예산편성자료 제출요구 등 국가의 지도 · 통제를 받고 있다.

(3) **지방재정의 다양성**: 지방자치단체는 면적, 인구, 산업구조 등 처한 환경이 모두 각양각색이기 때문에 각기 다른 특성을 갖는 재정주체로서 지방재정도 다를 수밖에 없다.

(4) **지방재정의 불균형성**: 지방자치단체는 지역별 자원의 분포나 개발의 정도, 입지산업의 유형에 따라 지역발전과 소득의 격차가 나게 된다.

(5) **지방재정의 응익성**(應益性): 일반적으로 국가재정은 응능주의(경제적 능력에 따라서 과세하는 것으로서 누진세율이 적용되는 소득세 등이 그 예이다. 이는 소득재분배라는 정책적 요청에 적합하며 소득재분배정책은 국가가 전국 규모에서 실시해야 하므로 응능주의는 국세와 부합된다)(소득과 능력에 따른 부담)가 지배적인 데 반하여, 지방재정에는 사용료 · 수수료 · 부담금 등 응익주의(서비스 이용 대가에 따른 부담)가 강하게 지배하고 있다.

표 10-1 국가재정과 지방재정의 비교

구 분	국가재정	지방재정
재정의 수와 규모	단일성과 대규모	다양성과 소규모
서비스의 성질	순수공공재	지역공공재
재원조달의 기준	응능성(능력의 원칙)	응익성(이익의 원칙)
수입원천	국세 위주	지방세, 세외수입, 의존수입
재정기능	안정적 성장, 소득의 재분배, 자원배분기능	주로 자원배분기능
재정의 기본법	국가재정법	지방재정법
재정부담	국민	지역주민
주된 통제자	기획재정부 장관	행정부 장관

지방재정의 관련법 체계 – 지방재정법

우리나라 지방자치단체의 예산 및 회계에 관한 기본법은 지방재정법이다. 지방자치법은 지방재정운용의 기본원칙과 지방자치단체의 수입, 지출, 예산 및 결산 등에 관하여 기본적인 사항만 대강 규정하고, 지방재정법에서 이를 보다 구체적으로 규정하고 있다.

또한, 세입에 관한 사항은 지방세법이 다루고 있으며, 계약 등의 절차와 방법에 대해서는 예산회계법이 준용되고 있다. 한편 특별회계의 설치 등은 조례로 정해지고, 세부적인 회계절차 등은 지방자치단체의 규칙으로 규정되고 있다.

최근 지방재정분석 · 진단제도의 실효성 제고를 위하여 재정분석 결과 건전성과 효율성 등이 현저히 떨어지는 지방자치단체에 대해서는 재정진단을 의무적으로 실시하고, 지방자치단체의 주요 재정 상황을 수시로 관찰하여 재정위험 상태가 심각한 수준에 있는 지방자치단체를 재정위기단체로 지정하여 지방채 발행과 일정 규모 이상의 신규사업 추진을 제한하는 등 위기관리대책을 시행하며, 지방재정의 투명성 및 건전성을 높이기 위하여 매년 지방채 또는 차입금의 차입 및 상환실적 등을 내용으로 하는 채무관리계획을 수립하도록 하는 등 현행제도의 미비점을 개선하려고 지방재정법을 개정했다.

그 주요 내용은 다음과 같다.

(1) **성(性)인지 예산제도 도입**: 지방자치단체의 장은 예산이 여성과 남성에게 미칠 영향을 미리 분석한 보고서를 작성하여야 한다. 성인지 예산서의 작성에 관한 구체적인 사항은 대통령령으로 정한다.

(2) **기부 · 보조 또는 출자 등 공금지출 제한**: 지방자치단체는 그 소관에 속하는 사무와 관련하여 다음 각 호의 어느 하나에 해당하는 경우와 공공기관에 지출하는 경우에만 개인 또는 법인 · 단체에 기부 · 보조, 그 밖의 공금 지출을 할 수 있다. 출자 역시 지방자치단체는 법령에 근거가 있는 경우에만 출자할 수 있다.

(3) **지방예산 편성 과정에 필수적 주민참여**: 지방자치단체의 장은 대통령령으로 정하는 바에 따라 지방예산 편성 과정에 주민이 참여할 수 있는 절차를 마련하여 시행하도록 해야 한다. 한편, 현행 지방재정법에 따라 행정자치부 장관은 대통령령으로 정하는바에 따라 지방자치단체별 주민참여예산제도의 운영에 대한 평가할 수 있다.

(4) **지방재정 운용에 대한 자문**: 행정자치부 장관은 지방재정 운용 업무를 효과적으로 수행하기 위하여 필요한 경우 분야별 자문기구를 둘 수 있도록 하였으며 이 경우 자문기구의 구성 및 운영 등에 필요한 사항은 대통령령으로 정하도록 하였다.

(5) **지방세 감면의 제한**: 행정자치부 장관은 대통령령으로 정하는 해당 연도의 지방세 징수결산액과 지방세 비과세 · 감면액을 합한 금액에서 지방세 비과세 · 감면액이 차지하는 비율이 대통령령으로 정하는 비율 이하가 되도록 노력하도록 하였다.

지방자치와 지방재정의 관계

지방재정이 지방자치에서 차지하고 있는 위치와 역할은 매우 중요하다. 지방재정은 지방자치단체가 필요한 기능을 수행할 수 있도록 하여 지방자치를 실현 가능하게 하는 필수조건이기 때문이다. 지방자치가 효율적으로 운영되기 위해서는 지방재정의 기반이 무엇보다 건실해야 한다. 지방자치에서 지방재정의 역할이 중요한 만큼 지방자치 역시 지방재정을 위해 중요한 역할을 하고 있다. 완전한 지방자치에 의한 지방재정의 운영은 재정의 독자적 기반을 강화하고 지출의 투자성과 적절성을 높임은 물론 지방재원의 원천인 지역경제를 활성화한다.

이처럼 지방자치와 지방재정은 상호 밀접한 관련을 맺고 있으므로 어느 하나의 발전은 다른 하나의 발전을 촉진하는 상호 의존기능을 수행한다. 따라서 지방화시대를 맞이하여 앞으로 우리가 해결해야 할 과제는 지방자치 실현의 가장 근본이 되는 지방자치단체의 재정자주권을 어떻게 확보하느냐에 있다.

2. 지방재정운영의 기본원칙

지방자치단체의 재정운영은 적정하게 행해져야 하는바, 현행법은 재정운용에 관한 기본원칙으로서 지방재정의 건전성과 자주성 및 지방자치단체의 재정책임 등을 제시하고 있다.

수지균형의 원칙

지방자치단체의 재정도 국가와 마찬가지로 독립적인 경제주체의 재정이므로 예산과 결산상의 수지의 균형을 유지해야 한다.

재정구조의 탄력성 확보의 원칙

지방자치단체의 행정활동은 경제사회의 변동, 행정수요의 변화, 지역사회의 여건변화 등에 즉각 대응하면서 지속해서 행해져야 하므로 지방자치단체의 재정구조도 이에 적절히 대응할 수 있는 탄력성을 확보하여야 한다.

행정 수준의 확보 · 향상의 원칙

지방자치단체는 지역주민의 행정수요에 대응하여 적정한 재원을 확보하면서 장기적인 견지에서 지역주민의 필요에 맞는 행정 수준의 확보와 향상을 도모할 수 있도록 지방재정을 운영해야 한다.

장기적 재정안정의 원칙

지방자치단체의 행정활동은 영속적이므로 재정운영도 재원의 연도 간 조정, 후년도 재정부담이나 재원의 예측, 지방재정계획의 수립 등에 기초를 두고 장기적인 재정안정을 도모해야 한다.

재정운용의 공정성 확보의 원칙

예산의 편성 및 집행상의 적법성을 확보해야 할 뿐만 아니라 한정된 재원의 균등·공평한 배분이 이루어져야 한다. 또한, 국가와 지방자치단체 간, 자치단체 상호 간 및 자치단체와 당해 지역주민 간에 경비의 부담구분이 적정화되어야 하며, 재정 내용을 주민에게 공표함으로써 지방재정운영의 투명성을 높여야 한다.

재정운용의 효율성의 원칙

지방자치단체의 행정활동은 주민의 조세부담에 의해 행해지므로 최소의 경비로 최대의 효과를 실현할 수 있도록 지방재정이 효율적으로 운영되어야 한다.

국가시책 구현의 원칙

지방자치단체는 국가정책에 반하는 재정운영을 하여서는 안 되며, 국가시책의 구현을 위하여 노력하고 국가정책과 조화되는 범위 안에서 그 재정을 운영하여야 한다.

3. 중앙재정과 지방재정

지방재정에 대한 국가관여

(1) 국가관여의 필요성

㈎ 국가는 법률에 의하여 지방자치단체에 일정한 재원을 부여하는 권한을 가지므로 필연적으로 지방재정에 관여하게 된다.

㈏ 각 지방자치단체가 관할하는 지역사회의 경제력 및 세원의 편재는 지역 간 재정력의 격차를 초래하며 지방자치의 운영과 지방재정운용에 장애가 된다. 따라서 지방자치단체 간의 재정력 격차를 해소·완화하기 위해 지방재정에 대한 국가의 관여가 필요하다.

㈐ 지방재정은 국가재정의 한 부분이므로 국가재정시책과의 일치를 위해 국가는 전국적 견지에서 지방자치단체의 재정운영에 대하여 필요한 최소한의 관여와 통제를 하게 된다.

㈑ 국가가 지방재정에 관여해야 하는 이유는 모든 국민은 균등한 행정서비스를 향유할 권리를 갖는다는 점에 있다. 즉 국민적 최저수준을 유지하기 위해서는 재정력이 약한 지방자치단체에 국가의 재정지원이 필요하다.

(2) 국가의 재정적 관여의 방식

㈎ 지방세입에 대한 관여: 지방재정진단, 국고보조금, 지방교부세, 일정 한도를 초과하는 지방채 발행에 대한 승인을 통해 관여하고 있다. ① 국가는 지방세의 세목 · 세율 · 과세표준 · 감면기준 등 세부적 사항까지 법률로 정하고 있다. ② 지방교부세의 세목 · 교부율 및 교부기준 등을 법률로 설정하여 지방자치단체별로 교부하고 있다. ③ 국고보조금에 대해서는 특정 용도의 지정 및 조건을 붙여 지급하고 세부사항까지 철저히 감독하고 있다. ④ 지방채 대상사업에 대한 방침을 결정하고 지방채의 발행을 승인받도록 하고 있다.

㈏ 지방세출에 대한 관여: ① 국고보조금의 지급 시 해당 비도에 대한 지방예산의 보충적 지출을 지시한다. ② 국가적 시책의 사업에 대한 지방부담금의 지출을 강제한다.

바람직한 중앙재정과 지방재정의 관계

지방자치의 원활한 운영과 국민경제적 목표를 효과적으로 달성하기 위해서는 중앙재정과 지방재정의 바람직한 관계설정이 필요하다. 이러한 관계설정은 중앙정부와 지방자치단체 사이의 권한 및 행정 · 재정기능의 분담, 그리고 지방자치의 기준 등과 같은 제 문제와 관련하여 이해되어야 한다.

중앙정부의 지방자치단체에 대한 조정기능이 전문성과 능률성을 확보하기 위한 것일지라도 의사결정의 경직성과 계선기관식 운영을 초래할 수 있으므로 중앙정부의 조정과 지방자치단체의 자율적 의사결정이 균형을 유지할 수 있도록 고려해야 한다. 이를 위해서는 우선 중앙재정과 지방재정의 관계가 내부적 · 종속적 관계로부터 협력적 · 수평적 관계로 정립될 수 있도록 중앙재정과 지방재정기능 간의 분업과 분화가 이루어질 수 있도록 하여야 한다. 이는 중앙재정의 기능이 경제의 안정화, 소득재분배, 전국적 공공서비스의 제공에 주력하는 반면에 지방재정은 지방 공공재의 공급을 중심으로 한 자원배분의 기능을 수행할 수 있도록 재정 · 예산기능의 분담이 이루어져야 함을 의미한다.

아울러 예산정책에서도 중앙정부의 예산이 거시적이고 국민경제적인 정책방향의 청사진을 제시하는 것이라고 볼 때, 지방예산은 이러한 중앙예산의 틀 안에서 지역적 특수성과 현지성을 반영하는 것이라고 할 수 있다. 따라서 중앙정부는 지방재정에 대하여 구체적이고 개별적인 간섭을 지양하고 지역적 불균형의 완화, 행정서비스의 표준화 · 균등화, 안정적 성장 등 거시적 목표의 달성과 같은 정책적 관점의 기준을 설정하여 개입의 한계로 삼는 것이 바람직하다.

제2절 지방정부의 수입

1. 지방수입의 의의

지방수입의 개념

지방자치가 성공적으로 이루어지기 위해서는 자주적인 재원확보가 필수적이다. 따라서 각급 지방자치단체는 원활한 경비지출활동을 위하여 지속해서 필요한 재원확보에 노력하게 되는데, 이때 그들의 제반 수요를 충족시키기 위해 마련하는 지급 재원이 지방수입이다. 지방세입이란 이러한 지방수입을 회계연도별로 구분하여 1회계 연도에 소요되는 모든 재원이라고 할 수 있다.

지방수입의 분류

(1) **자주재원과 의존재원**: 자주재원이란 자체수입이라고도 불리는 것으로 지방자치단체가 직접 자주적으로 징수하는 수입으로 지방세와 세외수입으로 구성된다. 반면 의존수입으로 불리는 의존재원은 국가나 상급자치단체로부터 받는 수입으로서 지방교부세와 국고보조금으로 구성된다. 전체 세입규모에서 자주재원의 비중이 클수록 자치단체의 세입구조는 안정적이다.

(2) **일반재원과 특정재원**: 지방자치단체의 재원은 그 자금용도가 특정되었는가에 따라 일반재원과 특정재원으로 구분된다. 일반재원이란 자금용도가 정해져 있지 않고 지방자치단체가 그 예산과정을 통하여 용도를 자유롭게 결정할 수 있는 재량의 범위가 넓은 재원이다. 지방세, 세외수입, 지방교부세가 속한다. 한편 특정재원이란 자금용도가 지정되어 있어서 지방자치단체가 임의로 자금용도를 결정할 수 없는 재원으로 국고보조금과 특별교부세 등이 포함된다.

(3) **경상재원과 임시재원**: 지방자치단체의 재원은 수입의 안정성과 규칙성을 기준으로 경상재원과 임시재원으로 분류할 수 있다. 경상재원이란 회계연도마다 계속적 · 안정적으로 확보할 수 있는 재원을 의미하며 지방세, 사용료 · 수수료, 보통교부세 등이 포함된다. 임시재원은 회계연도에 따라 불규칙적 · 가변적으로 확보하는 재원을 말하며 특

별교부세, 부동산 매각수입, 지방채 수입, 부담금, 기부금, 변상금, 전입금, 이월금 등이 해당한다.

2. 지방세

지방세의 의의

(1) 지방세의 개념: 지방자치단체의 운영에 드는 필요경비는 가능한 한 지방재원으로 조달하는 것이 바람직한바, 그 주종을 이루는 것이 바로 지방세이다. 지방세란 지방자치단체가 그 기능을 수행하는 데 소요되는 일반적 경비를 조달하기 위하여 당해 구역 내의 주민, 재산 기타 일정한 행위를 하는 자로부터 직접적 · 개별적인 보상 없이 강제적으로 부과 · 징수하는 재화를 말한다.

(2) 지방세의 특징

㈎ 강제적 부과 · 징수: 지방세는 지방자치단체의 과세권에 근거하여 강제적으로 부과 · 징수하는 것으로서 반드시 법률에 근거해야 하지만 주민 개개인의 승낙 의사표시를 필요로 하지는 않는다.

㈏ 직접적인 대상 없는 징수: 지방세는 개별적인 특정한 수익에 관련 없이 지방자치단체의 주민 또는 그 구역 안에서 일정한 행위를 하는 자로부터 징수되는 재화이다.

㈐ 일반적 경비의 조달을 위한 징수: 지방세는 지방자치단체의 일반적 경비의 조달을 목적으로 하는 것으로서 벌금, 과태료 등과 같이 위법행위에 대한 제재를 목적으로 징수되는 금전적 급부와 구별된다.

㈑ 금전상의 표시 · 징수: 지방세는 원칙적으로 금전으로 표시되고 징수되어야 한다.

지방세의 원칙

지방세에는 조세의 일반원칙 외에도 부담분임의 원칙, 응익과세의 원칙, 보편성의 원칙, 안정성의 원칙, 정착성의 원칙, 세제자주권의 원칙 등의 고유원칙이 있다.

(1) 재정수입의 측면

㈎ 충분성의 원칙: 지방재정수요를 충족시키는 데 충분한 수입을 가져올 것

㈏ 보편성의 원칙: 각 지방자치단체의 수입이 보편적으로 존재할 것, 즉 세원이 특정지역에 편재하지 않고 어느 지역에 있어서도 존재하며 세수입의 기대가 가능하여야 한다는 것이다.

㈐ 정착성의 원칙: 세원은 될 수 있으면 이동이 적고 일정한 지역 내에 정착하고 있

을 것, 이를 국지성 또는 지역성의 원칙이라고도 한다.

㈑ 신장성의 원칙: 지방자치단체의 수입이 지방자치단체의 발전에 따라 증가할 것, 지방자치단체의 재정수요는 경제발전과 국민소득 수준의 상승에 따라 팽창하므로 지방자치단체의 세입도 이에 따라 증가할 필요가 있다는 것이다.

㈒ 안정성의 원칙: 세수가 매년 안정적으로 수입되고 연도 간의 세수변동이 적어야 한다는 원칙이다.

(2) 주민부담의 측면

㈎ 부담분임의 원칙: 전 주민이 널리 지방세를 부담할 것, 주민자치의 관점에서 지방자치단체의 구역 안에 거주하는 주민이 자치단체의 행정 활동에 드는 비용부담을 널리 분담하여야 한다는 것을 말한다.

㈏ 응익성의 원칙: 조세부담의 배분에서 지급능력보다도 공공서비스로부터의 편익의 크기를 기준으로 할 것.

㈐ 효율성의 원칙: 시장의 효율적인 선택행위를 침해하지 말 것.

㈑ 부담보편의 원칙: 동등한 지위에 있는 자에게는 동등하게 과세하고, 조세감면의 폭을 너무 넓혀서는 안 된다는 원칙이다.

(3) 세무행정의 측면

㈎ 자주성의 원칙: 지방자치를 위해서는 지방자치단체가 과세행정상 자주성을 가질 수 있을 것.

㈏ 편의 및 최소비용의 원칙: 징세가 간편하고 경비가 적게 들 것.

㈐ 확실성의 원칙: 징세가 확실히 실행될 것.

㈑ 지방세 우선의 원칙: 지방자치단체의 징수금은 다른 공과금과 기타의 채권에 우선하여 징수한다는 원칙이다.

지방세의 체계

우리나라 지방세는 도세와 시군세(혹은 광역-특별시세와 자치구세)로 구분되는데 시군세에는 보통세만 존재하며 도세는 보통세와 목적세가 존재한다. 도세 중 보통세는 취득세, 등록면허세, 레저세, 지방소비세 등이며, 목적세는 지역자원시설세와 지방교육세 등이다. 한편, 시군세는 보통세는 담배소비세, 주민세, 지방소득세, 재산세, 자동차세 등을 포함한다. 하지만 광역(특별)시와 자치구의 지방세 체계는 도와 시군의 지방세 체계와 약간 다른데, 특별(광역)시세는 취득세, 레저세, 담배소비세, 지방소비세, 지방소득세, 자동차세, 지역자원시설세, 지방교육세, 주민세(종업원분, 재산분은 자치구세임) 등을 포함하고 있으며 자치구세는 등록면허세, 재산세 등을 포함한다. 본서에서는 도세와 시군세를 기준으로 설명한다.

그림 10-1 지방세의 구조

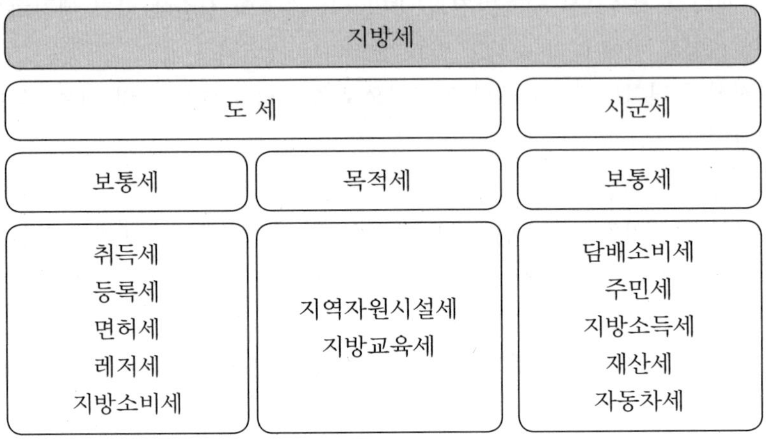

지방세 항목과 과세대상

(1) 도세 중 보통세

(가) 취득세: 취득세란 과세물건의 취득에 대하여 그 취득자에게 과세하는 지방세를 의미한다. 구체적으로는 부동산, 선박, 광업권, 어업권, 기계장비, 입목, 항공기 골프회원권, 종합체육시설이용 회원권, 승마 회원권, 콘도미니엄 회원권, 건축물의 신축·증축·개수, 토지의 지목변경, 선박 및 차량 기계장비의 종류변경, 과점주주 지위 취득 등에 과세한다.

(나) 등록세: 등록세란 재산권과 그 밖의 권리의 설정·변경 또는 소멸에 관한 사항을 공부에 등기하거나 등록하는 자에게 과세하는 지방세를 의미한다. 과세대상은 재산권 등 그 밖의 권리의 변동사항을 공부에 등기·등록하는 행위이다.

(다) 면허세: 면허세는 각종 법령에 규정된 면허, 허가, 인가, 등록, 지정, 검열, 심사 등 특정한 영업설비 또는 행위에 대한 권리의 설정, 금지의 해제 또는 신고의 수리 등과 관련한 행정청의 행위를 말하며 받은 자에게 과세하는 지방세를 의미한다. 과세대상은 지방세법 시행령에서 제1종에서 제5종까지 열거하여 규정되어 있다.

(라) 레저세: 레저세란 경마, 경륜, 경정 및 소싸움을 영위하는 사업자에게 과세하는 지방세를 의미하며 과세대상은 경주사업자(경륜·경정법), 한국마사회(한국마사회법), 소싸움경기 시행사(전통소싸움경기에 관한 법률) 등이다.

(마) 지방소비세: 지방소비세란 사업자가 행하는 재화 또는 용역의 공급, 재화의 수입

거래에 부과하는 지방세를 의미한다. 지방소비세는 기본적으로 부가가치세의 일종으로 징수 의무자는 납세지를 관할하는 세무서장 등이 된다. 과세대상은 재화와 용역을 소비하는 자의 주소지 또는 소재지를 관할하는 도에서 부가가치세법 제3조에 따라 부가가치세를 납부하여야 하는 자이다.

(2) 도세 중 목적세

㈎ 지역자원시설세: 지역자원시설세는 지역의 균형개발 및 수질개선과 수자원보호 등에 드는 재원을 확보하거나 소방시설, 오물처리시설, 수리시설 및 그 밖에 공공시설에 필요한 비용을 충당하기 위하여 부과하는 지방세를 의미한다. 과세대상은 발전용수(양수발전 제외), 지하수(음용수, 목욕용수, 기타), 지하자원, 컨테이너를 취급하는 부두를 이용하는 컨테이너 및 원자력발전 · 화력발전 등의 특정 자원과 소방시설, 오물처리시설, 수리시설, 그 밖의 공공시설로 인하여 이익을 받는 자의 건축물 선박 및 토지 등의 특정 부동산을 포함한다.

㈏ 지방교육세: 지방교육세는 지역사회 교육의 질적 향상에 드는 재원마련을 위하여 과세되는 목적세로서 등록세 등 해당 지방세에 붙는 부가세 형태의 지방세를 의미한다.

(3) 시군세

㈎ 담배소비세: 담배소비세는 제조담배 또는 수입담배 등 담배의 소비행위에 대하여 과세하는 지방세로서 담배제조자(한국담배인삼공사), 수입판매업자, 외국으로부터의 반입자 등이 납세의무자이다. 과세대상은 피우는 담배, 씹는 담배, 냄새 맡는 담배, 머금는 담배 등을 포함한다.

㈏ 주민세: 주민세는 지방자치단체의 구성원인 주민을 대상으로 과세되는 지방세로서 소득의 크기에 관계없이 균등하게 과세하는 '주민세 균등할'과, 소득의 크기에 따라 과세하는 '주민세 소득할'로 구분된다. 주민세 균등할은 매년 8월 1일 현재 시 · 군 내에 주소를 둔 개인, 사업소를 둔 개인 및 법인에 부과되며 소득할은 매년 7월 1일 현재 사업소를 둔 사업주(사업소 면적 330㎡ 초과)에게 부과된다. 주민세 소득할에는 종업원에게 급여를 지급하는 사업주(종업원 수 50인 초과)에 부과하는 부분도 있다.

㈐ 지방소득세: 소득세법 및 법인세법에 따른 소득세, 법인세 납세의무자에게 부과되는 지방세이다. 소득세와 법인세 납부의무가 있는 개인과 법인에 부과된다.

㈑ 재산세: 재산세는 매년 6월 1일(과세기준일) 현재 토지, 주택, 건축물, 선박, 항공기를 소유한 자에게 과세하는 지방세를 의미하며 과세기준을 기준 재산을 가지고 있는 모든 주민이 과세대상자가 된다.

㈒ 자동차세: 자동차 소유에 대한 자동차세는 자동차의 소유에 대하여 과세하는 재산세적인 성격과 도로이용, 손상 및 환경오염에 대한 부담금적 성격을 동시에 갖는 지방

세이다. 자동차관리법의 규정에 의하여 등록 또는 신고된 차량과 건설기계관리법의 규정에 의하여 등록된 덤프트럭 및 콘크리트믹서 트럭이 과세대상이다.

우리나라 지방세제의 문제점

(1) **세제의 획일성과 과세자주권의 결여**: 지방세부담의 균형화를 도모하기 위하여 세목, 세율, 과세방법 등을 전국에 걸쳐 획일적으로 적용하고 있으며, 자체재원을 조정하거나 성장재원을 흡수할 수 있는 자주적 탄력성이 결여되어 있다. 이를 해결하기 위해 어느 정도까지 과세자주권을 부여해 초과 과세의 확대, 법정외 세목의 설치 등을 통해 자치단체에 의한 자주권 및 탄력성을 부여해야 할 것이다.[1]

(2) **지방세원의 지역별 · 자치단체별 편재**(불균형): 수도권 또는 대도시나 광역자치단체에의 지방세원의 편재는 지방재정운용을 어렵게 하는 상당한 장애요인으로 작용하고 있다. 지방재정 확충을 위하여 신세원을 발굴하고 신세목을 도입하려고 해도 이러한 세원분포의 편재로 말미암아 지역 간 · 자치단체 간 재정불균형 문제가 심화하고 있다. 서울시 지방세 수입이 9개도 수입 합계보다 많을 정도다.

(3) **지방세원의 빈약**: 지방세원이 빈약해서 다양한 지방세원을 발굴해야 한다. 세원이 전국적인 국세를 지방으로 이양하고, 지방세율을 합리적으로 조정하며, 새로운 세원을 지속해서 개발해야 한다.

(4) **광범위한 각종 조세감면제도로 조세수입이 감소**: 매년 자치단체장은 지방세지출보고서를 지방의회에 제출하도록 하여 지방세 특례에 대한 관리 · 통제를 할 수 있도록 지방세법을 개정하였다.

(5) **세수신장성 미약**: 현행지방세제는 국가경제성장과 지역경제발전의 결실인 소득증대나 소비증가와 같은 경제 환경의 변화가 지방세수증대로 직접 이어질 수 없는 재산과세 위주로 되어 있어서 세수의 신장성과 안정성이 부족하다.

(6) **복잡한 세수체계**: 현행지방세제는 같은 세원에의 중복과세와 비과세 · 감면 및 중과세 등 정책과세의 과도한 활용으로 조세체계가 복잡하여 지방세 징수비용의 과다를 가져올 뿐만 아니라 부과 · 징수과정에서 비리 발생의 요인이 되고 있다.

(7) 자산과세 중심이면서 경기와 관계없이 안정적 수입을 보장할 수 있는 재산세 비중은 낮고, 반면 부동산거래세인 취득세 · 등록세의 비율이 높아 경기변동의 영향을 많이 받는다. 미국은 30%대, 일본은 20%대인 데 비해 우리나라의 재산세 비중은 불과 3.5%에 불과하다.

1) 정세욱(1988), 지방행정학, pp.671-676 참조.

(8) 국세와 비교하면 지방세의 비율이 너무 낮다. 미국은 55:45, 일본은 60:40인데 비해 우리나라는 중앙과 지방의 세입구조가 국세가 80%, 지방세가 20%다. 하지만 세출구조는 중앙이 40%, 지방이 60%로 돼 있어 지방은 중앙에서 이전되는 재원에 의존해 재정지출을 하는 실정이다.

3. 세외수입

세외수입의 의의

세외수입은 일반적으로 지방자치단체의 자체수입 중에서 지방세수입을 제외한 나머지 수입을 지칭하는 것이다. 최근에 와서 대부분 국가는 주민들의 조세저항이 강하여 징세에 큰 어려움이 뒤따르자 주민들의 큰 저항 없이 징수할 수 있는 세외수입에 눈을 돌리고 있다. 우리나라의 경우도 동일 세목에 동일 세율의 적용이 갖는 한계점으로 인하여 자치단체들이 그들의 수입을 실질적으로 늘릴 수 있는 세외수입에 크게 의존함으로써 그 중요성이 인정되고 있다. 세외수입은 분류범위에 따라 개념이 매우 넓다.

세외수입의 특성

세외수입은 지방세와 함께 지방재정의 자주적 기반을 뒷받침해주는 중추적인 세입원으로서 다음과 같은 특성을 보인다.

(1) **자주재원**: 세외수입은 지방세와 함께 지방자치단체의 독자적인 노력과 절차에 의해 조성되는 자주재원의 성격을 띠고 있어 자치단체의 행정의 자율성과 재정적 자립수준을 높여주는 역할을 한다.

(2) **잠재수입원**: 세외수입은 중앙정부의 직접적인 통제를 받지 않는 상태에서 자치단체의 노력 여하에 따라 확대 · 개발이 상대적으로 용이한 잠재수입원이다.

(3) **대상적(代償的) 성격**: 세외수입은 공공시설의 사용, 행정서비스의 제공 등 특정서비스에 대한 반대급부로서 응익적 요소를 내포하여 조세수입과는 달리 재원조달에 있어 마찰이나 저항이 적다.

(4) **수입의 불규칙성**: 세외수입은 지역의 입지조건이나 경제적 환경, 특정사업의 추진, 지방자치단체의 노력 여하에 따라 수입의 규모가 달라질 수 있으므로 지역 간 · 회계연도 간 분포상황 및 구조가 불규칙적이고 불균등할 경우가 많다.

(5) **용도(혹은 비도)의 지정**: 세외수입은 수입의 근거에 따라 경비의 용도가 지정되는 경우가 많아 지방자치단체의 구체적 활동과 직접 연결되어 있다.

(6) **수입의 다양성**: 세외수입은 수입의 근거나 종류 및 형태가 매우 다양하다.

(7) **현금 · 증지수입**: 세외수입은 그 수입형태를 현금으로 하지만 수입증지(사용료 · 수수료의 징수)로도 징수한다.

세외수입의 체계 및 종류

(1) **세외수입의 체계**: 행정자치부는 세외수입을 일반회계 세외수입과 공기업 특별회계 세외수입으로 구분하여 관리하고 있다. 일반회계 세외수입은 다시 경상적 세외수입과 임시적 세외수입으로 구분된다.

그림 10-2 세외수입의 구조

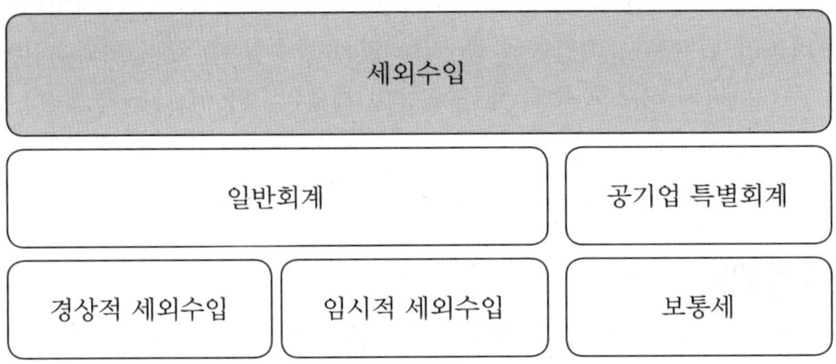

(2) **경상적 세외수입**: 경상적 세외수입이란 계속성과 안정성이 확보되고 매 회계연도 마다 계속 반복하여 조달되는 예측 가능한 수입으로 세외수입 중 수입원이 가장 많고 지방자주재원 확충에 가장 기여를 많이 하는 수입이다. 종류로는 재산임대수입, 사용료, 수수료, 사업수입,[2] 징수교부금 수입, 이자수입 등이 있다.

(3) **임시적 세외수입**: 임시적 세외수입은 각급 지방자치단체의 수입 중에서 불규칙적으로 발생하는 수입으로 대체로 규모는 크나 수입원이 일회성에 그치는 경우가 많아 세입규모를 예측하기 어렵다는 특징이 있다. 재산매각수입, 부담금, 기타수입, 지난 연도 수입, 순세계 잉여금,[3] 이월금, 전입금, 예탁금 및 예수금, 융자금 원금 수입 등이 있다.

(4) **공기업 특별회계**: 공기업 특별회계에 의한 세외수입으로는 사업수입과 사업외수입이 있는데, 사업수입은 상수도사업의 급수수익, 하수도사업의 사용료수익 등과 같

2) 징수교부금은 국세 · 도세 · 하천사용료 및 도로사용료 등을 시 · 군이 위임을 받아 징수할 경우 징수위임기관인 국가 또는 도에서 교부하는 것을 말하며 이와 같은 징수교부금은 형식적으로는 위임한 세입징수에 소요되는 경비를 보상하는 성질의 것이지만 실질적으로는 도와 시 · 군 간의 재원배분이라는 의미도 있다(행정자치부, 2014 지방세외수입통계연감).

3) 전년도 결산에 따른 이월금에서 명시이월금, 사고이월금, 계속비이월금, 보조금 사용 잔액을 제외한 금액을 말한다.

은 사업에 의한 수입이며 사업 외 수입 고정자산 매각, 자본잉여금 수입, 지난 연도 수입 등과 같이 사업에 의한 수입이 아닌 불규칙한 수입을 말한다.

사용료 · 수수료 요율의 현실화

(1) **사용료 · 수수료의 문제점**: 요율의 현실화가 이루어지지 못한 이유로 ① 사용료 · 수수료에 대한 인식 부족, ② 징수근거 및 종류의 복잡 · 다양성, ③ 물가 · 공공요금과 관련한 요율인상 억제정책, ④ 요율조정에 대한 중앙정부나 자치단체의 노력 미흡 등을 들 수 있다.

(2) **요율 현실화의 필요성**: 요율이 원가를 밑돌게 되면 ① 사용료 · 수수료 부문에서 발생하는 적자를 일반재정에서 보전해 주어야 하며, ② 공공서비스에 대한 과도한 수요를 유발하여 자원의 낭비는 물론 서비스 과잉으로 인한 부담의 불평등이 초래된다.

(3) **요율 현실화 방안**: ① 자원의 효율적 활용과 부담의 공평성을 위해 무료 수수료의 최소화 등 사용자부담원칙을 강화한다. ② 주민부담의 최소화, 물가에 대한 영향 등을 고려하여 원가 보상률이 낮은 것부터 단계별 · 연도별로 요율을 현실화한다. ③ 요율이 적시에 조정될 수 있도록 개별 법령에 규정된 수수료를 정비하여 단일 법제화를 추구한다.

4. 지방채

지방채의 의의

(1) **지방채의 개념**: 지방채란 지방자치단체가 부족한 재원을 보전하기 위하여 과세권을 실질적인 담보로 하여 증권발행 또는 증서차입의 형식에 의해 외부로부터 조달하는 차입자금으로써 상환이 복수회계연도(2년 이상)에 걸쳐서 이루어진다. 이러한 지방채는 지방세입원의 하나로서 필요에 따라서는 비교적 탄력적 · 기동적으로 재원을 조달할 수 있는 반면에 거치기간 이후에는 '공채비'라고 하는 경직성 채무로서 경비를 지출해야만 하는 양면성을 지니고 있다.

(2) **지방채의 특성**

㈎ 지방채는 지방자치단체가 부담하는 채무이다. 따라서 지방자치단체의 지위를 인정받지 못하고 있는 각종 지방공사나 지방자치단체의 출자 등으로 관계를 맺고 있는 여러 재단법인 · 사단법인 등의 차입금은 지방채가 아니다.

㈏ 지방채는 지방자치단체가 기채 연도에 있어서 세입의 일부분으로 하기 위하여 재

원조달을 목적으로 부담하는 채무이므로 자금의 이동을 수반하는 것이 원칙이다. 따라서 당해 연도에서 재원조달을 직접적인 목적으로 하지 않는 채무부담행위는 지방채와 구별된다.

㈐ 지방채는 지방자치단체가 특정한 사업을 수행하는 데 필요한 경비에 충당하려는 특정재원이다.

㈑ 지방채는 채무의 이행이 1회계연도 이상의 장기간에 걸쳐서 이루어진다는 점에서 1회계연도 내의 자금조달수단으로서 이루어지는 일시차입금과 다르다.

㈒ 지방채는 일반적으로 무담보 · 무보증의 채무이다. 지방채 발행은 지방자치단체가 과세권에 기초한 장래의 세수를 재원으로 하여 반드시 차입금을 상환할 것이라는 신뢰에 기초하고 있다. 즉, 지방채는 실질적으로 과세권을 담보로 하는 채무이다. 다만 예외적으로 '정부보증외화지방채'를 발행하는 것처럼 지방채 발행에 특정한 보증이 첨부되는 경우도 있다.

지방채의 순기능과 역기능

(1) 순기능

㈎ 재원조달기능: 지방채는 지역주민의 복지증진을 위한 대규모 건설사업의 추진이나 예기치 못한 재해 발생으로 인한 복구사업의 수행 등 막대한 재정지출을 해야 하는 사업을 예정된 기간 내에 별다른 자금의 어려움 없이 집중적으로 수행할 수 있도록 재원조달기능을 한다.

㈏ 효율적 자원배분기능: 지방채는 상수도 · 지하철 · 도로 · 주택 등 사회자본을 정비 · 확충하는 데 필요한 경비에 충당됨으로써 적정하고 효율적인 자원배분에 이바지한다.

㈐ 세대 간 부담의 공평화: 지하철 · 철도 · 상수도 · 도로 등과 같은 내구적 공공시설에 대한 재정지출을 지방채의 발행을 통하여 충당함으로써 현재는 물론 장래에 편익을 누리게 될 미래의 주민들에게도 그 부담을 공평하게 분담하기 때문에 수익자부담의 원칙에도 부합된다.

㈑ 긴급한 재원보전수단: 지방채는 자치단체의 수해 등 자연재해나 IMF 등 경제 위기 및 경기변동이나 금융시장의 동향에 따른 재원부족의 긴급사태에 탄력적으로 대응하여 재정수입을 확보할 수 있는 수단이 된다.

㈒ 국가경제정책과의 협조: 국가가 경기부양을 위하여 회계연도 중간에 공공사업을 추가로 시행하는 경우에 그 대부분은 지방자치단체에 의하여 행하여지며, 여기에는 상당한 지방비 부담이 수반된다. 따라서 추가적인 재원조치가 필요하게 되는데, 이때 지방

채의 발행을 통하여 재원조달을 기할 수 있게 된다.

(2) 역기능

㈎ 민간채권시장의 위축을 초래할 수 있다.

㈏ 투자사업의 수익성이 낮을 경우 지방재정압박을 초래한다.

㈐ 과도하게 지방채를 발행할 경우 미래 세대 주민들에게 상환에 대한 과도한 부담을 준다.

㈑ 재정지출결정권을 갖는 현재 세대에 비하여 미래 세대는 아무런 결정권도 없이 재정부담만을 강요받는 셈이 된다.

㈒ 발행된 채무의 원금상환과 이자 지급을 위하여 예산의 경직성이 높아지고 지방채 상환을 위한 추가재원 확보가 필요하게 된다.[4]

지방재정법상 주요 지방채 규정

(1) **지방채의 종류**: 지방채증권과 차입금으로 구분된다. 지방채증권은 지방자치단체가 증권발행의 방법에 의하여 차입하는 지방채를 말하며, 외국에서 발행하는 경우 역시 포함된다. 차입금은 지방자치단체가 증서에 의하여 차입하는 지방채를 말하며, 외국정부 · 국제기구 등으로부터 차관(현물차관을 포함한다)을 도입하는 경우도 포함된다.

(2) **지방채 발행이 가능한 사업**: ① 공유재산의 조성 등 소관 재정투자사업과 그에 직접 수반되는 경비의 충당, ② 재해예방 및 복구사업, ③ 천재지변으로 발생한 예측할 수 없었던 세입결함의 보전, ④ 지방채의 차환, ⑤ 「지방교육재정교부금법」에 따른 교부금 차액의 보전, ⑥ 명예퇴직 신청자가 직전 3개 연도 평균 명예 퇴직자의 100분의 120을 초과하는 경우 추가로 발생하는 명예퇴직 비용의 충당 등의 경우에 지방채 발행이 가능한데, ⑤와 ⑥의 항목은 교육감이 발행하는 경우이다.

(3) **지방채 발행을 위한 주요 내용**

㈎ 지방자치단체의 장은 지방채를 발행하려면 재정 상황 및 채무 규모 등을 고려하여 대통령령으로 정하는 지방채 발행한도액의 범위에서 지방의회의 의결을 얻어야 한다. 다만, 지방채 발행한도액 범위더라도 외채를 발행하는 경우에는 지방의회의 의결을 거치기 전에 행정자치부 장관의 승인을 받아야 한다.

㈏ 지방자치단체의 장은 행정자치부 장관의 승인을 받은 경우에는 그 승인받은 범위에서 지방의회의 의결을 얻어 지방채 발행한도액의 범위를 초과하여 지방채를 발행할 수 있다.

㈐ 지방자치단체조합의 장은 그 조합의 투자사업과 긴급한 재난복구 등을 위한 경비

4) 방성은(2010), 비타민 지방자치론, p.397.

를 조달할 필요가 있을 때 또는 투자사업이나 재난복구사업을 지원할 목적으로 지방자치단체에 대부할 필요가 있을 때는 지방채를 발행할 수 있다. 이 경우 행정자치부 장관의 승인을 받은 범위에서 조합의 구성원인 각 지방자치단체 지방의회의 의결을 얻어야 한다. 지방채에 대하여는 조합과 그 구성원인 지방자치단체가 그 상환과 이자의 지급에 관하여 연대책임을 진다.

(4) 지방채 발행의 절차

㈎ 행정자치부 장관은 매년 7월 15일까지 다음 연도 지방자치단체 지방채 발행한도액을 통보하여야 한다.

㈏ 지방자치단체의 장 또는 지방자치단체조합의 장은 다음 연도에 행정자치부 장관의 승인을 얻어 지방채를 발행하고자 하는 때에는 행정자치부 장관이 정하는 기준에 따라 8월 31일까지 다음 연도의 지방채 발행계획안을 행정자치부 장관에게 제출하여야 한다. 이 경우 시 · 군 및 자치구의 지방채 발행계획안은 특별시장 · 광역시장 · 도지사를 거쳐 제출하여야 한다.

㈐ 행정자치부 장관은 지방채 발행계획안을 관계 중앙관서의 장과 협의하여 10월 31일까지 승인 여부를 결정 · 통보하여야 한다.

㈑ 지방자치단체의 장 또는 지방자치단체조합의 장은 회계연도 중에 지방채 발행한도액을 초과하여 지방채를 발행하고자 하는 때에는 따로 행정자치부 장관의 승인을 얻어야 한다.

우리나라 지방채제도의 실태 및 문제점

(1) 건전재정사상에 기초하여 비모채주의(非募債主義) 원칙을 채택하고 지방자치단체의 세출은 원칙적으로 지방채 이외의 자체세입으로 충당토록 하고 있다.

(2) 그동안 외채는 적채사업과 적채단체의 요건은 물론 외국환관리규정과 외자도입법이 정하는 용도, 차입조건을 충족해야 했다. 그러나 1998년 7월부터 외환자유화가 전면시행됨에 따라 이제 자치단체는 행정안전부 장관의 기채승인만 받고도 자유롭게 외채를 도입할 수 있게 되었다.

(3) 중앙정부가 지방재정의 부실을 예방하기 위해 지방채승인제도를 통해 적극적으로 관여하여 자치단체의 지방채발행을 사전조정함으로써 자치단체가 지방채를 자유롭게 발행하기가 어렵다.

(4) 지방채상환비 비율 20% 이하, 실질수지비율 －10% 이상, 지방세징수실적 90% 이상 등 비교적 엄격한 승인기준을 적용하고 있다.

(5) 우리나라 지방채의 대부분은 증서차입 위주로서 자체수입이 있는 특별회계채였으며, 주로 지역 기간사업의 투자를 위한 채무였다.

(6) 지방채의 차입금리가 시장금리보다 크게 낮아 적절한 금융상품으로 활용되지 못한다. 특히 채권형식으로 발행하는 지방채는 인허가나 등록 시에 강제매입하도록 되어 있어 지방채에 대한 국민의 인식이 좋지 않고 거래가 원활하지 않다. 중앙정부가 정책적으로 지방채를 인수하려는 의지가 부족하다.

(7) 지방채의 안정성과 수익성이 다른 투자 대안에 비하여 떨어져서 지방채시장이 활성화되어 있지 않아 만성적인 과잉공급현상을 보인다.

(8) 단기채가 주종이고 채권의 종류도 매우 제한적이다.

(9) 지방채발행에서 자치단체별 또는 사업별로 지나치게 편중되어 있다.

지방채와 건전재정

지방채의 활용은 건전재정을 손상하지 않는 범위 내에서 이루어져야 한다. 이를 위해서는 다음과 같은 몇 가지 조치가 필요할 것이다.

(1) **계획적인 운용**: 금융환경에 대응하여 지방채를 효율적으로 관리하고 적극적으로 활용하기 위해서는 전담부서의 설치 및 전담인력의 충원을 통한 계획적인 운용이 요청된다.

(2) **중장기계획과의 연계**: 자본투자계획을 수립하기 위해서는 우선 10년에서 15년 앞을 내다보아 지방자치단체의 장기적인 업무계획을 수립하고, 이 장기계획의 테두리 안에서 5년 정도를 기간으로 하는 종합적인 시설사업계획을 수립하여야 할 것이다. 그 후 당해 지방자치단체의 재정분석 · 진단을 시행하고 중기재정계획, 투융자심사제도 등과 연계하여 지방기채사업을 추진하여야 할 것이다.

(3) **지방채의 시장성 · 안정성 · 유동성 제고**

㈎ 지방채의 적극적 활용을 위해서는 무엇보다도 양질의 자금이 안정적으로 공급되어야 하므로 지방채 전담금융기관을 설립하여 저리로 융자할 수 있는 기반이 조성되어야 할 것이다.

㈏ 장기적으로는 자치단체의 자율적인 투자재원 조달비중이 상승할 것이므로 지방채의 시장성을 높이기 위해서 강제첨가소화방식인 매출 공채의 비중을 줄이고 공모채의 비중을 증대해야 한다. 이를 위해서는 경쟁체제의 금고선정방식을 통해 자산 및 부채관리기법을 받는 등 금고 은행을 적극 활용하여야 할 것이다.

㈐ 아울러 지방채발행양식과 절차를 표준화하고, 민 · 관합동 지방채인수단 및 자문

단의 구성 · 운영, 지방채 전문보증보험제의 시행, 지방채권 이자소득감면제도의 도입 등 다양한 시책을 마련하여야 할 것이다.

제3절 지방정부의 세출

1. 지방세출의 의의

지방세출의 개념

지방자치단체는 그 자치사무의 수행에 필요한 경비와 위임된 사무에 관하여 필요한 경비를 지출할 의무를 진다. 다만 국가사무 또는 지방자치단체사무를 위임하는 때에는 이를 위임한 국가 또는 지방자치단체에서 그 경비를 부담하여야 한다.

지방세출이라 함은 당해 지방자치단체가 그 목적달성을 위하여 1회계연도에 지출하는 일체의 공공경비를 말한다. 이러한 지방세출은 지방세입과 함께 지방재정의 기본 축으로서 여러 공공선택에서 상대적인 우선순위를 제시하여 주고, 지역주민에게 행정서비스를 제공하며, 지방의 고용 · 소득 · 생산과 같은 경제활동에 직접적인 영향을 미칠 뿐만 아니라 나아가 국민경제체제에 상당한 영향을 주는 주요한 요인이다.

지방세출의 특징

(1) **지방세출의 다양성**: 지방자치단체는 그 수가 많으며 또한 각 자치단체가 처해 있는 자연적 · 사회적 · 경제적 조건이 다르므로 지방세출의 규모나 구조도 다양할 수밖에 없다.

(2) **지방세출의 경직성**: 지방재정은 특정재원의 비중이 높으므로 세출의 경직성이 높다.

(3) **지방세출의 한계성**: 지방세출은 지역주민의 생활과 직결되는 사무 또는 사업을 수행하기 때문에 지역적 한계성을 지닐 수밖에 없다. 그러나 최근 들어 국가와 지방자치단체의 공관사무가 증가하고 있어 지방세출의 지역적 한계성은 점점 희박해져 가고 있는 실정이다.

(4) **지방세출의 중앙의존성**: 지방자치단체의 세출은 원칙적으로 그 재원을 자급자변하여야 하지만 실제로는 중앙정부로부터 지원되는 재원에 의존하고 있다.

(5) 지방세출의 중복성: 지방자치단체의 세출은 같은 지역 내에 있어서 경비가 중복되는 경우가 많다. 즉 동일지역 내에 이중 · 삼중의 지방기관이 설치됨에 따라 같은 사무 또는 사업에 경비를 이중적으로 배정하는 경우가 생긴다는 것이다.

2. 지방세출의 분류

지방자치단체의 세출은 지방행정활동을 재정적으로 뒷받침하기 위한 일정 금액인 경비로 표시된다. 지방경비는 행정 목적이나 예산분석의 필요상 몇 가지 기준에 따라 소관별 · 조직별 분류, 품목별 분류, 기능별 분류, 그리고 경제성질별 분류 등으로 나누어 볼 수 있다. 현행 우리나라의 지방세출예산은 기능별, 품목별 분류에 따르고 있는데, 이러한 분류는 지방경비의 속성을 이해하고, 예산집행의 책임을 명확히 하며, 경비의 용도에 대한 통제를 쉽게 하기 위한 것이다.

기능별 분류

지방세출의 기능별 분류는 ① 일반행정비, ② 사회개발비, ③ 경제개발비, ④ 민방위비, ⑤ 지원 및 기타 경비로 구분하고 있다.

경제성질별 분류

경제성질별 분류는 전 지방자치단체의 세출예산에 공통으로 적용되고 있는데, 그 구성은 ① 인건비, ② 물건비, ③ 경상이전경비, ④ 자본지출, ⑤ 융자 및 출자, ⑥ 보전재원, ⑦ 내부거래, ⑧ 예비비 및 기타 등으로 되어 있으며, 품목별 분류는 급여, 상여금, 여비 등으로 구분되고 있다.

규칙성 · 탄력성별 분류

이 외에도 경비지출의 규칙성 여하에 따라 경상적 경비와 임시적 경비, 경비지출의 탄력성 여하에 따라 의무적 경비와 임의적 경비 등으로 나누기도 한다.

제4절 지방정부의 예산

1. 지방정부예산의 의의

지방정부예산이란 지방자치단체가 1회계연도(1월 1일~12월 31일) 내에 그 목표와 사업계획을 성취하기 위한 자원의 효과적인 활용에 관한 계획으로서 지방자치법 및 지방재정법 등이 정하는 바에 따라 소정의 양식과 요건을 갖추어 의회의 의결을 거친 것이라 할 수 있다. 예산에 의해 비로소 행정활동이 구체적인 내용을 갖추게 되기 때문에 지방예산은 지방자치단체의 행정활동의 실시근거인 동시에 그 범위를 규제하는 것이 된다. 이러한 지방정부예산은 자원의 효과적인 배분과 지방주민 또는 지방의회의 참여 및 통제를 쉽게 하는 수단이 되므로 그 동태적인 과정이 점차 중요시되고 있다.

2. 지방정부의 예산제도

예산의 원칙

(1) **건전재정운영의 원칙**: 1회계연도에 있어서 수입총액과 지출총액의 균형이 유지되는 예산을 편성하도록 하는 원칙으로서 세입 내 세출을 강조하는 것이다. 이는 모든 지방자치단체가 수지균형의 원칙에 따라 건전하게 재정을 운영하고 엄정하게 관리하도록 하는 선언적 원칙의 성격을 띤다. 지방채발행, 일시차입금 등의 예외규정을 두고 있다.

(2) **회계연도독립의 원칙**: 각 회계연도에서 지출하는 경비에 충당하는 재원은 그 연도의 수입이 아니면 안 된다는 원칙을 회계연도독립의 원칙이라고 한다. 그러나 이 원칙을 철저히 지키면 낭비를 초래할 우려가 있고, 대규모 공사 등 계속사업을 당해 연도에 실시하지 못하는 경우가 있어 ① 계속비, ② 명시이월비, ③ 사고이월, ④ 과년도수입과 과년도지출, ⑤ 세계잉여금(歲計剩餘金)의 이월, ⑥ 익년도세입의 조상충용(繰上充用) 등과 같은 예외를 두고 있다.

(3) **총계예산주의의 원칙**: 1회계연도에 있어서 일체의 수입과 지출을 세입세출예산에 계상하지 않으면 안 된다는 원칙이다. 총계예산주의는 어떤 수입을 얻기 위하여 사용한 경비를 공제한 잔액만을 세입예산에 계상하는 것이 아니라 모든 세입과 지출을 예산에 계상하여 수입과 지출의 실태를 명확하게 할 수 있으므로 예산을 집행하는 책임의 소재를 명확하게 할 수 있다. 이러한 총계예산주의의 원칙도 ① 지방자치단체가 현물을 출자하는 경우, ② 법령 또는 조례에 의하여 설치한 기금의 운용 · 관리, ③ 결산잉여금을

지방채상환에 사용하는 경우, ④ 과오납금의 반환 등에 예외가 인정된다.

(4) **단일예산주의의 원칙**: 예산 · 회계 및 국고의 단일화를 요구하는 것으로서 공개의 원칙 · 통일의 원칙을 실현하려면 1회계연도의 예산은 하나만 있어야 한다는 원칙이다.

(5) **예산통일의 원칙**: 예산을 쉽게 이해하고 그 집행을 쉽게 하기 위해서는 수입과 지출의 분류가 통일적 · 계통적으로 작성되어 있어야 하며, 예산에는 일관된 질서가 있어야 한다는 원칙으로서 예산명료의 원칙이라고도 한다.

(6) **예산사전의결의 원칙**: 예산은 지방자치단체가 일정 기간에 집행할 견적이므로 재정 민주주의의 관점에서 주민의 대표로 구성된 의회의 의결을 거쳐 회계연도의 개시와 동시에 예산의 효력을 발생한다는 원칙이다. 그러나 준예산제도와 선결처분제도를 예외로 인정하고 있다.

(7) **예산공개의 원칙**: 예산의 세입은 주민의 부담으로 이루어지며, 지출은 행정서비스로서 주민에게 제공되는 것이기 때문에 그 수입과 지출은 주민에게 공개되지 않으면 안 된다는 원칙이다. 지방자치법도 예산과 결산내용을 고시하도록 규정하고 있다(지방자치법 제33조, 제134조, 2011.7.14 개정).

(8) **예산의 목적 외 사용금지의 원칙**: 세출예산에 정한 목적 외에 경비를 사용하거나 세출예산이 정한 각 장(章) · 관(款) · 항(項) 간에 상호이용이나 이체(移替)를 할 수 없도록 한 원칙이다.

예산의 종류

(1) 회계를 기준으로 한 분류

㈎ 일반회계예산: 지방자치단체의 본래의 여러 기능을 수행하기 위하여 발생하는 세입 · 세출을 처리하는 회계로서 지방세와 세외수입, 지방교부세, 국고보조금을 주요 재원으로 하여 자치단체의 존립 · 유지와 지역개발 및 주민복지 등 기본적인 행정활동에 지출되는 예산을 말한다.

㈏ 특별회계예산: 지방자치단체가 ① 공영기업 기타 특정한 사업을 운영할 때, ② 특정한 자금을 보유하여 운영할 때, ③ 기타 특정한 세입으로 특정한 세출에 충당함으로써 일반회계예산과 구분하여 경리할 필요가 있을 때 법률 또는 조례로 설치하는 예산으로서 공기업특별회계, 교육비특별회계, 기타 특별회계로 구분된다. 이러한 특별회계는 원칙적으로 비권력적인 수입을 재원으로 하며 독립채산원칙이 적용된다.

(2) 예산성립과정을 기준으로 한 분류

㈎ 본예산: 당초에 지방의회의 의결을 거쳐 확정된 매 회계연도의 기본이 되는 예산

으로서 매 회계연도의 전반적인 경비가 계상된다.

(나) 수정예산: 지방자치단체의 장이 예산안을 제출한 후 부득이한 사유로 인하여 그 내용 일부를 수정하고자 할 때 예산이 의결되기 이전에 예산안을 수정하여 지방의회에 다시 제출하는 예산을 말한다.

(다) 추가경정예산: 지방자치단체의 장은 예산성립 후에 생긴 사유로 인하여 이미 성립한 예산에 추가 또는 변경을 가할 필요가 있을 때 새로 추가경정한 예산안을 편성하여 제출할 수 있다. 이러한 추가경정예산의 편성제출 시기 및 편성횟수에는 제한이 없다. 예산집행의 탄력성을 확보할 수 있으나 남용되면 재정팽창요인이 된다.

(라) 준예산: 예산 불성립 시의 예산집행을 위한 것으로서 지방의회에서 새로운 회계연도가 개시될 때까지 예산안이 의결되지 못한 때에는 지방자치단체의 장은 지방의회에서 예산안이 의결될 때까지 ① 법령이나 조례에 의하여 설치된 기관 또는 시설의 유지·운영, ② 법령 또는 조례상 지출의무의 이행, ③ 이미 예산으로 승인된 사업의 계속을 위한 경비를 전년도 예산에 준하여 집행할 수 있고, 이에 의하여 집행된 예산은 당해 연도의 예산이 성립되면 그 성립된 예산에 의하여 집행된 것으로 본다. 이러한 준예산은 의회의 승인이 필요하지 않다.

(3) 경비계산방법을 기준으로 한 분류

(가) 순계예산: 세입수납에 필요한 제반 비용 및 세출에 수반하여 발생한 수입을 차감한 순세입과 순세출만을 계상한 예산을 말한다.

(나) 총계예산: 일체의 수입과 지출을 세입·세출예산에 계상한 예산을 말한다.

예산의 분류

(1) **예산구조별 분류**: 지방자치단체의 예산은 예산총칙, 세입·세출예산, 계속비, 채무부담행위 및 명시이월비로 구성되며, 이러한 지방예산은 구조적인 분류로써 크게 세입예산과 세출예산으로 구분되어 있다.

(2) **재원별 분류**: 지방자치단체의 세입예산을 재원에 따라 분류하는 것으로서 지방자치단체 예산의 총세입을 파악하는 데 도움을 주려는 분류방식이다. 우리나라는 재원별 분류에 따라 지방자치단체의 예산을 지방세, 세외수입, 기타 특별회계수입, 의존수입으로 나누고 있다.

(3) **기능별 분류**: 세출예산에 대한 분류방법으로서 지방자치단체장의 정책수립과 지방의회의 예산심의를 쉽게 한다. 이러한 세출예산에 대한 기능별 분류는 일반시민에게 정부활동에 관한 개괄적인 정보를 제공하기 때문에 일명 '시민을 위한 분류'라고도 한다.

(4) **품목별 분류**: 예산과목의 장 · 관 · 항 · 세항 · 목 가운데 목을 그 대상으로 하는 세출예산을 위한 분류방법이다. 현행 우리나라 지방자치단체의 세출예산의 목은 인건비, 물건비, 경상이전비, 자본이전비 등으로 분류되고 있다.

(5) **조직체별 분류**: 지방자치단체 소속 기관별로 예산이 편성되는 방법으로서 기능별 분류와 함께 예산의 총괄계정 가운데 예산심의를 쉽게 하는 분류방법이다.

예산의 내용

(1) **예산총칙**: 예산총칙은 세입 · 세출예산, 계속비, 채무부담행위 및 명시이월비에 관한 총괄적 규정과 지방채, 일시차입금의 한도액, 기타 예산집행에 관하여 필요한 사항을 정하도록 하고 있다. 예산총칙은 당해 연도 예산에 관한 총괄적 규정으로 조문형식을 취하며 그 회계연도 내에서만 효력을 발생하고 추가경정예산에 의해서만 변경이 가능하다.

(2) **세입 · 세출예산**: 세입 · 세출예산이란 예산의 가장 핵심 부분으로 1회계연도에 있어서의 모든 수입과 지출의 세부사항이다. 세입 · 세출예산은 기능별 · 성질별로 세입은 관 · 항 · 목으로, 세출은 장 · 관 · 항 · 세항 · 세세항 · 목으로 구분한다. 세출예산에는 법령 또는 조례의 규정에 따라 예비비를 예산에 계상하여야 한다. 다만 교육비특별회계를 제외한 특별회계의 경우는 계상하지 않아도 된다.

(3) **계속비**: 사업의 성질상 2년 이상의 기간이 필요한 경우가 있는데 사업의 중도에 의회가 지출을 승인하지 아니한다면 그간의 지출은 모두 의미가 없게 되므로 집행부로서는 사업이 끝날 때까지 장기적인 지출의 승인을 얻을 필요가 있다. 이러한 제도가 바로 계속비이다. 지방자치단체의 장은 공사나 제조 기타의 사업으로서 그 완성에 수년도를 필요로 하는 것은 소요경비의 총액과 연도별 금액을 정하여 지방의회의 의결을 얻어 계속비로서 수년도에 걸쳐 지출할 수 있으나, 지출할 수 있는 연한은 당해 회계연도로부터 5년 이내로 한다. 다만 필요하다고 인정될 때에는 지방의회의 의결을 거쳐 다시 그 연한을 연장할 수 있다.

(4) **채무부담행위**: 현행 지방자치법은 지방자치단체의 장이 세입 · 세출 외의 부담이 될 채무부담의 원인이 되는 행위를 하고자 할 때는 미리 지방의회의 의결을 얻도록 하고 있으며, 지방재정법 제35조에서 채무부담행위를 예산의 내용으로 규정하고 있다. 즉, ① 법령 또는 조례에 의한 것, ② 세출예산 · 명시이월비 또는 계속비 총액의 범위 안의 것을 제외한 채무부담행위는 미리 예산으로 지방의회의 의결을 얻어야 한다고 규정하고 있다. 채무부담행위에는 지방채 및 일시차입금은 제외되며, 채무부담행위로 인한

상환금은 당해 상환연도의 세출예산에 반드시 계상하여야 한다. 또한, 채무부담행위의 경우에는 당해 연도와 다음 연도에 걸쳐 지출하여야 할 지출원인행위를 할 수 있다.

(5) **명시이월비**: 지방재정법은 명시이월비, 사고이월비 및 계속비의 순차이월을 인정하고 있다. 명시이월비란 세출예산 가운데 경비의 성질상 당해 연도 내에 그 지출을 끝내지 못할 것이 예상되어, 특히 그 취지를 세입 · 세출예산에 명시하여 미리 지방의회의 의결을 얻고 이를 다음 연도에 이월하여 사용하는 것을 말한다.

3. 지방정부의 예산과정

지방정부의 예산편성, 예산심의, 예산집행, 결산에 이르는 일련의 과정을 지방정부의 예산과정이라고 한다. 지방정부 예산은 매년 지방자치단체의 장에 의하여 편성되어 지방의회의 심의 · 의결을 거쳐 확정되며 각 기관에 의하여 집행된다. 집행된 예산은 결산서로 제출되며 지방의회의 결산승인이 나면 자치단체의 예산집행책임이 해지되고 당해 예산의 기능은 완결된다.

예산편성

(1) **중장기 지방재정계획의 수립과 제출**: 지방자치단체의 장은 지방재정을 계획성 있게 운용하기 위하여 매년 다음 회계연도부터 5회계연도 이상의 기간에 대한 중기지방재정계획을 수립하여 예산안과 함께 지방의회에 제출하고, 회계연도 개시 30일 전까지 행정자치부 장관에게 제출하여야 한다.

(2) **예산 총계주의의 원칙**: 현행 지방재정법은 예산 총계주의의 원칙을 명시하고 있다. 다시 말해, 한 회계연도의 모든 수입을 세입으로 하고 모든 지출을 세출로 하고 세입과 세출은 모두 예산에 편입하여야 한다.

(3) **예산의 편성**: 지방자치단체는 법령 및 조례로 정하는 범위에서 합리적인 기준에 따라 그 경비를 산정하여 예산에 계상하여야 한다. 지방자치단체는 모든 자료에 의하여 엄정하게 그 재원을 포착하고 경제 현실에 맞도록 그 수입을 산정하여 예산에 계상하여야 한다. 지방자치단체는 세입 · 세출의 항목이 구체적으로 명시되도록 예산을 계상하여야 한다. 한편, 지방자치단체의 장이 예산을 편성할 때는 중기지방재정계획과 투자심사 결과를 기초로 하여야 한다.

(4) **성인지 예산안의 첨부**: 지방자치단체의 장은 예산이 여성과 남성에게 미칠 영향을 미리 분석한 보고서 다시 말해, 성인지 예산서를 작성하여 첨부하여야 한다.

(5) **투자심사**: 지방자치단체의 장은 재정투자사업에 관한 예산안 편성, 채무부담행위, 보증채무부담행위 등에 대한 대통령령으로 정하는 바에 따라 사전에 그 필요성과 타당성에 대한 투자 심사를 하여야 한다. 또한, 지방자치단체의 장은 총 사업비 500억 원 이상인 신규사업에 대해서는 행정자치부 장관이 정하여 고시하는 전문기관으로부터 타당성 조사를 받고 그 결과를 토대로 투자심사를 하여야 한다.

예산의 심의 · 의결

(1) **예산안의 제출**: 지방자치단체의 장은 회계연도마다 예산안을 편성하여 시 · 도는 회계연도 시작 50일 전까지, 시 · 군 및 자치구는 회계연도 시작 40일 전까지 지방의회에 제출하여야 한다.

(2) **예산안의 의결**: 예산안을 시 · 도의회에서는 회계연도 시작 15일 전까지, 시 · 군 및 자치구의회에서는 회계연도 시작 10일 전까지 의결하여야 한다. 지방의회는 지방자치단체의 장의 동의 없이 지출예산 각 항의 금액을 증가하거나 새로운 비용항목을 설치할 수 없다.

(3) **예산안의 수정제출**: 지방자치단체의 장은 예산안을 제출한 후 부득이한 사유로 그 내용의 일부를 수정하려면 수정예산안을 작성하여 지방의회에 다시 제출할 수 있다.

예산집행

(1) **예산집행의 통제**: 지방의회가 의결한 예산은 예산배정과 재배정의 과정을 거쳐 계획적으로 집행하여야 한다. 예산이 성립되면 지방자치단체의 장은 예산배정계획서를 작성하여 지방의회 사무기구, 보조기관, 소속행정기관 및 하부행정기관에 예산을 월별 또는 분기별로 배정하여야 한다. 지방자치단체의 예산이 성립된 경우에 ① 교통이나 통신이 불편한 지방에서 지급하는 경비, ② 여비, ③ 외국에서 지급하는 경비, ④ 선박운항에 소요되는 경비, ⑤ 지방자치단체의 소속행정기관 및 하부행정기관에서 필요한 부식물의 매입경비, ⑥ 업무추진비, ⑦ 지역경제정책상 조기 집행을 필요로 하는 공공사업비 등의 사항에 관하여는 회계연도 개시 전이라도 이를 배정할 수 있다.

(2) **예산집행의 신축성**: 지방자치단체의 장은 세출예산에 정한 목적 외에 경비를 사용하거나 세출예산이 정한 각 장 · 관 · 항 사이에 상호 이용할 수 없다. 그러나 예산집행에 탄력성을 부여함으로써 사업계획이나 여건변화에 따른 집행의 효율화를 기하기 위하여 몇 가지 제도를 예외적으로 인정하고 있다.

㈎ 예산의 이용: 예산집행의 필요로 미리 예산으로서 지방의회의 의결을 얻은 경우

에는 장 · 관 · 항 사이에 이용할 수 있다.

(나) 예산의 전용: 지방자치단체의 장은 필요에 따라 대통령령이 정하는 바에 의하여 각 항 내의 예산액 범위 안에서 각 세항(細項) 또는 목(目)의 금액을 전용할 수 있다. 그러나 각 관(款) 사이의 예산 전용은 절대 금지되며, 관 내의 각 항 간 예산전용의 경우에는 원칙상 금지되나 예산에 정해 있으면 가능하다. 전용한 경비의 금액은 세입 · 세출예산서에 이를 명시하고 그 이유를 기재하여야 한다.

(다) 예산의 이체: 지방자치단체의 기구 · 직제 또는 정원에 관한 법령이나 조례의 제정 혹은 개폐로 인하여 관계기관 사이에 직무권한 기타의 변동이 있을 때는 그 예산을 상호이체할 수 있다.

(라) 예산의 이월: 세출예산 중 경비의 성질상 해당 연도 내에 그 지출을 끝내지 못할 것이 예상되어 명시이월비로서 특히 그 취지를 세입 · 세출예산에 명시하여 미리 지방의회의 의결을 얻은 금액은 이를 다음 연도에 이월하여 사용할 수 있다. 세출예산 중 해당 연도 내에 지출원인행위를 하고 불가피한 사유로 인하여 그 연도 내에 지출하지 못한 경비와 지출원인행위를 하지 아니한 그 부대 경비의 금액은 사고이월비로서 다음 연도에 이월하여 사용할 수 있다. 계속비의 연도별 소요경비의 금액 중 해당 연도 내에 지출하지 못한 금액은 당해 계속비의 사업완성연도까지 차례차례로 이월하여 사용할 수 있다.

(마) 예비비: 지방자치단체는 예측할 수 없는 예산 외의 지출 또는 예산초과지출에 충당하기 위하여 예비비로서 상당하다고 인정되는 금액을 세입 · 세출예산에 계상하여야 하고, 예비비의 지출은 다음 연도 지방의회의 승인을 얻어야 한다. 다만, 보조금(긴급재해보조금 제외), 업무추진비, 특수활동비에 대해서는 예비비를 지출할 수 없다.

결산

(1) **결산서의 작성 및 제출**: 지방자치단체의 장은 결산서를 작성하여 「지방자치법」에 따라 지방의회가 선임한 검사위원에게 검사를 의뢰하여야 한다. 결산서에는 결산개요, 세입 · 세출결산, 재무제표, 성과보고서 등을 포함하여 제출하여야 한다. 지방자치단체의 장은 지방의회에 결산 승인을 요청한 날부터 5일 이내에 결산서를 행정자치부 장관에게 제출하여야 한다. 결산업무의 기준, 절차 등에 관한 그 밖의 사항은 대통령령으로 정한다.

(2) **결산상 잉여금의 처리**: 지방자치단체의 장은 매 회계연도의 결산상 잉여금이 있는 경우에는 지방채증권 또는 차입금의 상환해당액을 공제한 후 다음 연도 세입에 이입하되, 조례가 정하는 바에 의하여 그 잉여금의 전부 또는 일부를 재산 또는 기금에 편입할 수 있다.

제11장 지방재정의 건전성

제1절 지방재정조정제도

1. 지방재정조정제도의 의의 및 기능

지방재정조정제도의 의의와 필요성

지방재정조정제도란 지방자치단체의 기능수행에 필요한 자체 재원의 부족분을 보충해주고, 각 자치단체 간 재정적 불균형을 조정해주는 제도이다. 지방재정은 국가재정과는 달리 그 수입에서 큰 비중을 차지하고 있는 재산세가 소득탄력성이 낮아 점차 증대되는 주민들의 기대와 요구에 부응하지 못하고 있으며, 세율 인상 폭도 내재적인 한계를 지녀 자체 재원의 부족을 심화시키는 요인으로 작용하고 있다. 이에 따라 중앙정부와 지방자치단체 간에 일정한 재정적 관계를 유지하기 위한 다양한 제도적 장치가 필요하게 되었다. 이들 제도를 어떻게 운영하느냐에 따라 중앙정부와 지방자치단체 간 관계는 대등한 성격 또는 종속적 성격을 지니게 된다.

지방재정조정제도의 기능

(1) **재정력 격차의 시정**: 지방자치단체 간의 경제력이나 재정력의 격차로 인하여 발생하는 주민세부담과 재정지출의 지역적 · 계층적 불균형을 재정조정을 통하여 시정하는 기능을 수행한다.

(2) **지방재원의 보장**: 지방재정조정제도는 지방자치의 구도 속에서도 국민 전체의 후생증진을 목표로 하여 국민 최저수준의 실현에 드는 재원을 보장함으로써 국가적 차원에서의 평준화 · 균질화를 이루는 기능을 하게 된다.

(3) **수직적 재원조정**: 중앙정부는 지방재정조정제도를 통하여 지방자치단체 상호 간의 재정 불균형을 조정할 뿐만 아니라 중앙정부와 지방의 수직적 재정조정기능도 가진다.

(4) **외부효과 시정**: 지방자치단체가 급부하는 공공서비스의 비용을 부담하면서 혜택

을 받지 못하는 비용누출 또는 비용부담 없이 공공서비스로부터 파생되는 혜택을 누리는 편익누출 등 외부성이 발생하는 경우 국가가 보조금의 교부를 통해 편익과 비용의 불균형을 바로잡는다.

2. 지방재정조정제도의 이론적 유형

수직적 재정조정제도

중앙정부가 지방자치단체 또는 광역자치단체가 기초자치단체에 재원을 공여하거나 자치단체 간의 재원 불균형을 조정해 주는 재원의 재배분방식이다. 여기에는 지방교부세(보통교부세 · 특별교부세 · 분권교부세 · 부동산교부세), 국고보조금, 광역 · 지역발전특별회계 등이 있다.

수직적 역재정조정제도

지방정부가 중앙정부에게 재원을 재배분해 주는 방식이다. 지방수입은 원칙적으로 지방이 사용하되 최소한 외교, 국방, 사회보장 등 국가경영을 위한 비용을 지방이 분담해야 한다는 것이다.

수평적 재정조정제도

동일 계층의 지방자치단체 상호 간에 재원을 이전하는 것으로 재정력이 강한 지방자치단체가 재정력이 약한 자치단체에 실시하는 재원의 재배분방식이다. 지방교부세와 조정교부금으로 조정한다. 일본 동경도의 특별구간 재정조정, 독일의 주간 재정조정, 호주의 수평적 재정제도 등이 여기에 해당한다.

3. 국고보조금

국고보조금의 의의

(1) **국고보조금의 개념**: 국가의 중앙부처가 특정행정 수준을 유지하거나 특정사업의 수행과 관련해 용도를 지정하여 자치단체의 재정 사정상 필요하다고 인정될 때 그 자치단체의 행정수행에 드는 경비의 일부 또는 전부를 내주는 자금으로 중앙정부와 지방정부 간 수직적 불균형을 조정해주는 제도이며 「보조금 관리에 관한 법률」[시행 2014. 11.19.]에 근거를 두고 있다.

(2) 국고보조금의 특징

㈎ 특정재원: 국고보조금은 비도가 정해져 있는 특정재원으로서 사용 목적이 개별적 사무에 한정되어 국가의 감독 · 통제는 많아 지방통제수단으로서의 성격이 강하다. 비도의 제한이 없는 지방세(목적세 제외), 지방교부세(특별교부세 제외) 등의 일반재원과 구별된다.

㈏ 의존재원: 국고보조금은 국가로부터 교부되는 의존재원으로서 지방세, 사용료, 수수료 등 자치단체 스스로 징수하는 자주재원과 구별된다.

㈐ 경상재원: 국고보조금은 매년 경상적으로 수입되는 경상수입으로서 지방자치단체의 수입 중 재산매각수입, 기부금, 이월금과 같은 임시수입과 구별된다.

㈑ 무상재원: 국고보조금은 그에 상당한 반대급부가 수반되지 않는 일방적인 급부금으로서 무상재원이다. 따라서 국가가 국고보조금을 내줄 때에는 법령 또는 조례가 정하는 경우와 국가시책 상 부득이한 경우 외에는 자치단체에 재정부담을 지시할 수 없다.

(3) 국고보조금의 신청: 지방자치단체의 장이 「보조금 관리에 관한 법률」에 따라 중앙관서의 장에게 보조금의 예산 계상을 신청하였을 때에는 그 내용을 해당 회계연도의 전년도 5월 31일까지 행정자치부 장관에게 보고하여야 한다. 이 경우 시장 · 군수 및 자치구의 구청장은 특별시장 · 광역시장 · 특별자치시장 · 도지사 및 특별자치도지사를 거쳐 행정자치부 장관에게 보고하여야 한다.

국고보조금의 종류

(1) 법적 또는 경비의 성질에 따른 구분

㈎ 부담금: 지방자치단체 또는 그 기관이 법령에 의하여 처리하여야 할 사무로서 국가와 지방자치단체 상호 간에 이해관계가 있고, 또한 그 원활한 사무처리를 위하여 국가가 그 경비를 부담하지 않으면 안 될 때 그 전부 또는 일부를 부담하는 국고지출금으로서 의무적 성질을 가진다.

㈏ 교부금: 본래 국가가 스스로 수행하여야 할 사무를 지방자치단체 또는 그 기관에 위임하여 수행하는 경우에 그 소요되는 경비에 충당하기 위하여 교부되는 국고지출금으로서 국가가 소요비용 전부를 부담한다.

㈐ 협의의 보조금: 국가적인 견지에서 일정한 시책을 추진 · 장려 · 조장하거나(장려적 보조금) 또는 지방자치단체의 재정 사정상 특히 필요하다고 인정될 때(지방재정 보조금) 국가가 지방자치단체에 임의로 내주는 국고지출금으로 예산의 범위 내에서 지급된다(예: 각종 사회복지시설에 대한 보조금, 농업시책에 대한 장려적 보조금 등).

(2) 교부조건에 의한 구분

㈎ 세목적 보조금: 보조금의 교부조건으로 지출의 세목을 정하는 등 세부적인 보조조건을 붙여 내주는 것이다.

㈏ 포괄적 보조금: 보조금교부 시 총액 및 비도의 범위만을 지정하고 구체적인 것은 자치단체의 자율에 맡기는 보조금으로서 예산의 효율적 집행과 지방재정의 자주성을 강화하려는 것이다.

(3) 보조형태에 의한 구분

㈎ 정액보조금: 특정한 사무 또는 사업의 시행에 대하여 일정한 금액의 보조금을 교부하는 유형을 말한다.

㈏ 정률 보조금: 지방자치단체가 지출하는 경비의 일정 비율에 해당하는 금액을 국가가 보조하는 유형을 말한다.

(4) 보조율에 의한 구분

㈎ 일률보조금: 모든 지방자치단체에 같은 보조율을 적용하여 보조하는 유형이다.

㈏ 차등보조금: 지방자치단체의 재정력이나 기타의 필요성에 따라 다른 보조율을 적용하는 보조금이다.

국고보조금의 효용과 문제점

(1) **국고보조금의 효용**: ① 행정 수준의 전국적 통일성 확보, ② 공공시설 및 사회자본의 계획적 · 적극적 정비, ③ 특정 행정수요에 대한 재원의 보전, ④ 행정서비스의 지역확산에 따른 형평성 제고 등을 들 수 있다.

(2) **국고보조금의 문제점**: ① 지방 행 · 재정의 자율성 저해, ② 보조금의 영세성과 세분화에 따른 재정자금의 비효율적 이용, ③ 교부절차의 번잡성, ④ 보조금 교부시기의 부적절성, ⑤ 보조금지급조건의 획일적 결정, ⑥ 국고보조금사업 및 보조율의 자의적 결정, ⑦ 지방비부담의 과중으로 인한 지방재정의 압박 등을 문제점으로 지적할 수 있다.

국고보조금의 개선방안

국고보조금제도의 개선방안으로는 ① 목적달성에 적합하지 않은 국고보조금의 정리 및 폐지, ② 동일 또는 유사한 목적이나 기능을 가진 사업보조금의 통합, ③ 낮은 국고보조율의 인상, ④ 차등보조율제도의 실효성 제고, ⑤ 보조사업선정의 합리화 및 보조단가의 적정화 등을 지적할 수 있다.

표 11-1 지방교부세와 국고보조금 비교

구 분	지방교부세	국고보조금
근 거	지방교부세법	보조금 관리에 관한 법률
주무부처	행정자치부	기획재정부
재 원	내국세 일부와 종합부동산세의 전액	국가의 일반회계 또는 특별회계예산
용 도	자치단체의 기본행정 수요경비 충당 (용도지정 불가능)	국가시책 및 목적 사업경비 충당 (용도지정 가능)
배정방식	재정부족액(법정 기준)	국가시책 및 계획과 정책적 고려
기 능	재정의 형평화	자원배분기능
비도제한	제한 없음	엄격(사업별 용도지정)
지방비부담	없음(정액보조)	있음(대부분 정률보조) · 기준보조율 · 차등보조율(기존보조율을 가감)
성 격	일반재원, 공유적 독립재원	특정재원, 의존재원
재량정도	많음	거의 없음
예산편성	법령이 정하는 재원을 예산에 계상 (예산편성 상의 재량 여지 없음)	회계연도별로 국회의 심의과정을 거쳐 예산으로 확정 (예산편성 상의 재량 여지 있음)
불균형시정	· 수직적 불균형 시정(국가와 자치단체 간) · 수평적 불균형 시정(자치단체 간)	수직적 불균형 시정
종 류	보통 교부세 · 특별 교부세 · 부동산 교부세 · 소방안전 교부세로	· 협의의 보조금(고유사무 장려) · 부담금(단체위임사무-공동부담) · 교부금(기관위임사무-국가전액)

4. 지방교부세

지방교부세의 의의

(1) **지방교부세의 개념**: 지방교부세는 지방자치단체 간의 수평적 재정적 불균형을 바로잡기 위하여 국가가 내국세의 일정 비율을 일정 기준에 따라 각 자치단체에 내주는 자금이다. 내국세의 법정비율을 내주므로 단순 교부금이 아니라 자치단체의 공유적 독립재원 성격을 가진다. 즉 지방세의 대체적 성격이고 변형된 지방세며, 간접과세형의 지방세다. 용도가 정해지지 않은 보통교부세가 지방교부세 대부분이므로 비용의 용도를 자치단체가 자유롭게 결정할 수 있는 일반재원이라는 점과 지방비부담이 없다는 점에서

용도가 정해지고 지방비부담을 요구하는 국고보조금과 다르다.

(2) **지방교부세의 특징**

㈎ 공유적 독립재원: 지방교부세는 국가가 징수하여 자치단체에 배분하는 공유적 독립재원으로서 내국세 총액의 일정 비율을 법정재원으로 하고 있어 중앙정부의 자의적 배분이 거의 불가능하다. 즉, 중앙정부가 국세로 징수하기는 하지만 사실상 지방자치단체의 세입이나 마찬가지의 자율성을 누린다.

㈏ 비도제한의 금지: 지방교부세는 국고보조금과 같이 특정 목적이나 특정 사업에 충당하기 위한 특정재원이 아니라 지방세와 같이 지방자치단체의 일반재원으로 사용된다. 즉, 일단 교부된 지방교부세(특별교부세 제외)는 그 용도나 사용 목적이 지방자치단체의 자주적 결정에 의하며 중앙정부의 통제 여지는 적다.

(3) **지방교부세의 기능**

㈎ 자치단체 간 재원균형화 기능: 지방교부세는 세원의 지역별 편재를 바로잡고 자치단체 간 재정력의 격차를 완화하여 재원의 균형화를 도모한다.

㈏ 자치단체의 재원보장기능: 지방교부세는 지방자치단체의 기본행정운영에 필요한 최소한의 재원을 보전함으로써 전국적인 행정서비스 수준을 보장한다.

㈐ 자치단체의 재정자율성 제고기능: 지방교부세는 지방자치단체의 일반재원으로서 재원의 용도가 지정되어 있지 않으므로 자치단체의 재량에 의한 지방재정의 자주적 · 계획적 운영을 보장한다.

지방교부세의 종류

(1) **보통교부세**: 지방교부세의 핵심으로 해마다 기준재정수입액이 기준재정수요액에 못 미치는 지방자치단체에 그 미달액을 기초로 내주는 것이다. 다만, 자치구의 경우에는 기준재정수요액과 기준재정수입액을 각각 해당 특별시 또는 광역시의 기준재정수요액 및 기준재정수입액과 합산하여 산정한 후, 그 특별시 또는 광역시에 내주게 된다. 행정자치부 장관은 보통교부세를 내주려면 해당 지방자치단체의 장에게 보통교부세의 산정 기초자료 등을 첨부하여 보통교부세의 결정을 통지하여야 한다.

(2) **특별교부세**: 특별교부세는 다음과 같은 경우에 내줄 수 있다. ① 기준재정수요액의 산정방법으로는 파악할 수 없는 지역 현안에 대한 특별한 재정수요가 있는 경우(특별교부세 재원의 100분의 40에 해당하는 금액), ② 보통교부세의 산정기일 후에 발생한 재난을 복구하거나 재난 및 안전관리를 위한 특별한 재정수요가 생기거나 재정수입이 감소한 경우(별교부세 재원의 100분의 50에 해당하는 금액), ③ 국가적 장려사업, 국가와 지방자치단체 간에 시급한 협력이 필요한 사업, 지역 역점시책 또는 지방행정 및 재정운용 실적이

우수한 지방자치단체에 재정 지원 등 특별한 재정수요가 있을 경우(특별교부세 재원의 100분의 10에 해당하는 금액) 등이다.

행정자치부 장관 지방자치단체의 장이 특별교부세의 교부를 신청하는 경우에는 이를 심사하여 특별교부세를 내준다. 다만, 행정자치부 장관이 필요하다고 인정하는 경우에는 신청이 없는 경우에도 일정한 기준을 정하여 특별교부세를 내줄 수 있다. 위 ③항을 해당하여, 지방자치단체의 장이 국민안전처 장관에 특별교부세의 교부를 신청하는 경우 이를 심사하여 특별교부세를 내준다. 다만, 국민안전처 장관이 필요하다고 인정하는 경우에는 신청이 없는 경우에도 일정한 기준을 정하여 특별교부세를 내줄 수 있다.

행정자치부 장관 또는 국민안전처 장관은 특별교부세의 사용에 관하여 조건을 붙이거나 용도를 제한할 수 있다. 지방자치단체의 장은 교부조건의 변경이 필요하거나 용도를 변경하여 특별교부세를 사용하고자 하는 때에는 미리 행정자치부 장관 또는 국민안전처 장관의 승인을 받아야 한다. 행정자치부 장관 또는 국민안전처 장관은 특별교부세를 내주는 경우 민간에 지원하는 보조사업에 대하여는 내줄 수 없다.

5. 상급자치단체에 의한 재정조정제도

조정교부금

(1) **시 · 군 조정교부금**: 서울특별시장을 제외한 시 · 도지사는 다음 항목의 금액의 27%(인구 50만 이상의 시와 자치구가 아닌 구가 설치되어 있는 시의 경우에는 47%)에 해당하는 금액을 관할 시 · 군 간의 재정력 격차를 조정하기 위한 조정교부금의 재원으로 확보하여야 한다. ① 시 · 군에서 징수하는 광역시세 · 도세(화력발전 · 원자력발전에 대한 지역자원시설세, 특정부동산에 대한 지역자원시설세 및 지방교육세는 제외)의 총액 ② 해당 시 · 도의 지방소비세액을 전년도 말의 해당 시 · 도의 인구로 나눈 금액에 전년도 말의 시 · 군의 인구를 곱한 금액

시 · 도지사는 조정교부금의 재원을 인구, 징수실적(지방소비세는 제외), 해당 시 · 군의 재정사정, 그 밖에 대통령령으로 정하는 기준에 따라 해당 시 · 도의 관할구역의 시 · 군에 배분한다.

(2) **자치구 조정교부금**: 특별시장 및 광역시장은 대통령령으로 정하는 보통세 수입의 일정액을 조정교부금으로 확보하여 조례로 정하는 바에 따라 해당 지방자치단체 관할구역의 자치구 간 재정력 격차를 조정하여야 한다.

(3) **조정교부금의 종류**: 조정교부금은 일반적 재정수요에 충당하기 위한 일반조정교

부금과 특정한 재정수요에 충당하기 위한 특별조정교부금으로 구분하여 운영하되, 특별조정교부금은 보조사업의 재원으로 사용할 수 없다.

재정보전금

지방자치단체는 경비를 지출함에서 당해 지방자치단체의 소관에 속하는 사무의 처리에 한하여 지출하여야 하는데, 시 · 도지사는 사업별로 시 · 도가 부담하는 경비의 범위 안에서 관할 시 · 군 · 자치구의 재정자주도 등을 고려하여 시 · 군 · 자치구에 대하여 이를 차등지원할 수 있다. 이를 재정보전금이라 한다. 구체적인 부담률은 대통령령으로 정하였으나, 대통령령에 존재하지 않는 경우, 시도지사와 기초지방자치단체의 장이 협의하여 정하게 되어있다.

제2절 지방재정의 안정을 위한 제도

1. 중기지방재정계획의 수립

개 념

지방자치단체의 장은 지방재정을 계획성 있게 운용하기 위하여 매년 다음 회계연도부터 5회계연도 이상의 기간에 대한 계획을 수립하여 예산안과 함께 제출해야 하는데 이를 중기지방재정계획이라 한다. 지방자치단체의 장은 제1항에 중기지방재정계획을 수립할 때는 행정자치부 장관이 정하는 계획수립 절차 등에 따라 그 중기지방재정계획이 관계 법령에 따른 국가계획 및 지역계획과 연계되도록 하여야 한다.

주요 내용

중기지방재정계획은 다음의 내용을 포함해야 한다. ① 재정운용의 기본방향과 목표, ② 중장기 재정여건과 재정규모전망, ③ 관련 국가계획 및 지역계획 중 해당 사항, ④ 분야별 재원배분계획, ⑤ 예산과 기금별 운용방향, ⑥ 의무지출(법령 등에 따라 지출과 지출규모가 결정되는 지출 및 이자지출)의 증가율 및 산출 내역과 재량지출(의무지출 외의 지출)의 증가율에 대한 분야별 전망과 근거 및 관리계획. ⑦ 지역통합재정통계의 전망과 근거, ⑧ 통합재정수지(일반회계, 특별회계 및 기금을 통합한 재정통계로서 순(純)수입에서 순지출을 뺀 금액) 전망과 관리방안, ⑨ 투자심사와 지방채 발행 대상사업, ⑩ 그 밖에 대통령령으로 정하는 사항.

2. 투자심사제도

개 념

지방자치단체의 장은 '재정투자사업에 관한 예산안 편성' 혹은 '채무부담행위 및 보증채무부담행위'에 대한 의회의 의결 요청 대해서는 대통령령으로 정하는 바에 따라 사전에 그 필요성과 타당성에 대해 심사를 하여야 한다. 이를 투자심사라 한다.

주요 내용

지방자치단체의 장은 총 사업비 500억 원 이상인 신규사업에 대해서는 행정자치부 장관이 정하여 고시하는 전문기관으로부터 타당성 조사를 받고 그 결과를 토대로 투자심사를 하여야 한다. 다만, 「국가재정법」에 따른 예비 타당성조사를 실시한 경우 타당성조사를 받은 것으로 본다. 타당성조사의 절차 · 방법 및 비용의 납부절차 등에 관하여 필요한 사항은 행정자치부령으로 정한다. 한편, 지방자치단체의 장은 타당성조사 계약을 행정자치부 장관에게 위탁하여 체결할 수 있다.

지방재정투자심사위원회

투자심사에 관한 지방자치단체의 장의 자문에 응하기 위하여 지방자치단체의 장 소속으로 지방재정투자심사위원회를 둔다. 다만, 지방재정투자심사위원회의 기능을 담당하기에 적합한 다른 위원회가 있고 그 위원회의 위원이 지방재정 또는 투자심사에 관한 학식이나 전문성을 갖춘 경우에는 조례로 정하는 바에 따라 그 위원회가 지방재정투자심사위원회의 기능을 대신할 수 있다.

3. 재정분석 및 재정진단제도

개념 및 의의

행정자치부 장관은 대통령령으로 정하는 바에 따라 재정보고서의 내용을 분석하여야 하는데 이를 재정분석제도라 한다. 행정자치부 장관은 재정분석 결과 재정의 건전성과 효율성 등이 현저히 떨어지는 지방자치단체에 대하여는 대통령령으로 정하는 바에 따라 재정진단을 시행하여야 한다.

행정자치부 장관은 재정진단 결과를 토대로 해당 지방자치단체에 재정건전화계획의 수립 및 이행을 권고하거나 재정 건전화를 위하여 필요한 사항을 지도할 수 있다. 또한, 행정자치부 장관은 재정분석 및 재정진단 결과를 공개할 수 있으며, 재정분석 및 재정진단 결과의 중요 사항에 대하여는 매년 재정분석 · 진단 시행 후 3개월 이내에 국회 소관 상임위원회 및 국무회의에 보고하여야 한다. 행정자치부 장관은 분석의 객관성과 전문성을 확보하기 위하여 대통령령으로 정하는 전문기관에 그 분석을 위탁할 수 있다.

재정위기단체의 지정 및 해제

행정자치부 장관은 재정위험의 수준이 심각하다고 판단되는 지방자치단체를 지방재정위기관리위원회[1]의 심의를 거쳐 재정위기단체로 지정할 수 있다. 행정자치부 장관은 지정된 재정위기단체의 지정사유가 해소된 경우에는 지방재정위기 관리위원회의 심의를 거쳐 그 지정을 해제할 수 있다. 행정자치부 장관은 재정위기단체를 지정 또는 해제하려는 경우 필요하면 서면 분석, 현장조사 등을 할 수 있다.

표 11-2 재정위기단체 지정 요건

① 통합재정수지 적자비율이 100분의 30을 초과하는 경우
② 지방채 발행액과 보증채무부담행위액 중 지방자치단체가 채무이행의 책임을 지게 된 금액 및 법 채무부담행위액의 총 합계액이 해당 연도 최종예산의 100분의 40을 초과하는 경우
③ 해당 연도 기준으로 과거 4년과 미래 4년간 순지방비 채무 상환액의 평균이 같은 기간 일반재원(지방교육세를 제외한 지방세, 세외수입, 지방교부세, 조정교부금의 총 합계액을 말한다) 평균 수입액의 100분의 17을 초과하는 경우(이 경우 미래 4년간의 일반재원 수입액은 직전 연도의 일반재원 규모에 과거 4년간의 일반재원 평균 증가율을 적용하여 산정)
④ 분기별 지방세 누적 징수액(과오납환급금을 제외한 실제 누적 징수액)이 음의 값인 경우
⑤ 해당 연도 분기별 금고의 총잔액이 최근 3년 해당 분기별 평균 금고 총잔액의 100분의 10 미만인 경우
⑥ 지방공사의 부채가 순자산의 6배를 초과하는 경우

재정위기단체의 의무

재정위기로 지정된 지방자치단체의 장에게는 다음과 같은 의무가 부과된다. 첫째, 재정건전화계획을 수립하여 행정자치부 장관의 승인을 받아야 한다. 이 경우 시장 · 군수 및 자치구의 구청장은 시 · 도지사를 거쳐야 한다. 둘째, 재정건전화계획에 대하여 지방의회의 의결을 얻어야 한다. 셋째, 예산을 편성할 때는 재정건전화계획을 기초로 하여야 한다. 넷째, 재정건전화계획의 이행상황을 지방의회 및 행정자치부 장관에게 보고하여야 한다. 이 경우 시장 · 군수 및 자치구의 구청장은 시 · 도지사를 거쳐야 한다. 다섯

1) 지방재정법에 근거하여 설치되는 기구로서 지방재정위기관리 등에 관한 사항을 심의하기 위하여 지방재정에 관한 전문가 등으로 구성.

째, 행정자치부 장관은 재정건전화계획 수립 및 이행상황에 대하여 필요한 사항을 권고하거나 지도할 수 있으며, 재정위기단체의 장은 특별한 사유가 없는 한 권고 또는 지도에 따라야 한다. 여섯째, 재정건전화계획 및 이행상황을 매년 2회 이상 주민에게 공개하여야 한다.

재정위기 지방자치단체에 대한 불이익

(1) **재정위기 지방자치단체 지정에 따른 불이익**: 재정위기단체의 장은 행정자치부 장관의 승인과 지방의회의 의결을 얻은 재정건전화계획에 의하지 아니하고는 지방채의 발행, 채무의 보증, 일시차입, 채무부담행위를 할 수 없다. 재정위기단체의 장은 행정자치부 장관의 승인과 지방의회의 의결을 얻은 재정건전화계획에 의하지 아니하고는 대통령령으로 정하는 규모 이상의 재정투자사업에 관한 예산을 편성할 수 없다.

(2) **재정건전화 이행 부진 지방자치단체에 대한 불이익 부여**: 행정자치부 장관은 재정위기단체의 재정건전화계획 수립 및 이행 결과가 현저히 부진하다고 판단하는 경우에는 교부세를 감액하거나 그 밖의 재정상의 불이익을 부여할 수 있다.

4. 기타 제도

주민참여예산제도

지방자치단체의 장은 대통령령으로 정하는 바에 따라 지방예산 편성 과정에 주민이 참여할 수 있는 절차를 마련하여 시행하여야 하는데 이를 주민참여예산제도라 한다. 지방자치단체의 장은 예산 편성 과정에 참여한 주민의 의견을 수렴하여 그 의견서를 지방의회에 제출하는 예산안에 첨부하여야 한다. 행정자치부 장관은 대통령령으로 정하는 바에 따라 지방자치단체별 주민참여예산제도의 운영에 대한 평가를 시행할 수 있다.

지방회계제도심의위원회

지방회계 관련 주요정책, 회계 및 결산제도, 지방회계 법령의 제정 · 개정 사항 등을 심의하기 위하여 행정자치부 장관 소속으로 지방회계제도심의위원회를 둔다. 지방회계제도심의위원회는 위원장 1명을 포함한 15명 이내의 위원으로 구성하되, 성별을 고려하여야 하며, 공무원인 위원이 전체의 4분의 1을 초과하여서는 아니 된다. 위원장은 민간위원 중에서 호선한다. 기타 지방회계제도심의위원회의 구성 · 운영에 필요한 사항은 대통령령으로 정하게 되어 있다.

제3절 지방재정건전성 평가지표

1. 지방재정건전성의 의의

지방재정건전성의 개념

지방재정건전성의 개념을 요약하기 위해 Groves(1986)의 개념 정의를 살펴보면 다음과 같다. 첫째, 최협의로 보면 재정상태는 정부가 30일 혹은 60일 이내에 어음을 지급할 수 있는 능력, 즉 현금지급능력(cash solvency)을 지칭한다. 둘째, 협의로 보면 재정상태는 정부가 예산 기간 내에 지급의무를 충족하고 적자가 발생하지 않도록 충분한 세입을 확보하는 능력, 즉 예산상의 지급능력(budgetary solvency)을 의미한다. 셋째, 광의로 보면 재정상태는 장기간에 걸쳐 한 회계연도 예산의 지급의무 외에 특정 연도에만 나타나는 채무부담 등의 모든 비용을 지급할 수 있는 능력, 즉 장기적인 지급능력(long-run solvency)으로 정의된다. 넷째, 최광의로는 지방정부가 시민이 원하는 일정 수준의 복지에 필요한 서비스의 질과 수준을 만족하게 할 수 있는 능력, 즉 서비스 수준 지급능력(service-level solvency)을 의미한다.[2)] 일반적으로 지방자치단체의 주요 목적이 주민의 복리증진과 공공 서비스의 제공임을 비추어 볼 때, 광의 혹은 최광의로 지방재정건전성의 개념을 받아들여도 큰 무리는 없을 것이다.

지방재정건전성 악화의 요인

지방재정건전성이 악화하는 요인은 크게 네 가지로 요약될 수 있다. 첫째, 중앙정부 혹은 지방정부의 정치적 결정이 재정건전성을 악화시킨다는 것이다. 지방세 감세정책을 펴거나 지방선거에서 과도한 지출이 수반되는 공약이 등장하여 이에 대한 집행 압박 등으로 재정이 악화하는 경우가 여기에 속한다. 둘째, 사회경제적 상황이 지방재정건전성을 악화시킨다는 주장이 있다. 예를 들어, 경기의 침체로 인해 주민세 및 재산세 등의 지방세가 걷히지 않는다거나 노령화 사회로 진입하여 지방자치단체의 경제 활성도가 매우 낮으므로 재정이 악화하는 경우가 여기에 속한다고 볼 수 있다. 셋째, 정부 간 재정배분 정책에 의해서도 재정건전성은 악화할 수 있다. 중앙정부의 보조금이 삭감되거나 재정지원 없는 비용과 책임을 지방에 위임한 경우에도 재정건전성은 악화할 수 있다. 마지막 넷째, 지방자치단체 자체의 비효율성에 기인하여 재정건전성이 악화할 수 있다는 것이다. 선심성 예산을 대폭 증액한다든가, 예산의 관리 자체에 소홀한 경우가 그 예일 수 있다(윤영진 & 김경도, 2012).

2) Groves, Stanford M. & Maureen Godsey Valente(1986), Evaluating Financial Condition, ICMA.

2. 재정자립도와 재정자주도

재정자립도

(1) 의 의: 재정자립도는 지방자치단체의 재정의 안정성을 보여주는 대표적인 자료다. 우리나라의 행정자치부는 각 지방자치단체의 재정자립도를 산출하여 이를 공개하고 있다. 일반적으로 재정자립도가 높은 지방자치단체는 재정의 건전성이 높다고 인정되는 경향이 있다. 그러나 재정자립도가 지방재정 건전성과 반드시 등치 하지는 않는데 재정자립도의 계산식을 살펴보면, 의존재원에 따라 재정자립도의 값이 달라지기 때문이다. 이는 바로 뒤, 한계 부분에 자세히 기술되어 있다.

(2) 계산식: 정부의 재정자립도 산출을 위한 적용회계는 일반회계이며 전국 평균 및 시도별 평균은 순계예산 규모로 산출하고 자치단체별 평균은 총계예산 규모로 산출한다. 산정공식은 다음과 같다.

$$\frac{\text{지방세수입} + \text{세외수입(자주재원)}}{\text{자치단체 예산규모(자주재원+의존재원)}} \times 100$$

- 지 방 세 : 보통세+목적세(지방교육세 제외) + 과년도 수입
- 세외수입 : 경상적 세외수입+임시적 세외수입
- 자치단체 예산규모 : 지방세(지방교육세 제외) + 세외수입 + 지방교부세 + 조정교부금 및 재정보전금 + 보조금 + 지방채 및 예치금회수 + 보전수입 등 및 내부거래

(3) 시도별 현황

총계예산 작성법에 의해 계산된 2014년 지방재정자립도를 살펴보면, 광역시(특별시 및 특별자치시 포함)의 평균이 62.1%인데, 도와 특별자치도의 평균은 29%로 광역시 평균에 상당한 수준으로 미치지 못하고 있다. 시와 군과 자치구의 재정자립도를 비교해보면, 자치시의 평균이 31.7%로 가장 높고 자치구는 27.2%로 비슷한 수준에서 조금 낮음을 알 수 있다. 그런데 자치군의 경우, 평균이 11.4%로 매우 낮음을 알 수 있다.

표 11-3 시도별 재정자립도 현황

시도별	평 균 (순계규모)	특별시 광역시 특별자치시 (총계규모)	도 특별자치도 (총계규모)	시 (총계규모)	군 (총계규모)	자치구 (총계규모)
평 균	45	62.1	29	31.7	11.4	27.2
서 울	80	80.4				33.6

부 산	54	50.5			31.5	21.4
대 구	46.7	42.8			24.9	20.4
인 천	63	62.1			10.1	27.5
광 주	41.9	36.8				18
대 전	49.4	43.6				20
울 산	61.4	53.3			39.9	27
세 종	47.6	47.6				
경 기	61.2		48.7	44.9	19.5	
강 원	22.2		18.7	20.6	10.7	
충 북	26.6		21.5	23.9	15.4	
충 남	30.2		25.6	26.7	10.7	
전 북	22.9		17.6	18.2	11.3	
전 남	17.4		13.8	22.1	8	
경 북	22.7		19.6	20.3	8.1	
경 남	36		32.3	30.3	8.6	
제 주	30.1		29.6			

단위: %, 출처: 행정자치부 재정고.

재정자립도의 전국 평균 추이를 살펴보면, 2009년 이후로 지속해서 재정자립도 평균은 하락하고 있음을 알 수 있다. 이러한 추세는 지방자치단체를 불문하고 모두 적용되는데 2009년 이후 2014년까지 대략 10% 정도 재정자립도가 하락했음을 알 수 있다.

표 11-4 재정자립도 추이

연도별	전국평균 (순계규모)	특광역시 특별자치시 (총계규모)	도 특별자치도 (총계규모)	시 (총계규모)	군 (총계규모)	자치구 (총계규모)
2009년	53.6	72.7	33.3	40.7	17.8	37.3
2010년	52.2	68.3	31.6	40	18	35.4
2011년	51.9	68.6	33	38	17	36.6
2012년	52.3	69.1	34.8	37.1	16.4	36
2013년	51.1	66.8	34.1	36.8	16.1	33.9
2014년	45	62.1	29	31.7	11.4	27.2

단위: %, 출처: 행정자치부 재정고.

(4) **한 계**: 전술한 바대로 재정자립도는 의존재원에 의해 그 값이 결정되는 경향이 있다. 공식에서 보는 바와 같이, 만약 어떤 지방자치단체에 국고보조금 등의 의존재원이 전혀 없다고 한다면, 아무리 재정 건전성이 열악하고 지방세 및 세외수입의 규모가 작다고 할지라도 재정자립도는 100%가 된다. 또한, 만약 지방세의 규모가 크고 신장성도 우수한 어떤 지방자치단체에 특정한 몇 해에 걸쳐 외부요인으로 인해 국고보조금이 상당한 규모로 지원되었다면, 이 지방자치단체의 재정자립도는 하락하게 된다. 이와 같은 가능성이 의미하는 것은 재정자립도가 지방자치단체의 재정 건전성 지수로는 부족하다는 것이다.

재정자주도

(1) **의 의**: 재정자립도의 한계로 인해 최근 자주 사용되고 있는 것이 바로 재정자주도이다. 재정자립도의 개념을 일부 수정한 것으로, 전체 예산 대비 지방자치단체가 내부의 의사결정의 결과로 큰 제약 없이 활용할 수 있는 재원의 비율을 의미한다. 따라서 지방교부세는 분자에 위치하고 국고보조금은 분모에 위치한다.

(2) **산 식**: 재정자립도와 마찬가지로 정부의 재정자주도 산출을 위한 적용회계는 일반회계이며 전국 평균 및 시도별 평균은 순계예산 규모로 산출하고 자치단체별 평균은 총계예산 규모로 산출한다. 산정공식은 다음과 같다.

$$\frac{\text{자체수입} + \text{자주재원}}{\text{자치단체 예산규모}} \times 100$$

- 자체수입 : 지방세(보통세+목적세(지방교육세 제외) + 과년도 수입) + 세외수입(경상적 세외수입+임시적 세외수입)
- 자주재원 : 지방교부세 + 조정교부금 및 재정보전금
- 자치단체 예산규모 : 자체수입(지방세 중 지방교육세 제외) + 자주재원 + 보조금 + 지방채 및 예치금회수 + 보전수입 등 및 내부거래

(3) **시도별 현황**

재정자립도에서 분모에 있는 재원의 일부(지방교부세)가 분자로 옮겨갔기 때문에 재정자주도는 재정자립도에 비교하면 그 값이 클 수밖에 없다. 2014년 광역시(특별시와 특별자치시 포함)와 도(특별자치도 포함)의 재정자주도를 비교하면, 광역시는 71.4%에 달하지만 도는 이 보다 상당한 수준으로 낮은 42.7%에 그치고 있다. 시군구의 재정자주도 비교는 재정자립도에 비해 다른 양상을 보인다. 재정자립도는 시가 가장 높고 그다음이 자치구였으나 재정자주도는 시가 가장 높은 것까지는 같으나 그다음으로는 자치군이 높고

자치구가 가장 낮다. 이와 같은 결과는 자치군의 지방교부세 의존 비중이 높다는 것을 의미한다고 볼 수 있다.

표 11-5 시도별 재정자주도 현황

시 · 도별	평 균 (순계규모)	특별시 광역시 특별자치시 (총계규모)	도 특별자치도 (총계규모)	시 (총계규모)	군 (총계규모)	자치구 (총계규모)
평 균	69.4	71.4	42.7	61.3	58.4	44.2
서 울	81.2	81.2				54.3
부 산	69.1	66			60.6	36.6
대 구	68.2	64.7			53.2	34
인 천	72.2	68.5			49.5	40.8
광 주	62.5	58.3				32.3
대 전	66.6	62.1				32.4
울 산	69.4	58.9			58.6	45.2
세 종	77.3	77.3				
경 기	71.5		51	64	64.2	
강 원	68.3		37.9	64.4	64.4	
충 북	66.4		40.7	60	59.6	
충 남	65.9		39.9	60.1	57.2	
전 북	63.2		34.2	54.3	56.1	
전 남	62.4		32.2	60.4	55.4	
경 북	66.1		37.6	60.3	60.6	
경 남	66.5		41	59.3	57.8	
제 주	66.9		65.6			

단위: %, 출처: 행정자치부 재정고.

재정자주도의 추세를 살펴보면, 2009년 이후 꾸준히 하락했음을 알 수 있다. 전국 평균은 약 10% 하락했는데 광역시와 자치시 및 자치구의 하락 폭이 상당히 컸다. 상대적으로 도와 자치군의 하락 폭은 작았다. 재정자립도뿐만 아니라 그 대안으로 제시되는 재정자주도가 꾸준히 하락하고 있는 것은 우리나라 지방자치단체의 재정건전성이 악화하고 있음을 의미한다.

표 11-6 재정자주도 추이

연도별	전국평균 (순계규모)	특광역시 특별자치시 (총계규모)	도 특별자치도 (총계규모)	시 (총계규모)	군 (총계규모)	자치구 (총계규모)
2009년	78.9	81.2	49.5	71.5	64.6	61.8
2010년	75.7	76.3	46	69.1	62.2	57.9
2011년	76.7	78.5	47.5	68.7	62.7	56.2
2012년	77.2	79.2	49.2	68.4	62.9	55.6
2013년	76.6	77.4	48.8	67.7	63.9	52.2
2014년	69.4	71.4	42.7	61.3	58.4	44.2

단위: %, 출처: 행정자치부 재정고.

3. 지방재정건전성을 위한 정책 제언

공약 검증제도의 채택

지방자치제의 시행으로 인해 다양한 지방 리더십이 정치의 시험장에 진입하고 있다. 지역주민 입장에서 광역지방자치단체의 장, 기초지방자치단체의 장, 광역지방자치단체 의회 의원(비례 포함), 기초지방자치단체 의회 의원(비례 포함)뿐만 아니라 시도 교육감까지 투표로 선출해야 한다. 전국 동시 지방선거로 인해 수많은 입후보자의 공약이 범람하게 된다. 승자가 모두 독식하는 정치논리 상 상당수의 공약은 지방자치단체의 재정에 비추어 불가능할 경우가 많다. 하지만 이를 검증할 수 있는 제도적 장치가 미비하여 해당자의 당선 이후 무리한 공약 추진을 자주 목격하게 된다. 이는 지방재정의 악화요인이기도 하다. 따라서 사전에 무리한 공약을 검증할 수 있는 제도를 마련하여 부적합한 공약은 홍보하지 못하게 하거나 최소한 이와 같은 정보를 주민에게 공개할 방안이 마련되어야 한다.

중앙정부의 재정 책임성 강화

국고보조사업의 대폭적 지방 이양은 지방분권의 차원에서는 바람직하지만 지속적인 지방재정 압박 요인으로 작용할 가능성이 크다. 지방정부에 재정적 부담이 되는 정책을 중앙정부가 수립할 때에는 지방정부와 협의하고 동의를 받는 절차를 의무화해야 한다. 아울러 지방정부가 추가적 재원부담을 해야 할 경우 중앙정부의 재정적 책임을 법제화해야 한다.

지방세의 확충

의존재원을 축소하고 지방세 비중을 높이는 방향으로 개혁해야 한다. 다시 말해, 국고보조금을 축소하거나 장기적으로 폐지하고 지방세 비중을 높이는 방향으로 지방재정건전성 확보를 위한 기본전략을 설정해야 한다. 이것은 세출 자치와 세입자치의 괴리를 좁히는 효과를 거둘 수 있다. 지방세를 확충하기 위한 대표적 전략으로는 지방소비세와 지방소득세를 개편하는 것이라 할 수 있다. 부가가치세에 일정 비율을 넘겨주게 되는 지방소비세의 경우 보다 양도비율을 높이고, 소득세 대비 지방소득세의 비율 역시 높여야 한다.

지방자치단체 재정관리제도의 강화

재정의 건전성을 확보하기 위한 재정관리제도로는 예산 편성 단계에서 중기재정계획, 재정투융자심사, 예산편성 기본지침, 지방채발행 승인, 결산 단계에서 지방재정분석진단제도가 있다. 앞의 네 가지 제도는 사전적 재정관리제도이며, 재정분석진단제도는 사후적 재정관리제도이다. 재정관리 주체의 측면에서 보면 중기재정계획과 재정투융자 심사는 지방자치단체가 주된 관리주체이며, 예산편성 기본지침, 지방채발행 승인, 지방재정분석진단제도는 행정자치부가 관리주체이다. 재정 건전화를 위한 재정관리제도의 개선방안으로서는 현재 운용되고 있는 제도가 명실상부한 기능을 발휘할 수 있도록 실효성을 높이는 것과 사후적 재정관리제도로서의 재정분석진단제도의 기능을 강화하는 것이다.

지방공기업의 개혁

우리나라 지방공기업의 부실은 어제오늘 일이 아니다. 지방공기업의 자본확충이나 사업 확대 등은 일반적으로 지역주민의 세금 지급 압박으로 귀착된다. 따라서 현실적이지 않은 지방공기업의 사업을 정리하고 비슷한 지방공기업, 공사 및 공단 등은 통합하여 운영의 효율화를 꾀할 수 있어야 한다. 또한, 지방공기업에 대한 지역주민의 통제수단을 강화할 필요가 있다. 지방자치단체의 주민과 전문가 등으로 구성된 감사위원회를 제도화하여 부실한 지방공기업의 상시적 감사체계가 이루어질 수 있어야 한다.

제12장 지방공기업과 지방경영

제1절 지방공기업

1. 지방공기업의 의의

지방공기업의 개념

지방공기업이란 지방자치의 발전과 주민의 복리증진에 기여하기 위하여 지방자치단체가 직접 설치 · 경영하거나 법인(공사 · 공단 및 민관합작법인)을 설립하여 경영하는 기업을 의미한다(지방공기업법 제1조). 지방자치제의 실시에 따라 지방공기업은 증가하는 추세에 있는데, 이는 지방행정수요의 증대에 따른 재정부담의 감소와 행정서비스에 대한 효율적인 운영을 도모하기 위해서이다.

지방공기업의 특성

(1) **공공성**: 주민의 생활편의와 복지증진을 위한 서비스제공을 주요기능으로 하므로 경영이념, 요금결정방식, 재화 및 용역의 공급량결정방식 등에 공공성의 원리가 강하게 적용된다. 따라서 채산성이 없는 사업도 경영하며, 그 손실은 지방자치단체의 일반재원으로 보전된다.

(2) **지역성**: 사업영역이 특정 관할구역 내로 제한되며, 광역적 범위로 확대되는 경우에도 제한된 범위에 국한된다.

(3) **다양성**: 지역적인 특수성으로 인하여 국가공기업보다 사업의 종류와 규모가 훨씬 다양하다.

(4) **효율성**: 지방공기업은 주민의 복지증진을 위한 공공서비스를 효율적으로 제공하기 위하여 설치 · 운영된다. 즉 공공성과 효율성의 조화를 특징으로 한다.

지방공기업의 필요성

공영의 경우 지역주민의 의사를 비교적 굴절됨이 없이 사업경영에 반영할 수 있고,

각 지역에 적정한 공공적 정책을 시의적절하게 사업운영에 반영할 수 있으며, 장기저리의 대량자금조달이 용이하며, 세제상의 혜택을 받을 수 있다.

(1) **지역주민의 복리향상 도모**: 교통 · 병원 · 상수도 등 지역주민의 일상생활에 필수적인 사업을 자치단체가 스스로 경영함으로써 주민의 복리향상을 도모하는 것은 지방자치단체 본래의 존립목적과 일치한다.

(2) **지역적 독점사업**: 성질상 지역적으로 독점적일 수밖에 없는 공익사업은 사기업에 맡기게 되면 오히려 폐해가 생길 우려가 있으므로 공영을 원칙으로 하는 것이 바람직하다.

(3) **공공성의 요구**: 지역주민의 복리증진을 위해 필요하더라도 경영의 채산성이 전망되지 않는 사업의 경우 사기업의 참여나 민간자본의 투입을 기대하기 곤란하므로 공익적인 견지에서 이를 공영할 필요가 있다.

(4) **종합적 경영의 요구**: 사업의 성질상 지방자치단체가 종합적으로 경영해야 할 필요성이 강한 사업(대도시교통이나 공업용 수도건설)은 공기업의 설립을 통해 해결하는 것이 효율적이다.

2. 지방공기업의 경영이념과 적용범위

지방공기업의 경영원칙

지방공기업은 항상 기업의 경제성과 공공복리를 증대하도록 운영하여야 한다. 즉 지방공기업은 기업으로서의 경제성 추구와 자치행정 본래의 목적인 공공성의 확보라는 두 가지 측면을 가지고 있는바, 이 두 가지를 지방공기업의 경영원칙이라고 한다. 따라서 지방공기업은 합리적 · 능률적인 경영을 통하여 최소의 경비로 최량의 서비스를 이용자인 주민에게 제공함으로써 공공성과 경제성의 증대를 조화롭게 실현할 수 있어야 한다.

독립채산제

(1) **독립채산제의 의의**: 구소련의 국유기업관리방법에서 발전된 독립채산제는 재정상의 독립을 확보하고 그 자주성을 최대한으로 발휘하기 위한 기본원리로서 기업의 수지채산을 기업 자체의 책임하에 행하는 것을 의미한다. 따라서 지방공기업에서 독립채산제란 자치단체의 일반회계로부터 독립하여 원칙적으로 지방공기업의 경비는 기업경영에 따르는 수입으로 충당한다는 것이다.

(2) **독립채산제의 특성**: 주민부담의 형평성을 확보하고 효율적인 기업경영을 도모하

기 위해 채택된 독립채산제는 수지적합성, 소요자본의 자기조달성 및 손익처분의 자주성을 그 내용으로 삼고 있다.

지방공기업의 적용범위

(1) **당연(의무)적용사업**: 지방공기업법의 당연적용대상사업을 ① 수도사업(마을 상수도사업 제외), ② 공업용 수도사업, ③ 궤도사업(도시철도사업 포함), ④ 자동차운송사업, ⑤ 지방도로사업(유료도로사업에 한함), ⑥ 하수도사업, ⑦ 주택사업, ⑧ 토지개발사업 등 공공성이 강한 8개 분야로 한정하고 있다.

(2) **임의적용사업**: 지방자치단체는 다음에 해당하는 사업 중 경상경비의 50% 이상을 경상수입으로 충당할 수 있는 사업의 경우에 지방직영기업 · 지방공사 또는 지방공단이 경영할 수 있다.

① 민간인의 경영참여가 어려운 사업으로서 주민복리의 증진에 기여할 수 있고, 지역경제의 활성화나 지역개발의 촉진에 이바지할 수 있다고 인정되는 사업, ② 당연적용사업 중 대통령령이 정하는 기준에 미달하는 사업, ③ 체육시설의 설치 · 이용에 관한 법률에 의한 체육시설업 및 관광진흥법에 의한 관광사업(여행업 및 카지노업을 제외).

3. 지방공기업의 경영방식

직접경영방식: 지방직영기업

(1) **의 의**: 지방자치단체가 직접 지방공기업을 경영하는 방식으로서 지방자치단체의 사업본부, 사업단, 사업소 같은 법인이 아닌 행정조직(관료조직)이며 공무원 구성으로 운영된다. 예산은 지방의회의 의결을 받는다. 지방자치법 및 지방재정법령을 적용받는다. 특별회계를 설치해야 한다.

(2) **특 징**: ① 지방자치단체는 지역주민의 편의와 복지증진을 목적으로 하는바, 직접경영도 지방자치단체 본래의 기능에 포함된다. ② 지방공기업은 원칙적으로 직접경영방식을 기본으로 한다. ③ 직원은 공무원이며, 예산도 지방자치단체의 예산과 일체를 이룬다. ④ 우리나라 대부분 지방공기업은 직접경영방식의 형태를 취한다.

(3) **대 상**: 상수도 · 하수도사업본부, 공영개발, 주택, 지역개발기금, 통합공과금 등.

(4) **장 점**: ① 사업경영에서 주민의 의사 반영이 용이하다. ② 채산성이 없는 경우에도 사업의 수행이 가능하다. ③ 직접적 통제가 가능하다. ④ 일반행정과 연계하여 종합적으로 사업을 추진할 수 있다. ⑤ 재원조달이 용이하다.

(5) **단 점**: ① 자주성의 결여로 능률적인 기업경영이 곤란하다. ② 사업 경영상 필요한 결정의 탄력성이 결여되고 있다. ③ 각 지방자치단체의 관할구역을 넘는 업무의 실시가 곤란하다. ④ 공무원의 빈번한 인사이동으로 경영기술의 축적과 경영에 대한 책임의식의 확립이 곤란하다.

간접경영방식: 지방공사

(1) **의 의**: 법률상 지방공사의 자본금은 그 전액을 지방자치단체가 현금 또는 현물로 출자해야 한다. 그러나 공사의 운영을 위하여 필요한 경우에는 자본금의 2분의 1을 넘지 아니하는 범위에서 지방자치단체 외의 자(외국인 및 외국법인을 포함한다)로 하여금 공사에 출자하게 할 수 있다.

(2) **대 상**: 의료, 지하철, 도시개발, 시설관리, 시장, 주차장 등의 사업.

(3) **장 점**: ① 자주적 기업경영이 가능하다. ② 직접경영방식의 경직성을 탈피하여 기업의 능률성 제고가 가능하다. ③ 민간의 자본 · 기술 · 전문지식과 결합함으로써 직접경영방식의 한계를 극복할 수 있다. ④ 여러 행정구역에 걸친 광역적 지방공기업의 운영체제를 확립하는 데 용이하다.

(4) **단 점**: ① 채산성이 없는 사업은 적용하기 곤란하다. ② 직접적 통제의 곤란으로 서비스의 안정적 공급과 공공성의 확보가 곤란하다. ③ 경영악화의 경우 책임소재를 가리기 힘들다는 것과 무책임한 경영이 초래될 우려가 있다.

위탁경영방식

지방자치단체가 시설을 건설하고 소유하되, 경영은 민간에게 위탁하는 방식으로서 경영에 전문적 · 기술적 지식을 요하거나 숙련을 요하는 사업에 적합하다. 레저시설, 의료원, 시 · 도립병원, 청소사업 등이 해당한다.

지방공단

지방공사를 설립하는 기준을 적용(1/2 이상 출자)하여 지방자치단체는 지방공단을 설립할 수 있다. 공단은 지방자치단체의 장의 승인을 받아 해당 사업의 수익자에게 사업에 필요한 비용을 부담하게 할 수 있다.

공동출자법인(자본참여방식)

협의의 제3섹터인 공동출자법인은 지방자치단체가 자본금 또는 재산의 50% 미만을 출자 또는 출연하여 자치단체 외의 자(외국인 및 외국법인 포함)와 공동으로 민법상의 재단법인 또는 상법상의 주식회사를 설립하고 경영하는 방식이다.

4. 지방공기업의 보호 · 감독

지방공기업의 보호 · 육성

지방공기업은 ① 제도상 독점권의 부여, ② 요금징수권, ③ 독립채산제의 적용, ④ 국고 또는 지방재정상의 지원, ⑤ 재무회계상 각종 자율성의 보장 등을 통하여 보호받는다. 또한, 지방공사 · 지방공단의 설립권, 자치단체 간 지방공사 · 지방공단의 공동설립권, 지방공사 · 공단의 정관변경인가권, 지방공사 사장과 지방공단 이사장의 임면권 등을 자치단체장에게 부여하고, 경영평가 및 경영진단의 시행과 자본금 출자 · 출연 및 증자 · 추가출연 시 사전타당성 검토를 의무화함으로써 지방자치단체의 자율성과 책임성을 제고하고 있다.

지방공기업에 대한 감독

지방공기업에 대하여 ① 지방자치단체장의 일반적인 감독 · 지도, ② 예산 · 결산상의 통제, ③ 업무 · 회계 · 재산상의 검사 및 보고요구, ④ 행정안전부 장관의 지도 · 조언 또는 권고와 사채발행 및 차관에 대한 승인 등을 행사할 수 있으며, ⑤ 지방공기업의 임원 등 책임자에 대해서도 일정한 변상책임 및 벌칙 등을 가할 수 있다.

제2절 지방경영에 관한 이해

1. 지방경영의 의의

지방경영의 개념

지방자치단체가 지방화 · 세계화 · 정보화로 특징지어지는 도전과 기회에 효과적으로 대응해 지방경쟁력을 확보하기 위해서는 기업가형 지방경영전략을 모색해야 한다. 지방경영이란 지방정부부문에 기업가정신과 경영원리 등을 도입하여 지방자치단체의 관리방식을 혁신하고 지역의 잠재력을 총체적으로 개발함으로써 지역주민들의 만족을 극대화함과 동시에 지방경쟁력을 제고하고자 하는 것이다.

지방경영은 공공부문과 민간부문이 기본적으로 다른 특성을 지니고 있음을 인정한다. 즉, 지방경영은 단순히 민간의 경영기법이나 기술을 도입하려는 것이 아니라 기업가적 혁신 정신과 문제해결능력 및 경쟁 · 유인체제를 지방정부부문에 접목하여 지역의 번영과 안정을 달성하며, 이를 통해 시장 지향적 지방경쟁력을 확보하려는 것이라 할 수 있다. 이러한 지방경영은 지역 전체를 적용대상으로 하여 경제적 효율성을 제고하는 데 주안점을 둔 것으로서 종래의 지역개발, 도시정책, 행정관리 등 지방자치단체에서 이루어지는 다양한 행정현상을 포괄하는 것이다.

표 12-1 공공부문과 민간부문의 비교

구 분	민 간 부 문	공 공 부 문
목 표	사적 이윤추구	공익추구, 사회가치 실현
지향점	소비 지향적	서비스 지향적
지위관계	경쟁적 지위	독점적 지위
의사결정	자율적 의사결정	정치적 과정에 의한 결정
산출물	사적 재화	공공재
의식구조	적극적인 사고	소극적인 사고
환경적응력	유연한 대응	경직적 대응

지방경영의 목표

(1) **주민복리의 극대화**: 지방경영의 최종 목적은 경영의 효율화 노력을 통해 최소의 주민부담으로 주민복리를 극대화할 수 있는 서비스를 달성하려는 데 있다. 즉 지방경영은 지역주민들에 대한 대응성을 제고하고, 서비스의 질적 수준을 고도화하는 '작지만 효율적인 지방정부'를 구현함으로써 궁극적으로 지역주민들의 복리를 극대화하고자 하는 것이다.

(2) **공공성과 기업성의 조화**: 지방경영은 지방자치단체의 추구목표인 공공성을 극대화하기 위한 수단으로서 기업성을 적극적으로 활용하고자 하는 전략이라고 할 수 있다. 즉 지방경영이란 '최소의 비용으로 최대의 서비스를 창출'하는 것을 목표로 삼고, 이를 구현하기 위한 수단으로서 기업가적 경영원리 또는 창조적 기업가정신을 공공부문에 도입하고자 하는 것이다.

(3) **고객지향적 행정**: 지방경영은 기존의 지방자치단체가 안고 있는 관료주의를 타파하기 위한 혁신의 과정이며 공급자 위주의 행정을 수요자 위주의 행정으로 전환하기 위한 전략이다. 고객지향적 행정이란 행정활동의 궁극적인 지향점을 주민 만족에 두고

주민 편의 위주로 업무와 관련 제도를 개혁하여 서비스의 질적 · 양적 수준을 확충해 나가고자 하는 것이다. 이러한 고객지향적 행정은 경쟁을 촉진하여 혁신을 자극하며, 주민이 자신의 필요에 맞는 행정서비스를 직접 선택하도록 함으로써 행정의 낭비 요인을 제거하고 서비스에 대한 만족도를 높이는 한편 행정에 대한 주민의 참여의식을 고취할 수 있다.

(4) **지방잠재력의 극대화**: 지방경영은 단순히 행정 내부의 운영에 민간기업의 경영원리나 경영기법을 도입함으로써 지방정부의 효율성을 제고하는 데 그치는 것이 아니다. 지역주민의 삶의 질을 제고하고 복지향상을 도모하기 위하여 지방경영에서는 지방자치단체가 관할하고 있는 지역 전체를 경영의 대상으로 설정하고 지방의 모든 자원과 잠재력의 발굴을 극대화하려 한다.

2. 지방경영의 대상과 참여자

지방경영의 대상

지방경영의 대상은 지방자치단체의 행정체제와 행정관리를 대상으로 한 내부경영(내부효율)과 지방자치단체가 관할하는 지역의 사회체제, 경제체제, 공간체제를 대상으로 한 외부경영(외연능력)으로 구분할 수 있다. 내부경영은 지방자치단체 내부에 보유하고 있는 인적 · 물적 자원 등 각종 자원이 경영의 대상이라고 할 수 있다. 외부경영은 관할구역 내의 종합적인 지역개발, 지역산업의 육성 및 사회기반시설의 구축을 통해 삶의 질을 제고할 수 있는 제반 경영전략을 의미한다. 이러한 외부경영에서는 당해 지역이 갖추고 있는 인적 자본, 토지, 금융, 과학기술 및 정보, 에너지 등의 자원을 상호결합하여 어떻게 활용할 것인가와 이러한 자원을 획득 · 활용하기 위한 시스템을 어떻게 형성할 것인가가 경영의 대상이라고 할 수 있다.

지방경영의 참여자

지방화 · 세계화 · 정보화 시대에서는 행정수요 및 사회문제 해결에 대한 대응방식도 새롭게 설계되어야 한다. 종전과 같이 정부부문과 민간부문이 각기 독자적인 영역을 갖고 그 역할을 담당하는 '부문 간 경계'의 논리를 극복해야 한다. 최근 여러 나라에서는 정부부문의 효율성 제고 또는 경쟁력 강화, 공공부문의 재원조달능력 한계 등을 극복하기 위하여 '공 · 사협력방식', '공동생산방식', '민관공동출자사업방식'(제3섹터) 등이 활발하게 활용되고 있다.

이러한 관점에서 볼 때 지방경영에서도 지방자치단체를 포함한 다수의 지역주체들이 참여하게 된다. 지방정부는 물론이고 지역주민, 지역기업, 지방대학, 지역사회단체 등 다수의 주체가 지방경영에 있어서 각기 독자적인 역할을 분담하는 한편 일정 영역에서는 협동적 노력을 전개하게 된다. 따라서 지방경영을 도모하기 위해서는 민간부문이 효과적인 역할을 수행할 수 있도록 필요한 권한과 자율성을 확보해줌으로써 다원적 참여를 촉진하여야 한다. 특히 지방화 · 세계화 · 정보화 시대에서 지역경제를 활성화하고 지방경쟁력을 제고시키기 위해서는 참여자 상호 간의 지역 네트워크를 구축하여 민관협력형의 유기적인 연계체제와 통합성을 확보하는 것이 필요하다.

3. 지방경영의 등장배경

작은 정부론

작은 정부란 정부의 실패로 인하여 야기된 불필요하거나, 비효율적인 정부기구 및 기능을 폐지 · 축소하고 정부의 규제와 간섭을 완화함으로써 효율적인 정부를 지향하려는 것이다. 이러한 작은 정부에 대한 논의는 자본주의체제 하에서의 강력한 경제정책과 사회복지정책에 대한 반발과 도전으로서, 1970년대부터 선진국을 중심으로 심각하게 제기된 행정의 비대화와 그로 인한 감당키 어려운 재정적자의 누적 문제에 관심을 두고 전개되었다. 즉 작은 정부론은 정치 · 경제학적으로 신보수주의의 등장, 케인즈경제학의 무력화와 레이거노믹스 · 공급경제학 등 새로운 경제학풍의 도전, 탈 관료제화 및 공공선택론 등의 대두와 밀접한 관련을 맺고 나타난 것이다. 정부 역할에 대해 회의적인 작은 정부론의 주장은 특히 공급경제학 및 공공선택론과 깊은 관련을 맺고 있다. 공급경제학이란 조세감면 등의 방법으로 민간투자를 유발하여 시장경제에 대한 정부의 각종 규제를 완화하고 정부개입의 범위를 축소하여 시장경제의 힘을 강화해야 한다는 논리이다.

이와 같은 시대적 조류를 근거로 제시된 작은 정부의 개념은 대체로 '정부의 규모'와 '정부활동의 범위'라는 두 가지 관점에서 살펴볼 수 있다. 즉 비대화된 관료조직과 서비스의 비효율성을 극복하기 위하여 정부기구의 축소, 과다한 재정지출의 억제, 행정인력 낭비 요인의 제거 등을 주장하고 정부기능의 민간이관, 정부규제의 완화, 정부의 기업화에 대한 필요성을 강조한다. 이렇게 볼 때 '작은 정부론'은 E. S. Savas의 주장과 같이 실용적으로는 '더 좋은 정부'를, 이념적으로는 '더 작은 정부'를, 경제적으로는 '민간부문에의 의존'을 그리고 사회적으로는 '더욱 많은 공공서비스의 선택기회가 부여된 좋은 사회'를 지향하고 있는 것이라 할 수 있다.

공공선택론

공공선택론(Public Choice Theory)은 1960년대 뷰캐넌(J. Buchannan)과 털럭(G. Tullock)이 집단적 정치적 정책 결정 방식에 경제학적 이론을 적용해 공공문제를 해결하려는 시도에서 등장한 이론이다. 뷰캐넌과 털럭의 공공선택이론은 오스트롬 부부에 의하여 행정학에 도입되었다. 공공선택론에 의하면 정부가 독점적으로 제공하는 공공서비스는 경쟁성의 결여, 관료들의 집단이기주의 등 생산 및 전달체제 자체가 내재적으로 안고 있는 문제점으로 인해 비효율적일 수밖에 없으며 이를 극복할 수 있는 최선의 대안은 시장상황에 맡기는 것이라고 한다. 또한, 공공서비스에 대한 주민의 선택은 경제적 · 정치적 행위로서 주민들은 자기에게 주어진 경제적 선택기회가 공정하지 못하다고 느낄 때 투표라는 정치적 행위를 통하여 이를 교정할 수 있다고 한다.

공공선택이론은 합리모형의 정책 결정 수단으로서의 성격을 인정하면서도 전문적 능력을 가진 관료가 계층제 구조를 통하여 일방적으로 국가목적을 능률적으로 달성할 수 있다는 전통적인 Wilson식 행정관을 비판하면서 정치적 입장과 공공재와 공공서비스의 선택과 특질을 중요시하는 민주적 행정관을 제시하였다. 대외적으로는 환경으로부터의 정당성 확보, 대내적으로는 목표의 능률적 달성을 중시한다는 점에서 '정치 · 경제학적 접근'이라고도 하며, 공공선택이론은 1970년대 이후 정부관료제의 공공재의 생산과 공급에 관한 대표적인 연구로서, 공공부문에서도 다른 사회가치에 손실을 주는 일 없이 특정가치를 더 많이 성취하는 이른바 '파레토 최적점'에서 가장 합리적인 정책 결정이 이루어질 수 있다고 본다. 뷰캐넌과 털럭(Buchanan & Tullock)의 비용극소화모형에 의하면 의사결정에서 필요로 하는 인원(참여자)이 증가하면 의사결정비용(내부비용)은 증가하지만, 외부비용(집행비용, 순응비용)은 감소한다고 주장하였다.

제3절 지방공공서비스의 공급

1. 지방공공서비스의 의의

지방공공서비스의 개념

지방공공서비스(local public services)는 '지역이라는 공간적 단위에서 생산 · 전달 · 소비되는 공공서비스로서 정부의 직접 공급 여부'에 관계없이 소비과정에서의 비배제성(non-exclusion)과 비경쟁성(non-rivalry)을 가진 서비스 또는 재화로 폭넓게 이해되고 있다. 그러나 지방공공서비스를 비배제성과 비경쟁성의 원리가 엄격하게 적용되는 순수공공재로 인식하기보다는 비사유재(non-private goods)라고 표현하는 것이 적당하다는 지적도 있다. 구체적으로 지방공공서비스를 정의하면 '지역공동체의 편익을 위하여 제공되는 재화와 용역으로서 주민의 생존적 수요 및 경제 · 사회적 기회를 충족시켜주고 불공평한 소득 격차를 완화하는 소득재분배 등의 기능을 갖는 가치재'라 할 수 있다.

표 12-2 비배제성과 비경쟁성

① 비배제성: 일부에게 서비스의 편익을 한정하는 것이 불가능하거나 엄청나게 비용이 많이 드는 경우이다. 비배제성이 있는 서비스는 비용을 지불하지 않는 사람을 편익으로부터 배제하는 것이 어렵다(시청앞 분수대). ② 비경쟁성: 많은 사람이 동시에 동일한 서비스를 소비할 수 있는 경우로 어떤 사람의 혜택으로 인해 다른 사람의 혜택이 줄지 않기 때문에 집합적인 소비 또는 편익의 불가분성이라고도 불린다(국방, 방송, 홍수통제, 일기예보, 오염완화, 공중보건 등).

지방공공서비스의 특징

(1) 지방공공서비스는 시장경제의 원리만으로는 원활하게 공급할 수 없고 공공부문이 개입해야 한다.

(2) 지방공공서비스는 특정한 지역을 대상으로 공급되며(지리적 요소), 서비스의 수혜자도 공간적으로 입지해 있어(공간적 요소) 어느 정도 식별 · 확인이 가능하다.

(3) 지방공공서비스의 대부분은 주민과 공무원 간의 대면적 상호작용을 통해 급부된다.

(4) 주민이 사회의 모든 위치를 공정하게 점유하고 경쟁할 수 있도록 균등한 기회를 제공하는 서비스이다.

(5) 지방공공서비스는 시민의 최저생활수준을 충족시키며 인간다운 생활을 영위하기 위해 보장받아야 할 서비스이다.

2. 지방공공서비스의 유형

재화의 성격에 의한 유형

지방공공서비스는 소비 형태와 배제성의 두 가지 기준에 기초하여 민간재, 공동소유재, 요금재, 집합재로 구분할 수가 있다. 이들 중 순수공공재에 가장 근접한 재화가 집합재이며 공동소유재 · 요금재는 준공공재에 해당한다. 그러나 같은 재화라 할지라도 어떻게 공급되느냐에 따라 요금재에서 집합재 또는 공동소유재에서 요금재 등으로 변환될 수 있다.

(1) **민간재**(private goods): 민간재는 개별적 소비와 무임승차자의 배제가 가능하고 수요와 공급에 따른 시장메커니즘에 의해 가격이 결정된다. 민간재는 시장에서 수요 · 공급의 원칙에 따라 자율적으로 제공되는 특성이 있으므로 공공이 개입할 여지가 별로 없다. 단지 서비스의 안정성, 규격 기준, 저소득층의 생활안정 등을 고려한 사회적 차원에서 정부의 개입과 규제가 불가피하게 된다(빵, 구두, 자동차, 책 등 일상생활에서 필요한 재화).

(2) **요금재**(toll goods): 공동으로 소비되지만 사용자가 비용을 부담하는 재화로서 무임승차자의 배제가 가능하므로 시장에서 공급될 수 있다. 그러나 일부 요금재는 사용자 수가 증가함에 따라 단위비용이 감소하는 자연독점현상이 발생하기 때문에 이를 방지하기 위한 정부개입이나 규제가 필요하다. 한 개인의 소비가 전체 재화량에 영향을 미치지는 않으나 재화의 질 수준에는 영향을 미칠 수 있다(케이블TV, 교통혼잡통행료를 지급해야 하는 도로, 대중교통, 통신, 전기 · 가스 · 상 · 하수도 등).

(3) **공동소유재**(common-pool goods): 서비스에 대한 개별적인 소비선택은 가능하지만 어느 개인을 배제하기가 거의 불가능한 재화로서 오로지 자연의 은혜를 통해서만 존재하는 자원이다. 따라서 합리적인 공급자는 이러한 재화의 생산을 기피하므로, 적정 수준의 공급문제가 제기된다. 한정된 자원이라는 특성상 한 개인의 소비가 전체 재화량에 영향을 미칠 수 있으므로 공동소유재는 공급과 소비에 대한 공공부문의 적극적인 규제가 따른다(동 · 식물, 강, 호수 등의 자연자원, 지하수, 바다의 물고기 등).

(4) **공공재**(collective or public goods): 공기, 물 등과 같이 공동으로 소비되고 무임승차자를 배제하는 것이 불가능한 재화이다. 속성상 시장은 이런 재화를 공급할 수 없기 때문에 시장의 자율기능과 분리되는 별도의 공급장치에 의하지 않고는 심각한 공급문제를 해결하지 못하게 된다. 공공재는 민간재와는 달리 주어져 있는 서비스의 양과 질을 그대로 받아들여야 한다는 점에서 소비자의 선택권이 거의 없으며, 누구나 차별 없이 같은 서비스를 향유할 수 있으므로 비용은 주로 세금 등 강제적 수단에 의해 징수된다(방역서비스, 전염병예방주사, 대기오염통제, 화재예방, 일기예보 등).

표 12-3 재화의 유형별 공공서비스와의 관계[1)]

구 분	민간재	요금제	공동소유제	공공재
특 징	개별적 소비 배제 가능	공동소비 배제 가능	개별적 소비 배제 불가능	공동소비 배제 불가능
공급상 문제	없 음	자연독점	과잉이용	무임승차

1) 박종화 외(1994), 도시행정론 이론과 실제, p.461.

정부의 조치	자율을 원칙으로 하되 공익차원에서 집합적 행동	가능한 자율에 맡기되 독점이익이 왜곡될 가능성이 있을 때 집합적 행동	규제, 보호의 집합적 행동	집합적 행동 및 세금 등과 같은 집합적 기여도 요구
공공서비스와의 상관성	상관없음	부분 일치	부분 일치	일치

사회적 기능에 의한 유형

William H. Lucy[2]는 사회적 기능에 따라 일상적 서비스, 보호적 서비스, 발전적 서비스, 사회적 최저수준 보장서비스의 네 가지 범주로 분류하고 있다.

(1) **일상적 서비스**: 주민들이 일상적으로 이용하는 서비스로서 주로 공적 공급경로로 제공되지만, 종종 민간부문에 의해서도 제공된다. 일상적 서비스는 순수공공서비스라기 보다는 이용자요금 또는 수익자부담원칙에 의해 개별적으로 제공되는 서비스이다(상 · 하수도, 쓰레기수거처리, 도로 · 교통 등).

(2) **보호적 서비스**: 화재 · 폭력 · 자연재해 등의 위험으로부터 사람과 재산을 보호하고 공공질서를 유지하는 기능이 있는 서비스이다(경찰, 소방, 법 집행, 홍수통제, 법원행정, 위생검사 등).

(3) **발전적 서비스**: 개인의 육체적 · 지적 · 정신적 잠재력의 향상을 도모하는 기능이 있는 서비스이다(교육 · 도서관 · 공원 · 문화 위락시설 등).

(4) **사회적 최저수준보장서비스**: 경제적 재분배기능이 강한 서비스로 특정 수혜자에게 최저수준의 시민 생활을 보장하기 위한 서비스이다(공적 부조, 공중보건, 생계유지, 의료 · 거택보호, 직업훈련, 공공주택 등).

서비스의 혜택 범위에 의한 유형

지방공공서비스를 서비스가 부여하는 혜택의 범위와 투자비용에 따라 분류하면 연결재와 혜택재로 분류할 수 있다.

(1) **연결재**(joint goods): 주민이 공동으로 이용하고 도시활동 및 도시기능을 연결시켜주는 재화와 서비스를 말한다(도로, 상수도, 경찰, 소방 등).

(2) **혜택재**(merit goods): 혜택이 선별적이고 주로 개인의 편익증진을 위해 지방정부가 제공하는 재화와 서비스를 말한다. 혜택재는 소득재분배의 효과가 강하다(학교, 병원, 도서관, 박물관, 사회복지서비스 등).

2) William H. Lucy, D. Gilbert & G. Birkhead, (1977), "Equity in Local Service Distribution". PAR, Vol.37(6) 참조.

재정학적 분류기준에 의한 유형

재화가 지닌 공공성과 시장가치에 따라 공공서비스를 순수공공재, 가치재, 민간재의 세 가지 유형으로 분류할 수 있다.

(1) **순수공공재**: 순수공공재는 시장에서 공급되지 않으며 일반적으로 정부가 독과점적으로 공급하는 서비스로 주민의 일상생활에 필수불가결한 서비스를 말한다(쓰레기 · 분뇨 수거처리, 상 · 하수도, 의무교육, 소방 등). 공공성이 매우 강하므로 정부가 민간위탁을 하는 경우에도 정부에 의한 지속적인 지도 · 감독이 필요하며 결과에 대한 책임이 요구된다.

(2) **가치재**: 가치재는 시장에서 공급되지만 국민적 최저생활수준의 보장을 위하여 일부 계층을 대상으로 공공기관이 비경쟁적으로 공급하는 서비스이다(각종 복지서비스).

(3) **민간재**: 민간재는 주민의 개별적인 수요에 대응하기 위해 시장과 경쟁적으로 공급하는 서비스이다(공영주차장, 각종 사회교육강좌 등).

3. 민관공동출자사업(제3섹터)

민관공동출자사업의 개념

민관공동출자사업의 개념에 대하여 학문적으로 체계화되어 있지는 않지만 일반적으로 제1섹터인 국가, 지방자치단체 및 정부관계기관 등의 공공부문과 제2섹터인 민간부문이 공동출자한 사업형태를 지칭한다. 즉 공익을 추구하는 제1섹터인 공공부문과 영리를 추구하는 제2섹터인 민간부문이 결합하여 자본을 공동출자 설립한 법인으로서 공공성과 영리성을 동시에 추구하는 부문이라고 할 수 있다. 민관공동출자사업이라는 용어는 1970년대 초부터 미국과 일본에서 처음 나타나기 시작하였으나 그것이 의미하는 내용은 나라마다 약간의 차이를 보인다.

표 12-4 민관공동출자사업의 의미

① 미국: 민관공동출자사업은 제1섹터(공공부문)도 아니고 제2섹터(민간부문)도 아닌 독립섹터로서의 비영리 · 비기업 · 비정부기관을 가리키고 있다. 즉 ㉠ 재단, 교회, 노조 등의 비영리단체, ㉡ 정부적 요소와 민간적 요소를 동시에 가지고 있는 것, ㉢ 자발적 연합형태 등 주로 공익적 활동을 하는 모든 단체를 포괄하는 광범위한 개념이다. 미국에서는 민관공동출자사업을 공공부문과 민간부문에서 확산한 것으로 보는 입장과 양 부문이 수렴된 결과로 나타난 것으로 보는 입장으로 크게 나뉘고 있다.
② 일본: 일본의 민관공동출자사업은 공공부문과 민간부문이 공동으로 출자한 사업경영형태로 규정되며, 공사, 협회, 기금, 주식회사 등 그 명칭 여하와 관계없이 민법 · 상법에 근거한 법인 중 자치단체가 25% 이상 출자하고 있는 법인을 의미한다.

민관공동출자사업의 도입 필요성

민관공동출자사업을 도입하는 근본취지는 민간적 요소와 정부적 요소를 적절하게 결합하여 공동경영을 함으로써 민간의 효율과 창의를 최대한 활용하는 반면 지방자치단체의 재정부담을 경감시켜 지역개발을 활성화하려는 데 있다.

(1) **사회간접자본확충의 극대화**: 민관공동출자사업은 사회간접자본의 확충 효과를 극대화할 수 있다. 사회간접자본은 불특정 다수의 잠재된 집합적 수요에 대응하기 위한 것으로서 강한 공공재적 성격을 가지며, 최근에는 지방자치제의 본격적인 실시로 자치단체 간의 경쟁적인 욕구가 가중되고 시민활동의 공간적 영역이 확대되면서 다양하게 증가하고 있다. 따라서 이를 확충하기 위해서는 거액의 개발투자가 필요하게 되는데, 종래의 재정투자로는 한계가 있는바, 민관공동출자사업에 의한 해결방법이 시급이 강구되어야 할 필요성이 커졌다.

(2) **공공서비스의 다양화**: 민관공동출자사업은 공공서비스를 다양화시켜 공급할 수 있다. 공공서비스는 사회 공동의 일상생활에서 없어서는 안 될 필수적인 서비스로서 이용자가 많고 계속성이 요구된다. 사회의 발전에 따라 이러한 공공서비스가 다양화되어 이를 정부나 지방자치단체의 경직된 관료운영체제로는 변화에 신속하게 대응할 수 없으므로 민간부문의 참가에 의한 해결방법으로서 민관공동출자사업을 적극적으로 모색하게 되었다.

(3) **지역경제의 활성화**: 민관공동출자사업은 또한 지역경제의 발전을 도모할 수 있다. 지방자치단체는 민간부문에 의한 투자기회의 확대로 지방재정의 확충 및 자생력을 유도할 수 있으며 안정적인 경제성장과 민간부문의 고용창출, 산업의 기술이전, 지역발전 등 거시 경제적 효과를 극대화할 수 있다. 민간의 입장에서도 우선 경영을 다각화시킬 수 있고, 신규사업의 개척 등 관련 사업으로의 새로운 진출을 모색할 기회가 생긴다.

민관공동출자사업의 장 · 단점

(1) 민관공동출자사업의 장점

㈎ 민간자본을 유치하여 지역개발사업 등을 실시함으로써 자치단체의 어려운 재정부담을 완화하고 지방재정력을 확충할 수 있다.

㈏ 민간부문이 지니는 경영노하우를 활용하여 지방행정의 창의력과 경영능력을 향상시킨다.

㈐ 민간부문의 새로운 전문지식, 기술 및 정보를 지방행정에 도입할 수 있으며, 연속성, 기동성 있는 사업수행이 가능하다.

㈑ 민관공동출자사업 형태로 사업을 추진할 경우에는 각종 간섭이나 규제에서 벗어나 어느 정도 경영의 자율성이 보장되므로 능률성의 극대화라는 경영이념을 실현할 수 있다.

㈒ 공공부문 측의 관련 계획과의 조정이 용이하며, 관출자에 의해 신용을 확보하고 사업운영에의 협력을 기대할 수 있다.

(2) 민관공동출자사업의 단점

㈎ 기업성 위주의 경영으로 공공성이 저하될 우려가 있다.

㈏ 공공성이 높은 사업이라 할지라도 채산성이 낮거나 기업성이 보장되지 않는다면 민간부문의 참여를 기대하기 어렵다.

㈐ 민관공동출자사업의 운영에 있어 인사기준이 모호하여 빈번한 인사이동 및 특혜 등으로 관료화 현상이 나타날 수 있다.

㈑ 사업주체가 명확하지 않고 경영책임이 애매하다.

민관공동출자사업의 유형

(1) **사업분야별 분류**: 민관공동출자사업의 사업분야는 실로 다양하고 광범위하지만, 주요 사업분야별로 분류하면 지역개발형 민관공동출자사업, 기업경영형 민관공동출자사업, 시설운영형 민관공동출자사업 등으로 유형화할 수 있다.

㈎ 지역개발형: 항·부두정비, 공업단지개발, 철도시설 등 관련 공공기반시설의 투자·정비를 주된 목적으로 하는 협의의 지역개발형과 리조트, 관광개발 등과 같이 기반정비보다는 사업경영에 비중을 두는 지역진흥형이 있다. 이러한 지역개발형 민관공동출자사업의 경우 민간기업의 채산성으로는 진출하기 어려우므로 대부분 재정적 지원이 이루어지고 있다.

㈏ 기업경영형: 민간의 경영노하우를 전반적으로 활용하려는 것으로 대부분 주식회사의 형태를 취하고 있다. 여기에는 재개발빌딩의 건축, 특정 지구의 재개발에 있어서 프로젝트의 추진 및 건설 후 시설운영 등을 목적으로 하는 사업추진형과 특산품의 개발·판매, 연구개발 및 육성, 정보서비스의 제공 등과 관련된 기획개발형이 있다.

㈐ 시설운영형: 시설관리, 교통 관련 시설의 수탁·운영 등을 포함하는 시설위탁형과 민간부문의 자금 등을 유도·흡수하여 신체장애인 공장, 스포츠센터, 종합 레저 시설 등을 관리·운영하는 공익창출형이 있다.

(2) **법인형태별 분류**: 민관공동출자사업은 법인형태별로 지방공사, 상법법인과 민법법인으로 구분할 수 있다. 지방공사는 지방공기업법에 의해 설립되며, 상법법인은 상법에 근거한 주식회사·유한회사 형태로 영리법인에 해당하고, 민법법인은 민법에 기초한

사단법인 · 재단법인 형태로 공익을 목적으로 하는 비영리법인에 속한다. 이 분류는 민관공동출자사업을 추진할 때 처음부터 공익성과 수익성 중 어디에 더 높은 비중을 두는가에 따라 법인형태가 다르게 나타남을 보여준다.

(3) **설립목적별 분류**: 민관공동출자사업은 설립목적에 따라 부분적 공영화, 부분적 민영화 및 창설적 민관공동출자사업으로 유형화할 수 있다.

(가) 부분적 공영화: 민간기업이 광범위하게 기득권을 확보하고 있어서 공공성을 확보할 필요가 있거나 사회적 불경제를 극복하기 위한 이익을 공공분야로 흡수할 필요가 있는 경우, 서비스의 안정적 공급을 확보하기 위해 공공주체가 민간기업에 참여하게 되는 경우 또는 민간기업의 재정적 위기를 구제하기 위하여 공공주체가 출자하는 경우가 해당한다.

(나) 부분적 민영화: 공공주체에 의한 공기업 운영이 비효율적인 경우에 그 일부를 민영화하거나, 공기업을 확장할 필요성이 제기되어 민간자본을 도입함으로써 재정력을 보충하려고 하는 경우이다.

(다) 창설적 민관공동출자사업: 자치단체가 필요로 하는 사업수행에 관하여 민간기업의 활동도 충분하지 아니하고 이를 공기업으로 추진하는 것도 재정적, 경제적, 경영적 관점에서 부적합한 경우에 지방자치단체나 민간이 주도 하에 다른 일방을 유치하여 필요한 사업을 수행하는 경우가 해당한다. 이러한 형태가 우리나라에서 도입될 필요성이 가장 크다 하겠다.

(4) **출자비율별 분류**: 민관공동출자사업은 출자비율별로도 분류할 수 있다. 민간부문출자비율에 따른 분류는 회사경영에 대한 주도권 확보 및 최종적인 책임을 어떻게 분담하느냐 하는 점에 입각하여 유형화할 수 있는 것으로서 여기에는 일반적으로 말해지고 있는 지방공사형 민관공동출자사업과 주식회사형 민관공동출자사업으로 구분될 수 있다.

민관공동출자사업의 문제점

(1) **제도상 문제점**

(가) 개념의 미정립: 민관공동출자사업의 개념에 대한 법적용상의 문제점을 들 수 있다. 민관공동출자사업은 본래 자치단체를 위시한 공공부문이 민간의 자금, 기술, 정보 및 경영능력 등을 활용하려는 데 그 목적이 있으므로 지방자치단체가 전액 출자하는 지방공사나 지방공단은 민관공동출자사업이라 할 수 없다. 그럼에도 불구하고 현재 민관공동출자사업의 범주로 간주하고 있어서 문제가 되고 있다.

(나) 사업 타당성 검토제도의 미비: 민관공동출자사업으로 추진할 대상사업에 대한

사전의 타당성 분석과 검토제도의 확립은 성공적인 사업경영을 위해서 매우 중요하므로 사업계획의 수립 후 반드시 사업과 관련된 전문기관에 의한 사업의 타당성 검토를 거치는 것이 필수적이라 할 수 있는데, 이에 대한 사전검토제도의 확립이 미흡한 실정이다.

㈐ 각종 지원제도의 미흡: 세제지원과 금융 및 재정지원이 매우 미흡하다는 점이다. 민관공동출자사업에 대한 세제 및 금융지원제도가 거의 없거나 형식적인 수준에 머물러 있어 민관공동출자사업의 설립 및 운영에 있어 매우 어려움을 겪고 있는 실정이다.

(2) 설립 추진상의 문제점

㈎ 대상사업선정의 미흡: 민관공동출자사업의 범위는 현행법상 상당히 광범위하나 공공성과 기업성을 모두 지닌 대상사업의 선정은 사업 성격상 일정한 한계가 있으므로 현실적으로 매우 어려움을 지니고 있다.

㈏ 사업에 대한 이해부족: 지역주민, 기업 등 대부분이 민관공동출자사업에 대한 정확한 이해의 부족으로 참여하고자 하는 확신이 낮은 상태이다. 또한, 지방자치단체의 공무원들도 아직은 민관공동출자사업에 대한 확신감이 낮아 관심이 미흡한 실정에 있다.

㈐ 높은 위험부담: 민관공동출자사업은 대체로 위험부담이 크다는 문제점이 있다. 즉 민관공동출자사업은 지역 활성화를 선도하는 사업으로서 지역에 있어서 신규분야의 사업에 해당하는 것이 많은 편이다. 따라서 신규분야사업은 민간사업이더라도 노하우의 부족이나 신규시장의 개척 등 일반적으로 수익전망에 관해 위험부담이 높은 사업이라 할 수 있다.

㈑ 민간기업선정의 애로: 민관공동출자사업에 참여하는 기업체에 대한 주민을 비롯한 민간부문의 특혜시비 등을 이유로 지방자치단체의 소극적인 자세가 민관공동출자사업의 활성화에 커다란 저해요인으로 작용하고 있다.

(3) 운영 · 경영상의 문제점

㈎ 수익성의 저조와 공공성의 미확보: 민관공동출자사업은 지방자치단체가 출자하고 있는 관계로 사업내용에 공익적 성격이 강하게 나타나고 있으므로 일반적으로 수익성이 낮다는 문제점을 가지고 있다. 공익추구에 너무 치우치게 되면 민간참여의 의욕이 저하되고, 수익성 추구에 지나친 비중을 두면 일반주민으로부터 심한 비판을 받는 상반성을 갖게 되어 실제로 민간공동출자사업을 추진함에서 많은 어려움을 겪게 된다. 결국 관광 및 레저와 같은 일반적으로 수익성이 높게 나타나는 분야가 아닌 한 적극적인 민간참여를 기대하기 어려울 것이며, 민관공동출자사업에 의한 지역개발 및 자립기반시설의 구축은 상당한 어려움을 겪을 것이다.

㈏ 경영능력 및 전문성의 결여: 지역 특성에 적합한 민관공동출자사업을 성공적으로 운영 추진해 나가려면 기업의 구성원들이 경영능력과 전문성을 지니고 있어야 하는

데, 공무원들은 전통적인 관료적 사고로 인하여 경영사업을 담당할 능력이 결여되어 있을 뿐만 아니라 전문적인 인재 부족으로 인하여 전문성이 낮은 형편이다.

4. 주민공동생산(Co-Production)

주민공동생산의 개념

주민공동생산이란 '공공서비스의 생산과 분배에서 주민들의 생산적 참여'를 의미한다. 즉 행정기관의 활동에 도움을 주고 이바지하기 위한 주민들의 부조활동으로서 주민과 행정기관 간의 결합한 형태를 취한다. 이러한 주민공동생산은 전혀 새로운 획기적인 방식이 아니라 개별적인 행정서비스의 생산에서 행해지던 다양한 시민관여의 경험으로부터 발전된 것이다. 공동생산은 학자에 따라 '주민들과 정부가 재화 및 서비스를 공동으로 생산하려는 노력의 결합'(R. B. Parks),[3] '공공서비스의 공급에서 주민의 자발적 관여'(J. M. Ferris),[4] '주민과 행정기관 간의 상호작용'(G. P. Whitaker)[5] 등으로 정의되고 있다. 이들의 개념정의를 종합해 보면 공동생산에는 ① 주민과 행정기관의 공동노력과 ② 공공서비스의 생산과정에의 자발적 참여라는 두 가지 요소가 포함된다는 것을 알 수 있다. 우리나라에서 공공서비스의 공동생산이 이루어지는 경우로는 시정모니터제도, 명예행정관제도, 거리 질서 계몽활동, 각종 직능단체의 활동 등이 있다. 이러한 예들 외에도 서울올림픽과 대전엑스포를 개최할 때 자원봉사단을 조직하여 공동생산방식을 시도했던 것은 매우 바람직한 예에 속한다고 할 수 있다.

주민공동생산의 유형

주민공동생산은 참여의 주체가 누구냐에 따라 개인적 · 집단적 · 총체적 공동생산의 세 가지 유형으로 분류할 수 있다.

(1) **개인적 공동생산**: 개인적 공동생산이란 지역주민의 의사와 참여가 조직화하지 못한 채 개개의 주민에 의하여 이루어지는 공동생산을 말한다.

(2) **집단적 공동생산**: 집단적 공동생산은 상당수의 시민에 의한 자발적이고 적극적인 참여 및 공공기관과 시민집단 사이의 공식적인 조정체계 등을 내용으로 삼고 있다. 지역사회 차원의 주민조직은 그 대표적인 예이다.

---

3) Parks, Roger B. et al, "Consumers as Co-producers of Public Service: Some Economic Consideration." Policy Studies Journal 9(Summer, 1981) 참조.

4) Ferris, J. M. (1984). "Coprovision: Citizen Time and Money Donation in Public Service Provision." Public Administration Review. Vol.44, No.4 참조.

5) G. P. Whitaker, Gordon, "Co-production: Citizen Participation in Service Delivery." Public Administration Review 40(May/June, 1980) 참조.

(3) **총체적 공동생산**: 총체적 공동생산이란 서비스의 생산에 이바지하지 않더라도 특정인을 서비스의 향유로부터 배제하지 않는 공동생산을 말한다.

주민공동생산의 변수

주민공동생산에의 참여 여부에 대한 개개 주민들의 결정은 다음과 같은 요인들에 의해 영향을 받는다.

(1) **주민의 개인적 사정**: ① 공동생산을 위해 쓸 수 있는 경제력 · 시간 · 에너지 등의 자원의 양, ② 행정서비스의 요구 정도, ③ 특정한 행정서비스에 대한 주민의 평가 등이 있다.

(2) **지역사회의 사회적 조건**: 주민들 사이의 효과적인 의사소통과 정규적인 상호작용, 지역적 특수성, 사회적 일체감, 동질성 등은 주민공동생산의 가능성에 영향을 미친다.

(3) **행정기관의 조직적 특성**: 행정기관의 분권화 정도, 정보 및 자원의 제공 여부, 공무원의 행태 등에 따라 주민공동생산의 참여는 달라진다.

(4) **혜택의 향수범위**: 만약 주민공동생산에 의해 산출되는 혜택이 공동생산에 참여한 주민들만 향수할 수 있고 비 참여 자는 배제된다면 주민의 참여 노력은 최대가 될 것이다.

주민공동생산의 장점과 한계

(1) **주민공동생산의 장점**: ① 공공서비스의 생산 및 분배의 과정에서 주민이라는 투입요소가 첨가됨으로써 사용 가능한 자원의 양이 증가하므로 서비스의 질과 양을 제고시킬 수 있다. ② 유급공무원을 자원봉사주민들로 대체할 수 있으므로 같은 양과 질의 서비스를 제공하는 데 필요한 비용을 절감할 수 있다. ③ 주민과 행정기관 양자 간의 상호작용의 정도와 빈도수가 증가하므로 주민들의 요구나 필요에 대한 행정관료들의 대응성을 제고시켜 준다. ④ 주민들이 공공서비스에 대한 더 다양한 지식과 정보를 얻을 수 있으므로 대정부 신뢰도가 증가하게 된다. ⑤ 지방행정에서 다른 형태의 주민참여를 자극하고 증가시킨다.

(2) **주민공동생산의 한계**: 공동생산에 내재하고 있는 자체의 기술적 한계나 적용범위의 한계뿐만 아니라 무엇보다도 가장 심각한 문제는 공동생산방식의 채택이 행정기관으로부터 저항이나 반발을 불러일으킬 수 있다는 점이다. 이러한 저항은 주민참여의 효과에 대한 불신의 함수라고 표현될 수 있다. 즉 ① 공무원들은 자원봉사주민들이 그 무

경험과 비전문성 때문에 일을 효과적으로 처리하지 못할 것이라는 두려움을 갖고 있다. ② 공무원들은 비 직업인인 주민들의 관여로 자신들의 직업적 기득권이 침해받게 될지도 모른다고 염려한다. ③ 공무원들은 주민들을 행정서비스 생산의 잠재적 기여자로 보지 않고 다만 소비자 내지는 생산활동에 대한 평가자로서만 보려는 경향을 가지며, 이러한 태도가 주민공동생산방식의 채택 · 적용을 방해한다는 것이다.

제4절 지방행정의 대응과제

1. 환경변화의 의의

환경이란 일반적으로 어떤 주체에 영향을 미치는 유형 · 무형의 조건을 의미한다. 이러한 환경은 어떤 주체의 내부적 · 외부적 조건의 총체로 이해되며, 보통의 경우 그 외부적 환경을 주로 지칭한다.

지방행정환경이란 바로 지방행정을 주체로 하여 이에 영향을 미치는 조건들의 총체를 의미한다. 행정은 그것이 국가행정이든 지방행정이든 간에 조직화한 행정기관에 의해서 수행되며, 끊임없이 외부와 상호작용을 한다. 행정환경은 이러한 외부의 요인들로 구성되며, 행정의 내용과 방법에 영향을 준다. 따라서 지방행정환경이란 지방행정과 상호작용하는 외부의 모든 요인의 총체를 의미한다.

오늘날 지방행정을 둘러싸고 있는 환경의 변화는 실로 다양하고, 복잡하며, 급속하게 변화하고 있다. 그 환경변화는 지방행정의 능동적인 적응과 수용이 있어야, 그 변화의 중요한 변수로서 지방화 · 분권화, 국제화 · 세계화, 정보화, 그리고 경영화를 지적할 수 있다.

2. 환경변화의 변수

지방화 · 분권화

지방화란 국가권력에서 구심력의 변화를 통하여 국가경영의 하중이 중앙정부로부터 지방으로 옮겨가고 지방자치단체 상호 간 경쟁과 협력의 관계가 정립되어 가는 것을 의미한다. 종래의 단순 산업시대에는 국가경영의 모든 계획과 집행이 중앙정부에 의해서 주도되었다. 그러나 고도산업사회와 다원화 시대에는 획일적인 중앙정부의 통제만으로 각 지방의 경제 및 행정수요에의 효과적인 대응과 능률적 · 생산적인 국가발전을 추진할 수 없다.

지방화는 분권화의 일환이다. 분권화에는 국가경영의 결정권한을 중앙에서 지방으로 이양하는 지방분권의 의미와 함께 공공부문의 기능과 활동을 민간부문으로 이전하는 사적인 분권화의 의미도 포함된다. 따라서 지방화란 국가경영에서 정책 결정과 정부기능 및 활동을 중앙에서 지방으로 분산시키는 것을 의미한다. 지방화는 분권과 자율을 기초로 하여 국가경영의 대내적 체제대응능력을 강화하는 데 그 기본적인 목적이 있다. 이러한 대응능력을 제고시키기 위한 요소로서는 대응성(responsiveness), 책임성(accountability), 다양성(diversity), 참여성(participation) 및 지도력 배양(leadership development) 등을 들 수 있다.

국제화 · 세계화

일반적으로 국제화(internationalization)란 세계화(globalization)와 같은 의미로 쓰인다. 국제화는 전통적인 의미로서 두 가지 뜻을 지니는데, 하나는 '국제적으로 만드는 것'이며, 다른 하나는 '둘 이상의 국가에 의한 보호나 통제하에 두는 것'이다. 그러나 이러한 전통적인 의미는 국가 간의 분쟁 시에 해당 지역을 국제공동관리에 둔다는 뜻이 강함으로 최근의 경제적인 관점에서의 세계화의 개념과는 거리가 있다.

세계화는 국가를 초월한 국제화라는 의미로 이해될 수 있다. 즉 우리가 모두 지구촌의 일원으로서 세계 경제가 단일시장이 되는 국경이 없는 경제가 등장하게 되어 경제운영에 있어서 한 나라의 경제가 세계경제권으로 통합되는 의미로 해석될 수 있다. 세계화란 결국 국경이 없는 국제사회에서 정치 · 경제 · 사회 · 환경 등 각 부문의 국제경쟁이 치열해지는 동시에 국제협력도 중시되는 지구촌의 변화를 의미한다. 따라서 지방자치단체는 이러한 국제적인 환경변화에 능동적으로 대응하기 위해서 중앙정부 못지않게 국제적인 감각을 지니고 세계의 자치단체들과의 교류, 협력증진을 통한 지역발전을 도모해야 할 것이다.

정보화

정보사회에 대한 표현은 초산업사회(super-industrial society), 지식사회, 고도기술사회 등으로 다양하게 불리고 있다. 토플러(A. Toffler)[6]의 '제3의 물결'이나 드러커(P. Drucker)[7]의 '새로운 현실'에서도 이전의 산업사회와는 다른 새로운 정보사회의 도래를

6) Toffler, Alvin and Heidi Toffler, Revolutionary Wealth, Broadway Books, 2007 참조.
7) Drucker, P. (1954). The Practice of Management. New York: Harper & Row 참조.

규명하면서 이에 대처하기 위한 인식의 변화를 촉구하고 있다.

일반적으로 정보사회란 성숙한 산업사회의 기반 위에 정보처리기술과 통신기술의 혁신을 매개로 출현하는 새로운 사회로 정의된다. 새로운 사회에서는 정보의 가치를 산업사회의 물질이나 에너지에 대응하는 제3의 자원으로 인식하고, 정보사용이 사회활동의 필수적인 요소로 작용한다. 이러한 정보사회는 보편성, 효율성, 선택성, 상황 적응성, 복합성, 거리의 무관성 등의 특징을 가진다. 결국, 정보화는 과학 · 기술 · 통신수단의 발달에 의하여 지구촌을 시간과 공간에 구애됨이 없이 하나의 생활권으로 묶는 환경변화를 가져왔다.

이러한 정보화 시대나 정보사회에서는 종래 모든 중요한 정보를 중앙정부가 독점하던 시대와는 달리 지방정부도 함께 지구촌에 관련된 유익한 정보를 동시에 공유할 수 있게 되어 정보에 관한 중앙정부에의 의존을 줄여나갈 수 있게 되었다. 따라서 정보화는 지방정부의 지식과 정보의 부재를 극복시켜서 지역발전을 위한 자체의 의사결정에 결정적인 이바지를 할 수 있게 하였다.

경영화 · 민영화

세계경제 속에서 우리 경제의 위상은 급속히 저하되고 있다. 고임금, 고물가, 고금리에 낮은 생산성으로 우리 경제는 지금 몸살을 앓고 있다. 국가경제와 지방경제에 책임을 지고 있는 중앙정부나 지방정부는 민간부문의 경제 활성화를 위하여 규제 완화와 탈관료화를 통해서 능동적으로 대처해 나가야 한다.

행정은 중앙정부든 지방정부든 이대로는 아니 된다. 드러커 교수는 이렇게 말했다. '원래 정부는 경영을 모른다. 코끼리가 날 수 없는 것과 마찬가지로 정부는 생산적인 경영을 할 수 없다.' 그는 정부가 살 길은 오직 정부사업의 과감한 민영화밖에 없다고 역설하였다. 드러커 교수는 국영기업의 해방을 표현하기 위해 1969년 그의 '단절의 시대'에서 '민영화'(privatization)라는 말을 최초로 사용하였다. 그런데 오늘날에는 민영화의 또 다른 형태가 나타나고 있는바, 경쟁입찰에 의한 공공서비스부문의 민간위탁이 그것이다. 1970년대에 미국의 미니애폴리스 · 세인트폴시에서 최초로 도입된 이래 지금은 청소, 소방, 경찰업무, 나아가 교도소관리업무까지 민간위탁으로 전환하는 사례가 늘어나고 있다.

이러한 정부업무의 극적인 민영화 사업이 늘어나고 있는 데는 대체로 다음과 같은 세 가지 원인이 있다. ① 지금까지 정부의 계획과 사업이 잇달아 실패하고 있다. ② 세금의 징수와 세출에 의해서 할 수 있는 일에는 한계가 있다는 인식이다. ③ 정부의 세입증대도 한계가 있다는 인식이다. 분권화는 지방분권화 못지않게 민간에의 분권화가 중요하다. 즉 국가기능과 지방기능의 분담에 앞서서 국가기능과 민간기능의 역할 분담이 선행되어야 한다.

행정의 내부에서도 개혁의 바람이 불어야 한다. 중앙정부가 변하지 않으면 지방정부가 먼저 변해야 한다. 바로 지방행정의 경영화가 그것이다. 즉 공공성을 유지하는 한편, 행정의 기업적 경영, 경영행정의 내면화가 요망된다. 행정의 경영화란 결국 공공부문의 생산성을 높이기 위한 기업가적인 행정의 관리방식을 의미한다. 변화에 둔감하고, 낭비에 생산성과 원가개념이 희박한 관료제적 구조를 타파하여 창의적인 기업가적 이념을 반영하는 구조로 바꿈으로써 공공부문의 비효율성을 극복하는 것이 행정의 경영화의 본질이다. 그것은 최대의 행정구조와 기능이 아닌 최소의 구조와 기능으로서, 소위 민간부문이 감당하기 어려운 부문만을 공공기능으로 하는 작지만 능률적인 정부운영이 경영행정의 본질이며, 큰 중앙정부의 기능보다는 작은 지방정부의 경영화가 시급히 요망된다.

3. 환경변화의 대응과제

지방행정은 지방화 · 분권화, 국제화 · 세계화, 정보화, 경영화의 환경변화에 능동적으로 대응하여, 작은 정부로서 중앙의 큰 정부가 갖지 못하는 생산성을 극대화하고 주민복지향상을 효율적으로 증진해 나가야 한다. 환경변화의 요인별 지방행정기능의 대응과제를 살펴보면 다음과 같다.

표 12-5 행정환경의 변화와 대응과제[8)]

구 분	세계화/국제화	정보화	경영화	지방화/분권화
행정 분야	◦ 국제환경의 변화 ◦ 개방화 ◦ 지역주의 ◦ 경제협력	◦ 정보매체의 발달 ◦ 지역 정보화 ◦ 정보행정	◦ 기업가적 행정의 경영 ◦ 행정의 생산성 ◦ 행정의 원가개념 ◦ 자본재의 감가상각 개념	◦ 광역행정 수요증대 ◦ 정부 간 관계변화 ◦ 단체장의 역할 변화 ◦ 지방정부의 재정 책임증대
정책 형성	◦ 선진도시 벤치 마킹 ◦ 외국 도시 교류 ◦ 외국인 관리체계 ◦ 외국인 민원처리	◦ 국가안보기밀 보안 ◦ 행정 정보화 추진 ◦ 지역정보센터 운영 ◦ 개인 공공정보 보안 ◦ 행정통계작성 홍보 ◦ 영상 매체활용 홍보	◦ 행정서비스 민영화 ◦ 제3섹터방식의 도입 ◦ 행정조직진단 ◦ 능력개발 · 인력 재배치 ◦ 자원봉사 · 시간제 인력 활용	◦ 중앙위임업무 처리 ◦ 자치단체 간 분쟁 조정 ◦ 정책개발 · 조정강화 ◦ 시민 의견 수렴 ◦ 광역행정 조정강화

8) 우동기 교수가 작성한 내용을 토대로 재작성함.

재정·세무	○ 해외기채 확대 ○ 해외채무상환	○ 부과징수 자동화 ○ 세원발굴을 통한 세수증대	○ 기업회계방식 ○ 수익자·사용자 부담 원칙 ○ 전문가의 경영사업 진단	○ 단체 간 재정 격차 축소 ○ 광역재정수요의 균형적 분담
도시계획·주택	○ 국제업무거점 건설 ○ 외국인거주지 조성 ○ 외국인 편의시설 확충 ○ 외교단지 건설	○ 지역 정보체제 구축 ○ 지하시설지도 작성	○ 환경친화적 도시개발 ○ 토지이용계획의 생산성 ○ 임대·전원주택 활성화 ○ 무모한 도시재개발 억제	○ 계획수립의 사전조정 ○ 광역도시계획 수립을 위한 사전협의와 의견절충
도로·교통·확충	○ 국제연결 교통망 ○ 국제정보통신망 구축	○ 초고속통신망 구축 ○ 교통정보체계 구축	○ 차고지증명제 도입 ○ 대중교통 확충 ○ 택시의 고급화 ○ 자전거 이용의 확충 ○ 렌터카 이용의 보편화	○ 지역 교통 개선 ○ 광역교통체계 확립
환경	○ 지구환경문제 대처(엘니뇨현상·화석에너지 사용억제) ○ 무역과 환경	○ 오염원 규제 ○ 수질감시체제 운영 ○ 청소작업의 기계화 ○ 환경정보체제 운영	○ 원인자 부담원칙 ○ 음식물 찌꺼기의 퇴비화 ○ 자원 재활용의 촉진 ○ 환경영향평가의 내실화 ○ 수자원비용의 현실화	○ 상수원 지역의 지원 ○ 혐오시설 사전배치 ○ 상수 오염의 규제 ○ 쓰레기 소각 및 매립지의 합리적 결정
의료복지	○ 외국 질병 유입 대처 ○ 식품위생검역 강화	○ 생활복지 정보체계 ○ 구급 의료 정보 시스템 구축	○ 보건소 의료서비스 향상 ○ 자원봉사인력의 확충 ○ 유료양로원 시설의 확충 ○ 장애인복지시설의 확충	○ 지역 의료 체계 구축 ○ 긴급 의료 체계 구축
산업·경제	○ 컨벤션센터 건설 ○ 외국기업 일괄 서비스 ○ 해외산업정보 제공 ○ 유사상품 단속 ○ 외국인 근로자 관리 ○ 무역수지 및 무역외수지 및 외채관리	○ 첨단기술 및 정보인력 양성 ○ 생산직 재교육 ○ 산업정보 제공 ○ 정보통신 교육 ○ 무역정보제공	○ 환경친화적 산업육성 ○ 재활용산업 육성 ○ 직업훈련·고용안전 ○ 공공서비스의 민간위탁 ○ 대량실업 대비 ○ 규제 완화 ○ 국내외 투자유치 ○ 농수산물 유통구조 축소	○ 기업의 지역공헌 유도 ○ 도시형 산업 육성 ○ 중소기업 자금난 해소 ○ 중소기업 수출지원 ○ 재래산업 이전 지원 ○ 재래시장 재개발

교육 · 문화 · 여가	◦ 교육의 세계화를 통한 조기 유학 억제 ◦ 사교육비의 경감 ◦ 유학생 U턴 대책 ◦ 대입제도 개선 ◦ 세계문화의 공유 ◦ 국제관광문화의 개선	◦ 위성방송을 통한 지식정보전달 ◦ 문화관광 정보체계 ◦ 방송 매체를 통한 민주시민교육 프로그램 운영	◦ 국제적인 교육 프로그램의 국내유치 ◦ 여가 문화시설의 확충 ◦ 음식문화의 개선 ◦ 유스호스텔 건설 ◦ 관광숙박문화의 선진화	◦ 지역사회 학교운영 ◦ 지역행사의 내실화 ◦ 지역갈등 해소를 위한 문화 프로그램 지원 ◦ 중앙 · 지방의 문화 격차해소를 위한 지역문화 육성
위기 관리 · 치안	◦ 마약 · 위조지폐 등 국제범죄 대처 ◦ 국제테러 및 북한 테러 가능성 예방	◦ 도시방제체제 가동 ◦ 대형재난 대비 ◦ 대형구조물 안전 ◦ 지하매설물 안전관리 ◦ 지하철 구조안전진단	◦ 경찰, 사설 방범 회사의 공조체제 확립 ◦ 화재 및 재난 보험 회사의 예방적 조치	◦ 지방경찰제의 도입 ◦ 지방경찰의 광역수사망 협조체제 확립 ◦ 경찰본부의 군살빼기와 일선 경찰의 장비·인력 강화

4. OECD 주요 국가의 행정혁신의 공통적 경향

OECD 주요 국가의 중앙과 지방정부 행정혁신의 공통적인 경향은 ① 인력감축 및 조직구조 개편, ② 성과중심으로의 전환, ③ 결과의 비용가치 중시, ④ 정부규제의 완화, ⑤ 지방정부 및 국제기구 간 협력, ⑥ 새로운 '국가경영'체제의 도입 등으로 요약된다.

인력감축 및 조직구조개편

각국의 행정혁신의 첫 번째 내용은 작은 정부 실현에 있다. 행정전산화를 비롯한 사무자동화에 의하여 기존의 업무를 처리하는 데 있어서 종래 인원보다 훨씬 적은 인력으로도 보다 능률적으로 해결할 수 있게 되었다. 이에 따른 인력감축은 행정의 생산성 증대로 인한 막대한 정부재정적자를 줄이는 데 우선하여 이바지를 할 수 있게 되었다.

이와 함께 종래 계층제 원리에 의한 조직의 경직성을 탈피하여 통제 · 감독계층 구조를 축소하고 중복기능을 통합하는 한편, 업무중심의 자율적 팀제운영을 도모함으로써 조직의 평면화를 지향하고 있다. 결국, 정보기술의 발전이 정보화 조직을 가능케 하여 기업조직뿐만 아니라 행정조직의 급속한 혁신을 가능케 한 것이다.

성과중심으로의 전환

OECD 국가들은 행정에서 투입과 절차뿐만 아니라 산출과 결과, 즉 성과(performance)에도 중점을 두는 개혁을 단행하였다. 여기에는 목표의 명확화, 목표달성을 위한 명확한 책임소재, 목표달성에 대한 동기부여, 성과측정의 과학성 및 필요한 사후관리 조치에 관한 제도적인 장치를 마련하는 것이다. 이러한 성과중심의 혁신은 조직단위와 개인단위에 모두 적용되며, 다른 모든 조치의 핵심적인 토대를 이룬다. 성과중심의 혁신을 도모하는 데는 관리능력 개발과 훈련이 전제되어야 하므로 인적자원관리 전반에 걸친 혁신이 요구된다.

비용가치의 증대

비용가치를 향상하려는 혁신노력은 더 적은 비용으로 더 많은 일(more works with less costs)을 하라는 정치적인 압력의 직접적인 소산이다. 여기에는 정부의 방만한 인력운용과 정부의 사업방식에 대한 재평가 작업이 도마 위에 오르게 되었다. 공공서비스 산출에 따른 생산성이 민간분야와 비교하여 경쟁력을 상실할 때는 이에 대한 비판적인 재평가작업이 수반된다. 이제 전통적인 공공부문의 독점공급에 따른 비생산성이 도전받고 있으며, 공공기관 간의 경쟁이나 민간부문의 참여확대 등을 통하여 경쟁적 요소의 도입을 통한 생산성 증대가 중점적으로 강조되고 있다.

정부규제의 완화

OECD 국가들은 자국의 국제경쟁력 향상을 위하여 조세부담뿐 아니라 규제에 따른 준수 및 행정비용 등으로 인한 국내외 투자유치의 어려움을 해소하기 위하여 심혈을 기울이고 있다. 고객으로서 기업에 대한 서비스의 질, 기업경영환경의 관리, 규제준수비용과 행정부담의 축소 등 정부규제의 개혁조치에 각국 정부들은 경쟁적으로 뛰어들고 있다.

최근 규제에 대한 통합적인 관리기능을 확립하는 문제가 특별한 관심을 받는데, 특히 영국 정부는 해외의 공장유치를 위하여 관공서에서 유치고객을 기다리는 것이 아니고, 현장에 관계 공무원을 파견하여 일괄적으로 인허가와 지원업무를 타결해 주어 시간과 비용을 획기적으로 줄여서 경쟁력을 강화해 나가고 있다.

지방정부 · 국제기구 등 정부 간 협력

대부분의 OECD 국가들은 분권화된 행정서비스를 확대하여 가까운 거리에서 주민의 행정수요를 충족시키고 있을 뿐만 아니라 중앙정부와 지방정부 간의 동반자 관계로서 광역적인 행정수요와 지역적인 행정수요에 효율적으로 대응하고 있다.

한편 모든 국가가 지구촌 경제를 움직이는 재화와 서비스 및 자본의 이동과 환경문제에 신속히 대응하기 위한 IMF · WTO · OECD 등의 국제기구와의 긴밀한 협력이 요구된다. 경제와 환경문제에는 국경이 없다는 것을 우리는 이제 분명히 알게 되었다. 지구촌 국가들은 자국의 번영을 위하여 한편으로는 비교우위에 의한 치열한 경쟁을 벌이면서, 다른 한편으로는 긴밀한 협력이 필요하다. 글로벌 경제하에서 경쟁력의 기초가 되는 결정적인 요소는 토지 · 노동 · 자본과 같은 전통적인 생산요소가 아닌 기술과 정보에 입각한 정부의 국가경영(governance)능력에 있다는 것은 새삼스러운 일이 아니다.

새로운 국가경영체제의 도입

종래의 전통적인 관료제적인 행정관리에 비하여 각국이 경쟁적으로 도입하고 있는 새로운 국가경영의 접근방법의 핵심은 중앙정부는 상대적으로 국제경쟁력 강화를 위한 전략과 정책, 즉 직접 노를 젓기(rowing)보다 방향키를 조정(steering)하는 역할에 중점을 두는 것이다. 다시 말하면 중앙정부는 집행기능에 집착하기보다는 정책기능에 역점을 두면서, 지방정부와 민간부문에 권한위임을 통하여 집행기능을 융통성 있게 부여하는 것이다. 그러나 중앙정부가 집행기능에 관여를 덜 하게 됨에 따라 지방정부와 민간부문으로부터의 적절한 환류(feedback)와 성과(performance)를 확보하는 것이 주요 당면과제로 등장한다.

표 12-6 전통적 관료제와 국가경영의 접근방법 비교[9]

전통적 관료제(Bureaucracy)	국가경영(governance)
노 젓기 역할(rowing) 직접 제공(service) 서비스의 독점적 공급 규칙중심 관리 관료중심 지출중심 사후 처방 집권적 계층제(명령과 통제) 행정메커니즘	고객 중심 방향 잡기 역할(steering) 할 수 있도록 도와줌(empowering) 서비스제공에 경쟁도입 임무중심 관리 수익중심 예측과 예방 참여와 팀워크(협의와 네트워크 협성) 시장메커니즘

9) Ostbome and Gaebler, 1992, 총무처 직무분석단, 신정부혁신론에서 재인용, p.51.

제13장 정부 간 관계와 광역행정

제1절 정부 간 관계

1. 정부 간 관계의 의의

정부 간 관계의 개념

정부 간 관계(Intergovernmental Relation)의 개념에 대한 명확한 합의는 이루어져 있지 않으나 일반적으로 '한 국가 내의 모든 계층이나 유형의 정부단위 간에 일어나는 활동 또는 상호작용의 총체'를 의미한다고 볼 수 있다. 여기에는 상위정부단위와 하위정부단위 상호 간의 관계인 수직적 관계와 상호 대등한 관계에 있는 정부단위 간의 수평적 관계가 포함된다.

정부 간 관계와 지방자치

정부 간 관계에서 종래의 지방자치는 중앙정부로부터의 자치를 주로 강조하는 주권적 · 가치 편향적인 것이었다. 그러나 오늘날에는 지방자치단체가 독자적으로 처리하기에는 그 성질상 적합하지 않은 지방행정수요가 있을 뿐만 아니라 지방자치단체 간의 상호협력을 통하여 공동처리 또는 광역자치단체가 처리하는 것이 더욱 효율적이거나 타당한 행정기능이 계속 증가하는 추세에 있다. 따라서 이제는 지방의 자율성을 가능한 한 많이 확보하기보다는 정부 간 협력과 조정을 통해 지방행정의 효율적 운영과 주민의 복리증진을 극대화할 수 있는 객관적 · 가치 중립적인 지방자치로의 전환을 모색하고 있다.

2. 정부 간 관계의 모형

Andrée Lajoie의 모형

(1) 정치적 분권(political decentralization): 연방제 하에서의 연방정부와 주 정부의 관계유형을 말한다. 연방정부와 주 정부의 대등성이 헌법상 보장되어 있으며, 주 정부는 헌법제정권까지 가지고 있다.

(2) **행정적 분권**(administrative decentralization): 단일국가에서의 중앙정부와 지방정부와의 관계를 나타내는 것으로 지방정부의 법적 기초는 법률에 있다. 따라서 지방정부는 중앙정부에 종속될 수밖에 없는 구조 속에 놓여 있지만 완전히 중앙에 종속된 것은 아니다.

(3) **행정권위임**(deconcentration): 지방정부가 중앙으로부터 위임받은 권한에 입각해서 행정을 수행함으로써 중앙정부에 정치적으로 종속되는 경우를 말한다.

D. S. Wright의 모형[1]

Wright는 미국 연방제 하의 정부 간 관계를 선임(designation) · 관계(relation- ship) · 권위(authority)라는 세 가지 근거에 의해 분리권위형(the separated- authority model) · 포괄권위형(the inclusive–authority model) · 중첩권위형(the overlapping–authority model)으로 유형화하고 있다.

(1) **분리권위형**: 분리권위형은 연방정부와 주 정부가 명확한 분리 하에 상호독립적이고 완전자치적으로 운영되는 반면 지방정부는 주 정부에 종속된 이원적 관계를 가진다. 이러한 분리권위형에서는 연방정부와 주 정부가 대등한 지위를 유지하여 상호경쟁적 관계에 놓인다. 그러나 연방정부와 주 및 지방정부의 제관계를 적절히 나타내지 못하여 정치적 · 사회적 현실에 적합하지 않다는 비판을 받고 있다.

(2) **포괄권위형**: 연방정부가 주 정부와 지방정부를 완전히 포괄하고 있는 형태이다. 주 및 지방정부는 전적으로 연방정부의 결정에 의존하며 강력한 계층제적 통제를 받는다. 포괄권위형에서는 정부 간 관계를 종속관계로 보기 때문에 게임이론에 의하여 설명될 수 있다. 이 모형은 중앙집권적 체제하의 상위정부의 통제를 잘 나타내고 있는 유형이다.

(3) **중첩권위형**: 중첩권위형에서는 연방정부와 주 및 지방정부가 각자 고유한 영역을 가지면서 동시에 같은 관심과 책임영역을 지닌다. 이러한 중첩권위형에서는 ① 정부기능의 상당 부분이 연방 · 주 · 지방정부에 의해 동시적으로 작용하고 있으며, ② 자치권과 재량권의 영역이 제한적으로 분산되어 있고, ③ 상호의존적이며, ④ 정부 간에는 협상 · 교환관계를 형성하면서 재정적 상호협조와 경쟁 관계가 이루어진다는 것이다.

무라마츠 미치오(村松岐夫)의 모형

(1) **수직적 행정통제형**: 중앙과 지방 간 관계는 중앙부처의 주도하에 형성되며, 지

---

1) Wright, D. S. (1978). Understanding Intergovernmental Relations, North Scituate, Mass: Duxbury Press 참조.

방정부는 중앙정부의 단순한 하부기관에 불과하다. 중앙정부는 지방정부를 통제하는 수단으로써 기관위임사무, 보조금 및 기채인가권, 인사권 등을 사용하며, 이에 따라 집권체제가 강화된다.

(2) **수평적 정치경쟁형**: 중앙과 지방정부는 종속관계가 아닌 대등한 관계로서, 지방정부는 정치과정과 교섭과정을 통해 상당한 자율성과 영향력을 가진다. 따라서 지방자치의 성공은 지방이 갖는 정치적 자원의 크기와 그 이용기술에 의존한다.

(3) **상호의존형**: 주민복지사업이 날로 증가하고 있는 현대국가에서 바람직한 중앙·지방 간 관계는 공동이익의 실현을 위하여 긴장관계를 완화하고 상호교류를 전제로 하는 상호의존관계이어야 한다고 보는 유형이다.

Rhodes의 권력의존모형[2]

Rhodes는 중앙과 지방 간 관계를 제로섬(zero-sum) 또는 상호배타적인 관계로 파악하는 전통적 시각과는 달리 상호의존적인 정부가 권한을 동시에 증대시킬 수 있는 포지티브섬(positive-sum)관계로 보고 정부 간 권력관계의 상호의존성을 강조한다.

정치경제학적 접근모형

(1) Cynthia Cockburn[3]**의 모형**: 자본주의체제 아래에서의 지방국가는 근본적인 통일체인 국가의 한 부분으로서 중앙국가의 대리인에 지나지 않는 것으로 이해한다.

(2) P. Saunders[4]**의 이원국가모형**: 중앙정부는 생산부문(산업정책, 실업대책 등)을 주로 담당하고, 지방국가는 소비부문(교육, 주택, 사회적 서비스 등)을 주로 처리한다.

(3) Simon Duncan & Mark Goodwin[5]**의 불균등 발전모형**: 지방정부는 지방의 이익들을 대표하는 임무를 수행하면서 중앙정부의 정책결정을 지역에서 집행하는 책임을 지므로 중앙정부 내에 존재한다고 한다.

---

2) Rhodes, R. A. W. "Power Dependence Theories of Central-Local Relations: a Critical Assessment," M. J. Goldsmith, ed. New Research in Central-Local Relations. Aldershot: Gower, 1986 참조.

3) Cockburn. C (1985), Machinery of Dominance: Women, Men and Technical Know- How, London: Pluto 참조.

4) Saunders, Peter(1981b), Social Theory and the Urban Question, London: Hutchinson 참조.

5) Duncan, Simon and M. Goodwin. The Local State and Uneven Development: Behind the Local Government Crisis. Cambridge: Polity Press, 1988 참조.

제2절 정부 간 갈등 및 분쟁조정

1. 정부 간 분쟁의 본질

정부 간 분쟁의 개념

정부 간 분쟁이란 정부 상호 간의 권한과 이해관계가 서로 얽혀 국가의 전체적 이익이나 다수의 공동이익보다는 각자의 권한이나 이익에 집착하는 과정에서 발생하는 상호대립의 상태라고 할 수 있다. 즉 각자의 목적성취 기회가 상대방의 목적성취 기회에 의하여 제약을 받음으로써 새로운 국면의 전개가 없는 한 파국으로 치닫게 될 심각한 상태라고 할 수 있다.

정부 간 분쟁의 원인

(1) **자율성의 강화**: 지방자치의 시행에 따른 자율성의 증대로 지방자치단체의 책임과 의무도 더욱 강화되었는데, 지방자치단체가 이에 부응하는 능력을 적절하게 구비하지 못하고 자율성만 강조하는 것은 필연적으로 갈등과 분쟁의 소지를 증가시킨다.

(2) **지역이기주의 현상**: 국가 전체 또는 여러 자치단체의 공동이익보다는 자기지역의 이익을 우선시하는 지역이기주의 현상으로 말미암아 정부 간에 분쟁이 야기되고 있다.

(3) **상호의존성의 증가**: 광역적 처리를 해야 하는 행정업무의 증가는 정부 간 상호의존성의 증가를 가져옴으로써 공동의사결정을 하지 않을 수 없게 하였는데, 이는 결국 정부 상호 간 분쟁 발생의 한 원인으로 나타나게 된다.

(4) **정책의 우선순위의 차이**: 각 지방자치단체는 행·재정력의 차이는 물론 특수한 환경과 여건을 지니고 있으므로 구체적인 정책수행에서 자치단체의 하위목표와 정책순위에 각각 차이가 있기 마련인데, 이러한 정책 우선순위의 괴리로 중앙정부 및 타 자치단체와 분쟁관계에 놓일 수 있다.

(5) **비용부담의 문제**: 특정지방자치단체에 불이익을 초래하는 시설을 입지하거나 정책을 집행하는 경우, 이에 따른 비용부담문제, 피해보상문제 등과 관련하여 정부 상호 간에 분쟁이 발생하게 된다.

(6) 이 외에도 인지의 차이, 정부 상호 간의 관할권 다툼, 기능 및 권한배분의 불합리, 개발과 환경보전의 딜레마, 민선 단체장의 선거공약 등에 의해 갈등과 마찰이 발생하게 된다.

정부 간 분쟁의 유형

(1) **분쟁주체에 의한 분류**: 분쟁당사자의 법적 지위 등 상호관계에 따라 광역자치단체 간 분쟁과 기초자치단체 간 분쟁인 수평적 분쟁과 광역자치단체와 기초자치단체 간 분쟁 및 중앙정부와 자치단체 간 분쟁인 수직적 분쟁으로 나눌 수 있다.

(2) **분쟁내용에 의한 분류**

㈎ 권한분쟁: 정부 상호 간의 권한의 존부 또는 범위에 관한 분쟁을 포함하는 법적 문제에 관한 분쟁이다.

㈏ 이익분쟁: 정부 상호 간에 각자 이익을 추구하는 과정에서 발생하는 분쟁으로서, 당해 지역에 정(正)의 이익을 초래하는 적극적 이익과 부(否)의 이익을 초래하는 소극적 이익으로 구분할 수 있다.

(3) **분쟁원인에 의한 분류**

㈎ 유치분쟁: 자기 지역에 이익이 되는 조치 혹은 시설의 입지를 당해 지역으로 유치하려는 과정에서 일어나는 분쟁으로서 일명 PIMFY(Please in My Front Yard)적 이기주의에 의한 분쟁이다.

㈏ 기피분쟁: 자기 지역에 불이익이 되는 조치 또는 시설의 입지를 당해 지역으로부터 피하려는 과정에서 일어나는 분쟁이며, 일명 NIMBY(Not in My Back Yard)적 이기주의에 의한 분쟁으로 일컬어진다.

2. 정부 간 분쟁의 해결방식

당사자에 의한 분쟁해결

분쟁당사자에 의한 해결방법에는 당사자 간의 직접적인 협상에 의한 방법과 행정협의회, 지방자치단체조합 등 제도적 장치를 이용하는 방법이 있다. 그러나 분쟁당사자에 의한 해결방법으로 중요한 것은 자율적인 협상을 통한 방식이다.

(1) **협상의 개념**: 협상이란 분쟁당사자들이 서로 만나 자신들의 견해와 정보를 주고받는 과정을 통해서 더 나은 해결방안을 모색하여 자신들 모두의 이해와 가치를 충족시키려는 의사결정과정을 의미한다.

(2) **협상의 방식**

㈎ 입장협상: 협상 당사자들이 각기 자신의 주장을 최선의 해결책으로 믿으면서 상대방을 설득하려는 전통적인 협상 방식이다. 그러나 협상당사자들이 자신의 뜻에만 너무 집착할 경우 ① 협상내용이 본질적인 관심사에서 벗어나기 쉽고, ② 합의에 도달하는

데 많은 시간과 노력이 필요하게 되며, ③ 협상이 의지의 경합으로 격화되어 협상 당사자들 간의 원만한 관계유지를 지속하기가 어렵다.

(나) 원칙협상: 문제의 실체를 바탕으로 당면한 분쟁을 해결하려는 객관적이고 문제 중심적인 협상 방식이다. 원칙협상은 다음과 같은 네 가지 기본요소로 표현될 수 있다. 즉 ① 문제로부터 사람을 분리한다. ② 상황이 아닌 이해관계에 초점을 맞춘다. ③ 합의를 이루기 전에 상호 공동이익을 가져오는 대안들을 개발한다. ④ 궁극적인 협상 결과는 객관적이고 공정한 기준에 입각한다.

3자에 의한 분쟁해결

정부 간 분쟁은 당사자들의 자율적인 협상을 통해 해결하는 것이 가장 바람직하지만 여의치 않을 때에는 제 삼자인 중앙정부나 조정 또는 중재위원회, 사법부 등의 조정적 역할이 필요하게 된다.

(1) **제 삼자 조정방식**: 제 삼자에 의한 조정방식은 조정의 강도에 따라 다음과 같이 다섯 가지로 나눌 수 있다.

(가) 알 선: 알선자가 분쟁당사자들의 의사를 타진하여 전달하고 협상의 조건을 제시하는 등 분쟁당사자들의 의견접근을 돕는 활동이다.

(나) 조 정: 조정자 또는 조정위원회가 분쟁당사자들의 주장과 쟁점을 조사하고 자신의 조정안을 분쟁당사자들에게 제시하여 수락을 권고하는 정치적 활동이다. 그러나 여기서의 조정안은 구속력을 갖지 않는다.

(다) 중 재: 중재위원회가 내린 재정(裁定)을 통하여 분쟁당사자들을 법률적으로 구속하는 준사법적 분쟁조정방식이다.

(라) 재 판: 법원의 판결을 통한 사법적 분쟁조정방식이다.

(마) 구역개편: 구역확장이나 합병으로 지방자치단체 간 분쟁을 해결하려는 중앙집권적 분쟁조정방식이다.

(2) **제 삼자 조정 시 고려사항**: 제 삼자 조정의 실효성을 높이기 위해서는 다음과 같은 사항을 고려하여 행해야 한다.

(가) 지방자치단체 간 분쟁해결은 당사자들의 자율적 협상을 원칙으로 하고 제 삼자 조정은 보완적으로 활용하는 것이 바람직하다.

(나) 제 삼자 조정방식은 조정의 강도가 약한 알선으로부터 올라가면서 차례대로 시행하는 것이 바람직하다.

(다) 제 삼자 조정은 시의성 있게 이루어져야 한다.

(라) 제 삼자 조정의 효과성은 분쟁당사자들의 적극적인 참여를 끌어낼 때 제고될 수

있다.

(마) 제 삼자 조정에서 신뢰는 필수적인 성공요소이다.

(바) 제 삼자 조정의 효과성은 분쟁당사자들의 의사소통을 촉진함으로써 제고된다.

(사) 제 삼자 조정의 효과성은 조정의 신속성에 의해서도 제고된다.

대안적 분쟁해결기법(ADR)

(1) 의 의: 대안적 분쟁해결기법(ADR: alternative dispute resolution)은 재판 등에 의한 강제적인 분쟁해결방식에 대한 대안이다. 중립적인 제 삼자의 조정 · 중재하에 이해당사자가 분쟁해결 과정에 직접 참여하여 상호 수용 가능한 합의를 유도해 내는 자율적인 방식이다. ADR은 본질적으로 '합의에 따라' 조정하는 다양한 접근기법을 총칭이며, 대화(dialogue)와 협상(negotiation), 화해촉진(facilitation), 조정(mediation), 중재(arbitration), 옴부즈맨(ombudsman) 등이 활용된다.

(2) 기 법

(가) 조정(mediation): 분쟁당사자의 합의에 기초한 불편부당한 제 삼자에 의하여 분쟁조정 · 해결에 이르도록 하는 과정. 조정이 협상 과정에 도움을 줄 수는 있으나 해결책을 강제할 권한은 없다.

(나) 중재(arbitration): 중재과정에서 해결이 곤란하게 될 경우, 소송(litigation)에 대한 대안으로 활용되기도 하며 분쟁당사자에게 스스로 해결책을 고안토록 하거나 중재자가 합리적인 해결책을 제안하여 분쟁을 조정하는 과정이다. 중재자는 해결책을 강제할 권한을 지니며, 공식적인 재판절차에 비해 비공식적이며, 신속하고, 적은 비용이 소요되며, 덜 복잡한 분쟁해결 과정으로 볼 수 있다.

(다) 옴부즈맨(ombudsman): 지역주민, 고객, 피종사자들이 기관을 대상으로 한 불평이나 불만을 접수하여 조사하는 불편부당한 제 삼자(기관)를 말한다. 옴부즈맨은 설득할 수 있는 권한은 있으나, 분쟁해결방법을 강제할 권한은 없다.

(라) 시민배심원(citizen's jury): 공공정책 결정 과정에 대한 시민참여의 한 형태로서, 이해관계로부터 자유로운 시민들이 배심원단을 구성하여 관련자나 전문가의 설명을 듣고 자체 토론을 거쳐 합의를 도출하는 방식으로 진행된다.

(3) 사례와 전망: 1970년대 초 미국에서 환경분쟁의 해결과 관련하여 ADR이 사용된 이래 연방정부의 의사결정과정에서 조정 협상 절차에, 의회는 1991년 Negotiated Rulemaking Act와 Administrative Dispute Resolution Act 등을 의결함으로써 정부의 정책 결정 과정상의 분쟁해결에 있어 ADR의 사용을 적극적으로 권장하고 있다. 또한, 주 정부 차원에서도 폐기물 및 위험물처리시설 입지 관련 분쟁에서 ADR의 사용을

권장하는 다양한 규정을 만들어 놓고 있다.

대안적 분쟁해결방식은 재판비용의 상승과 지연 구제, 분쟁해결 과정에서 이해당사자의 참여 증진, 정보구득에 소요되는 비용감소와 정보의 신뢰성 제고, 당사자 간의 협상된 기준에 의하므로 조정결과에의 높은 순응성, 다양한 사회단체의 활용 등 비용·처리속도·만족도·순응도 측면에서 효과적인 분쟁해결방식으로 인식되고 있다.

3. 우리나라 지방자치단체 상호 간 분쟁조정제도

당사자 간 분쟁조정제도

지방자치단체 간 분쟁의 자율적인 해결을 돕기 위해서 현행 법령은 행정협의회, 지방자치단체조합과 전국적 협의체 및 그 밖의 사전예방장치로서 협의·협약 등의 제도를 규정하고 있다.

(1) **행정협의회**: 지방자치단체는 2개 이상의 지방자치단체에 관련된 사무 일부를 공동으로 처리하기 위하여 관계지방자치단체 간의 협의에 따라 규약을 정하여 관계 지방의회의 의결을 거쳐 행정협의회를 구성할 수 있다. 이 경우 지방자치단체의 장은 시·도가 구성원이면 행정자치부 장관과 관계중앙행정기관의 장에게, 시·군 또는 자치구가 구성원이면 시·도지사에게 이를 보고하여야 한다.

(2) **지방자치단체조합**: 2개 이상의 지방자치단체가 하나 또는 둘 이상의 사무를 공동으로 처리할 필요가 있을 때는 규약을 정하여 그 지방의회의 의결을 거쳐 시·도는 행정자치부 장관의, 시·군 및 자치구는 시·도지사의 승인을 받아 지방자치단체조합을 설립할 수 있다. 다만, 지방자치단체조합의 구성원인 시·군 및 자치구가 2개 이상의 시·도에 걸치는 지방자치단체조합은 행정자치부 장관의 승인을 받아야 한다.

(3) **사전예방장치로서 협의·협약**: 지방자치단체는 다른 지방자치단체로부터 사무처리에 관한 협의·조정 등의 요청이 있을 때는 법령의 범위 안에서 이에 협력하여야 한다. 지방자치단체 간 협의·협약을 규정한 주요 내용으로는 ① 사무위탁, ② 도시계획의 입안, ③ 도시계획사업의 시행 및 비용부담, ④ 광역도시계획의 입안과 광역시설의 설치·관리, ⑤ 도시교통정비 기본계획의 수립, ⑥ 대중교통의 운영개선명령, ⑦ 지방공사·지방공단의 공동설립 등이 있다.

(4) **전국적 협의체**: 지방자치단체의 장이나 지방의회의 의장은 상호 간의 교류와 협력을 증진하고, 공동의 문제를 협의하기 위하여 시·도지사 협의체, 시·도의회의 의장 협의체, 시장·군수·자치구의 구청장 협의체, 시·군·자치구의회의 의장 협의체 등을

구성할 수 있다. 협의체를 설립한 때에는 그 협의체의 대표자는 바로 행정자치부 장관에 신고하여야 한다.

제 삼자에 의한 분쟁조정제도

(1) **행정자치부 장관 또는 시도지사에 의한 분쟁조정**: 지방자치단체 상호 간이나 지방자치단체의 장 상호 간 분쟁이 생기면 다른 법률에 특별한 규정이 없으면 행정자치부 장관이나 시 · 도지사가 당사자의 신청에 따라 조정할 수 있다. 다만, 그 분쟁이 공익을 현저히 저해하여 조속한 조정이 필요하다고 인정되면 당사자의 신청이 없어도 직권으로 조정할 수 있다. 한편, 행정자치부 장관이나 시 · 도지사가 분쟁을 조정하는 경우에는 그 취지를 미리 당사자에게 알려야 한다.

(2) **분쟁조정위원회**: 분쟁조정을 위해 필요한 사항을 심의 · 의결하기 위하여 행정자치부에 지방자치단체 중앙 분쟁조정위원회와 시 · 도에 지방자치단체 지방 분쟁조정위원회를 둔다.

제3절 지방자치단체에 대한 국가감독

1. 중앙 · 지방의 관계

중앙 · 지방관계의 의의

지방자치시대에서 정부 간 관계의 정립, 특히 중앙정부와 지방자치단체 간 관계의 정립은 우리나라 지방자치제의 발전방향과 관련하여 중요한 의미가 있다. 미국이나 영국과 같이 분권화가 상당히 진행된 국가에서는 지방의 자율권을 당연시했으며 중앙과 지방관계보다는 지방에서의 권력구조에 상대적으로 많은 관심을 보인다. 그러나 우리나라의 경우에는 중앙정부와 지방자치단체 간의 관계를 일단 상하관계를 전제로 하여 중앙정부의 지방자치단체에 대한 지도 · 감독의 관계로 파악하고 있으므로 중앙과 지방관계에 지속해서 높은 관심을 보여왔다. 더욱이 분권화가 진행되기 시작한 지방자치 초기의 단계에 있는 우리의 현 상황을 고려할 때 중앙과 지방 간 관계에 각별한 관심을 쏟아야 한다는 것은 두말할 필요가 없을 것이다. 중앙과 지방관계에서는 무엇보다도 분권과 통합의 균형을 실현하는 것이 핵심과제로 등장한다. 즉 지방정부의 자율성을 충분히 보장하면서도 중앙정부가 지방자치단체에 효율적인 통제권을 행사하여 여하히 국정의 통합성을 확보할 방안을 모색해야 한다.

자치시대의 중앙정부의 역할

(1) **지원주체의 역할**: 중앙정부는 지방자치단체에 대하여 행정 수준의 향상을 위한 지식 · 정보 · 기술의 제공은 물론 지역 간 균형발전과 격차 해소를 위한 행 · 재정지원 등 규제자의 역할에서 지원주체로의 역할로 전환하여야 한다.

(2) **조정주체의 역할**: 중앙정부는 지방자치단체 상호 간 또는 지방자치단체장 간의 분쟁 및 협의 사항에 대하여 조정자의 역할을 강화하여야 한다.

(3) **감독주체의 역할**: 중앙정부는 법령의 규정에 얽매어 지방자치단체의 모든 위법한 활동에 개입하려는 감독 법정주의적 자세를 지양하고 법령의 취지와 목적을 고려하는 유연한 입장에서 국가 정책집행의 통일성 및 일관성을 유지하기 위하여 꼭 필요한 경우에만 감독권을 행사하도록 한다.

2. 중앙통제의 의의

중앙통제의 개념

중앙통제란 지방자치단체에 대한 중앙정부의 통제를 의미하며, 더 넓게는 기초자치단체에 대한 상급자치단체의 통제까지도 포함한다. 이러한 중앙통제는 어느 나라에나 존재하는 것으로서, 특히 신중앙집권화의 경향에 발맞추어 더욱 강화되는 추세에 있다. 그러나 중앙통제는 중앙정부가 우월한 의사력을 가지고 지방자치단체를 지배하는 상하복종관계가 아니라 공동의 이익을 위하여 상호협력하는 것으로 이해하여야 한다. 즉 지방자치단체의 독자성을 인정하면서 국가 전체의 균형을 확보하는 중앙과 지방의 새로운 융화와 공존 및 협력관계로 파악되어야 한다. 따라서 통제는 권력적 군림이나 지배관계가 아니라 접촉 · 교섭 · 지도 · 조정 · 원조 · 협력하는 과정을 의미한다.

중앙통제의 근거 및 필요성

(1) **국가의 존립목적과 통일성 유지**: 지방자치단체는 주권적 통일국가의 한 부분을 이루고 있는 국가 내의 존재이기 때문에 자치행정기능이 국가의 존립목적이나 기능과 조화되지 않으면 안 된다.

(2) **국민최저수준의 보장**: 모든 국민이 인간다운 생활을 누릴 수 있도록 최소한의

수준을 보장해야 할 의무가 있는 국가로서는 각 지방자치단체의 생활서비스, 복지·위생, 교육, 환경수준 등은 결코 방임할 수만은 없는 책무이다.

(3) **지방자치단체의 보호·육성**: 지방자치단체를 보호·육성하기 위해서도 중앙통제는 필요하다. 그것은 지방자치단체가 대부분 독립재원이 빈약하고 자치운영능력이나 지역개발의 전문기술이 부족하여 스스로 존립과 발전을 도모하는 데 많은 어려움을 갖기 때문이다.

(4) **법령의 준수**: 지방자치에 관한 사항은 법령으로 정하고 있다. 법령은 국가나 국가기관이 정한 법형식이고 국가에 의해 운영되므로 지방자치단체의 법령준수 여부에 대한 국가의 통제는 당연하다고 할 수 있다.

중앙통제의 한계성

(1) **자치권의 보장**: 중앙통제는 국가 전체의 통일성을 유지하는 데 필요한 경우에 한하되, 헌법상 보장되고 있는 지방자치단체의 독자성을 저해하지 않는 범위 안에서 행사되어야 한다.

㈎ 전권한성의 원칙: 헌법이나 법률이 국가나 그 밖의 공공단체사무로서 유보하지 않은 지방적 사무에 대해서는 지방자치단체의 자치권을 저해하지 않아야 한다.

㈏ 자기책임의 원칙: 적어도 자치사무에 관한 한 지방자치단체는 국가의 통제를 받지 않고 법령의 범위 안에서 자주적으로 처리할 수 있다.

(2) **법률의 수권**: 국가 전체의 통일성을 유지하고, 지방이익과 전체이익을 조화시키기 위해 중앙통제의 필요성이 인정된다 할지라도 명백한 법적 근거, 즉 법률의 수권이 필요하다.

(3) **능률성과 민주성의 조화**: 중앙통제는 어디까지나 획일적·균형적인 능률성만이 아니라 주민참여, 주민통제 등을 기반으로 하는 민주성을 조화시켜 양자 간에 상호 보완관계를 이루어야 한다.

중앙통제의 경향

오늘날 신중앙집권화 하에서 지방자치단체에 대한 중앙통제는 현저하게 강화되고 있는데, 이는 바로 지방자치단체를 보호·육성하고자 하기 때문이다. 즉 후견적·권력적 감독관계가 아니라 병립·대등 관계를 전제로 지방자치단체의 독자성을 인정하면서 국가 전체의 균형을 확보하는 분권과 집권의 조화를 특질로 하는 것이다. 오늘날 지방자치단체에 대한 중앙통제가 강화되고 있는 이유는 다음과 같다.[6)]

6) 최창호(1995), 지방자치학, p.722.

(1) **자치단체 상호 간의 조정**: 지방자치단체 간의 지나친 격차와 이질화를 방지하고, 공통적 사항에 대한 통일성과 균형화를 도모하며, 상호대립과 알력을 조정하여 협조와 공동의 행정이 이루어지도록 국가에 의한 조절적 작용이 요청되었다.

(2) **행정기능의 양적 확대**: 현대행정국가에서 국가와 지방자치단체의 공공기능의 양적 증대에 따른 폭발적인 행정수요에 대하여 지방자치단체의 빈약한 행 · 재정능력으로는 능동적으로 대처할 수 없게 되어 중앙정부의 지도와 재정적 지원이 필요하게 되었다.

(3) **행정기능의 질적 복잡화 · 고도화**: 오늘날 복잡한 도시사회문제를 해결하기 위해서는 고도의 지식과 기술이 필요한데, 지방은 이러한 전문지식과 기술을 갖추고 있지 못하므로 중앙으로부터의 지식적 · 기술적 원조와 권고, 정보의 제공, 조언 등이 필요하게 되었다.

(4) **행정기능의 전국적 이해관계화**: 교통 · 통신수단의 발달로 경제권 · 생활권이 확대됨에 따라 어느 한 지방에만 국한된 순수한 지방적 사무가 차츰 사라지고 오늘날에는 지방적 사무와 국가사무의 한계가 불분명해졌다. 이에 따라 국가는 더 광역적인 측면에서 지방자치단체의 기능수행을 조정해야 할 필요성이 있게 되었다.

3. 중앙통제의 방식

입법적 통제

(1) **의 의**: 법률의 제정 · 개정을 통하여 지방자치단체의 권한행사에 국가의사를 반영하는 통제방식이다. 즉 지방자치단체의 권한 범위를 법령으로 정하여 그 범위 안에서 권한을 행사하도록 하는 사전적 통제수단이다. 따라서 지방자치단체의 모든 권한은 의회의 법률로써 규정되며 법률에 따라 부여된 권한을 유월(逾越)하는 행위는 무효로 간주된다[월권금지의 원칙(Ultra Vires)]. 이 외에도 입법기관은 예산, 국정감사 · 조사를 통해서 지방자치단체를 통제한다. 그러나 현대에 이르러 이러한 입법적 통제는 행정의 전문성, 행정재량권의 확대, 행정정보의 행정부 독점 등으로 인하여 점점 약화하여 가는 추세에 있다.

(2) **우리나라의 입법통제**: '지방자치단체의 조직과 운영에 관한 사항은 법률로 정한다'(헌법 제118조 제2항)고 규정함으로써 지방자치단체에 관한 입법적 통제의 근거를 마련하고 있다. 또한, 주민의 권리제한이나 의무부과 등에 관한 사항, 그 밖에 지방자치에 관한 많은 사항이 법률유보의 대상이 되어 있다.

사법적 통제

(1) 의 의: 지방자치단체의 권한행사에 대한 적법성 여부를 가리는 통제방식이다. 즉 지방자치단체의 업무처리 또는 지방공무원의 행정행위에 위법 · 부당한 사실 등이 있을 때 법률상의 소송절차에 의하여 시정 · 처벌하는 법원에 의한 사후적 통제를 말한다. 여기에는 항고소송, 당사자소송, 기관소송, 민중소송 등이 있으며, 헌법재판소에 의한 통제로서 권한의 존부와 그 범위에 대한 다툼이 있을 때 있게 되는 국가기관과 지방자치단체 간의 권한쟁의심판이 있다. 이러한 사법적 통제는 입법적 통제와 상호보완관계에 있다.

(2) **장 · 단점**: 위법한 행정행위와 자의적 정책 결정 · 집행을 견제할 수 있으나, ① 장시일의 구제 기간, ② 수속절차의 복잡과 과중한 경비부담, ③ 사후구제(소극적 통제), ④ 법의 형식논리에 치우칠 우려 등 법관의 전문성의 한계 문제를 가지고 있다.

(3) **우리나라의 사법통제**: '명령 · 규칙 또는 처분이 헌법이나 법률에 위배되는지의 여부가 재판의 전제가 된 경우에는 대법원은 이를 최종적으로 심사할 권한을 가진다'(헌법 제107조 제2항)고 규정하여 사법적 통제의 근거를 마련하고 있다.

행정적 통제

(1) 의 의: 법에 정한 바에 의하여 행정기관이 지방자치단체에 대하여 감독 · 지도 · 협력하는 것으로서 오늘날 중앙통제 가운데서 가장 광범위하고 중요한 통제방식이 되었다.

(2) **장 · 단점**

㈎ 장점: ① 시행과오의 사전예방 · 교정, ② 지방행정수행에 요구되는 전문지식 및 기술의 보완, ③ 부족재원의 지원, ④ 국민 생활의 균형 도모 등이 있다.

표 13-1 Gilbert의 행정통제

길버트(E. Gilbert)[7]는 통제자가 행정조직 내부에 위치하는가 그렇지 않은가에 따라 내부통제와 외부통제로 나누었다. 공식 통제와 비공식 통제는 통제장치가 공식적으로 법제화되어 있는가 그렇지 않은가로 구분했다.

구 분	내부통제	외부통제
	◦ 행정 수반(대통령) 및 국무총리실에 의한 통제 ◦ 계층제(상관) 및 인사관리제도를 통한	

7) Charles E. Gilbert, "The Framework of Administrative Responsibility." Journal of Politics, August 1959 참조.

공 식	통제 ◦ 독립통제기관(감사원, 국민권익위원회)에 의한 통제 ◦ 교차기능조직(기획재정부, 행정자치부 등)에 의한 통제 ◦ 정부업무평가(구 심사평가)에 의한 통제	◦ 입법부에 의한 통제 ◦ 사법부(헌법재판소, 법원)에 의한 통제 ◦ 옴부즈만에 의한 통제
비공식	◦ 행정윤리(전문직업상의 행동규범)에 의한 통제 ◦ 동료집단의 평가와 비판에 의한 통제 ◦ 대표관료제 ◦ 공익	◦ 민중통제 ◦ 시민에 의한 통제 ◦ 이익집단에 의한 통제 ◦ 여론, 매스컴, 인터넷 등에 의한 통제 ◦ 정당에 의한 통제

(나) 단 점: ① 지방의 특수성 및 현실성 무시 우려, ② 지나친 중앙통제는 지방자치의 본질 저해, ③ 주민참정욕구의 충족 곤란, ④ 행정능률의 저하, ⑤ 지방공무원의 사기저하 등을 들 수 있다.

4. 우리나라의 중앙통제

중앙통제수단

(1) **지방자치단체의 사무에 대한 지도와 지원**: 중앙행정기관의 장이나 시 · 도지사는 지방자치단체의 사무에 관하여 조언 또는 권고하거나 지도할 수 있으며, 이를 위하여 필요하면 지방자치단체에 자료의 제출을 요구할 수 있다. 국가나 시 · 도는 지방자치단체가 그 지방자치단체의 사무를 처리하는 데에 필요하다고 인정하면 재정지원이나 기술지원을 할 수 있다.

(2) **국가사무나 시 · 도 사무 처리의 지도 · 감독**: 지방자치단체나 그 장이 위임받아 처리하는 국가사무에 관하여 시 · 도에서는 주무부 장관의, 시 · 군 및 자치구에서는 1차로 시 · 도지사의, 2차로 주무부 장관의 지도 · 감독을 받는다. 시 · 군 및 자치구나 그 장이 위임받아 처리하는 시 · 도의 사무에 관하여는 시 · 도지사의 지도 · 감독을 받는다.

(3) **중앙행정기관과 지방자치단체 간 협의조정(행정협의조정위원회의 설치)**: 중앙행정기관의 장과 지방자치단체의 장이 사무를 처리할 때 의견을 달리하는 경우 이를 협의 · 조정하기 위하여 국무총리 소속으로 행정협의조정위원회를 둔다.

(4) **위법 · 부당한 명령 · 처분의 시정**: 지방자치단체의 사무에 관한 그 장의 명령이나 처분이 법령에 위반되거나 현저히 부당하여 공익을 해친다고 인정되면 시 · 도에 대하

여는 주무부 장관이, 시 · 군 및 자치구에 대하여는 시 · 도지사가 기간을 정하여 서면으로 바로잡을 것을 명하고, 그 기간에 이행하지 아니하면 이를 취소하거나 정지할 수 있다. 이 경우 자치사무에 관한 명령이나 처분에 대하여는 법령을 위반하는 것에 한한다.

(5) **지방자치단체의 장에 대한 직무이행명령**: 지방자치단체의 장이 법령의 규정에 따라 그 의무에 속하는 국가위임사무나 시 · 도위임사무의 관리와 집행을 명백히 게을리하고 있다고 인정되면 시 · 도에 대하여는 주무부 장관이, 시 · 군 및 자치구에 대하여는 시 · 도지사가 기간을 정하여 서면으로 이행할 사항을 명령할 수 있다. 주무부 장관이나 시 · 도지사는 해당 지방자치단체의 장이 기간 내에 이행명령을 이행하지 아니하면 그 지방자치단체의 비용부담으로 대집행하거나 행정상 · 재정상 필요한 조치를 할 수 있다. 이 경우 행정대집행에 관하여는 「행정대집행법」을 준용한다. 지방자치단체의 장은 이행명령에 이의가 있으면 이행명령서를 접수한 날부터 15일 이내에 대법원에 소를 제기할 수 있다. 이 경우 지방자치단체의 장은 이행명령의 집행을 정지하게 하는 집행정지결정을 신청할 수 있다.

(6) **지방자치단체의 자치사무에 대한 감사**: 행정자치부 장관이나 시 · 도지사는 지방자치단체의 자치사무에 관하여 보고를 받거나 서류 · 장부 또는 회계를 감사할 수 있다. 이 경우 감사는 법령위반사항에 대하여만 실시한다.

(7) **지방의회 의결의 재의와 제소**: 지방의회의 의결이 법령에 위반되거나 공익을 현저히 해친다고 판단되면 시 · 도에 대하여는 주무부 장관이, 시 · 군 및 자치구에 대하여는 시 · 도지사가 재의를 요구하게 할 수 있고, 재의요구를 받은 지방자치단체의 장은 의결사항을 이송받은 날부터 20일 이내에 지방의회에 이유를 붙여 재의를 요구하여야 한다.

5. 중앙과 지방자치단체 간 관계정립

기본방향

지방자치단체는 국가의 정치적 통일성을 유지하는 범위 내에서 지방행정사무를 독자적으로 처리해 나가는 지위에 있으므로, 어느 정도의 자율성을 가지면서도 중앙정부로부터 일정한 지도와 감독을 받는다. 이러한 중앙과 지방 간 관계는 중앙집권의 조류 속에서는 중앙통제가 강화되고, 지방분권의 조류 속에서는 반대로 지방자치단체의 자율성이 강화되는 현상을 보인다. 그러나 어떠한 경우이든 지방자치단체의 자율성과 중앙통제는 전적으로 도외시되거나 부인될 수 없는 것이므로 양자의 조화점을 모색하는 방향

에서 중앙정부와 지방자치단체 간의 관계가 정립되어야 할 것이다.[8)]

(1) **기능적 분업체계의 확립**: 중앙정부와 지방자치단체는 모두 국민복지향상을 위한 행정을 수행하고 있으므로 행정의 기본이념인 민주성과 능률성을 효율적으로 구현하기 위하여 상호 적절한 기능적 분담체계가 확립되어야 한다.

(2) **수평적 협력관계의 유지**: 중앙정부와 지방자치단체 간의 기본적 관계는 양자가 대등한 관계에서 국가기능을 분담하여 수행하는 수평적 관계에 있어야 함을 그 이상으로 하는바, 이를 달성하기 위하여 서로 협력하는 체제를 확립하여야 한다.

(3) **비권력적 관여의 확대**: 지방자치의 시행으로 지방에 대한 중앙의 관여는 종래의 권력적 관계에서 비권력적 관계로의 전환이 요망된다.

중앙과 지방자치단체의 관계정립 방안

(1) **지방의 자율권 신장**: 중앙과 지방관계의 정립을 위하여는 우선 지방의 자율권 신장을 위한 조치가 필요하다. ① 지방의 조례제정권이 확대되어야 한다. ② 지방에 대한 사무 이양을 강화하여야 한다. ③ 사무 배분기준 및 절차를 개선하여야 한다. ④ 지방의 재정력을 확대하여야 한다. ⑤ 특별지방행정기관은 지방자치단체의 자율권을 침식하고 있으므로 이들의 업무를 재검토하여 최대한 지방자치단체로 이관하는 것이 바람직하다.

(2) **비권력적 통제수단의 적극적 활용**: 지방의 자율권 확보를 위한 조치와 함께 국정의 통합성 확보를 위하여 지방에 대한 중앙의 적절한 통제수단이 확보되어야 한다. 따라서 향후 중앙정부는 과거의 권력적 통제 위주의 관행을 탈피하여 조언, 지원 또는 장려적 보조금과 같은 이전재원의 운용을 통한 재정통제를 포함하는 비권력적 통제수단을 적극 활용하는 쪽으로 방향을 전환하여야 할 것이다. 이러한 통제수단의 기조 변화는 지방의 자율성을 보장하면서도 지방의 자발적 참여를 유도함으로써 더욱 실질적인 통합효과를 가져올 것으로 기대된다.

(3) **행정자치부의 위상 변화**: 구 내무부는 지방자치단체 위에 군림하여 온 것이 사실이다. 그러나 지방화 시대에서 행정자치부는 과거와 같은 행태를 지양하고 그 위상을 재정립하여야 한다. 우선 내적으로 지방자치단체에 대한 감독 · 통제기관으로서의 지위를 포기하고 조언, 지원, 조정기능을 담당하는 후원자로서 해야 할 역할을 담당하여야 한다. 외적으로는 지방자치단체에 대한 각 중앙부처의 감독권 남용에 대하여 지방자치단체의 입장에서 보호자 역할을 담당하여야 한다.

8) 최창호(1995), 지방자치학, pp.697-698.

제4절 광역행정

1. 광역행정의 의의

광역행정의 개념과 성격

(1) **광역행정의 개념**: 광역행정은 최근 들어서 그 중요성이 더욱 강조되고 있는 행정방식으로 도시를 폐쇄체제로 간주하고 도시 내부문제에만 매달리는 과거의 미시적 접근방법으로부터 탈피하여 기존 지방자치단체의 법정행정구역을 초월한 보다 넓은 지역을 단위로 하여 수행되는 지방행정방식이다. 즉, 광역행정은 행정의 능률성 · 민주성 · 경제성 등을 제고시키기 위하여 상호 인접된 몇 개의 지방자치단체가 기존의 행정구역을 넘어서 발생하는 공동의 행정수요에 대응하는 행정을 말한다.

(2) 광역행정의 성격

㈎ 집권과 분권의 조화: 광역행정은 단일한 광역지방계획체제를 구축하여 행정의 효율성을 추구하면서도 지역주민의 자치권을 보장하는 중앙집권과 지방분권의 절충 · 조화로서의 성격을 가진다.

㈏ 지리적 · 역사적 요인에 대한 고려: 광역행정은 정치체제가 무시할 수 없는 지역의 특수한 지리적 · 역사적 요인을 존중하는 행정방식으로서 지역의 특수성에 적합한 행정업무를 효율적으로 수행하기 위한 것이다.

㈐ 지방자치단체의 재편성: 광역행정은 새로운 협력단위를 형성하여 그 새로운 협력행정단위와 기존 자치단체 간의 기능의 재분담을 도모함으로써 지방자치단체의 구역과 계층구조 및 기능 배분의 재편성의 결과를 가져온다.

㈑ 제도와 사회변화의 조화: 광역행정은 도시화 · 산업화의 진전에 따른 사회 · 경제 · 문화적 여건의 변화와 확대에 신속히 대처하지 못하는 병폐를 지방자치단체 간의 협력에 의하여 조절해 나감으로써 제도에 신축성을 부여하는 수단으로서의 성격을 가진다.

광역행정의 발전요인

(1) **사회 · 경제권역의 확대**: 교통 · 통신의 발달, 과학 · 기술의 보급, 그리고 국민의 의식 수준 향상으로 사회 · 경제권역이 확대되고 있으므로 기존의 행정구역을 광역화하여 국민의 생활권역과 일치시킴으로써 행정의 효율성과 주민의 편의를 높일 필요가 발생하였다.

(2) **균형 있는 지역개발과 계획행정의 필요**: 도시화 및 산업화과정에서 발생한 지역

간 격차를 해소하기 위해서는 사회 · 경제적으로 상호 의존관계에 있는 지방자치단체 간의 협력관계와 개발전략에 대한 접근, 그리고 분극 지역을 계획적으로 이용할 수 있는 계획행정이 필요하게 되었다.

(3) **광역도시문제 해결의 필요성**: 수자원개발, 도로 · 교통, 범죄, 오염 등과 같은 광역적인 문제는 지역적 차원에서보다는 광역적인 처리 내지는 전국적 계획과 조정 아래 수행되어야 한다.

(4) **행정의 경제성 요청**: 지방자치단체 간의 중복투자로 인한 예산의 낭비 및 과다 인원을 방지하고, 소규모의 빈약한 시설투자에 따른 행정서비스의 비능률성을 규모의 경제(economy of scale)원리에 따라 해소하기 위해서는 광역행정이 필요하다.

(5) **행정능력향상의 요청**: 소규모적인 지방자치단체는 인력, 재정, 기술 등의 행정재원이 부족하므로 산업 · 경제정책 및 지역개발을 위한 고도의 행정능력을 갖추기 위해서는 광역행정체제로 전환하지 않으면 안 된다.

표 13-2 도시권 광역행정의 촉진요인

광역행정은 오늘날 보편적으로 발전하고 있으나 그 중에서도 특히 도시권에서 급속도로 발전하고 있는데, 이는 ① 대도시화의 급격한 진전, ② 대도시권 내 지역 간의 기능적 동질성, ③ 광역적 행정수요의 확대, ④ 대도시권 내 각 지역 간의 행 · 재정력의 격차 등과 같은 도시권의 특수성에서 기인한다.[9]

광역주의의 유형

광역주의의 형태 및 특성은 각 국가의 전통과 사상 또는 상황에 따라 다양하지만 대체로 다음과 같은 유형으로 구분해 볼 수 있다.[10]

(1) **권한배분적 광역주의와 지역사회재편적 광역주의**: 중앙정부의 권한을 단순히 지방에 나누어주는 데 불과한 광역주의와 근본적으로 지역사회의 재편성 및 기능의 재배분을 초래하는 광역주의로 구분할 수 있다.

(2) **정치적 광역주의와 행정적 광역주의**: 지방자치단체의 자주성 · 자율성이 존중되는 정치적 광역주의와 중앙정부의 능률성 증진을 추구하는 행정적 광역주의로 구분할 수 있다.

(3) **국가행정적 광역주의와 자치행정적 광역주의**: 국가 전체적 입장에서 지방행정을 종합적으로 지도 · 조정하는 데 중점을 두는 국가행정적 광역주의와 지방자치단체 자체의 입장에서 상호 연락 · 협력하는 데 중점을 두는 자치행정적 광역주의로 구분할 수 있다.

9) 최창호(1995), 지방자치학, pp.209-210.
10) 최창호(1995), 지방자치학, pp.206-207.

(4) **포괄주의적 광역주의와 개별주의적 광역주의**: 행정부문 전반에 걸친 권한을 가진 기관을 설치하는 포괄주의적 광역주의와 특정 부문에 관한 개별적 권한만을 가진 기관을 설치하는 개별주의적 광역주의로 나누어 볼 수 있다.

(5) **획일적 광역주의와 지역특수적 광역주의**: 지역적 특수성을 고려하지 않고 전국에 획일적인 광역행정방식을 적용하는 획일적 광역주의와 각 지역의 특수성에 상응하는 광역행정방식을 적용하는 지역특수적 광역주의로 구분할 수 있다.

광역행정의 접근기준

페로프(H. S. Perloff)[11]는 미국의 경우를 설명하면서 광역도시권 내에서의 다섯 가지 행정서비스접근기준을 제시하고 있다.[12]

(1) **골격기준(Skeletal Criteria)과 세포기준(Cellular Criteria)**: ① 골격기준 — 광역행정 단위에서 수행되어야 할 기준으로써 지역 상호 간에 이해관계가 직결된 기능들은 광역적으로 접근한다(예: 도시계획, 상 · 하수도, 교통 및 통신시설, 전기 등과 같은 도시서비스 공급시설과 치산치수 등 지역개발에 관한 사항). ② 세포기준 — 지역 단위에서 수행할 필요가 있는 사무의 기준으로써 지역주민의 이해 · 관심과 직결되는 사무는 지방정부에 일임하여 처리한다(예: 초 · 중학교, 경찰, 소방, 병원 등의 서비스).

(2) **환경체계기준(Environmental Setting Criteria)**: 수질 및 대기오염, 하수처리, 용수공급, 홍수통제 등과 같이 수계와 대기권을 포함하는 자연자원 또는 환경항목 등은 광역권의 문제이며, 오픈스페이스, 위락시설 등도 환경체계적인 기준에 접근하면 광역권기능으로 볼 수 있다.

(3) **고도의 전문서비스기준(Highly Specialized Service)**: 광역권단위로 해결할 수 있는 고도의 전문적인 지식과 서비스로는 대학교 · 연구소 · 종합병원 · 박물관 · 문화시설 등이 있다.

(4) **협력체계기준(Coorperation)**: 도시서비스 가운데 상호협조를 통하면 더 능률적으로 처리될 수 있는 것들이 있는데, 광역권 내에서의 특수경찰업무(마약, 범죄), 쓰레기 수거 및 처리시설 등이 그 좋은 예들이다.

(5) **형평성기준(Equity Criteria)**: 조세 · 서비스 · 소득 등에 있어서 지역 간에 과집중현상과 과소현상의 문제가 발생되고 있는데, 형평의 원리를 기준으로 할 때 광역행정은 이와 같은 지역 격차를 없애고 공평하게 도시문제를 해결할 수 있는 장점이 있다.

11) Perloff, H. S. (1969), A Framework for Dealing with the Urban Environment. In The Quality of the Urban Environmental, Resources for the Future. Inc., Washington D.C. 참조.

12) 김원(1990), 대도시행정의 특징과 행정특례 제도, pp.125-126에서 재인용.

2. 광역행정의 방식

광역행정문제의 처리방식은 각국의 실정 및 지역의 특수성에 따라 독특한 배경을 지니고 있으므로 일률적으로 설명하기가 곤란하다. 여기서는 볼렌스와 슈만트가 자치단체의 정치 · 행정체제의 변화 여부에 따라 분류한 종합적 접근방법과 점진적 접근방법에 대해 살펴보기로 한다.

종합적 접근방법

종합적 접근방법은 자치단체의 정치 · 행정체제에 상당한 구조적 변화와 권한의 집중화를 가져오는 접근방법이다.

(1) 구역변경에 의한 방법

㈎ 합병(Annexation): 합병은 사회적 · 경제적으로 밀접한 관계에 있는 몇 개의 군소자치단체를 대도시를 중심으로 통 · 폐합하여 강력한 단일정부로 만들거나 도시화된 중심도시에 접근지역을 편입시킴으로써 중심도시의 관할구역을 넓히는 방법이다. Oklahoma, Houston, Dallas, Kansas City, San Diego 등 오늘날 대부분의 대도시권 중심도시들은 합병에 의해 성장한 도시들이다. 합병에 의한 방식은 ① 행정구역을 사회 · 경제권역에 일치시킬 수 있고, ② 지역 격차를 바로잡을 수 있으며, ③ 광역사무의 해결이 신속하고 비용이 절감되며, ④ 규모의 경제성을 살릴 수 있다는 장점이 있으나, 이에 반해 ① 주민들의 일체성의 희박, ② 이해의 대립, ③ 세금증가의 우려, ④ 지방자치단체의 역할 감소 등의 문제로 반대하는 경향이 현저하다.

㈏ 시 · 군분리(City-County Separation): 이 방식은 군으로부터 일정지역을 떼어내어 새로운 자치단체를 설립하는 것을 의미한다. 일반적으로 기존의 구역보다 넓은 지역을 분리한다.

(2) 자치단체의 통합에 의한 방법

㈎ 시 · 군통합(City-County Consolidation): 시 · 군통합은 군을 중심으로 하여 중심도시와 인접 도시를 부분적 또는 전부를 흡수하여 단일정부를 만드는 것을 의미한다. 최초로 Virginia 주에서 시도되었을 당시에는 큰 관심을 끌지 못했지만, Louisiana 주의 Baton Rouge 시와 Easy Baton Rouge Parish의 통합헌장이 주민투표로 채택되면서 새로운 주목을 받기 시작하였다. 미국에서 가장 흔하게 일어났던 통합은 교육구(School District) 간의 통합이며, 우리나라에서도 자치단체의 생활권과 경제권을 행정구역과 일치시키기 위한 노력으로 최근에 활발히 추진된 바 있다. 이러한 시 · 군통합의 장점으로는 ① 규모의 경제성을 추구할 수 있으며, ② 서비스를 광역지역 내에 균등하게 제공할

수 있으며, ③ 예산집행과 재원조달 간의 관계를 쉽게 한다는 것이며, 이에 반해 단점으로는 ① 단일군이 있지 아니한 지역에는 적용하기가 어렵고, ② 도시주민과 군지역주민의 동의를 얻기가 쉽지 않으며, ③ 정부의 통합으로 많은 수의 고위관리들이 자리를 잃게 되기 때문에 정치적으로 실현 가능성이 적다는 점이다. 2010년 7월 1일부로 마산 · 창원 · 진해시가 창원시로 시 · 군 통합했다.

(나) 종합 시 · 군계획(Comprehensive Urban County Plan): 종합 시 · 군계획은 합병이나 시 · 군통합의 방법과는 달리 시헌장을 채택하여 광역적인 기능은 상급기관인 군에다 이양하고 나머지의 지방 고유기능은 지방자치단체가 각자 수행하게 되는 이원적 조직의 성격을 띤다. 이 방법은 새로운 기구를 설치하는 것이 아니라 기존의 정부조직을 그대로 이용할 수 있다는 이점이 있다. 이 방식을 채택하고 있는 대표적인 지역은 Metropolitan Miami의 Dade County이다.

(3) 새로운 자치단체의 설치(연합)에 의한 방법: 연합(Federation)이 대표적인 경우로, 이는 사회적 · 경제적으로 밀접한 관계에 있는 둘 이상의 자치단체가 각자 독립적인 법인격을 유지하면서 광역도시권에 새로운 정부연합체를 설치하여 이 도시연합으로 하여금 광역적 업무를 처리하게 하는 방법이다. 캐나다의 Toronto와 Winnipeg, 미국의 Miami도시연합, 영국의 런던 광역시(Greater London Authority) 등에서 채택하고 있다. 새로운 연합체가 사업주최가 되어 스스로 의결권과 과세권을 지님으로써 서비스혜택과 조세 부담이 일치하며, 이원적 정부형태를 취하므로 지방자치단체의 특수성과 관심을 그대로 유지할 수 있어 참여도가 높다는 장점이 있으나, 연합체의 기능수행에 치우친 나머지 기존의 기초자치단체 기능을 약화할 우려가 있으며, 연합체가 실제로 강력한 광역행정조직이 되지 못한다는 단점이 있다.

점진적 접근방법

종합적 접근방법이 광역권 문제를 효율적으로 처리하지 못하자 다핵적인 대도시형성을 유지하는 수단으로서 점진적인 접근방법이 널리 이용되게 되었다.

(1) 정부 간 협정: 도시지역에서 도시 정부와 주변 정부 간의 변화에 대한 조정의 가장 단순한 형태는 2개 이상의 정부 간에 단일 또는 복수의 서비스를 제공하기 위해 협정을 맺는 것이다. 이 접근방법은 밑으로부터의 결정과 통제를 침해하지 않고 대도시권의 수요와 문제점에 대해 손쉬우면서도 즉각적인 대응을 할 수 있는 장점이 있다. 대체로 이 방식은 다음과 같은 특징을 지니고 있다. ① 하나의 광역행정서비스에 2개 이상의 정부가 관여하고 있다. ② 서비스 지향적이다. ③ 대부분의 협정은 관련 지방정부의 자발성과 한시성이 특징이므로 비영구적이다. ④ 모든 협정이 특별 및 일반입법이 정하는 범위 내에서만 체결된다.

(2) **기능이양**: 이 방식은 시의 특정기능을 군이나 특별구 또는 주 정부에 이양하는 것으로 대부분의 경우 군정부에 이양하고 있다. 기능이양은 자발적인 조치로 발생할 수 있고 주법에 의해 의무적으로 발생할 수도 있는데, 지방정부 간 협정과는 달리 이양받은 정부기관에서 그 기능의 모든 책임과 권한, 즉 정책 결정, 재정 및 운영관리 등 모든 활동에 대한 책임을 진다. 그러나 기능이양은 해당 지방자치단체 주민의 행정수요에 민감하게 대처하지 못하며, 지방정부가 해당 광역서비스에 대한 기득권을 포기하려 하지 않기 때문에 시행상의 어려움이 있다.

(3) **지방자치단체조합**: 지방자치단체의 조합은 자치단체의 특정 사무를 공동으로 처리하기 위하여 2개 이상의 지방자치단체가 합의, 규약을 정함으로써 설치되는 법인격을 지닌 공공자치단체이다. 조합의 명의로 전기 · 가스 · 교통 · 쓰레기처리 · 상 · 하수도 · 소방 등 공동사무를 수행하기 때문에 협의회와 같은 다른 공동처리방식과는 구분된다. 특히 독일, 프랑스 및 일본에서 활발히 이용되고 있는 이 방식은 조합의 설립에 참여하는 모든 지방자치단체들에 독자성, 자유로운 의사 발언 및 평등성을 보장하여 주고 있다.

(4) **특별구**: 특별구는 단일한 기능을 수행하기 위한 정부단위로서 주로 미국에서 활발히 활용되고 있다. 대부분 지방정부의 자치권보장, 서비스생산의 능률성, 서비스확산의 최소화라는 세 가지 광역행정문제를 직접 처리하기 위하여 설치되었으며, 여기에는 소방 · 상수공급 · 쓰레기처리 · 병원 · 도서관 · 공원 · 환경오염방지 등과 관련한 여러 특별구가 있다. 이러한 특별구는 ① 규모의 경제를 할 수 있고, ② 서비스수혜자에 일치하는 서비스전달체제를 형성함으로써 서비스확산을 제거할 수 있으며, ③ 더욱 지방화된 문제들을 해결하도록 시자치제를 허용할 수 있다는 장점이 있으나, ① 대체로 특수 단일목적을 위해 설치되기 때문에 복합적 문제 해결은 불가능하며, ② 사용료징수와 지방채의 발행으로 예산이 조달되므로 획기적인 서비스개선이 어렵다는 한계가 있다.

(5) **광역행정협의회**: 광역행정협의회는 광역지역문제를 해결하기 위해 공동으로 노력하는 자발적인 정부 간 협의체이다. 미국에서는 정부단위 간의 협력 · 조정기관으로서 제4의 자치단체라 불리기도 한다. 1954년 디트로이트에 지방 간 감독위원회가 생긴 이후 최근에 활발하게 설치되고 있는 광역행정협의회는 각 정부단위의 대표들로 구성되는데, 절실히 필요한 광역계획에 대하여 대도시의 협력을 확보하려는 방식이기보다는 지방정부 간의 논쟁을 해결하는 방식으로 이해되기도 한다. 이 방식의 장점은 ① 정부단위의 자발적 모임이기 때문에 지역적 범위조정이 쉽고, ② 기존의 정부조직이나 구역에 어떠한 변경도 가하지 않으므로 정치적으로 실현 가능성이 크다는 것이지만, 이에 반해 ① 광역적 결정에 강제력이 없어 참여의 한계가 있으며, ② 협의체인 관계로 실제 문제를 파악하기보다 현상유지에 급급하게 될 수 있다는 문제점도 있다.

3. 우리나라 광역행정의 실제

광역행정의 발전

우리나라에서는 광역행정이 다른 나라에 비하여 그리 활발하게 전개되지 않고 있는데, 이는 우리나라의 국토면적 자체가 좁고 전통적으로 중앙집권제가 채택·발달하여 왔으며, 기초자치단체와 광역자치단체의 규모가 비교적 외국보다 크기 때문이었다. 그러나 급격한 경제성장에 따른 사회·경제의 변화, 특히 각종 고속도로망의 확충에 따른 생활권역의 확대 등에 따라 자치의 광역화 요청이 두드러지게 나타나기 시작하였고, 특히 최근에는 수도권을 비롯한 대도시권에서 상수도와 하수처리, 도로와 교통, 도시계획과 각종 시설, 쓰레기와 분뇨의 처리 등을 중심으로 광역행정의 문제가 심각하게 대두되고 있다.[13)]

구역변경에 의한 광역행정

우리나라에서 가장 많이 이용되어 온 방식으로 주로 대도시의 성장에 따라 합병이나 편입·분리의 형태로 이루어져 왔다. 대개 일반 시는 인구 100만 명을 초과하게 되면 도로부터 분리하여 광역시로, 읍은 인구 5만 명 이상이 되면 군으로부터 분리하여 시로 승격하고 있다. 이러한 구역변경의 방법을 이용함으로써 주민의 욕구를 충족하고 대도시의 재정력 향상 및 행정능률의 제고에 이바지한 점도 있으나 구역변경에 포함되지 못한 잔여 지역(rump county)의 문제점이 야기되어 왔다. 따라서 1990년대에 와서는 시·군 통합을 통한 이른바 통합시를 설치하여 행정구역과 생활권·경제권·문화권을 일치시키려는 경향이 증가하고 있다.

특별지방행정기관

특정한 광역서비스의 지속적이고 안정적인 공급을 위한 목적으로 특정기능만을 수행하는 일선 기관을 일반행정기관과는 별도로 설치하는 방식으로 중앙부처 거의 모든 부서에서 설치하여 운영하고 있다. 특별지방행정기관의 예로는 지방세무서·지방병무청·지방국토관리청·지방우체국·광업 출장소 등이 있다. 우리나라 특별지방행정기관의 운영상의 한계를 살펴보면, ① 지방자치단체와 같은 업무를 담당하는 특별지방행정기관이 많아 지방행정의 영역을 잠식하고 업무의 중복으로 인해 행정의 능률이 낮아지는 원인이 되고 있으며, ② 특별지방행정기관은 중앙부처에 의하여 설치·운영되고 있으므로 주민의 의사를 반영할 수 있는 통로가 거의 없고 민주적 통제가 보장되지 않는 실정이다.

13) 최창호(1995), 지방자치학, p.222.

사무의 위탁

(1) **사무위탁의 의의**: 지방자치단체 또는 그 장은 소관사무 일부를 다른 지방자치단체 또는 그 장에게 위탁하여 처리할 수 있다. 사무위탁은 광역화문제가 대두하기 이전부터 행정협력의 한 방식으로 많이 이용되어 온 것인데, 1988년 지방자치법의 전문개정에서 이를 광역행정방식의 하나로 법률의 조문에 명시하였다.

(2) **사무위탁의 절차**: 지방자치단체 또는 그 장이 사무를 위탁하고자 하는 때에는 관계지방자치단체와의 협의에 따라 규약을 정하여 이를 고시하여야 한다. 이 경우 지방자치단체의 장은 각각 그 감독관청인 시 · 도지사 혹은 행정자치부 장관 및 관계중앙행정기관의 장에게 이를 보고하여야 한다. 위탁사무에 관한 협의의 내용인 규약의 고시는 담당의 변경을 일반인에게 알려 주민의 불편을 경감시키려고 하는 취지의 절차적인 요건이다.

(3) **규약의 내용**: 규약에는 ① 사무를 위탁하는 지방자치단체와 사무를 위탁받는 지방자치단체, ② 위탁사무의 내용과 범위, ③ 위탁사무의 관리와 처리방법, ④ 위탁사무의 관리 및 처리에 드는 경비의 부담 및 지출방법, ⑤ 기타 위탁사무에 필요한 사항 등이 포함되어야 한다.

(4) **사무위탁의 변경 또는 해지**: 지방자치단체 또는 그 장이 사무위탁을 변경 또는 해지하고자 하는 때에는 관계지방자치단체 또는 그 장과의 협의를 거쳐 이를 고시하고, 사무위탁의 예에 따라 행정자치부 및 관계중앙행정기관의 장 또는 시 · 도지사에게 보고하여야 한다.

(5) **사무위탁의 유용성**: 사무위탁은 다른 기관의 설치가 없어 비용이 비교적 적게 들며, 자치단체 간 규약만 정하면 손쉽게 활용할 수 있어 가장 간편하고 융통성 있게 광역문제를 해결할 수 있는 방식이다.

(6) **사무위탁에 관한 조례 · 규칙의 효력**: 사무가 위탁된 경우에 위탁된 사무의 관리 및 처리에 관한 조례 또는 규칙은 규약에 달리 정하여진 경우를 제외하고는 사무를 위탁받은 지방자치단체에 대해서도 적용된다. 이는 지방법인 조례 · 규칙의 장소적 효력 범위의 확장에 해당한다.

행정협의회

(1) **의 의**: 지지방자치단체는 2개 이상의 지방자치단체에 관련된 사무 일부를 공동으로 처리하기 위하여 관계 지방자치단체 간의 행정협의회를 구성할 수 있다. 이 경우 지방자치단체의 장은 시 · 도가 구성원이면 행정자치부 장관과 관계중앙행정기관의 장에게, 시 · 군 또는 자치구가 구성원이면 시 · 도지사에게 이를 보고하여야 한다. 행정협의회는 별개의 법인격을 갖지 않는다는 점에서 지방자치단체의 업무를 공동으로 처리하기

위한 비교적 구속력이 느슨한 법적인 형태라고 볼 수 있다.

(2) **법적 지위**: 행정협의회는 법인격을 갖지 않아 독립된 권리주체가 아니므로 권리 · 의무의 귀속주체가 될 수 없다. 따라서 그의 활동은 외부적으로 법적 구속력을 갖지 않고, 그에 참여한 지방자치단체를 직접 구속하지 않음이 원칙이다. 그럼에도 불구하고 지방자치법은 행정협의회에 일정한 권한을 부여하고 있다. 즉 행정협의회는 그의 사무를 처리하는 데 필요한 경우 관계 지방자치단체 장에게 자료의 제출, 의견의 개진, 기타 필요한 협조를 요구할 수 있으며, 협의회를 구성한 관계 지방자치단체는 협의회가 결정한 사항에 따라 그 사무를 처리하여야 한다.

(3) **구 성**: 행정협의회는 회장과 위원으로 구성하게 되는데 회장과 위원은 규약으로 정하는 바에 따라 관계지방자치단체의 직원 중에서 선임한다. 회장은 협의회를 대표하며 회의를 소집하고 협의회의 사무를 총괄한다.

지방자치단체조합

(1) **의 의**: 2개 이상의 지방자치단체가 하나 또는 둘 이상의 사무를 공동으로 처리할 필요가 있을 때는 규약을 정하여 그 지방의회의 의결을 거쳐 시 · 도는 행정자치부 장관의, 시 · 군 및 자치구는 시 · 도지사의 승인을 받아 지방자치단체조합을 설립할 수 있다. 다만, 지방자치단체조합의 구성원인 시 · 군 및 자치구가 2개 이상의 시 · 도에 걸치는 지방자치단체조합은 행정자치부 장관의 승인을 받아야 한다.

(2) **법적 지위**: 지방자치단체조합은 법인으로 한다.

(3) **구 성**: 지방자치단체조합에는 지방자치단체조합회의와 지방자치단체조합장 및 사무직원을 둔다. 지방자치단체조합회의의 위원과 지방자치단체조합장 및 사무직원은 지방자치단체조합규약으로 정하는 바에 따라 선임한다. 관계지방자치단체의 의회 의원과 그 지방자치단체의 장은 지방자치단체조합회의의 위원이나 지방자치단체조합장을 겸할 수 있다.

4. 우리나라 광역행정의 문제점과 개선방향

광역행정의 문제점

급속한 산업화 · 도시화에 따른 생활권의 광역화 및 지방자치제의 시행으로 지방행정사무의 광역적 처리가 갈수록 증가하고 있으나, 이에 적절히 대처하지 못함으로써 도시교통 · 수질 및 환경보전분야 · 혐오시설 · 공해문제 등의 행정문제와 각 지방자치단체 상호 간의 대립 및 갈등이 심화하고 있다.

(1) **광역행정수행체계의 빈약성 문제**: 광역행정단위인 시 · 도의 광역행정 사무에 대한 조정 및 관리기능이 빈약하고, 도시화가 급속히 진행되고 있는 권역에 있어 중심자치단체의 주도 및 조정기능이 미약하다. 또한, 행정협의회 내에 전담기구와 인력이 빈약하여 협의 사무의 체계적인 관리가 곤란한 것은 물론 일부 행정협의회체계는 중복구성되어 있어 유명무실한 위원회도 있다.

(2) **광역행정제도의 운영상의 문제**: 대부분의 도시권에 행정협의회가 구성되어 있으나 구성권역과 주민생활권이 불일치되는 경우가 많고, 협의 사항에 대한 기속력 결여와 사후관리 소홀로 일회적 운영에 그치고 있다. 한편 최근에는 그나마 유일하게 존재하던 수도권매립지운영관리조합이 폐지되는 등 조합에 대한 필요성 인식 및 관심이 부족하여 실제 적극적으로 활용되지 못하고 있다.

(3) **광역행정주체 간의 대립 · 갈등의 문제**: 광역행정문제가 심각성을 더해가고 있지만, 이를 처리할 행정주체인 중앙정부와 자치단체 간 또는 자치단체 상호 간에 이해상충에 따른 대립 · 마찰이 심화하여 국가시책사업과 지방단위사업의 추진이 지연되거나 방치되는 경우가 많다. 이러한 경우로는 공동사업에 대한 책임과 비용분담의 문제, 사업시행으로 피해를 보는 단체의 계획변경 요구, 국가사업이 지역이해와 일치하지 않는 경우, 중앙에 대한 지방의 대단위사업비 지원요구 등이 있다.

광역행정의 개선방향

광역행정은 중앙과 지방 간의 협조적 수평관계를 증진하고 나아가 행정의 능률성과 민주성을 보장하는 방향으로 나아가야 할 것이다. 이를 위해서는 다음과 같은 사항들이 고려되어야 한다.

(1) 광역행정문제는 자치단체 간의 협의로 해결하는 것이 원칙이므로 지방자치법에 규정된 현행제도와 방식을 개선 · 발전시켜 나감으로써 자치단체의 자율성을 제고시키고 문제해결능력을 증진하는 것이 바람직하다.

(2) 효율적인 광역행정수행체계를 재정립하기 위해 기존체계의 문제점을 분석하고, 이를 정비하여 기능을 강화한다(시 · 도, 시 · 군 · 구에 광역행정 총괄전담부서 설치).

(3) 조합방식의 확대와 행정협의회의 정착 · 발전을 통해 자치단체 간 협의 · 협력능력을 강화한다.

(4) 자치단체 상호 간 분쟁발생 상황에 대한 체계적인 관리와 해결을 모색하기 위하여 자치단체 분쟁조정위원회의 기능을 활성화한다.

(5) 시급한 광역행정수요에 대한 진단과 예측 및 대책을 마련하고, 장기적으로 우리나라 실정에 맞는 광역행정방식을 연구 · 개발하여 보급한다.

참고문헌

강승철 외(2006). 「지방정부간 갈등과 협력: 이론과 실제」, 한국행정DB센터.
강용기(1999). 「현대지방자치론」, 대영문화사.
강용기(2008). 「현대지방자치론」, 대영문화사.
구병삭(1995). 「신헌법원론」, 박영사.
국회법률정보시스템: http://likms.assembly.go.kr/law
김병완(2003). 「지방분권의 녹색화 구상」, 『환경과생명』, 36:116-130.
김병완(2003). 「지방자치단체의 지속가능발전정책 추진과정 분석」, 『지방자치와 문화발전』 (한국정부학회/광주전남행정학회 공동학술대회 자료집)
김병준(2010). 「지방자치론」, 법문사.
김 원(1990). 「대도시행정의 특징과 행정특례 제도」, 대한지방행정공제회.
김종욱(2010). 「한권으로 끝내는 지방자치론」, 탑출판사.
김학로(1994). 「지방행정의 이론과 실제」, 박영사.
박연호(1994). 「행정학신론」, 박영사.
박응격(2003). 「지방행정론」, 신조사.
박응격(2003). 「행정학강의」, 박영사.
박응격 외(2009). 「지방행정 거버넌스」, 인간사랑.
박응격 외(2006). 「서구 연방주의와 한국」, 인간사랑.
박응격 외(2003). 「독일지방정부론」, 앰-애드.
박응격 외(2002). 「지방자치성공시대」, 백산.
박응격 외(2002). 「유럽연합정부론」, 앰-애드.
박응격 외(2001). 「독일연방정부론」, 백산.
박종화 외 2인(1994). 「도시행정론 이론과 실제」, 대영문화사.
방성은(2010). 「비타민 방성은 지방자치론」, 박문각.
배용수(2000). 「지방자치경영론」, 법문사.
백형배 외(2011). 「새 지방자치행정론」, 가람북스.
법제처 국가법령정보센터: http://www.law.go.kr
성경율 외(2004). 「국가균형발전의 비전과 전략」, 동도원.
성경율 외(2003). 「지방분권형 국가만들기」, 나남.

소순창(2002). 「지방정부의 이론과 실제」, 사회과학사.
소진광(2008). 「한국 지방자치의 이해」, 박영사.
신동호 외(2009). 「축제로 만드는 창조도시」, 한울 아카데미.
안용식 외(2000), 「지방행정론」, 대영문화사.
안용식 외(2006). 「지방행정론」, 대영문화사.
이규환(2011). 「한국지방행정학」, 법문사.
이규환(2006). 「한국지방행정학: 이론과 실제」, 법문사.
이규환 외(2002). 「객관식 도시 및 지방행정론」, 법문사.
이달곤 외(2012), 「지방자치론」, 박영사.
이성복(1995). 「기획연재/지방행정 경영기법(3):지방행정 감축관리」, 대한지방행정공제회.
이승존(2005), 「지방자치론-정치와 정책」, 전영사.
임승빈(2010). 「지방자치론」, 법문사.
정세욱(2005). 「지방자치학」, 법문사.
정일섭(2010). 「한국지방자치론」, 대영문화사.
정준금(2007). 「환경정책론」, 대영문화사
최창호(2011). 「지방자치학」, 삼영사.
최창호 외(2011). 「지방자치의 이해」, 삼영사.
한국지방자치학회(2008). 「한국 지방자치의 이해」, 박영사.
한국지방자치학회(2008). 「지방의회의 이해」, 박영사.
한국지방행정연구원(2011). 「지방행정체제 개편 선진사례에서 길을 찾다」, 매일경제신문사.
한국지방행정연구원(2008). 「2008 지방재정종합보고서」.
한원택(1995). 「지방행정론」, 법문사.
행정안전부(2009). 「지방 행정 구역 요람」, 행정안전부.
홍정선(2009). 「신 지방자치법」, 박영사.

김병완(2003). "지방분권화 시대의 환경정책 비전과 전략", 「환경정책」 11(2): 143-172.
남황우(2010). "일본의 지방재정건전화 조치", 「지방재정연구」, 31(0): 140- 159.
우명동(2010). "지방재정건전성 문제에 대한 재인식", 「한국재정정책학회 재정정책논집」, 12(3): 129-165.

이창균(2010). "정부간 재정관계 속에서 자치단체의 재정자율성 강화방안", 「한국지방재정논집」, 15(2): 109-134.

허명순(2011). "지방재정 건전성 측정방법: 재정압박 지수개발을 중심으로", 「한국지방재정학회 한국지방재정논집」, 16(1): 177-210.

홍기용 외(1993). "지역경제성과의 분석: 1988-1989", 「한국지역개발학회지」, 15(1): 79-91.

Berne R. Schram(1986). *The Financial Analysis of Governments*. New Jersey: Prentice-Hall.

Hendrick, R.(2004). "Assessing and Measuring the Fiscal Health of Local governments Focus on Chicago Suburban Municipalities," *Urban Affairs Review*, 40(1): 78~114

Klosterman, R. E. (1990). *Community Analysis and Planning Techniques*. Maryland: Rowman & Littlefiled Publishers, Inc.

McNulty, R. H., Jacobson, D. R. and R. L. Penne(1984). *The Economics of Amenity: Community Future and Quality of Life*. Washington: Partners for Livable Places.

Kloha, P, C. S. Weissert and R. Kleine(2005), "Developing and Testing a Composite Model to Predict Local Fiscal Stress," *Public Administrative Review*, 65(3): 313-323.

Park, Eung Kyuk and Walter Klitz(2007). *Good Local Autonomy & Governance*. Germany: Friedrich Naumann Foundation.

Weimer, D. L. and A. R. Vining(2010). *Policy Analysis*. New York: Longman.

사항색인

<저자약력>

박 응 격

연세대학교 졸업(행정학사)
서울대학교 행정대학원 졸업(도시계획학석사)
독일 Speyer국립행정대학원 졸업(행정학박사)

경　력

한양대 행정학과 교수
한양대 지방자치대학원장
한양대 행정대학원장
건설부 중앙도시계획위원
정부지방이양추진위원회 공동위원장
한국행정연구원장
한국독일사회과학회 회장
한국유럽 행정학회 회장
(현) 한양대학교 행정학과 명예교수

주요저서

「신행정론」(역서) (대왕사)
「행정학강의」 (박영사)
「지방행정론」 (신조사)
「유럽연합정부론」(대표저자) (엠에드)
「독일지방정부론」(대표저자) (엠에드)
「독일사회복지론」(대표저자) (엠에드)
「서구연방주의와 한국」(대표저자) (인간사랑)
외 다수

최 유 진

중앙대학교 행정학과 졸업(행정학 학사)
중앙대학교 일반대학원 행정학과 졸업(행정학 석사)
Cleveland State University 졸업(도시 및 공공행정학 박사)

경　력

한국행정연구원 부연구위원(책임연구원)
(현) 강남대학교 행정학과 조교수

주요연구

Urban amenities as determinants of selecting a logo type in Korea(2012, Quality & Quantity, ssci)
문화관광 지출의 확산(diffusion)에 관한 실증적 분석(한국행정학보)
환경오염 시설이 환경보호 지출에 미치는 영향분석(지방행정학보)
지역경제 활성화 요인으로서의 지역문화(한국정책분석평가학회보)
외 다수의 연구 논문

지방자치의 이해

2015년　9월　5일　　초　판　제 1 쇄인쇄
2015년　9월　15일　초　판　제 1 쇄발행

공저자　박응격 · 최유진
발행인　이명재 · 이종은
발행처　**신 조 사**
서울특별시 마포구 독막로 295 삼부골든타워 212호
전　화 (02) 713-0402　FAX (02) 713-0403
등　록 1994. 7. 4, 제17-179호(倫)
E-mail: sinjosa@sinjosa.co.kr　http://www.sinjosa.co.kr

공저자와 협의하여 인지첩부를 생략함

파본은 바꿔드립니다.

정가　20,000원　　**ISBN 979-11-86377-09-3**